UWP

퀵스타트

UWP 퀵스타트

초판 1쇄 발행 2020년 12월 30일

지은이 안용제, Alberto LEE

펴낸이 한창훈

펴낸곳 루비페이퍼 / **등록** 2013년 11월 6일(제 385-2013-000053 호)
주소 경기도 부천시 원미구 길주로 252 603호
전화 032-322-6754 / **팩스** 031-8039-4526
홈페이지 www.RubyPaper.co.kr
ISBN 979-11-86710-63-0

* 이 책은 저작권법에 따라 보호받는 저작물이므로 무단 전재와 무단 복제를 금하며,
  이 책 내용의 전부 또는 일부를 이용하려면 저작권자와 루비페이퍼의 서면 동의를 받아야 합니다.
* 책값은 뒤표지에 있습니다.
* 잘못된 책은 구입처에서 교환해 드리며, 관련 법령에 따라서 환불해 드립니다.
  단 제품 훼손 시 환불이 불가능합니다.

코드로 배우는
UWP 앱 프로그래밍 기본기

UWP
퀵스타트

안용제, Alberto LEE 지음

루비페이퍼

저자 서문

UWP(Universal Windows Platform)는 두 가지 이유로 기존의 Windows PC용 개발 도구들과 차별화되지 못한 채 널리 활용되지 못하고 있습니다. 첫째, 마이크로소프트가 스마트폰 시장에서 안드로이드폰과 아이폰에 밀려 점유율을 확대하지 못하고 있다는 점, 둘째, UWP로 개발된 프로그램은 Windows 10 이외의 운영체제에서는 수행되지 않는다는 점입니다.

그러나 최근 Windows 10 운영체제가 Windows PC에서 차지하는 비중이 커지고, Windows 7 운영체제에 대한 지원이 2020년 1월 14일에 종료됨에 따라 Windows 10의 표준 개발 도구인 UWP가 관심을 끌게 되었습니다. 결국, 머지않은 시일 안에 PC에서 수행되는 프로그램은 Windows 10의 표준 개발 방식으로 전환될 것으로 보입니다. 이제는 Windows 운영체제 계열의 표준 프로그램 개발 도구로 Win32 API나 Windows Forms나 WPF(Windows Presentation Foundation)를 넘어서 UWP를 배울 시점이 되었습니다.

크로스 플랫폼(Cross Platform)이란 하나 이상의 플랫폼에서 실행 가능한 소프트웨어를 뜻하는 용어입니다. 예컨대, 하나의 앱이 안드로이드와 iOS에서 실행된다면 그 앱은 크로스 플랫폼으로 개발된 것이라 볼 수 있습니다. UWP는 Windows 10 운영체제가 탑재된 기기에서만 동작하지만, PC와 스마트폰, 태블릿, 게임기, IoT 장비 등을 모두 아우르기 때문에 크로스 플랫폼으로 볼 수 있습니다.

마이크로소프트의 크로스 플랫폼 전략은 안드로이드폰과 아이폰으로 양분되어 있는 스마트폰과 태블릿 시장에서보다는 기업용 응용 프로그램 시장에서 더욱 중요한 의미를 가집니다. 많은 기업이 인건비 부담 때문에 PC용 프로그램 개발자와 모바일용 앱 개발자를 별도로 고용하기 어렵고, 특히 안드로이드 개발자와 iOS 개발자까지 별도로 고용하려고 한다면 인건비 부담은 상승할 수밖에 없습니다.

이런 상황에서 기업의 업무용 태블릿을 Windows 계열로 도입하고 개발 도구로 UWP를 사용한다면 동일한 개발자가 PC용 프로그램과 모바일용 앱을 동시에 개발하고 운영할 수 있게 되어 인건비의 부담을 크게 줄일 수 있습니다. 혹은 기업의 환경에 따라 Windows 10 태블릿을 사용할 수 없다면 UWP 개발과 유사한 스마트폰 크로스 플랫폼인 Xamarin을 사용하여 동일한 효과를 누릴 수 있습니다. 인건비 부담이 높은 해외에서 UWP와 Xamarin이 국내보다 활성화되어 있는 것은 우연이 아닙니다.

불행하게도 Windows 10 기반의 스마트폰은 생태계가 빈약하여 추천할 수 없지만, Windows 10에 기반한 태블릿을 도입한다면 기존에 투자했던 AD(Active Directory, 액티브 디렉터리)와 같은 계정 관리 시스템, NAC(Network Access Control, 네트워크 액세스 제어)와 같은 네트워크 보안 시스템, DRM(Digital Rights Management, 디지털 권리 관리)과 같은 문서 보안 시스템 및 PC 보안 시스템 등의 보안 소프트웨어를 PC에서와 동일한 수준으로 사용할 수 있습니다. 이렇게 하면 보안 소프트웨어의 선택에 제한이 있는 안드로이드나 iOS 계열의 모바일 기기보다 기업에 적합한 선택이 될 것입니다. 그러나 이 책에서는 UWP 앱만 다룰 것이며 Xamarin에 대해서는 다음 기회에 다루도록 하겠습니다.

이 책은 독자 여러분이 C# 프로그램 언어와 통합 개발 도구(IDE : Integrated Development Environment)인 비주얼 스튜디오(Visual Studio)를 알고 있다는 것을 전제로 만들어졌습니다. 그러나 이러한 것들을 잘 모르더라도, 다른 언어로 프로그래밍을 해본 경험이 있거나 비주얼 스튜디오 이외의 다른 통합 개발 도구를 사용해 본 경험이 있다면 설명과 예제를 무리 없이 이해할 수 있도록 구성했습니다. 따라서 책에 있는 예제를 차근차근 따라서 하다 보면 UWP 프로그램만이 아니라 기본적인 C#과 비주얼 스튜디오의 활용법을 함께 이해할 수 있습니다.

이 책은 시스템 개발자(System Programmer)의 이론적이거나 기술적인 관점이 아니라 응용 프로그램 개발자(Application Programmer)의 경험적이고 실용적인 관점에서 만들어졌습니다. 그래서 이론보다는 가능한 한 실제로 쓰이는 프로그램 코드를 사용하여 설명했습니다.

소프트웨어 개발 업체의 입장에서는 유사한 기능들을 다양한 형태로 만들어 놓으면 제품의 판매에 유리합니다. 그러나 사용자 입장에서는 어떤 기술을 선택하여야 할지 판단하기 어렵고, 개발자마다 다른 방식으로 코딩을 하게 되면서 유지보수도 어려워집니다. 때로는 학습할 분량이 방대하다 보니 프로그램 기술이 너무 어려워서 사용할 기술들을 제대로 이해하지 못하고 프로그램을 개발하기도 합니다. 그런데 생각해 봅시다. 응용 프로그램 개발자가 프로그램 기법과 기술을 배우기 위해서 너무 많은 시간을 투자한다면 정작 자신이 속한 분야의 업무 지식을 공부할 시간을 잃게 될 것입니다. 그리고 프로그램 기법의 발전에 따라 끊임없이 새로 나오는 소위 신기술이나 간결한 표현식의 사용을 추구하다 보면 개발 생산성은 높일 수 있을지 모르나 프로그램의 가독성과 유지보수성을 희생하게 될 것입니다.

그래서 이 책에서는 시스템 개발자 관점의 다양한 기능보다 응용 프로그램 개발자 관점의 핵심적인 기능, 즉 기본기를 중심으로 설명하려고 노력하였습니다. 이러한 노력은 각각의 플랫폼에 종속되고 고유한 개발을 지향하는 단일 플랫폼 개발 전략이 아니라, 플랫폼 간의 공통되고 범용적인 교집합의 영역에 집중하는 크로스 플랫폼 개발 전략에 가깝습니다. 플랫폼 간의 공통된 교집합의 영역은 응용 프로그램 개발자가 추구하는 핵심 기술들로 채워집니다.

따라서 이 책에서 제시하는 예제를 따라 하다 보면 UWP의 기본이 되는 핵심 기능을 자연스럽게 익히게 될 것입니다. 이 책을 통하여 UWP의 기본적이고 핵심적인 개념과 기법에 익숙해진 후 세부적인 것은 인터넷에서 자료를 찾아보거나 동영상 강의 등을 통하여 스스로 공부해가면 될 것입니다. 이 책이 UWP에 익숙해지는 데 도움이 되기를 바랍니다.

2020년 12월 1일

안용제, Alberto LEE

이 책의 예제 소스는 다음 경로에서 내려받습니다.

https://github.com/yongjaeahn/PrismBasedUwpQuickStart

목 차

| CHAPTER 01* | UWP 시작하기 | 001 |

1 UWP란? — 001

2 Xamarin, XAML, C# — 002

3 Windows 응용 프로그램 개발 도구 — 003

4 UWP 앱 설치 — 004

5 UWP 개발환경 — 007
    비주얼 스튜디오 커뮤니티 설치 — 007
    개발자 모드 설정 — 013

6 MVVM 프로그램 패턴 — 014

| CHAPTER 02* | UWP MVVM 앱 개발하기 | 19 |

1 프로젝트 만들기 — 019

2 화면을 개발하는 XAML 언어 이해하기 — 026

3 MVVM 프로그램 패턴 중 뷰 이해하기 — 034

4 MVVM 프로그램 패턴 중 뷰모델 이해하기 — 045

5 뷰와 뷰모델이 합쳐진 코드 비하인드 이해하기 — 051

6 MVVM 프로그램 패턴 중 모델 이해하기 — 064

ix

CHAPTER 03*   **XAML 프로그램 기본기**   79

1 기본 개념   080

- XAML 문장의 구성   080
- XAML의 구현 기술   081
- XAML 네임스페이스   082
- 속성 요소와 부착 속성   084
- Content Control   086
- 장치 독립적인 픽셀   088
- 마크업 확장   090

2 Layout   091

- StackPanel   092
- Grid   095
- RelativePanel   099
- ViewBox   100
- Layout 요소에 사용되는 공통 속성들   103

3 XAML Controls Gallery   103

4 데이터 바인딩   107

- 요소와 요소 간 데이터 바인딩   108
- 요소와 프로그램 객체 간 데이터 바인딩   110
- 축약 표현과 축약되지 않은 표현   111
- 데이터 바인딩과 바인딩 오류   111

5 Resource   112

- 사용자 정의 Resource   112
- Resource의 적용 순서와 적용 범위   116
- Prism이 기본으로 제공하는 Resource   117
- 시스템이 기본으로 제공하는 Resource   119
- Resource로 활용이 가능한 객체   119

6 Style   119

- Named Style   120
- Element Typed Style   121
- PageStyle   122

- Style의 확장   125
- Style의 적용 순서와 적용 범위   126

7 이벤트 핸들러와 코드 비하인드   126
- 이벤트 핸들러   126
- Routed Event   129

8 커맨드 바인딩   134

9 여러 값의 데이터 바인딩   141

10 Template   144
- Item Template과 Data Template   144
- Control Template   148
- Template Binding   152

CHAPTER 04* 기본 컨트롤 요소들   155

1 Basic Input   156

2 Text   168

3 Date and Time   173

4 Dialogs and Flyouts   178

5 Menus and Toolbars   184

6 Navigation   186

7 Scrolling   187

8 Status and Info   188

9 Collections   190

| CHAPTER | 05* | 고급 XAML 요소들 | 211 |

1 Graphics 211
- Pen과 Shape 211
- Transformation 217
- Path 222
- Brush 229

2 Media 237

3 Animation 248
- Transition 252
- Storyboard 260
- Easing 268

4 기타 272

| CHAPTER | 06* | UWP 프로그램 예제 | 275 |

1 SimplePrismBlank 앱 개발하기 275
- Prism Framework 기반의 새 프로젝트 만들기 277
- MainPage 뷰를 2개의 영역으로 분할하기 281
- 행과 열의 초깃값 지정하기 284
- ItemsControl 요소를 활용한 XAML 요소의 생성 285
- 시스템 자원 적용하기 292
- 로컬 자원 적용하기 293
- 속성 창을 사용하여 그라데이션 효과 지정하기 296
- 본문의 반복되어 나타나는 버튼에 숫자 출력하기 298
- 본문에 반복되는 버튼의 출력 순서 바꾸기 304
- 행과 열 필드의 값을 주어진 형식에 맞게 출력하기 306
- 데이터 검증 – 단일 항목 검증 311
- 데이터 검증 – 전체 항목 비교 검증 315
- .NET 연동 – 문자열의 음성 변환 317
- 다국어 버전 앱 만들기 319
- 화면 마무리 328

2 SimpleDataGrid 앱 개발하기 — 330

- Prism Framework 기반의 새 프로젝트 만들기 — 332
- 모델 만들기 — 335
- UserListViewModel 뷰모델 수정하기 — 343
- UserListPage 뷰 수정하기 — 346
- UserDetail 페이지 추가하기 — 351
- 내비게이션 기능 구현하기 — 353
- UserDetailViewModel 뷰모델 수정하기 — 360
- UserDetailPage 뷰 수정하기 — 364
- 필터링 — 368
- 정렬 — 374
- INotifyPropertyChanged 인터페이스 — 380

CHAPTER 07* 부록 — 387

1 UWP App의 주요 이벤트 — 387

- 포인터 입력 이벤트 — 387
- 키보드 입력 이벤트 — 388
- 드래그 앤드 드롭 이벤트 — 388
- 요소의 시작 및 종료 이벤트 — 389

2 마이크로소프트 스토어에 올리지 않고 배포하기 — 389

- 앱 패키지 만들기 — 390
- 앱 설치하기 — 396

3 마이크로소프트 스토어에 올려서 배포하기 — 400

- 마이크로소프트 개발자 계정 등록하기 — 400
- 마이크로소프트 스토어에 신규 앱 만들기 — 403
- 앱 패키지 만들기 — 404
- 앱을 마이크로소프트 스토어에 등록하기 — 408

맺음말 — 414

찾아보기 — 416

CHAPTER

UWP 시작하기

01*

1 : UWP란?

UWP(Universal Windows Platform)는 마이크로소프트가 개발한 API(Application Programming Interface)의 하나로 응용 프로그램(Application Program) 및 게임 프로그램을 위해 Windows 10 운영체제에 처음 도입되었습니다. 이 플랫폼의 목적은 다양한 기기별로 필요한 프로그램을 따로따로 개발할 필요 없이, Windows 10이 탑재된 PC와 스마트폰, 태블릿을 포함하여 Xbox와 같은 게임기, SurfaceHub와 HoloLense, IoT 장비들에 이르기까지 하나의 프로그램으로 통합하여 개발할 수 있게 하는 것입니다. UWP로 개발된 앱은 마이크로소프트 스토어(Microsoft Store)라는 앱 마켓을 통하여 배포되거나 판매됩니다.

다음 그림에는 UWP가 사용하는 기반 기술과 지원하는 장비의 종류가 정리되어 있습니다. UWP의 API는 C++로 구현되어 있고, 화면 구성은 XAML(Extensible Application Markup Language)을 사용하며, 로직을 구현하는 언어는 C++과 C#, JavaScript 등을 지원합니다. 이와 같은 개발 방식은 HTML(Hyper Text Markup Language)로 화면을 구성하고 JavaScript로 프로그램 로직을 개발하는 웹 프로그램 방식과 매우 닮았습니다.

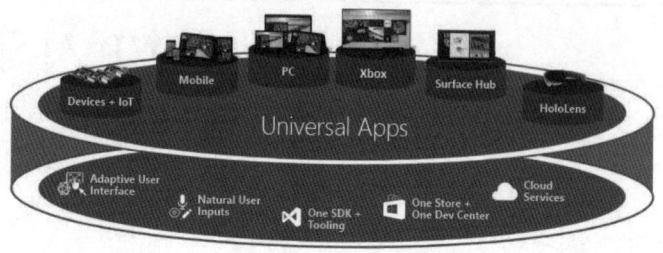

[그림] UWP 개념도(https://docs.microsoft.com/ko-kr/windows/uwp/get-started/universal-application-platform-guide)

UWP 프로그램은 스마트폰 "앱"이나 태블릿 "앱"처럼, '프로그램'이라는 용어보다 '앱'이라는 용어를 자주 사용합니다. 앱은 애플리케이션(Application) 혹은 애플릿(Applet)의 약자로 소프트웨어 시장에서 무수히 접하는 이들 용어와 같은 의미입니다. 그래서 이 책에서는 '프로그램'과 '앱'을 유사한 의미로 보고, 상황에 맞게 사용합니다.

2 : Xamarin, XAML, C#

Xamarin은 Mono, MonoTouch(Xamarin.iOS), Mono for Android(Xamarin.Android) 개발자인 미겔 드 이카사(Miguel de Icaza)에 의해 설립된 회사이자, 이 회사가 만드는 크로스 플랫폼 앱 개발 도구의 이름이기도 합니다. Xamarin의 최근 버전인 Xamarin Forms도 UWP와 같이 화면은 XAML로 구성하고 프로그래밍 언어로는 C#을 사용합니다.

다음 그림에 Xamarin 작동 방식이 정리되어 있습니다. 이와 같은 Xamarin을 2016년 2월 24일 마이크로소프트가 인수한 후 2016년 3월 31일 무료로 전환하여 개발자들에게 제공했습니다. 이에 따라 XAML과 C#이라는 동일한 개발 도구를 사용하여 UWP에 기반한 Windows 프로그램은 물론 Xamarin에 기반한 안드로이드와 iOS 앱을 만들 수 있게 되었습니다.

물론 아직은 여러 가지 제약점이 존재하며 안드로이드와 iOS 전용 개발 도구로 개발하는 프로그램의 품질에는 미치지 못합니다. 하지만 앱을 만들어 시장에 팔아야 하는 소프트웨어 전문 기업과는 다르게, 일반 기업의 기본적인 업무에 적용할 정도의 프로그램 개발이 필요한 기업에는 크로스 플랫폼에 의한 개발 생산성이 주는 비용 절감 효과는 충분할 것으로 예상합니다.

개발자의 입장에서도 다중 플랫폼 개발 능력을 갖춤으로써 다른 개발자들과 차별화된 경쟁력을 갖게 될 것이며, 애플의 앱 스토어와 구글 플레이 스토어를 통하여 자신이 개발한 프로그램을 판매할 새로운 기회를 얻게 될 것입니다.

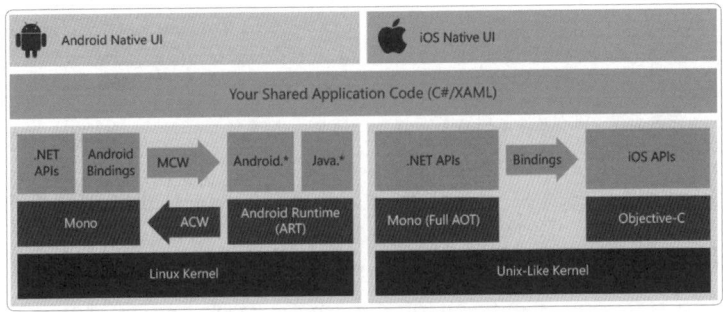

[그림] Xamarin 작동 방식(https://docs.microsoft.com/ko-kr/xamarin/get-started/what-is-xamarin)

3 : Windows 응용 프로그램 개발 도구

마이크로소프트는 Windows 응용 프로그램 개발 도구로 UWP만이 아니라 WPF(Window Presentation Foundation), Windows Forms 및 Win32 API를 제공합니다. WPF는 XAML 기반의 개발 도구로 Windows 7 이후부터 개발할 수 있고 높은 수준의 터치 기능 및 그래픽 프로그램 개발이 가능합니다. WPF는 마이크로소프트 스토어에 등록하여 판매할 수 없다는 것을 제외하면 UWP와 유사합니다. Win32 API는 Windows 및 하드웨어에 직접 액세스하는 프로그램을 작성하는 데 유용하고, Windows Forms는

.NET 기반의 가벼운 사용자 화면을 개발할 때 유용합니다. 그러나 마이크로소프트 스토어에 등록하여 판매할 수 있는 개발 도구는 UWP가 유일합니다.

Windows 응용 프로그램 개발 도구별로 특징을 간략히 정리하면 다음 표와 같습니다.

	UWP	Windows Forms	Win32 API
용도	Windows 응용 프로그램 및 게임	경량의 사용자 화면	Windows 운영체제 및 하드웨어 직접 액세스
지원 OS	Windows 10	Windows 7 이상	32 Bit 운영체제 이상
지원 언어	C#, C++, VB, JavaScript	C#, C++, F, VB	C, C++
XAML	지원함	지원하지 않음	지원하지 않음
마이크로소프트 스토어	지원함	지원하지 않음	지원하지 않음
비고	WPF, .NET	.NET	MFC

[표] Windows 응용 프로그램 개발 도구 비교표

이런 개발 도구들의 특징에 비추어 볼 때 Windows 10의 사용이 확산되면서 사용자 경험을 중시하는 응용 프로그램은 UWP로 대체될 것으로 예상합니다. 따라서 Windows 응용 프로그램 개발자들은 기존 개발 도구에서 UWP 개발 도구로의 전환을 서둘러야 할 시점에 이르렀다고 판단합니다.

4 : UWP 앱 설치

그럼 어느새 우리 곁에 성큼 다가와 있는 UWP 앱을 설치해서 기존의 Windows 프로그램과 어떻게 다른지 알아봅시다. UWP 앱을 설치하기 위해서는 마이크로소프트 스토어를 방문해야 합니다. Windows 10 PC의 작업표시줄에서 마이크로소프트 스토어 아이콘을 찾아 클릭합니다.

[그림] Windows 10 작업 표시줄에 있는 마이크로소프트 스토어 아이콘

다음 그림과 같이 실행된 마이크로소프트 스토어에서 무료 앱을 찾아 설치해보기 바랍니다. 앱 설치는 마우스 클릭 몇 번으로 가능하니 설명을 생략합니다.

[그림] 마이크로소프트 스토어 초기 화면

설치된 앱의 아이콘은 다음의 그림과 같이 기존 프로그램들과 동일하게 Windows 10 좌측 하단의 [시작] 메뉴와 Windows 10 설정의 [앱 및 기능] 설정 화면 등에서 설치된 앱의 아이콘을 찾을 수 있으며 삭제 방법은 기존의 Windows 프로그램들과 동일합니다. UWP 앱의 사용 방법은 기존의 Windows 프로그램과 유사하나 PC와 폰과 태블릿 등을 동시에 고려하여 개발되었기 때문에 화면의 터치와 밀기 및 줌인, 줌아웃 등이 마우스 클릭 등과 함께 고려되어 있는 것이 다릅니다.

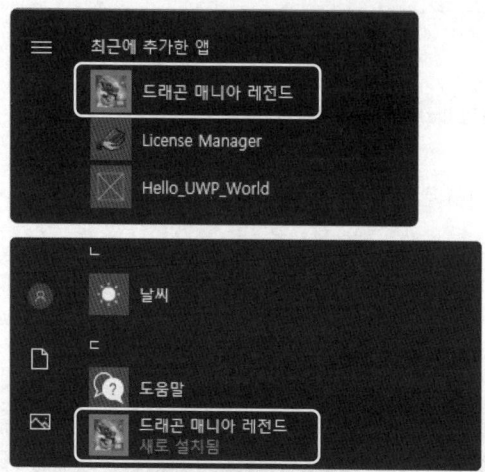

[그림] Windows 10의 시작 메뉴에 설치된 UWP 앱

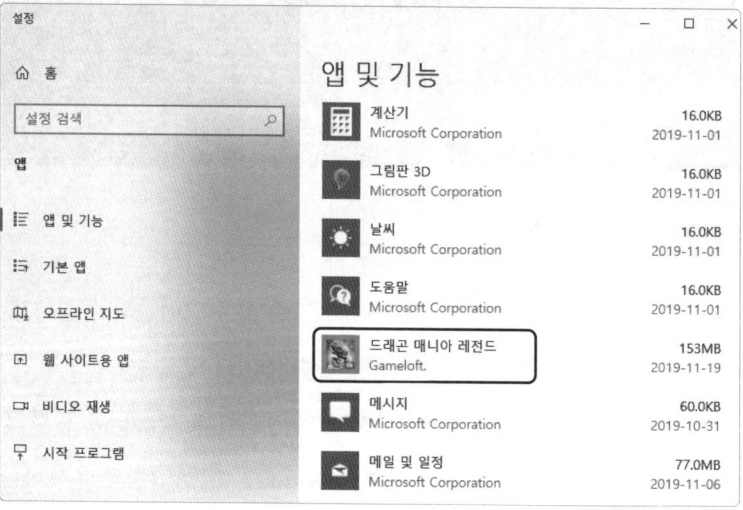

[그림] Windows 10의 앱 및 기능에 설치된 앱

5 : UWP 개발환경

■ 비주얼 스튜디오 커뮤니티 설치

UWP 앱을 개발하기 위해서 UWP 앱을 디자인, 코딩, 테스트 및 디버그하는 데 도움을 주는 통합 개발 도구인 비주얼 스튜디오를 설치하는 것을 추천합니다. 비주얼 스튜디오 프로페셔널(Visual Studio Professional)과 비주얼 스튜디오 엔터프라이즈(Visual Studio Enterprise)는 현재 유상으로 판매되고 있으나 비주얼 스튜디오 커뮤니티(Visual Studio Community)는 다음과 같은 조건을 충족하는 경우 무상으로 사용할 수 있습니다.

- 개인 개발자가 무료 또는 유료 앱을 직접 개발하는 경우
- 기업이 아닌 조직에서 최대 5명 이하의 사용자가 개발하는 경우
- 기업에서 학습, 학술연구 또는 공개 소스 프로젝트를 수행하는 경우

대부분의 통합 개발 도구들이 무상으로 제공되고 있는 현재의 환경에서 아직도 유상을 고집하는 몇몇 버전에 대해서는 마이크로소프트의 정책이 아쉽지만, 언젠가는 모든 버전이 무상으로 제공될 날이 올 것으로 믿습니다. 비주얼 스튜디오가 비록 다른 통합 개발 도구에 비해 오랜 기간 누적된 편의 기능과 전문 개발자들에게 필수적인 디버거(Debugger) 기능 등이 탁월하지만 소프트웨어가 무거워서 기피하는 사람들도 있기 때문에 지금과 같은 추세로 계속되다가는 비주얼 스튜디오의 사용자 서번이 크게 감소할 수도 있기 때문입니다.

UWP 앱 개발을 지원하도록 비주얼 스튜디오를 설치하기 위해서는 우선 Windows 10이 설치된 PC를 준비해야 합니다. 컴퓨터 사양으로 CPU는 Windows 10에 적합하게 디자인된 7세대 이상, RAM은 최소 8GB, 저장장치의 경우 하드디스크(HDD)보다는 SSD 256GB 이상의 환경을 갖추기 바랍니다.

다음 그림과 같이 구글 검색 사이트(https://www.google.co.kr)에서 "Visual Studio Community"를 검색한 후 〈Visual Studio 2019 | Visual Studio〉 링크를 클릭하여 설치 사이트로 이동합니다.

[그림] 검색된 비주얼 스튜디오 설치 링크

비주얼 스튜디오 설치 사이트에서 〈Visual Studio 다운로드〉 링크를 클릭하여 Visual Studio Installer를 다운로드합니다. 비주얼 스튜디오 구성 요소의 설치, 변경 및 삭제는 Visual Studio Installer를 사용하여 이루어집니다.

[그림] 비주얼 스튜디오 설치 사이트

Visual Studio Installer를 실행한 후 다음 그림과 같이 [워크로드] 화면에서 프로그램 개발 구성 요소로 〈ASP.NET 및 웹 개발〉과 〈유니버설 Windows 플랫폼 개발〉을 선택합니다. 〈유니버설 Windows 플랫폼 개발〉 구성 요소는 UWP 개발을 위하여 필요합니다. 또한 〈ASP.NET 및 웹 개발〉 구성 요소는 UWP가 HTML이나 XML과 유사한 XAML 기반으로 화면을 구성하게 되어 있고 프로그램의 개발 기법도 JSON(JavaScript Object Notation) 파일을 자주 사용하는 등 웹 개발적인 요소가 포함되어 있어서 필요합니다.

그리고 [개별 구성 요소] 화면에서 "Windows 10 SDK(Software Development Kit)"의 지원되는 모든 버전을 선택합니다. 사용하는 Windows 운영체제 버전에 맞는 SDK를 설치하는 것이 최적이지만 비주얼 스튜디오와 Windows 운영체제는 변화가 크고 PC의 사양이 나날이 발전하고 있는 것을 고려할 때 자신의 환경에 맞는 SDK만을 골라서 설치하느라 고생할 이유가 없기 때문입니다. 이제 〈설치〉 버튼을 클릭하여 비주얼 스튜디오를 설치합니다.

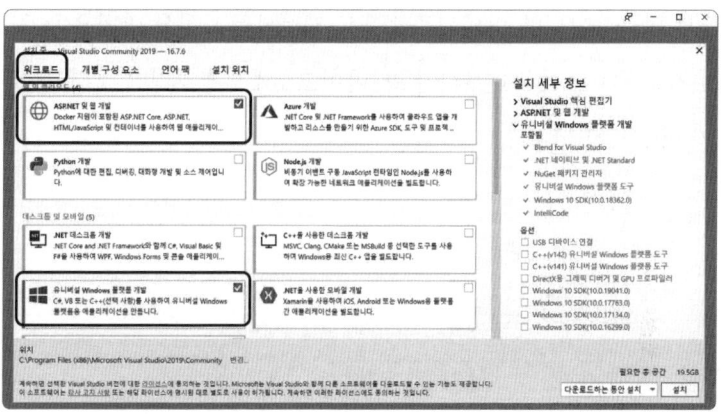

[그림] 비주얼 스튜디오 Installer 화면(1)

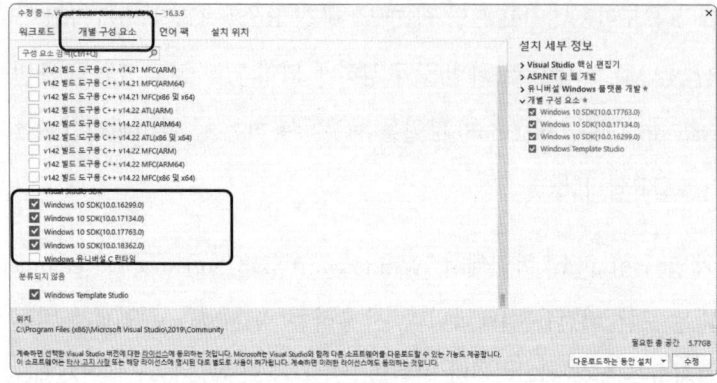

[그림] 비주얼 스튜디오 Installer 화면(2)

설치된 비주얼 스튜디오 2019를 처음 실행하면 다음 그림과 같이 Microsoft 계정 로그인 화면이 나타납니다. 라이선스 인증을 위하여 로그인하거나 〈나중에 로그인〉 링크를 누르고 사용합니다. 마이크로소프트 계정에 등록하는 방법은 부록 "마이크로소프트 스토어에 올려서 배포하기"의 "마이크로소프트 개발자 계정 등록하기"에 설명해 놓았으니 참고합니다.

[그림] 비주얼 스튜디오 시작 화면

비주얼 스튜디오 초기 화면에서 다음 그림과 같이 〈코드를 사용하지 않고 계속하기〉를 클릭하여 프로그램 편집 화면으로 이동합니다.

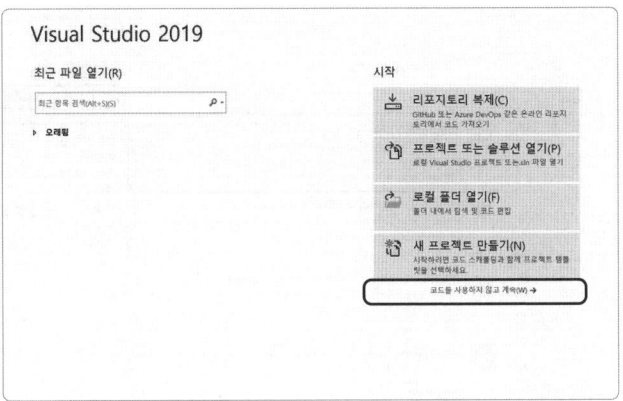

[그림] 비주얼 스튜디오 초기 화면

비주얼 스튜디오를 설치하고 프로그램을 시작했지만 아직 UWP 개발을 위한 준비가 끝난 것이 아닙니다. Windows Template Studio 확장 프로그램을 설치해야 UWP 개발 준비가 완료됩니다. Windows Template Studio 확장 프로그램을 설치하기 위하여 다음 그림과 같이 비주얼 스튜디오의 [확장]→[확장 관리]를 선택합니다.

[그림] 비주얼 스튜디오의 확장 관리 메뉴

011

[확장 관리] 화면에서 다음 그림과 같이 Windows Template Studio를 검색하여 다운로드합니다. 다운로드 후 변경이 예약되어 비주얼 스튜디오를 종료하면 확장 프로그램의 설치가 시작됩니다.

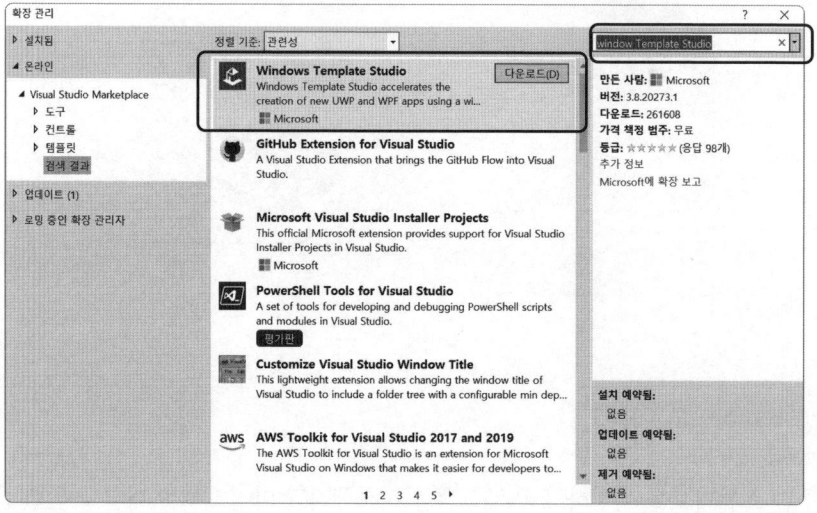

[그림] 비주얼 스튜디오의 확장 관리 화면

비주얼 스튜디오를 종료한 다음, 다음 그림처럼 비주얼 스튜디오 확장 설치 화면에서 〈Modify〉 버튼을 누릅니다.

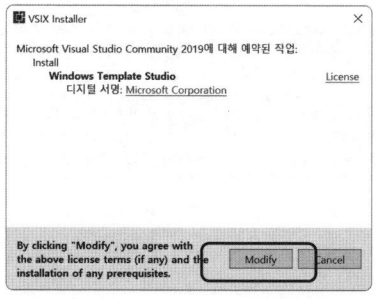

[그림] 비주얼 스튜디오 확장 설치 화면

■ 개발자 모드 설정

개발자의 PC를 개발자 모드로 설정하지 않은 경우 비주얼 스튜디오로 UWP 앱을 실행하면 다음과 같은 화면이 나타납니다. ⟨settings for developers⟩ 링크를 눌러 개발자 모드로 설정하기 바랍니다.

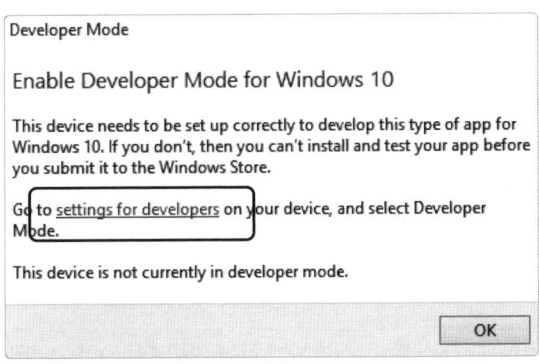

[그림] 개발자 모드 설정을 유도하는 팝업 화면

혹시 위와 같은 화면이 나타나지 않는다면 Windows 10의 [시작 메뉴] → [설정] → [업데이트 및 보안 화면]으로 이동한 뒤 다음 그림과 같이 화면 좌측 하단의 [개발자용] 항목을 선택하여 [개발자 모드]로 설정하기 바랍니다.

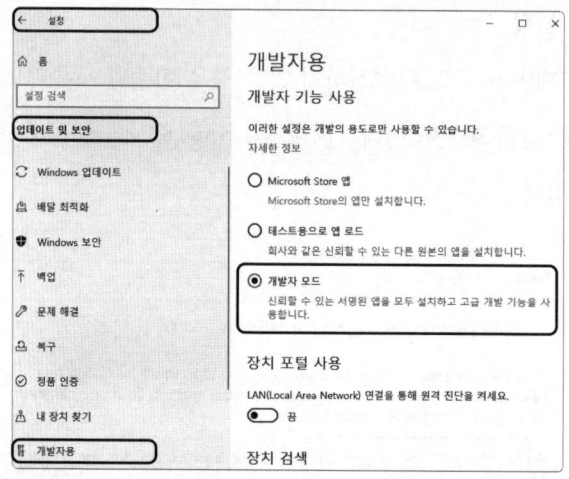

[그림] Windows 10의 개발자 모드 설정 화면

기본 모드에서는 마이크로소프트 스토어에 등록되어 있는 UWP 앱만 설치할 수 있어 개발 중인 앱을 설치하여 테스트하거나 디버깅할 수 없습니다. 그러나 위와 같이 개발자 모드로 설정하면, 개발자가 개발 중인 앱을 테스트하고 디버깅하는 것이 가능합니다.

> **알아두기**
>
> 개발자 모드가 아니라 [테스트용으로 앱 로드] 옵션을 선택하면 UWP 앱의 개발은 가능하지 않지만 다른 개발자가 개발한 앱을 마이크로소프트 스토어를 통하지 않고 배포하여 테스트할 수 있습니다. 즉, 테스터의 PC 환경으로 적합한 옵션입니다.

6 : MVVM 프로그램 패턴

UWP 앱은 MVVM(Model View ViewModel) 프로그램 패턴을 따릅니다. Windows Forms나 Win32 API 개발 도구에 익숙한 개발자들에게 프로그램 패턴은 생소한 개념이지만 웹 개발자들은 MVC(Model View Controller) 패턴을 사용하여 개발하는 경우가 많고 Vue.js와 같은 최근의 웹 개발 프레임워크에서는 UWP 앱과 동일하게 MVVM 패턴을 사용하고 있습니다.

프로그램을 공부하다 보면 프로그램 그 자체보다 용어가 어려운 경우가 있습니다. MVC나 MVVM과 같은 프로그램 패턴의 경우가 바로 그러한데 우리가 모델(Model)이나 뷰(View) 그리고 컨트롤러(Controller)와 같은 용어를 평소에 사용하지 않기 때문입니다. 그러면 용어를 바꾸어 봅시다. 뷰(View)를 '화면(User Interface, Presentation)'이라는 용어로 바꾸고 모델(Model)을 '데이터 모델(Data Model)'이라는 용어로 보완하고 컨트롤러(Controller)를 '프로그램 로직'이라는 용어로 바꾸어 봅시다.

이 세 가지는 응용 프로그램을 구성하는 3개 계층입니다. 과거에는 응용 프로그램의 3개 계층을 프레젠테이션 계층(Presentation Layer), 데이터 계층(Data Layer) 및 애플리케이션 계층(Application Layer)이라고 불렀는데, 각 계층은 뷰(View)와 모델(Model)과 컨트롤러(Controller)에 대응합니다.

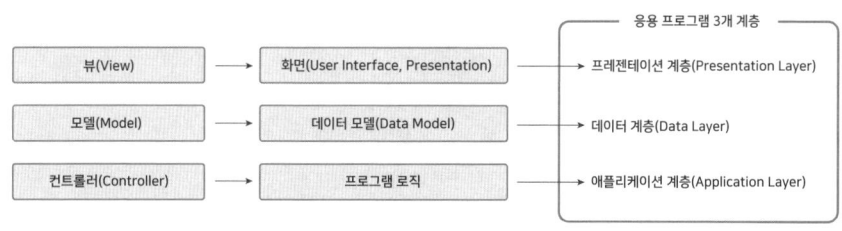

[그림] 응용 프로그램을 구성하는 3개 계층

기존에 구성 요소를 구분하지 않고 프로그래밍하던 것을 계층별로 나누어 개발하는 것이 프로그램 패턴이 되는 것입니다. 그럼 뷰모델(ViewModel)이라는 용어는 무엇일까요? 이것은 뷰(View)와 모델(Model)을 연결해주는 컨트롤러(Controller)와 유사한 역할, 혹은 프로그램 로직의 역할을 하는 응용 프로그램 계층을 말하는 것입니다. 이와 같은 이해를 바탕으로 MVVM 패턴을 다음 그림과 같이 표현할 수 있습니다.

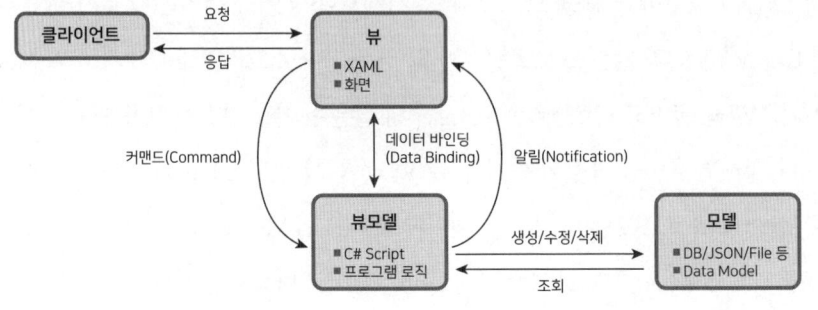

[그림] UWP MVVM 프로그램 패턴 구성도

웹 개발의 경우 HTML을 사용하여 화면을 구성하고 프로그램 로직은 JavaScript나 Java와 같은 프로그램 언어로 개발했기 때문에 일찍부터 프로그램 패턴이라는 개념이 다음 그림과 같이 발달할 수 있었습니다.

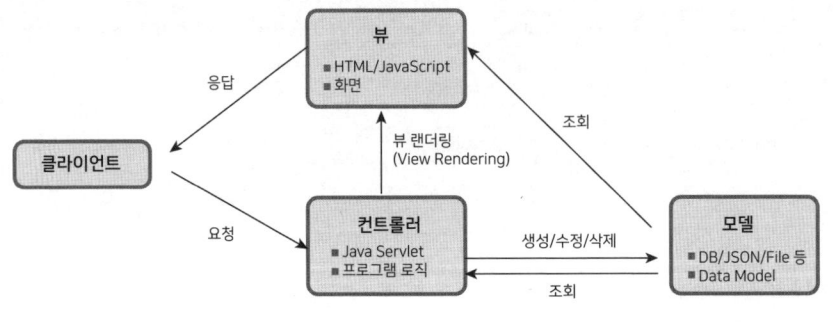

[그림] 웹 MVC 프로그램 패턴 구성도

C# 프로그램 개발자들에게 익숙한 Windows Forms는 프로그램 패턴이라는 용어를 사용하지는 않았지만 굳이 프로그램 패턴을 그려 보라고 한다면 다음 그림과 같이 표현할 수 있을 것입니다. 하지만 큰 차이가 있는데 MVVM 패턴이나 MVC 패턴의 경우 모델(Model)과 뷰(View)와 뷰모델(ViewModel)(또는 컨트롤러(Controller))가 독립적이지만 Windows Forms의 경우 종속적이라는 것입니다. 그래서 MVVM

과 MVC 프로그램 패턴은 패턴의 구성요소별로 디자이너와 개발자의 역할 분담과 테스트 자동화 등의 이점이 분명한 반면 Windows Forms의 경우는 그렇지 못합니다.

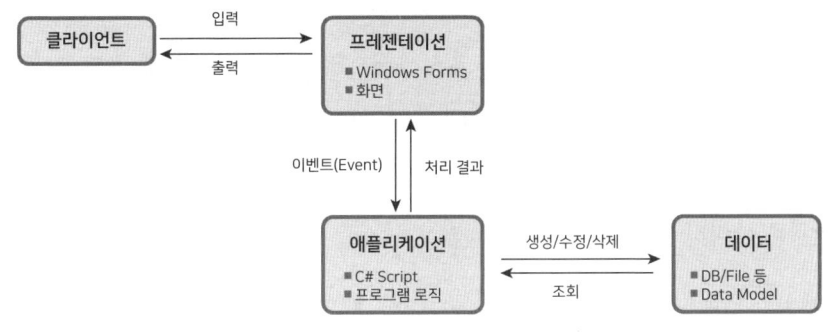

[그림] Windows Forms 프로그램 패턴 구성도

프로그램 패턴의 기본 개념은 프레젠테이션 계층과 데이터 계층, 애플리케이션 계층의 3개 계층을 구분하여 배치하는 것에서 시작하기 때문에 위의 3개 패턴을 비교해 보며 프로그램 패턴에 대한 개념을 더 정확히 잡을 수 있을 것입니다. 과거의 프로그램들은 3개 계층을 하나의 프로그램으로 모아서 작성했기 때문에 프로그램 패턴에 대한 개념이 없어도 프로그램을 개발할 수 있었지만 최근에 개발된 대부분의 프로그램 프레임워크들은 프로그램 패턴 개념을 이해해야 프로그램을 개발할 수 있습니다.

그러면 의문이 생기지 않나요? 기존의 프로그램이 3가지 구성 요소로 나뉘어 있어도 프로그램 패턴을 강조하지 않았는데 최근의 웹 개발 도구들과 UWP는 왜 프로그램 패턴을 강조하는 것일까요?

첫째, 웹 개발 도구들은 HTML로 화면을 구성한 후 서버 측의 CGI(Common Gateway Interface) 프로그램으로 프로그램 로직을 개발하고 클라이언트 측의 JavaScipt 프로그램으로 로직을 보완하는 방법을 사용하여 부득이 프로그램 계층이 분리되었기 때문입니다. 따라서 이를 통합하여 프로그램을 개발하기 위해 Spring이나 Struts 등의 많은 개발 프레임워크가 출현했습니다.

물론 웹 개발 초창기에는 CGI나 JSP(Java Servlet Page), ASP(Active Server Page)처럼 프로그램의 구성 요소를 하나의 프로그램으로 개발하기도 했으나 프로그램의 복잡성을 감당하지 못하고 Struts나 Spring과 같은 웹 개발 프레임워크들에게 자리를 내주었고 최근에는 새로운 프로젝트에서는 거의 선택되지 않고 프로그램 역사의 뒤안길로 사라지고 있습니다.

둘째, 프로그램 패턴을 분리하면 프로그램의 복잡성이 줄어들어 프로그램이 재사용 가능해지고 자동화된 단위 테스트가 가능해지며 유지 보수가 쉬워지기 때문입니다. 스파게티처럼 섞여 있는 복잡한 프로그램과 한약사의 약재함처럼 깔끔하게 정리된 프로그램의 차이라고나 할까요?

셋째, 프로그램 패턴을 분리하면 화면의 개발은 미적 감각이 뛰어난 디자이너들에게 맡기고 프로그램의 개발은 비즈니스 로직에 뛰어난 개발자들에게 맡겨서 분업을 할 수 있기 때문입니다. 이로 인해 프로그램 품질과 생산성 향상을 함께 기대할 수 있습니다.

화면과 프로그램 로직만이 아니라 데이터 모델(Data Model)까지 분리되면 API 프로그램 전문가인 서버 측의 백엔드 개발자와 사용자 경험의 전문가인 클라이언트 측의 프런트엔드 개발자를 분리하여 각각의 전문성에 맞는 프로그램을 개발할 수 있기 때문에, 많은 프로그램 전문 업체들은 이미 이 방향으로 가고 있는 추세입니다.

설명이 너무 뜬구름 잡는 것 같고 추상적이지요? 앞으로 예제 프로그램을 개발하면서 이런 추상적인 프로그램 패턴에 대해 조금씩 이해해나갈 것입니다.

C H A P T E R

UWP MVVM 앱 개발하기

'Hello UWP World'라는 간단한 프로그램을 개발해보면서 MVVM 패턴의 UWP 앱 개념을 익혀 보겠습니다.

1 : 프로젝트 만들기

다음 그림과 같이 우선 비주얼 스튜디오를 실행한 후 〈새 프로젝트 만들기〉를 클릭합니다.

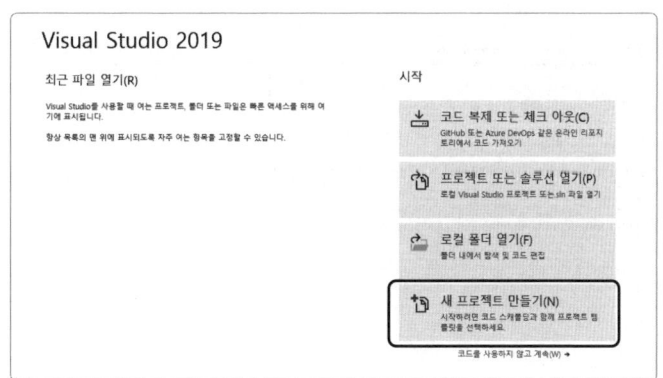

[그림] 비주얼 스튜디오 프로젝트 만들기 화면(1)

UWP 앱을 개발하기 위하여 [Windows Template Studio (Universal Windows)] 템플릿을 선택한 후 〈다음〉 버튼을 클릭합니다.

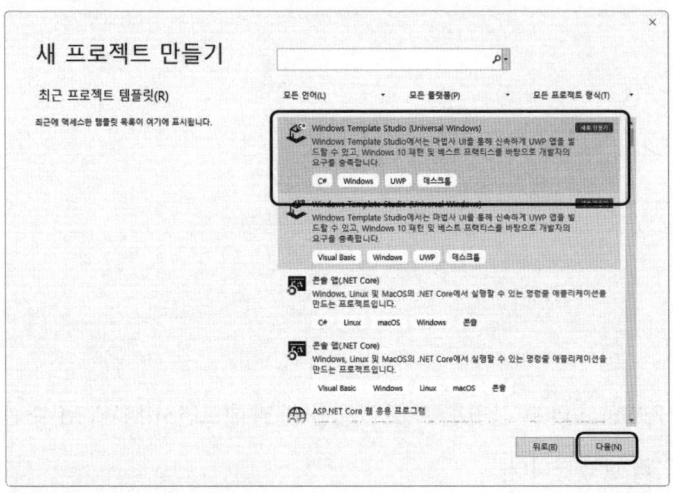

[그림] 비주얼 스튜디오 프로젝트 만들기 화면(2)

프로젝트가 위치할 폴더와 프로젝트 이름 Hello UWP World를 입력한 후 〈만들기〉 버튼을 클릭합니다.

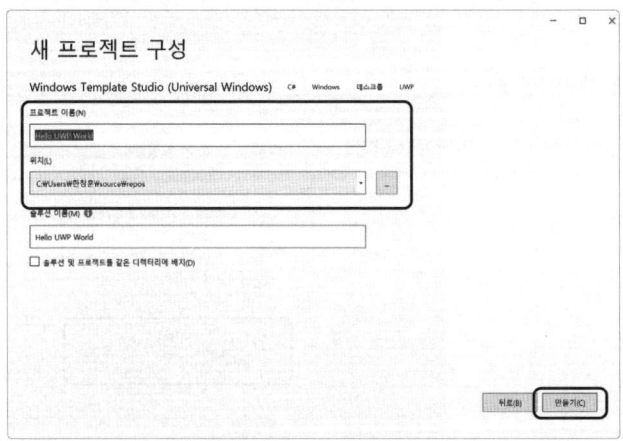

[그림] 비주얼 스튜디오 프로젝트 만들기 화면(3)

프로젝트 유형으로 [Blank]를 선택하고 페이지 이름은 Main으로 유지하겠습니다. 미리 정해진 프로젝트 유형을 선택하여 개발할 프로그램에 맞는 프레임워크를 제공 받을 수 있습니다. 디자인 패턴을 선택하기 위하여 화면 왼쪽의 [2. Design pattern] 항목을 선택합니다.

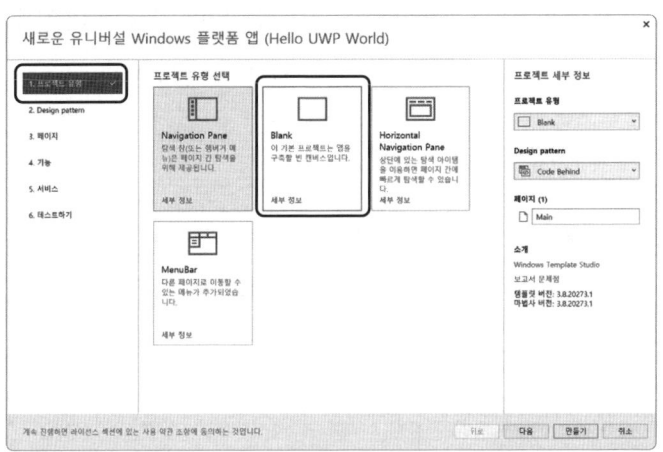

[그림] 비주얼 스튜디오 프로젝트 만들기 화면(4)

디자인 패턴으로 [Prism]을 선택합니다. Prism(프리즘)은 UWP와 WPF 그리고 Xamarin에서 함께 사용할 수 있도록 유지 보수와 테스트를 함께 고려한 MVVM 프레임워크입니다. 향후 높은 수준의 터치나 그래픽 프로그램을 개발하기 위하여 WPF 개발 도구로 프로그램 영역을 확장하거나 안드로이드와 iOS를 동시에 고려한 모바일 프로그램 개발을 위하여 Xamarin 개발 도구로 프로그램을 확징 하기 위하여 적절한 디자인 패턴입니다.

디자인 패턴 중 MVVM 프레임워크는 다음 그림에 보이는 것과 같이 [MVVM Light], [MVVM Basic], [Caliburn.Micro] 등이 더 있습니다. [Code Behind Design Pattern]은 MVVM 패턴이 아니고 기존 프로그램과 같이 프로그램의 구성 요소를 구분하지 않고 프로그래밍하는 방식입니다. 개발 생산성은 뛰어나지만 뷰(View)와 독립적이지 않고, 프로그램 패턴들이 가지는 장점이 없어서 화면을 제어할 때나 단순한 개발을 할 때 추천되는 방식입니다.

끝으로 〈만들기〉 버튼을 클릭합니다. 이번 예제에서는 Main 페이지 외에 추가적인 페이지를 만들지 않고 기능과 서비스와 테스트를 고려하지 않기 때문에 [3. 페이지], [4. 기능], [5. 서비스], [6. 테스트하기] 항목은 선택하지 않습니다.

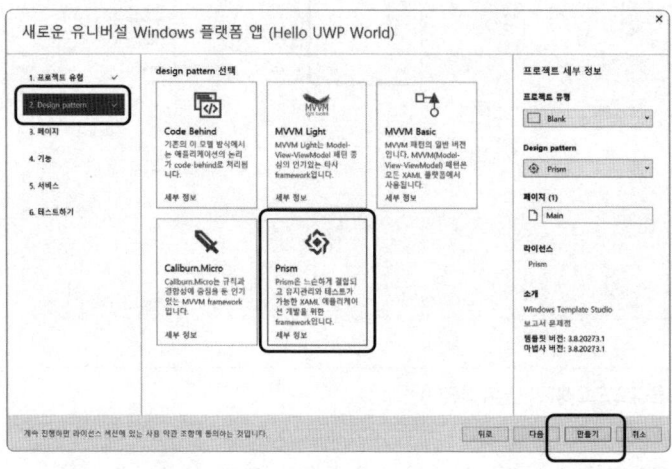

[그림] 비주얼 스튜디오 프로젝트 만들기 화면(5)

제법 오랜 시간이 걸리는 프레임워크 생성 과정이 완료되면 다음 그림과 같은 비주얼 스튜디오 화면이 나타나면서 UWP 앱의 뼈대가 제공됩니다. 비주얼 스튜디오는 전문 개발자에게는 없어서는 안 될 디버거 기능과 각종 개발 프레임워크를 제공하는 강력한 통합 프로그램 개발 환경을 제공하지만 느리고 무겁다는 단점도 있습니다.

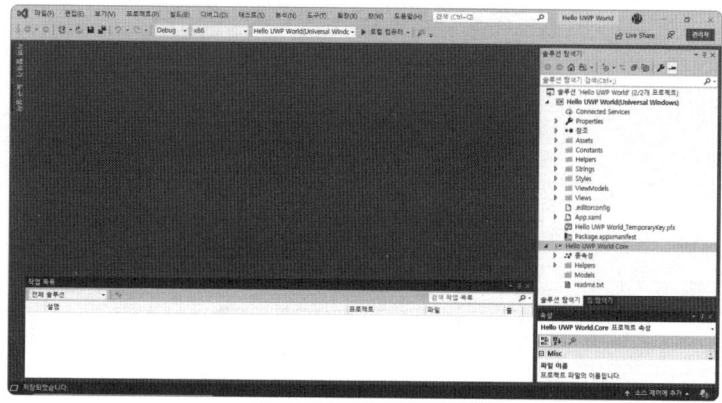

[그림] 비주얼 스튜디오 실행 화면

비주얼 스튜디오의 우측 상단에 있는 솔루션 탐색기에서 자동으로 생성된 프로그램 프레임워크의 구조를 잠시 살펴보겠습니다. 다음 그림을 참조하기 바랍니다. 우선 기존의 Windows 개발 도구에서 제공되는 프레임워크와 달리 두 개의 프로젝트가 생성된 것을 볼 수 있습니다. 표시된 프로젝트의 이름에서 알 수 있는 것과 같이 하나는 UWP 프로젝트이고 나머지는 Core 프로젝트입니다.

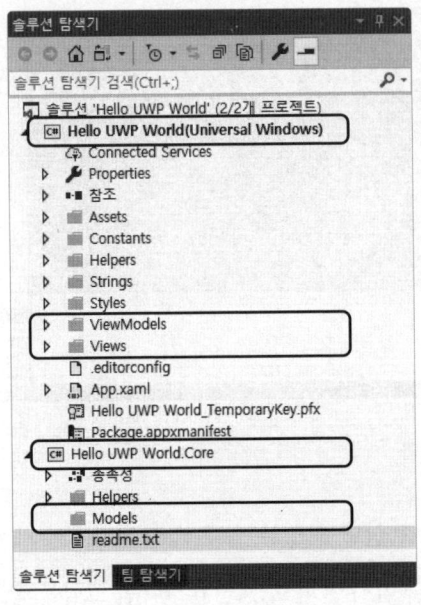

[그림] 비주얼 스튜디오 솔루션 탐색기에 나타난 프로그램 프레임워크 구조

UWP 프로젝트는 MVVM 프로그램 패턴의 뷰(View)와 뷰모델(ViewModel)에 해당하는 구성 요소를 가지고 있고, Core 프로젝트는 모델(Model)에 해당하는 구성 요소를 가지고 있습니다.

그 외 폴더들은 프레임워크가 제공하는 다음과 같은 파일들을 제공하며 개발자가 필요한 파일을 분류 목적에 맞게 모아서 관리할 수 있습니다.

- Assets   사진, 오디오 및 동영상 등 외부 자원(Resource) 파일
- Constants C# 프로그램이 사용하는 상수(Constant) 정의 파일
- Helpers   라이브러리와 같은 역할을 하는 도우미 클래스 파일
- Strings   문자열(String/Text) 자원 파일
- Styles   Style 등 XAML 자원 파일

이제 비주얼 스튜디오 상단 메뉴 중 [디버그] → [디버깅 시작] 또는 [디버그 하지 않고 시작]을 선택해 프로그램을 실행합니다. 우리가 특별한 코딩을 하지 않고 프레임워크를 생성만 했는데도, 비록 빈 화면이지만 다음 그림과 같이 프로그램이 실행되는 것을 확인할 수 있습니다. 프레임워크의 힘입니다.

[그림] Hello UWP World 앱 실행 화면

UWP 프로그램은 기존 프로그램들과 다른 점이 하나 더 있습니다. 우리가 앱 설치 작업을 별도로 하지 않았는데 Windows 10의 시작 메뉴를 보면 다음 그림처럼 앱이 설치된 상태로 나타난다는 것입니다.

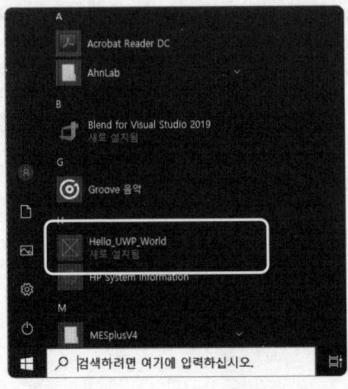

[그림] 시작 메뉴에 설치된 Hello UWP World 앱

2 : 화면을 개발하는 XAML 언어 이해하기

Hello UWP World를 화면에 보여주는 가장 간단한 방법은 MVVM 프로그램 패턴 중 뷰(View)를 사용하는 것입니다. UWP 프로젝트의 Views 폴더에는 MainPage.xaml 파일이 있는데 이것은 프레임워크에 의하여 자동으로 생성된 뷰(View) 프로그램 파일로 XAML이라는 XML 기반의 마크업 언어를 사용합니다. 마크업 언어는 프로그램 로직을 구현하는 일반 프로그램과 달리, 화면을 그리는 것과 같이 무엇인가를 표시해 두는 언어라고 이해하면 무리가 없습니다. 프로그램을 편집하기 위하여 MainPage.xaml 파일을 더블클릭합니다.

[그림] 비주얼 스튜디오 솔루션 탐색기에 나타난 뷰(View) 프로그램 파일

XAML 프로그램은 디자인 보기와 XAML 코드 보기, 두 가지 화면으로 구성되는데 사실 이 두 개는 형태만 다를 뿐, 같은 프로그래밍 언어의 서로 다른 표현입니다. 즉 XAML 코드 보기에는 XAML 언어를, 디자인 보기에서는 XAML 언어에 의하여 생성되는 화면을 보여줍니다.

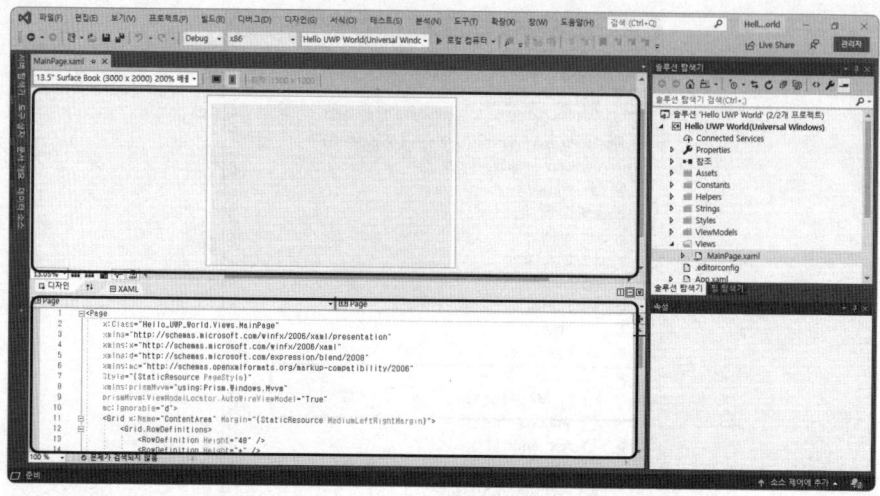

[그림] 디자인 보기(왼쪽 상단)와 XAML 코드 보기(왼쪽 하단)로 이루어진 프로그램 편집 화면

우선 UWP Prism 프레임워크가 뼈대로 제공하는 XAML 코드를 살펴보겠습니다.

MainPage.xaml

```
<Page
    x:Class="Hello_UWP_World.Views.MainPage"
    xmlns="http://schemas.microsoft.com/winfx/2006/xaml/presentation"
    xmlns:x="http://schemas.microsoft.com/winfx/2006/xaml"
    xmlns:d="http://schemas.microsoft.com/expression/blend/2008"
    xmlns:mc="http://schemas.openxmlformats.org/markup-compatibility/2006"
    Style="{StaticResource PageStyle}"
    xmlns:prismMvvm="using:Prism.Windows.Mvvm"
    prismMvvm:ViewModelLocator.AutoWireViewModel="True"
    mc:Ignorable="d">
    <Grid x:Name="ContentArea" Margin="{StaticResource MediumLeftRightMargin}">
        <Grid.RowDefinitions>
            <RowDefinition Height="48" />
            <RowDefinition Height="*" />
        </Grid.RowDefinitions>

        <TextBlock
            Grid.Row="0"
            x:Uid="Main_Title"
            Style="{StaticResource PageTitleStyle}" />
```

```
    <Grid
        Grid.Row="1"
        Background="{ThemeResource SystemControlPageBackgroundChromeLowBrush}">
        <!--
            The SystemControlPageBackgroundChromeLowBrush background
            represents where you should place your content.
            Place your content here.
        -->
    </Grid>
  </Grid>
</Page>
```

XAML은 웹 프로그램을 만들 때 사용하는 HTML이나 모바일 앱을 만들 때 사용하는 XML과 거의 동일한 방식으로 표현됩니다. 화면의 구성 요소(Element)가 〈와 〉으로 둘러싸인 태그로 시작하여 〈/와 〉으로 둘러싸인 태그로 종료되며, 각 구성 요소는 다른 구성 요소를 포함할 수 있어 계층적으로 나타냅니다.

UWP Prism 프레임워크가 뼈대로 제공하는 XAML 프로그램을 보니 위의 코드와 같이 〈Page〉 태그로 시작하여 〈/Page〉 태그로 끝납니다. 백문이 불여일견이니 〈Page〉 태그를 마우스로 클릭해볼까요? 디자인 보기가 다음 그림과 같이 변경되어 Page 요소의 경계선이 파랗게 표시됩니다. 이와 같이 Page 요소는 화면의 시작과 끝을 나타냅니다.

[그림] 디자인 보기에서 경계선이 파랗게 표시된 Page 요소

다음에는 첫 번째 〈Grid〉 태그를 클릭해봅니다. 다음 화면의 디자인 보기에 파랗게 표시되는 화면을 보니 Grid 구성 요소는 상단에 좁은 격자행 하나와 하단에 넓은 격자행 하나를 포함하는 최상위 격자인 것을 알 수 있습니다. Grid는 Page 요소보다 미세하게 작은 크기로 Page 요소의 안쪽에 배치되어 있는 것을 확인할 수 있습니다.

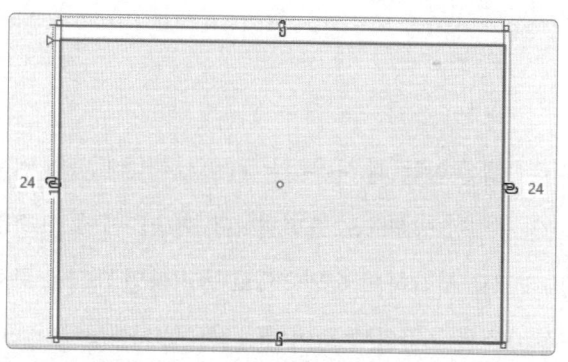

[그림] 디자인 보기에서 경계선이 파랗게 표시된 최상위 Grid 요소

다음에는 〈TextBlock〉 태그를 클릭해봅니다. 다음 화면의 디자인 보기에 파랗게 표시되는 화면을 보니 TextBlock 구성 요소는 상단의 좁은 격자행 안에 들어 있는 문자열 출력 공간입니다.

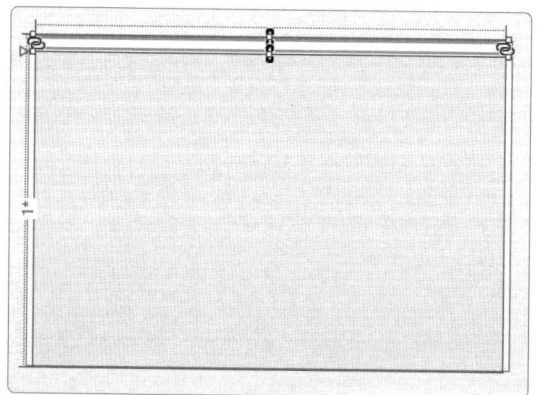

[그림] 디자인 보기에서 경계선이 파랗게 표시된 TextBlock 요소

다음에는 두 번째 〈Grid〉 태그를 클릭해봅니다. 다음 화면과 같이 하단의 넓은 격자 행 안에 들어 있는 또 하나의 격자를 파랗게 표시합니다.

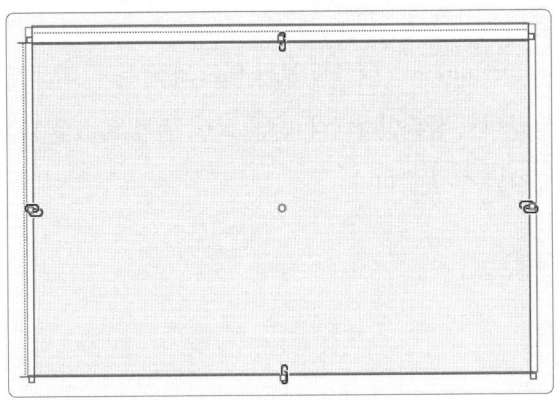

[그림] 디자인 보기에서 경계선이 파랗게 표시된 두 번째 Grid 요소

다음 코드는 뼈대로 제공된 XAML 코드 중 일부입니다.

MainPage.xaml

```
생략
    prismMvvm:ViewModelLocator.AutoWireViewModel="True"
    mc:Ignorable="d">
    <Grid x:Name="ContentArea" Margin="{StaticResource MediumLeftRightMargin}">
        <Grid.RowDefinitions>
            <RowDefinition Height="48" />
            <RowDefinition Height="*" />
        </Grid.RowDefinitions>

        <TextBlock
            Grid.Row="0"
생략
```

눈여겨볼 부분은 〈Grid.RowDefinitions〉 태그입니다. 첫 번째 Grid 요소, 즉, 맨 바깥쪽 Grid 요소를 〈RowDefinition〉 태그를 활용하여 두 개의 행(Row)으로 구분했습니다. 이 중에서 상단의 행은 높이(Height)를 48 Pixel로 지정하고 두 번째 행은 높이를 *로 지정하여 남은 공간을 모두 할당합니다. Height="48"이나 Height="*"와 같이 표현되는 것을 XAML에서는 특성(Attribute) 혹은 속성(Property)이라고 부릅니다.

그런데 〈Grid.RowDefinitions〉 태그를 보니 태그의 끝은 〈/태그명〉 형태로 끝나지 않아도 되고 /〉로 끝내도 상관없습니다. 다른 화면 구성 요소를 포함하지 않는 말단의 요소는 이렇게 끝날 수 있습니다.

다음 코드를 봅시다.

```
MainPage.xaml

생략
</Grid.RowDefinitions>

        <TextBlock
            Grid.Row="0"
            x:Uid="Main_Title"
            Style="{StaticResource PageTitleStyle}" />
        <Grid
            Grid.Row="1"
            Background="{ThemeResource SystemControlPageBackgroundChromeLowBrush}">
            <!--
생략
```

〈TextBlock Grid.Row="0"과 같이 지정하여 TextBlock 요소를 첫 번째 Grid 요소의 첫 번째 행에 연결하고, 〈Grid Grid.Row="1" 와 같이 지정하여 두 번째 행에 두 번째 Grid 요소를 연결합니다(많은 프로그램 언어에서 0은 첫 번째를 1은 두 번째를 의미합니다). 첫 번째 행의 TextBlock은 프레임워크에 의하여 화면의 제목을 출력하는 데 사용되고, 두 번째 행의 Grid는 사용자 프로그램을 추가할 수 있도록 프레임워크가 제공하는 것입니다. 그러니 프레임워크가 제공한 프로그래밍 코드를 변경할 때는 신중해야 합니다.

XAML 언어가 화면을 구성하는 원리가 별것 아니라는 것을 화면의 구성 요소에 속성을 지정하는 방법을 통해서 이해해보겠습니다. XAML 코드 보기에서 〈TextBlock〉 태그를 클릭한 후 다음 그림과 같은 비주얼 스튜디오 속성 창을 확인합니다.

이 화면 구성 요소의 형식은 TextBlock 요소이고 브러시, 레이아웃, 텍스트 등으로 분류되는 속성 그룹들을 가지고 있습니다. 여기서 속성은 XAML 구성 요소가 가지는 특성과 같은 의미로 이해하면 됩니다. 다른 마크업 언어에서는 '특성(Attribute)'이라는 용어를 더 많이 사용하지만 Windows 프로그래밍을 할 때는 '속성'이라는 표현을 더 많이 사용하니 이제부터 '속성'이라는 표현으로 통일하여 사용하겠습니다.

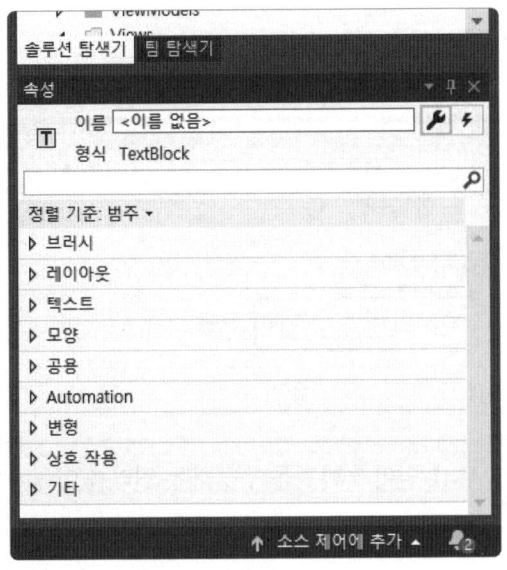

[그림] 비주얼 스튜디오 우측 하단에 위치한 속성 창

이번에는 속성 창의 상단에 위치한 검색란에 Grid.Row라고 입력합니다. 다음 그림과 같이 속성 창에 나타나는 값을 확인해보니 레이아웃의 Row 속성에 0이라는 값이 들어가 있습니다. 이는 XAML로 Grid.Row="0"과 같이 표현할 수 있습니다.

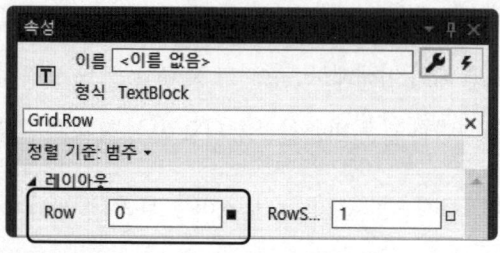

[그림] TextBlock 요소의 Row 속성

XAML 코드 보기에서 두 번째 〈Grid〉 태그를 선택해 봅니다. 이제 속성 창이 TextBlock 요소의 속성이 아닌 Grid 요소의 속성을 보여주는 것을 확인할 수 있습니다. 다음 그림을 확인해보니 레이아웃의 Row 속성에 1이라는 값이 들어가 있습니다. 이는 XAML 언어로 Grid.Row="1"와 같이 표현할 수 있습니다.

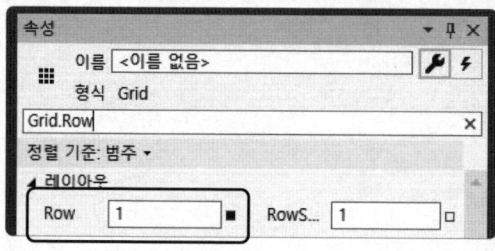

[그림] Grid 요소의 Row 속성

독자 여러분, 이제 XAML 언어가 화면을 구성하는 원리를 이해하셨나요?

3 : MVVM 프로그램 패턴 중 뷰 이해하기

그러면 Hello UWP World 사용자 프로그램을 두 번째 Grid에 추가해봅니다. 가장 쉬운 방법은 XAML 코드 보기에 하드코딩(Hard Coding)하는 것입니다. 즉, 데이터를 변수나 데이터베이스 서버 등에서 가져와 보여주는 방식이 아닌 화면에 직접 나타내는 가장 간단한 방법으로 구현하겠습니다.

프로그램 코드는 XAML 코드 보기의 초록색 주석 하단에 추가로 작성합니다. 주석은 프로그램 명령어가 아닌 일종의 설명문으로 프로그램의 수행에 영향을 미치지 않는 텍스트입니다. XAML과 HTML과 XML은 모두 <!-- 기호로 주석을 시작하고 --> 기호로 주석을 닫습니다. C나 C++ 혹은 C# 언어의 /*과 */ 기호와 같은 역할을 하는 것으로 이해하면 됩니다. 아쉽지만 // 기호와 같이 기호 뒤의 문자열을 모두 주석 처리하는 기능은 마크업 언어에는 존재하지 않습니다.

[그림] XAML 코드 보기의 하단에 위치한 사용자 프로그램 개발 영역

우리가 작성할 프로그램은 "Hello UWP World"라는 문자열을 화면에 보여주는 것이니 TextBlock 요소를 사용하겠습니다.

화면의 구성 요소를 추가하는 방법은 두 가지입니다. 첫 번째는 XAML 언어를 사용해서 추가할 화면의 구성 요소가 위치할 프로그램 부분에 코딩하는 방법이고, 두 번째는 도구 상자에서 추가할 화면 구성 요소를 선택하여 디자인 보기에 끌어다 놓는 드래그 앤 드롭(Drag and Drop) 방식입니다.

우선 첫 번째 방법을 사용하여 초록색 주석 하단에 〈TextBlock〉이라는 태그를 입력합니다. 편집기가 자동으로 〈TextBlock〉〈/TextBlock〉와 같이 TextBlock 요소를 추가하기 위한 문장을 자동으로 완성해줍니다. 간단히 표현하기 위해서는 〈TextBlock/〉 와 같이 수정해도 무방합니다. 동일한 의미이니까요.

MainPage.xaml

생략
```
        Grid.Row="1"
        Background="{ThemeResource SystemControlPageBackgroundChromeLowBrush}">
        <!--
            The SystemControlPageBackgroundChromeLowBrush background
            represents where you should place your content.
            Place your content here.
        -->
        <TextBlock></TextBlock>
    </Grid>
```
생략

두 번째 방법으로 TextBlock 요소를 추가하기 위하여 다음 그림과 같이 좌측 도구 상자에서 TextBlock 요소를 마우스로 선택한 후, 디자인 뷰의 두 번째 Grid 행으로 드래그 앤 드롭합니다.

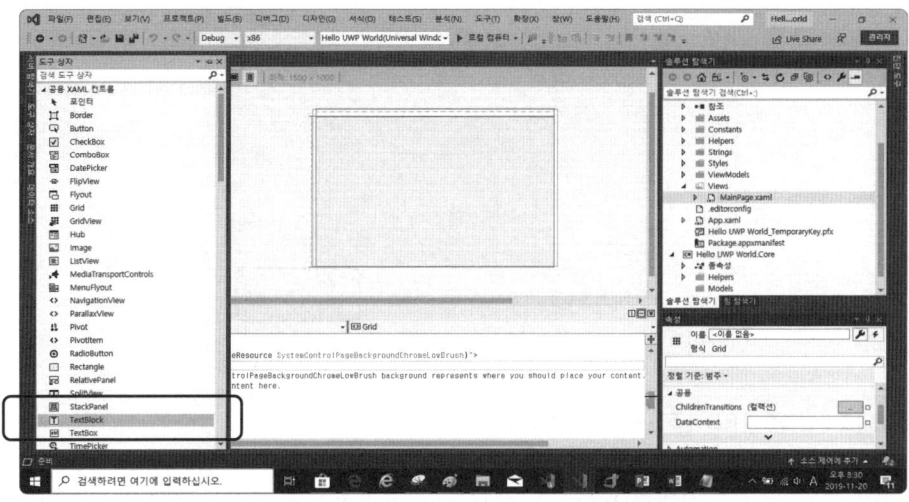

[그림] 비주얼 스튜디오 좌측에 위치한 도구 상자

그러면 다음 코드와 같이 TextBlock 요소만 XAML 프로그램 코드에 추가되는 것이 아니라 몇 가지 기본 속성 값을 가지고 추가되는 것을 확인할 수 있습니다. 그리고 다음 그림과 같이 디자인 보기에 TextBlock라는 문자열이 나타나는 것을 확인할 수 있습니다. 너무 작아서 잘 보이지 않지만 나중에 잘 보이도록 크기를 조정할 것입니다.

MainPage.xaml

생략
```
        Grid.Row="1"
        Background="{ThemeResource SystemControlPageBackgroundChromeLowBrush}">
    <TextBlock HorizontalAlignment="Left" Margin="117,124,0,0"
        Text="TextBlock" TextWrapping="Wrap" VerticalAlignment="Top"/>
    <!--
        The SystemControlPageBackgroundChromeLowBrush background
         represents where you should place your content.
        Place your content here.
    -->

</Grid>
```
생략

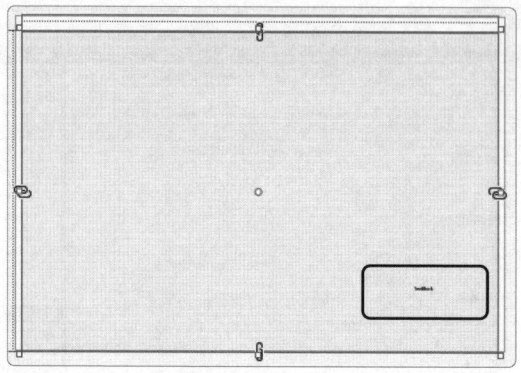

[그림] 도구 상자를 사용하여 추가된 TextBlock 요소

그런데 프로그램을 실행해보면 다음 그림처럼 추가된 TextBlock 요소가 보이지 않습니다. 이런 현상은 비주얼 스튜디오에 의하여 자동으로 추가된 Margin="1196,752,0,0" 코드 때문으로, 실행 시의 단위 처리와 디자인 보기의 단위 처리의 차이가 원인인 것으로 보입니다. 이 코드를 지우고 실행하면 추가된 TextBlock 요소의 기본 위치인 화면의 좌측 상단에 나타납니다. 그런데 이처럼 도구 상자를 사용하여 추가된 TextBlock 요소의 코드를 보면 XAML 프로그램 코드가 추가된 위치가 내가 원하는 위치, 즉 주석 아래가 아닙니다.

이와 같은 부작용 때문에 도구 상자를 사용하는 두 번째 방법보다 XAML 프로그램 코드를 사용하여 추가하는 첫 번째 방법을 더 많이 사용합니다. 언제나 그렇듯이 소프트웨어는 점차 개선되므로, UWP 프로그램의 디자인 보기에서 부족한 기능도 언젠가는 해결될 것으로 믿습니다.

[그림] Hello UWP World 앱 실행 화면

도구 상자를 통하여 추가한 TextBox 요소의 XAML 프로그램 코드를 지우고, 다시 한번 〈TextBlock〉 태그를 우리가 원하는 프로그램 위치인 초록색 주석 아래에 추가한 후 다음 프로그램을 따라서 진행하기 바랍니다.

먼저 추가한 TextBlock 요소의 Text 속성에 "Hello UWP World" 문자열 값을 지정하는 방식으로 UWP 첫 번째 프로그램을 구현할 것입니다. 그런데 화면의 구성 요소에 속성 값을 지정하는 방법도 두 가지입니다. 첫 번째는 속성 창을 이용하는 방법이고, 두 번째는 XAML 직접 코딩을 하는 방법입니다.

우선 TextBlock 요소의 공용 속성 그룹의 Text 속성에 우리가 개발하려고 했던 "Hello UWP World (View)"라는 문자열을 다음 그림과 같이 입력합니다. 나중에 뷰모델(ViewModel)을 사용하는 방법과 모델(Model)을 사용하는 방법을 설명하기 위하여 문자열의 끝에 "(View)"라는 문자열을 추가했습니다.

[그림] TextBlock 요소의 속성 창의 Text 속성

XAML 코드 보기의 TextBlock 요소의 프로그램 코드에 위의 화면에서 지정한 속성이 XAML 언어로 변환되어 추가된 것을 다음 코드와 같이 확인할 수 있습니다. XAML 언어는 따로 배우지 않아도 되겠다는 생각이 들지 않나요? 언어를 보고 이해할 수 있는 수준만 알고 있으면 될 것입니다.

MainPage.xaml

```
생략
            Grid.Row="1"
            Background="{ThemeResource SystemControlPageBackgroundChromeLowBrush}">

            <!--
                The SystemControlPageBackgroundChromeLowBrush background
                represents where you should place your content.
                Place your content here.
            -->
            <TextBlock Text="Hello UWP World(View)"/>
        </Grid>
생략
```

이번에는 디자인 보기를 확인해봅니다. 다음 그림과 같이 좌측 상단에 "Hello UWP World (View)" 문자열이 나타나는 것이 보입니다.

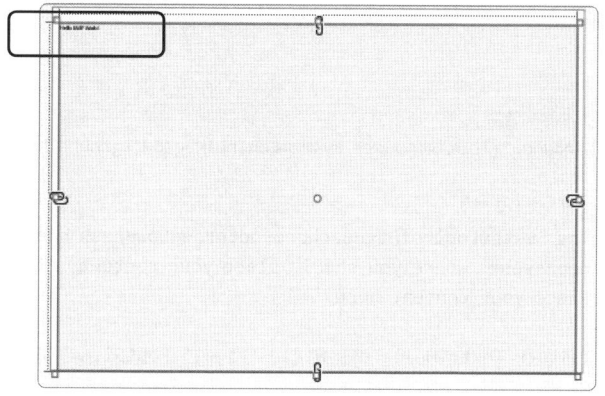

[그림] 디자인 보기에 나타난 TextBlock

글자가 작으니 글자 크기를 조금 키우고 문자열을 화면의 중앙에 위치시켜 보겠습니다. 폰트 크기를 변경하면 될 것이니 속성의 이름인 'Font'를 추측할 수 있습니다. 검색창에 "Font"라고 입력한 후 11px로 되어 있는 크기를 36px로 수정합니다.

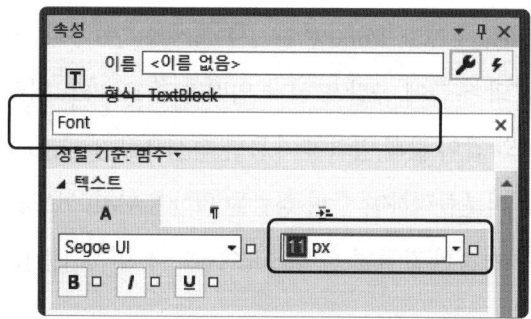

[그림] TextBlock 요소의 속성 창의 Text 속성

041

XAML 코드 보기의 TextBlock 요소의 코드에 위의 화면에서 지정한 속성이 XAML
로 변환되어 추가되어 있는 것을 다음 코드와 같이 확인할 수 있습니다.

MainPage.xaml

```
생략
            Grid.Row="1"
            Background="{ThemeResource SystemControlPageBackgroundChromeLowBrush}">

            <!--
                The SystemControlPageBackgroundChromeLowBrush background
                represents where you should place your content.
                Place your content here.
            -->
            <TextBlock Text="Hello UWP World (View)" FontSize="36"/>
        </Grid>
생략
```

추가한 문자열이 화면의 좌측 상단에 있습니다. 이것을 화면의 중앙으로 이동해볼까요? 수평 정렬을 할 생각이니 속성의 이름이 'Horizon'으로 시작할 것을 쉽게 추측할 수 있습니다. 이번에는 속성에 값을 지정하는 두 번째 방법, 즉, XAML을 사용하여 코딩하는 방법으로 해보겠습니다.

〈TextBlock Text="Hello UWP World (View)" FontSize="36"/〉과 같이 되어 있는 코드 중 FontSize="36"의 우측에 공란을 하나 입력한 후 Ho라고 입력하면 비주얼 스튜디오가 다음 그림과 같이 값의 입력이 가능한 속성으로 [HorizontalAlignment]를 찾아줍니다. 이것을 더블클릭하면 수평 정렬을 위한 XAML 코드를 자동으로 완성해주고, 동시에 입력 가능한 값들의 목록도 보여줍니다. 여기서는 [Center]를 선택하겠습니다.

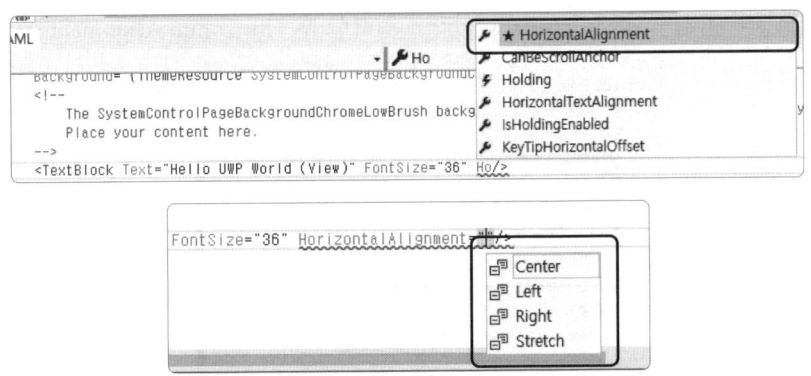

[그림] 요소의 속성 값을 지정하기 위한 XAML 코드 자동 완성 기능

우리가 추가한 TextBlock의 XAML 코드가 최종적으로 〈TextBlock Text="Hello UWP World (View)" FontSize="36" HorizontalAlignment="Center"/〉와 같이 완성된 것을 확인한 후 프로그램 코드가 속성 창에 어떤 영향을 미쳤는지 다음 화면에서 확인해 봅니다.

MainPage.xaml

```
생략
        Grid.Row="1"
        Background="{ThemeResource SystemControlPageBackgroundChromeLowBrush}">

        <!--
            The SystemControlPageBackgroundChromeLowBrush background
            represents where you should place your content.
            Place your content here.
        -->
        <TextBlock Text="Hello UWP World(View)" FontSize="36"
                                        HorizontalAlignment="Center"/>

    </Grid>
생략
```

수평정렬이니 검색 창에 "Horizon"이라고 입력한 후 Horizontal Alignment 속성을
확인하면 됩니다. Center라는 XAML 코드가 ≑와 같은 아이콘으로 표현됩니다.

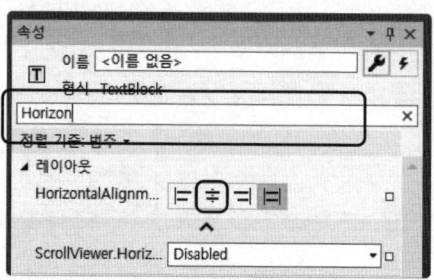

[그림] TextBlock 요소의 속성창의 HirizontalAlignment 속성에 자동 반영된 속성 값

이제 우리가 만든 최초의 UWP 프로그램을 실행하겠습니다. 다음 화면을 보면 첫
번째 Grid 첫 번째 행의 TextBlock 요소에 Main이라는 페이지의 이름이 프레임워크
에 의하여 자동으로 나타나고 두 번째 행의 Grid 요소에 우리가 TextBlock 요소로
추가한 "Hello UWP World (View)" 문자열이 보입니다.

[그림] Hello UWP World 앱 실행 화면

XAML 언어와 XAML 화면 구성 요소의 속성을 변경하여 화면을 구성하는 방법을 설명하다 보니 MVVM 프로그램 패턴 중에서 뷰(View)만을 사용한 Hello UWP World 프로그램이 완성되었습니다. 여기까지가 기본적인 UWP 앱 개발 방법과 MVVM 프로그램 패턴 중에서 뷰(View)를 개발하는 방법의 원리에 관한 설명이었습니다. 이를 조금 더 잘 이해하기 위해 책을 덮고 처음부터 다시 한번 해보기 바랍니다.

4 : MVVM 프로그램 패턴 중 뷰모델 이해하기

지금까지 뷰(View)를 XAML 하드코딩하는 방법으로 Hello UWP World 사용자 프로그램을 작성해 보았습니다. 이번에는 보여줄 문자열, 즉, 데이터를 뷰모델(ViewModel)의 변수에서 가져와 뷰(View)에 보여주는 방법으로 Hello UWP World 사용자 프로그램을 구현해보겠습니다.

프로그램을 작성하기에 앞서 뷰(View)와 뷰모델(ViewModel)을 연동하는 방법에 대하여 다음 그림에서 다시 한번 확인해보겠습니다.

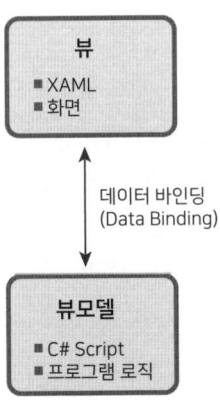

[그림] UWP MVVM 패턴 구성도 중 뷰(View)와 뷰모델(ViewModel) 연동을 나타낸 부분

UWP MVVM 패턴에서 보는 것과 같이 뷰(View)와 뷰모델(ViewModel)은 데이터 바인딩(Data Binding)을 통해 정보를 주고받습니다. 그래서 우리는 뷰(View)에서 데이터 바인딩을 표현하는 방법과 뷰모델(ViewModel)에서 데이터 바인딩을 표현하는 방법을 이해해야 합니다.

우선 뷰(View)에서 데이터 바인딩을 표현하는 방법을 이해하기 위하여 추가했던 TextBlock 요소를 주석으로 처리합니다. XAML 코드를 주석으로 처리하는 문법은 HTML이나 XML과 동일하게 주석으로 처리할 태그들을 <!-- 태그와 --> 태그로 감싸는 것입니다.

그리고 XAML 코드를 사용하는 방법으로 TextBlock 요소를 추가하고 Text 속성에 Text="{Binding helloGreetings}"라는 문자열을 입력합니다. 뷰(View)에서 데이터 바인딩을 표현하는 방법은 Text 속성에 {Binding VariableName}의 형식으로 값을 입력하는 것입니다. VariableName은 뷰모델(ViewModel)에서도 동일하게 사용하여 뷰(View)와 뷰모델(ViewModel) 간에 데이터를 주고받게 됩니다.

MainPage.xaml

```
생략
<!--
  The SystemControlPageBackgroundChromeLowBrush background represents where
  you should place your content. Place your content here.
-->
<!--<TextBlock Text="Hello UWP World(View)" FontSize="36" HorizontalAlignment="Center"/>-->
<TextBlock Text="{Binding helloGreetings}" FontSize="36" HorizontalAlignment="Center"/>
생략
```

이번에는 뷰모델(ViewModel)에 데이터 바인딩을 추가해봅니다. UWP 프로젝트의 ViewModels 폴더 안에는 MainViewModel.cs 파일이 있습니다. 이는 프레임워크에 의하여 자동으로 생성된 뷰모델(ViewModel) 프로그램으로 C#으로 작성되어 있습니다. 프로그램을 편집하기 위하여 파일을 더블클릭합니다.

[그림] 솔루션 탐색기에 나타난 뷰모델(ViewModel) 프로그램 파일

우선 프레임워크에서 기본적으로 제공되는 뷰모델(ViewModel)의 C# 코드를 보겠습니다.

MainViewModel.cs

```
using System;
using Prism.Windows.Mvvm;
namespace Hello_UWP_World.ViewModels
{
    public class MainViewModel : ViewModelBase
    {
        public MainViewModel()
        {
        }
    }
}
```

using 지시자를 사용하여 System과 Prism.Windows.Mvvm 네임스페이스를 사용하게 선언했고 프로그램의 네임스페이스는 Hello_UWP_World.ViewModels로 지정했고 하단에 MainViewModel 클래스를 정의한 후 MainViewModel() 생성자를 비어 있는 상태로 제공하고 있습니다.

이름에서 알 수 있듯이 Prism.Windows.Mvvm 네임스페이스는 Prism MVVM 프레임워크를 사용하게 해주는 네임스페이스입니다. using은 우리가 만들지 않은 객체들을 가져가 사용할 수 있게 해주는 기능을 합니다. 다른 프로그램 언어의 include나 import 혹은 require 등에 대응되는 개념이라고 이해하면 됩니다. 연관된 객체들이 각기 다른 네임스페이스에 존재하므로 using 지시자를 통해 그러한 객체들의 네임스페이스를 가져와 사용하겠다고 선언한 후 해당 객체를 사용합니다.

뷰모델(ViewModel)의 C# 프로그램에서 데이터 바인딩의 표현은 속성(Property)을 사용합니다. 여기서 말하는 속성은 앞에서 설명한 요소의 속성과 동일한 것으로 객체에 특정한 값을 저장하고 가져오는 역할을 하는데 문법적으로는 get과 set 접근자(Accessor)를 함께 사용합니다. 클래스 외부에서 데이터를 가져오기 위해서 get 접근자를 사용하고, 가져온 데이터를 넣기 위해 set 접근자를 사용합니다. 결국 객체에서 값을 저장하고 가져오는 기능이 결합되어 속성을 이루게 됩니다. 전형적인 속성 정의 코드는 다음 코드와 같습니다.

전형적인 속성 정의 코드

```
private string _helloGreetings;
public string helloGreetings {
    get => _helloGreetings;
    set => SetProperty(ref _helloGreetings, value);
}
```

private string _helloGreetings는 데이터를 저장하기 위한 변수를 정의하는 문장으로, 클래스 외부에서 접근하는 것으로부터 보호하기 위하여 변수의 접근 범위를 private로 정의했습니다. 속성 정의는 클래스 외부와 데이터를 주고받기 위한 장치로 public string helloGreetings 문장을 사용하여 속성의 접근 범위를 public으로 정의했습니다. 이때 속성의 이름은 XAML 코드 {Binding helloGreetings}에서 정의한

TextBlock 요소의 Binding 변수명과 반드시 일치해야 합니다.

get 접근자를 통하여 값을 가져갈 때는 get => _helloGreetings; 문장을 사용하여, 변수 접근이 private 범위로 보호된 _helloGreetings 변수에서 가져갑니다. set 접근자를 통하여 값을 저장할 때는 set => SetProperty(ref _helloGreetings, value); 문장을 사용하여, 변수 접근이 private 범위로 보호된 _helloGreetings 변수에 값을 저장합니다. 위와 같이 정의하는 프로그램 코드상에서의 속성을 Getter/Setter라고 부르는 사람들이 있는데 이는 속성의 특성을 아주 잘 나타낸 용어입니다.

알아두기

속성의 가져오기를 표현하는 키워드가 get이고 저장하기를 표현하는 키워드가 set인데 {와 } 사이에 C# 코드 블록을 지정하여 여러 개의 문장을 get과 set을 하기 위한 용도로 실행시킬 수 있습니다. 그러나 여기서는 get과 set의 기능으로 사용할 코드가 한 문장이기 때문에 C# 코드 블록을 단순화하여 표현하기 위하여 람다식(Lamda Expression)을 사용했습니다. 그래서 =)라는 생소한 부호가 사용되었습니다.

=)는 C#에서 람다식을 정의하는 연산자입니다. get의 경우 helloGreeting 변수의 값을 가져다가 사용할 때 => 부호 뒤의 식을 대신 가져간다는 의미로 이해하고 set의 경우 helloGreeting 변수의 값을 저장할 때 => 부호 뒤의 식을 실행하여 저장한다는 의미로 이해하면 되겠습니다.

값을 저장할 때 _helloGreetings private 변수에 저장하려는 값을 의미하는 value를 저장하기 위하여 SetProperty() 메소드를 사용했습니다. SetProperty 메소드는 속성의 값을 변경하며 변경되었다는 사실을 View에게 통지(Notify)하여 화면을 변경하도록 해주는 기능을 하는 ViewModel Base Class에 의해 제공되는 메소드입니다. ref라는 키워드를 사용한 것은 _helloGreetings 변수의 주소(Reference)에 저장하라는 의미입니다.

속성이 정의되어 있더라도 속성 변수에 값이 들어 있어야 뷰(View)가 값을 가져갈 수 있겠지요? 그래서 MainViewModel() 생성자에서 속성에 값을 초깃값으로 저장하기 위하여 helloGreetings = "Hello UWP World (ViewModel)"; 문장을 추가합니다. 데이터 바인딩 기능이 구현된 뷰모델(ViewModel)의 전체 프로그램 코드는 다음과 같습니다.

MainViewModel.cs

```
using System;

using Prism.Windows.Mvvm;

namespace Hello_UWP_World.ViewModels
{
    public class MainViewModel : ViewModelBase
    {
        private string _helloGreetings;
        public string helloGreetings       {
            get => _helloGreetings;
            set => SetProperty(ref _helloGreetings, value);
        }
        public MainViewModel()
        {
            helloGreetings = "Hello UWP World (ViewModel)";
        }
    }
}
```

이제 프로그램을 실행합니다.

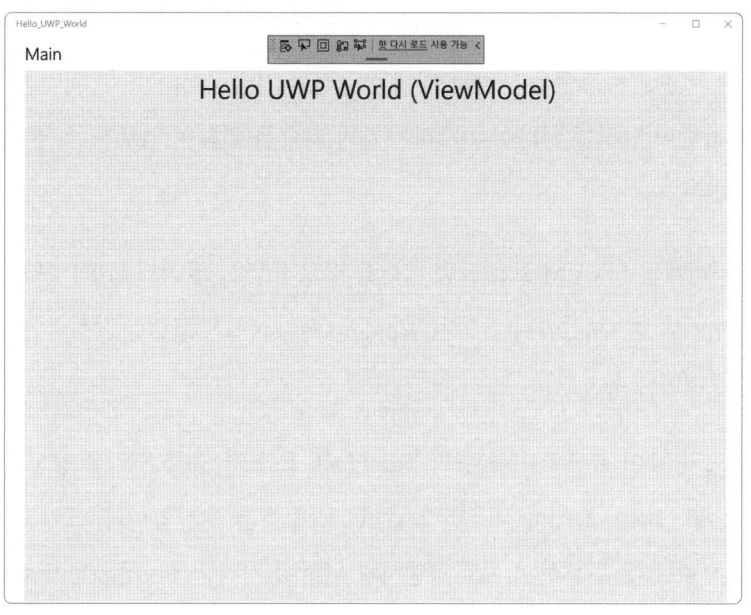

[그림] Hello UWP World 앱 실행 화면

여기까지 따라오셨으면 MVVM 프로그램 패턴 중에서 뷰(View)를 개발하는 방법과 뷰모델(ViewModel)을 개발하는 방법, 그리고 뷰(View)와 뷰모델(ViewModel)을 연결하는 개발 원리를 이해한 것입니다.

5 : 뷰와 뷰모델이 합쳐진 코드 비하인드 이해하기

기존의 Windows 개발 방식인 Windows Forms 등의 프로그램 개발에 익숙하거나, 혹은 JSP나 ASP나 PHP, PERL 등의 CGI 프로그램 방식의 개발에 익숙한 독자는 뷰(View)와 뷰모델(ViewModel)로 구분된 프로그램을 하는 것에 대하여 과연 이렇게까지 프로그래밍을 어렵게 해야 하는지에 의문을 가질지도 모릅니다.

처음 접하는 get과 set 접근자를 사용하는 C# 문법도 쉽지만은 않고, 하나로 작성하던 작고 간결한 프로그램을 굳이 두 개로 분리하여 작성하다 보니 개발 생산성도 그만큼 떨어집니다. 작고 간결한 프로그램을 개발할 때는 단순한 기술을 사용하고, 복잡하고 어려운 프로그램을 개발할 때에는 정교한 기술을 사용하는 것이 타당합니다. 개발 기술이 업무를 위하여 존재하지 개발 기술을 위하여 업무가 존재하는 것은 아니기 때문입니다.

그래서 이번에는 MVVM 프로그램 패턴을 따르지 않는 방식의 UWP 프로그램은 어떻게 하는지 살펴보겠습니다. 마치 Windows Forms 프로그램을 작성하는 듯한 느낌을 받을 것입니다.

다음 코드와 같이 뷰(View)를 위한 TextBlock 요소의 주석 처리를 풀고 코드 비하인드(Code Behind)에서 사용할 TextBlock 요소를 추가합니다. 그리고 각각의 TextBlock 요소를 구분하여 프로그램하기 위하여 각각의 TextBlock 요소에 이름(Name)을 부여했습니다.

MainPage.xaml

```xml
생략
<!--
    The SystemControlPageBackgroundChromeLowBrush background represents where
    you should place your content.
    Place your content here.
-->
<TextBlock Name="viewGreetngs" Text="Hello UWP World(View)" FontSize="36"
        HorizontalAlignment="Center"/>
<TextBlock Name="viewModelGreetngs" Text="{Binding helloGreetings}"
        FontSize="36" HorizontalAlignment="Center"/>
<TextBlock Name="codeBehindGreetngs" Text="Hello UWP World (Code Behind 기본값)"
        FontSize="36" HorizontalAlignment="Center"/>
생략
```

그리고 프로그램을 실행해보면 다음 그림과 같이 3개의 TextBlock 요소가 겹쳐서 나오는 문제가 있는 것을 확인할 수 있습니다. 이런 현상을 해결하기 위하여 XAML 언어는 통상적으로 Layout 요소를 사용하나 여기서는 코드 비하인드(Code Behind)에서 해결할 것입니다. 코드 비하인드(Code Behind)에서 TextBlock이나 Grid나 StackPanel 같은 화면의 구성 요소들은 마치 Windows 컨트롤(Windows Control)처럼 동작합니다.

[그림] Hello UWP World 앱 실행 화면

우선 프레임워크가 제공한 프로그램의 구조를 솔루션 탐색기에서 다시 한번 살펴봅시다. MainViewModel.cs 프로그램과 MainPage.xaml 프로그램은 각각 ViewModels 폴더와 Views 폴더에 독립적으로 위치합니다. 이와는 다르게 MainPage.xaml.cs라는 이름의 C# 프로그램은 다음 그림에서와같이 MainPage.xaml 프로그램의 하위 항목입니다. 다음 그림에 보이는 것과 같이 확장자가 .xaml.cs인, 뷰(View)에 종속된 프로그램을 "코드 비하인드(Code Behind)"라고 합니다. 그림 MainPage.xaml.cs 파일을 더블클릭하여 프로그램 편집 화면으로 이동합니다.

[그림] 솔루션 탐색기에 나타난 코드 비하인드(Code Behind) 프로그램 파일

프레임워크에서 기본적으로 제공되는 Views에 종속된 코드 비하인드의 C# 코드는 다음과 같습니다.

MainPage.xaml.cs

```
using System;

using Hello_UWP_World.ViewModels;

using Windows.UI.Xaml.Controls;

namespace Hello_UWP_World.Views
{
    public sealed partial class MainPage : Page
    {
        private MainViewModel ViewModel => DataContext as MainViewModel;  // ①

        public MainPage()
        {
            InitializeComponent();
```

```
        }
    }
}
```

위의 코드에서는 using 지시자를 사용하여 System과 Hello_UWP_World.ViewModels 과 Windows.UI.Xaml.Controls 네임스페이스를 사용하도록 선언했습니다. System은 이벤트(Event)와 이벤트 핸들러(Event Handler) 및 예외처리(Excelption Handling) 등을 위한 네임스페이스입니다. Hello_UWP_World.ViewModels는 이 프로그램의 ViewModel 네임스페이스이고 Windows.UI.Xaml.Controls는 XAML 언어의 화면 구성 요소를 사용하게 해주는 네임스페이스입니다.

> **네임스페이스?**
>
> C#에서 말하는 '네임스페이스'는 .NET이 가지고 있는 무수히 많은 클래스를 분류하여 모아놓은 동질의 클래스들의 집합으로 이해하면 됩니다. 네임스페이스는 점(.)으로 구분되는 계층적 트리 구조를 가지고 있습니다. Windows.UI.Xaml.Controls 네임스페이스를 예로 들면 Windows는 Windows 관련 최상위 네임스페이스가 되고 Windows.UI는 Windows 중 사용자 인터페이스(User Interface) 관련 클래스들을 모아놓은 네임스페이스가 되고 Windows.UI.Xaml.Controls는 사용자 인터페이스 중 XAML 컨트롤 클래스들을 모아놓은 네임스페이스가 되는 것입니다.

프로그램의 네임스페이스는 Hello_UWP_World.Views로 지정했습니다. 그리고 하단에 있는 MainPage 클래스가 Page 클래스의 상속을 받아 정의된 후 MainPage() 생성자에서 InitializeComponent() 메소드를 호출하고 있습니다. 이 메소드는 Windows Forms 개발 경험이 있는 분들에게는 익숙할 텐데, 화면을 초기화하는 역할을 합니다. 마이크로소프트는 컨트롤(Control)과 컴포넌트(Component)를 거의 같은 의미로 사용합니다. XAML에서는 요소(Element)라는 용어가 더해졌는데 역시 거의 동일한 의미로 받아들이면 됩니다. 엄밀한 의미에서 컨트롤은 사용자와 상호작용하는 컴포넌트나 요소입니다.

여기서 이해하기 어려워 보이는 ① 코드를 설명하면, =>는 필드 이니셜라이저(Field Intializer)로 사용되어 클래스의 DataContext 요소를 ViewModel 객체 변수에 할당하는 역할을 합니다. =>를 필드 이니셜라이저로 사용하기 때문에 ViewModel 변수에 값이 아닌 람다식이 할당됩니다. 그 결과 뷰모델(ViewModel)이 변경되어도 언제나 최신 상태를 가져다 사용하게 됩니다.

> **알아두기**
>
> DataContext는 XAML 코드, 코드 비하인드, 뷰모델 코드의 데이터를 연결해주는 클래스의 속성입니다. 코드 비하인드에서는 데이터 바인딩을 위하여 controlName.DataContext = objectVariable;과 같은 문장의 형태로 직접 사용하는데 objectVariable은 INotifyPropertyChanged 인터페이스의 상속을 받아 PropertyChangedEventHandler를 구현하고 있어야 합니다.
>
> WPF 프로그램에서는 개발자가 직접 코딩해야 했지만, Prism 기반의 UWP에서는 프레임워크가 제공하기 때문에 뷰모델에서 내부적으로 INotifyPropertyChanged 인터페이스가 구현되어 있어 개발자가 특별한 코딩을 하지 않아도 데이터 바인딩이 동작하는 것입니다. XAML 코드에서는 〈Control x:Name="controlName" DataContext="{StaticResource resourceName}"〉의 형태로 자원 데이터를 바인딩할 때 주로 사용됩니다.

> **알아두기**
>
> 필드 이니셜라이저는 값을 할당해 준다는 의미로 가장 간단한 형태는 할당 연산자 =이 있으며 객체의 생성자에서 객체의 변수에 값을 할당해 주는 행위 등도 필드 이니셜라이저의 기능을 수행하는 것입니다.

클래스를 정의할 때 사용한 partial 키워드는 해당 클래스가 부분적이라는 의미입니다. 즉, 다른 프로그램에도 이 클래스를 정의하는 부분이 있다는 뜻입니다. 그럼 MainPage 객체의 나머지 부분은 어디에 정의되어 있는 것일까요? 그곳은 바로 코드 비하인드의 뷰(View)인 MainPage.xaml 파일입니다.

XAML 언어는 외형상 마크업 언어이지만 컴파일하고 나면 이에 상응하는 C# 프로그램으로 변환됩니다. UWP Prism 프레임워크가 뼈대로 제공하는 XAML 프로그램의 Page 요소의 클래스가 x:Class="Hello_UWP_World.Views.MainPage"와 같이 정의되어 있어서 뷰(View)와 코드 비하인드가 같은 클래스임을 알려줍니다. 이로 인해 코드 비하인드 프로그램을 개발하기 위하여 수정한 XAML 코드에서 이름을 부여한 TextBlock 요소들을 마치 객체(Object)와 같이, 혹은 화면의 컨트롤과 같이 코드 비하인드에서 사용할 수 있습니다. 뒤에서 설명할 코드 비하인드 코딩을 해보면 무슨 말인지 금방 이해할 수 있을 것입니다.

sealed 키워드는 다른 클래스가 정의되는 클래스를 상속하여 사용하지 못하도록 막는다는 의미입니다. 뷰(View)에 종속적인 프로그램 클래스를 다른 곳에서 상속해서 사용할 수 없는 것입니다.

이상으로 프레임워크가 뼈대로 제공하는 코드 비하인드의 C# 프로그램 코드에 대한 설명이 끝났습니다. 이제 앞서 보셨던 TextBlock 요소가 중복하여 나타나는 문제를 해결해보죠.

우선 첫 번째 TextBlock 요소가 로드되었을 때 화면에 나타나지 않도록 해보겠습니다. TextBlock 요소의 Loaded 이벤트에 TextBlock이 나타나지 않도록 코딩하면 됩니다. 코드 보기에서 첫 번째 TextBlock 태그를 선택하면 속성 창이 다음 그림과 같이 나타납니다. 여기서 이벤트 창으로 이동하려면 🗲 아이콘을 선택합니다. 이벤트 창에서 속성 창으로 다시 이동하기 위해서는 🗲 아이콘을 선택하면 됩니다.

[그림] 첫 번째 TextBlock 요소의 속성 창

이벤트 창을 스크롤해서 내려가면 Loaded 이벤트가 보입니다. TextBlock 요소가 뷰(View)에 로드되어 나타날 때 발생하는 이벤트라는 것은 직관적으로 알 수 있습니다. Loaded 이벤트에 프로그램 코드를 추가하기 위하여 Loaded 옆의 공란을 더블클릭합니다. 이벤트 핸들러는 이벤트가 발생했을 때 실행해주는 메소드를 의미합니다. TextBlock 요소를 정의하는 XAML 코드에서 Loaded 이벤트를 의미하는 Loaded 속성에 만들어진 이벤트 핸들러의 이름이 다음 코드와 같이 추가되는 것을 눈치채셨나요?

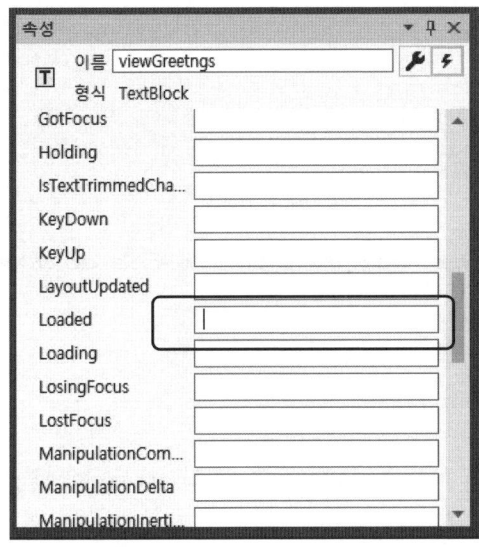

[그림] 첫 번째 TextBlock 요소의 이벤트 창

다음은 이벤트 핸들러가 추가된 XAML 코드입니다.

MainPage.xaml

생략
```
<TextBlock Name="viewGreetngs" Text="Hello UWP World(View)" FontSize="36"
        HorizontalAlignment="Center" Loaded="viewGreetngs_Loaded"/>
<TextBlock Name="viewModelGreetngs" Text="{Binding helloGreetings}"
        FontSize="36" HorizontalAlignment="Center"/>
<TextBlock Name="codeBehindGreetngs" Text="Hello UWP World (Code Behind 기본값)"
        FontSize="36" HorizontalAlignment="Center"/>
```
생략

다음은 이벤트 핸들러가 추가된 코드 비하인드 C# 코드입니다.

MainPage.xaml.cs

생략
```
    public MainPage()
    {
        InitializeComponent();
    }

    private void viewGreetngs_Loaded(object sender, Windows.UI.Xaml.RoutedEventArgs e)
    {

    }
```
생략

그러면 프레임워크가 자동으로 만들어준 이벤트 핸들러에 다음 코드와 같이 프로그램 코드를 추가해보겠습니다.

MainPage.xaml.cs

생략
```
    public MainPage()
    {
        InitializeComponent();
    }

    private void viewGreetngs_Loaded(object sender, Windows.UI.Xaml.RoutedEventArgs e)
    {
        viewGreetngs.Opacity = 0;
        //((TextBlock)sender).Opacity = 0;
    }
```
생략

자동으로 생성된 viewGreetngs_Loaded(object sender, Windows.UI.Xaml.RoutedEventArgs e) 이벤트 핸들러에 viewGreetngs.Opacity = 0;을 추가합니다. viewGreetngs는 첫 번째 TextBlock 요소의 이름이니 viewGreetngs라는 이름의 TextBlock 요소의 Opacity(불투명도)를 0으로 하면 TextBlock이 보이지 않게 됩니다. 이벤트 핸들러에 인자로 제공되는

sender가 이벤트가 발생한 객체임을 고려하여 ((TextBlock)sender).Opacity = 0;처럼 코딩할 수도 있습니다.

e는 이벤트 발생 시 함께 제공되는 인자(argument)인데 이 예제에서는 사용되지 않지만 마우스 관련 이벤트 발생 시 마우스의 좌표나 진행 상태 관련 이벤트 발생 시 진행률 등의 추가적인 정보를 제공합니다.

같은 방법으로 두 번째 TextBlock 요소인 viewModelGreeting TextBlock도 보이지 않게 처리한 후 앱을 실행해보면 다음 그림과 같이 세 번째 codeBehindGreetings TextBlock 요소만 나타납니다.

MainPage.xaml.cs

```
생략
        public MainPage()
        {
            InitializeComponent();
        }

        private void viewGreetngs_Loaded(object sender,
                                Windows.UI.Xaml.RoutedEventArgs e)
        {
            viewGreetngs.Opacity = 0;
            //((TextBlock)sender).Opacity = 0;
        }

        private void viewModelGreetngs_Loaded(object sender,
                                Windows.UI.Xaml.RoutedEventArgs e)
        {
            viewModelGreetngs.Opacity = 0;
            //((TextBlock)sender).Opacity = 0;
        }
생략
```

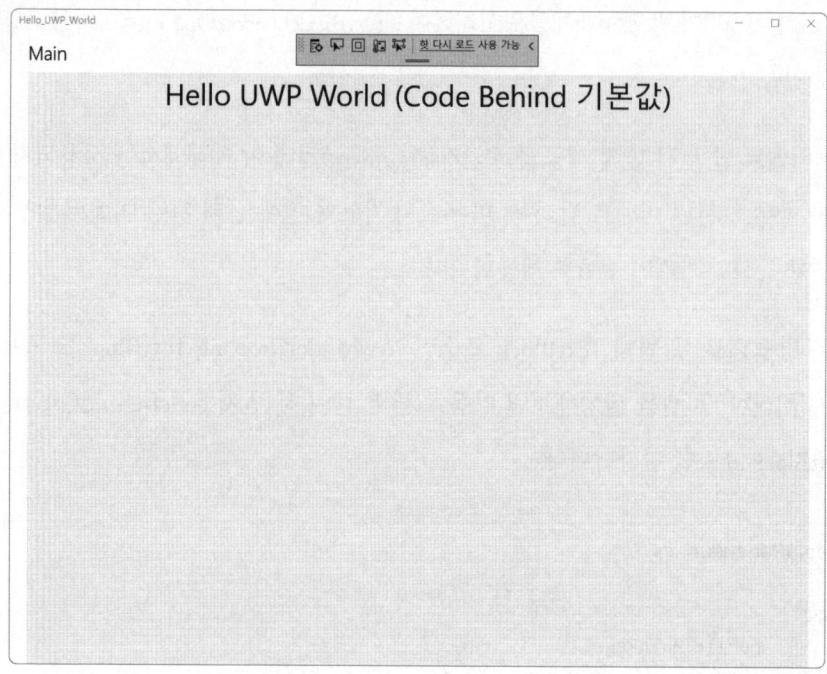

[그림] Hello UWP World 앱 실행 화면

이제 코드 비하인드를 사용하여 화면에 나타나는 문자열을 바꾸어 보겠습니다. 세 번째 codeBehindGreetings TextBlock의 Loaded 이벤트 핸들러를 생성한 후 codeBehindGreetngs.Text = "Hello UWP World(Code Behind Program Code)"; 문장을 추가하고 프로그램을 실행하면 "Hello UWP World (Code Behind 기본값)" 문자열 대신 "Hello UWP World(Code Behind Program Code)" 문자열이 화면에 나타나는 것을 확인할 수 있습니다.

MainPage.xaml.cs

```
생략
    public MainPage()
    {
        InitializeComponent();
```

```
    }

    private void viewGreetngs_Loaded(object sender,
                            Windows.UI.Xaml.RoutedEventArgs e)
    {
        viewGreetngs.Opacity = 0;
        //((TextBlock)sender).Opacity = 0;
    }

    private void viewModelGreetngs_Loaded(object sender,
                            Windows.UI.Xaml.RoutedEventArgs e)
    {
        viewModelGreetngs.Opacity = 0;
        //((TextBlock)sender).Opacity = 0;
    }

    private void codeBehindGreetngs_Loaded(object sender,
                            Windows.UI.Xaml.RoutedEventArgs e)
    {
        codeBehindGreetngs.Text = "Hello UWP World(Code Behind Program Code)";
    }
```
생략

어떤가요? MVVM 프로그램 패턴을 활용한 프로그램보다 이해하기도 쉽고 코딩하기도 쉽지요? 하지만 뷰와 모델이 분리되지 않은 코드 비하인드 개발은 테스트와 유지 보수가 어렵고 디자이너와 개발자의 역할을 분리하기도 어렵다는 사실을 기억해야 합니다.

코드 비하인드에 대하여 설명을 시작할 때 작고 간결한 프로그램에는 단순한 기술을 사용하고 크고 복잡한 프로그램에는 정교한 기술을 사용하자고 했습니다. 그러나 하나의 기업만 지원하는 수준의 프로그램들을 제외하고 범용으로 사용되는 프로그램들에서 작고 간결한 프로그램들은 점점 사라지고 있습니다. 그래서 우리는 MVVM 프로그램 패턴을 설명하는 데 많은 지면을 할애하고 있는 것입니다. 그렇다고 MVVM 패턴에 익숙해지면 코드 비하인드라는 방식은 몰라도 되는 것일까요?

코드 비하인드는 화면을 제어하는 프로그램 로직을 구성하는 데 유용하다고 알려져 있습니다. 이번 예제에서도 화면의 구성 요소를 제어하기 위하여 코드 비하인드를 사용했습니다. 뷰모델은 업무용 프로그램 로직(Business Program Logic)을 구현하기 위하여 사용하되 프로그램의 독립성이 프로젝트에 매우 중요하다면 코드 비하인드의 사용은 배제하고 MVVM 프로그램 패턴에 충실하게 개발하여야 합니다.

6 : MVVM 프로그램 패턴 중 모델 이해하기

지금까지 뷰(View)에 하드코딩하는 방법과 데이터를 변수에서 가져와 뷰(View)에 보여주는 방법으로 Hello UWP World 프로그램을 작성해보았습니다. 그런데 이와 같은 두 가지 방법은 MVVM 패턴을 이해하기 위한 것이고 실제 업무 환경에서는 일반적으로 데이터베이스 서버나 API 서버, 파일 서버 등으로부터 데이터를 가져옵니다. 그래서 이번에는 데이터 모델(Data Model)을 만들어 API 서버로부터 데이터를 가져온 후에 뷰(View)에 보여주는 방법으로 Hello UWP World 프로그램을 수정해 보겠습니다.

모델(Model)을 이해하는 일은 어렵습니다. 집중하여 따라오기 바랍니다. 모델(Model)을 풀어서 데이터 모델(Data Model)로 이해할 수 있다고 앞에서 설명했습니다. 모델(Model)을 만들어 사용하기 위해서는 데이터베이스나 파일 시스템이나 API 서버 등의 환경이 갖추어져 있어야 하는데 다행히 JSONPlaceholder 사이트에서 무상으로 제공하는 API 서버를 사용할 수 있습니다.

[그림] JSONPlaceholder 사이트 (http://jsonplaceholder.typicode.com)

API 기능 테스트를 위해 브라우저 주소 창에 http://jsonplaceholder.typicode.com/users/1을 입력합니다. 이 API 호출은 1번 사용자의 정보를 API 서버에서 받아오는 것으로 다음 화면과 같은 JSON(JavaScript Object Notation) 문자열을 가져옵니다.

```
{
  "id": 1,
  "name": "Leanne Graham",
  "username": "Bret",
  "email": "Sincere@april.biz",
  "address": {
    "street": "Kulas Light",
    "suite": "Apt. 556",
    "city": "Gwenborough",
    "zipcode": "92998-3874",
    "geo": {
      "lat": "-37.3159",
      "lng": "81.1496"
    }
  },
  "phone": "1-770-736-8031 x56442",
  "website": "hildegard.org",
  "company": {
    "name": "Romaguera-Crona",
    "catchPhrase": "Multi-layered client-server neural-net",
    "bs": "harness real-time e-markets"
  }
}
```

[그림] JSONPlaceholder API 서버가 돌려준 1번 사용자의 JSON 데이터

JSON은 웹 환경에서 자주 사용하는 데이터 형식으로 "필드명: 값"의 형식을 가지고 여러 필드(Field)가 하나의 객체(Object) 혹은 레코드(Record)를 이루는 경우 중괄호({})의 쌍으로 묶어 주게 됩니다. 그리고 객체 혹은 레코드가 여러 개인 경우 대괄호([ ])의 쌍으로 묶어 줍니다. 하나의 필드 객체는 각각 콤마(,)에 의하여 구분됩니다.

솔루션 탐색기의 Hello UWP World.Core 프로젝트 하단을 보면 다음 그림과 같이 Models 폴더가 위치해 있는 것을 확인할 수 있습니다. 모델(Model)은 Models 폴더의 하단에 클래스 형태로 만듭니다. 먼저 클래스를 만들기 위하여 Models 폴더 위에 마우스를 올리고 마우스 우측 버튼을 누른 후 [추가] → [새 항목]을 선택합니다.

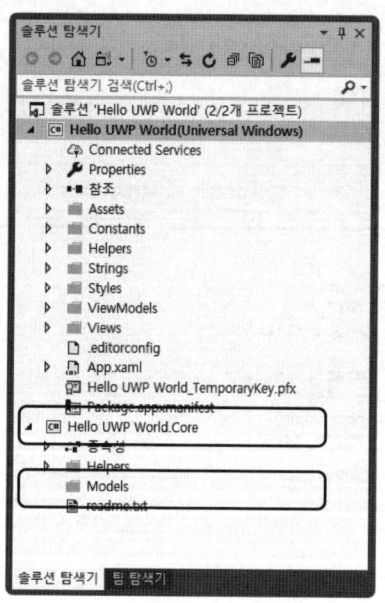

[그림] 솔루션 탐색기에 나타난 Models 폴더

그러면 다음 그림과 같이 새 항목 추가 화면이 나타납니다. 추가할 항목의 종류로 [클래스]를 선택한 후 이름은 사용자 모델(Model)을 만들 것이니 User.cs라고 입력하고 〈추가〉 버튼을 누릅니다.

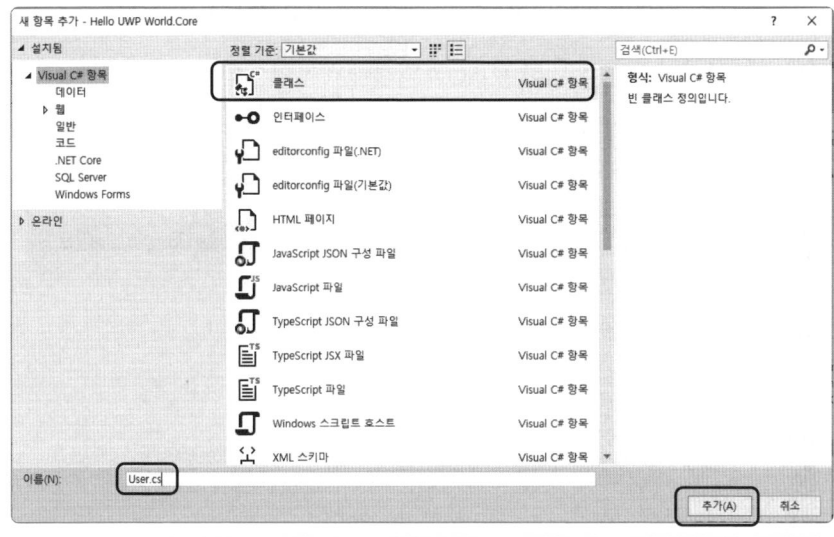

[그림] 새 항목 추가 화면

새로 추가된 클래스는 다음과 같이 비주얼 스튜디오가 자동으로 제공한 프로그램 코드로 되어 있습니다.

User.cs

```
using System;
using System.Collections.Generic;
using System.Text;

namespace Hello_UWP_World.Core.Models
{
    class User
    {
    }
}
```

JSONPlaceholder API 서버가 돌려준 1번 사용자의 JSON 데이터 형식으로 모델 (Model)을 만들기 위하여 브라우저에 반환된 값 전체를 마우스로 드래그한 다음 〈Ctrl〉 + 〈C〉 키를 눌러 클립보드로 복사합니다. 그런 다음 User 클래스를 마우스로 묶은 후 다음 화면에 표시된 방법으로 [편집] → [선택하여 붙여넣기] → [JSON을 클래스로 붙여넣기]를 선택하여 JSON을 클래스에 붙여넣습니다.

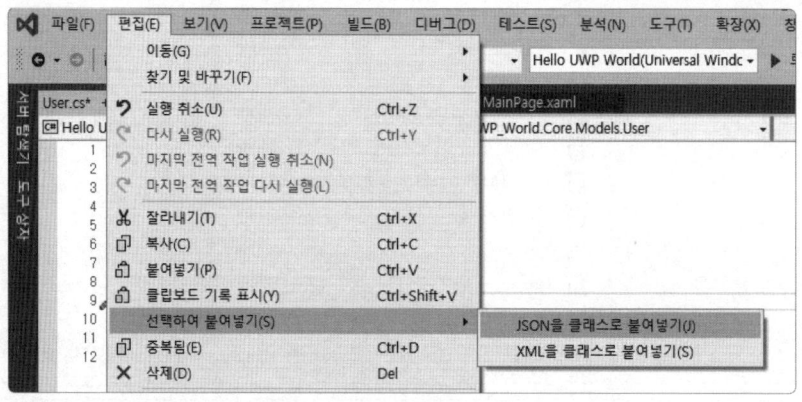

[그림] 클립보드에 복사된 JSON 데이터로 Model 클래스를 만드는 방법

이어서 비주얼 스튜디오가 자동으로 이름을 부여한 Rootobject 클래스의 이름을 User로 변경합니다. 클래스명의 변경은 비주얼 스튜디오가 잠재적 수정사항 표시라는 방법을 통하여 경고할 것입니다. 그러나 변경할 것이 분명하니 이 경고는 무시합니다. 마지막으로 클래스 파일을 저장합니다.

완성된 코드는 다음과 같습니다. 다음 코드와 같이 JSON 데이터 형식이 클래스로 만들어진 형태를 보면 모델(Model)은 데이터를 구성하는 멤버, 요소, 속성 혹은 Getter/Setter로만 이루어진, 메소드가 없는 가장 단순한 형태의 클래스라는 것을 알 수 있습니다. 다만 속성 정의 시 람다식을 지정하지 않아 값을 가져오고 저장할 때 값을 변환하지 않는 것을 알 수 있습니다. 이런 get과 set 접근자를 활용한 속성의 정의 방식은 때론 무의미해 보이기도 하지만 정보 은폐(Information Hiding)의 관점에서 안전한 코딩 습관입니다. 물론 다음의 모델이 한 파일에서 하나의 클래스를 정의한다는 C#의 규칙을 위배하지만 교육 목적상 여기서는 파일을 클래스별로 분리하지 않고 넘어가겠습니다.

User.cs

```csharp
using System;
using System.Collections.Generic;
using System.Text;

namespace Hello_UWP_World.Core.Models
{
    public class User
    {
        public int id { get; set; }
        public string name { get; set; }
        public string username { get; set; }
        public string email { get; set; }
        public Address address { get; set; }
        public string phone { get; set; }
        public string website { get; set; }
        public Company company { get; set; }
    }

    public class Address
    {
        public string street { get; set; }
        public string suite { get; set; }
        public string city { get; set; }
        public string zipcode { get; set; }
        public Geo geo { get; set; }
    }

    public class Geo
    {
        public string lat { get; set; }
        public string lng { get; set; }
    }

    public class Company
    {
        public string name { get; set; }
        public string catchPhrase { get; set; }
        public string bs { get; set; }
    }
}
```

모델(Model)을 만들었으니 어디선가 모델(Model)을 사용하여 데이터를 API 서버로부터 불러와서 사용해야 하겠지요? 그러한 프로그램 로직은 뷰모델(ViewModel)에 구현합니다. 뷰모델(ViewModel)에 모델(Model)을 가져다 사용하는 로직을 구현하기 전에, MainPage.xaml.cs 프로그램 코드에서 첫 번째와 세 번째 TextBlock 요소를 보이지 않게 처리하고, 두 번째 TextBlock 요소는 보이도록 처리하겠습니다. 데이터 바인딩 로직이 구현된 두 번째 TextBlock 요소를 사용하기 위한 것입니다.

MainPage.xaml.cs

```csharp
using System;

using Hello_UWP_World.ViewModels;

using Windows.UI.Xaml.Controls;

namespace Hello_UWP_World.Views
{
    public sealed partial class MainPage : Page
    {
        private MainViewModel ViewModel => DataContext as MainViewModel;

        public MainPage()
        {
            InitializeComponent();
        }

        private void viewGreetngs_Loaded(object sender,
                                Windows.UI.Xaml.RoutedEventArgs e)
        {
            viewGreetngs.Opacity = 0;
        }

        private void viewModelGreetngs_Loaded(object sender,
                                Windows.UI.Xaml.RoutedEventArgs e)
        {
            //viewModelGreetngs.Opacity = 0;
        }

        private void codeBehindGreetngs_Loaded(object sender,
                                Windows.UI.Xaml.RoutedEventArgs e)
```

```
        {
            //codeBehindGreetngs.Text = "Hello UWP World(Code Behind Program Code)";
            ((TextBlock)sender).Opacity = 0;
        }
    }
}
```

API 서버를 호출한 결과가 JSON 파일 형식으로 오면 JSON 파일 형식을 읽어서 Model 로 만든 User Model 형식으로 변환해야 하는데, 그러기 위해서는 Settings Storage라는 기능(Feature)이 필요합니다. Setting Storage 기능에는 Jason Extension과 Storage File Access Extension이 들어 있는데 우리는 이 중에서 Jason Extension을 사용할 것입니다.

다음 그림과 같이 솔루션 탐색기의 Hello UWP World(Universal Windows) 프로젝트 위에서 마우스 우측 버튼을 클릭한 후 [Windows Template Studio] → [새 기능]을 선택합니다.

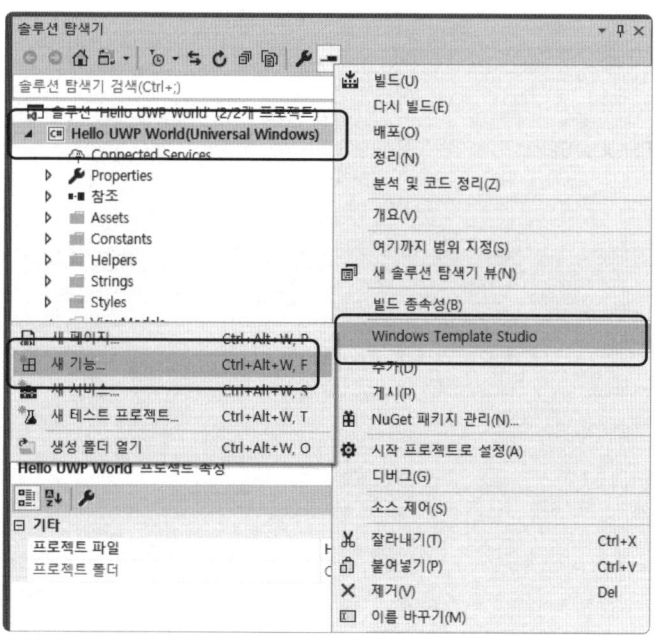

[그림] Windows Template Studio의 새 기능 설치 메뉴

다음 그림과 같이 새 기능의 [1. 템플릿 선택] 탭에서 [Settings Storage]를 선택한 후 〈다음〉 버튼을 클릭하고 [2. 변경 항목 요약] 탭에서 변경되는 내용들을 확인한 다음 〈만들기〉 버튼을 클릭합니다.

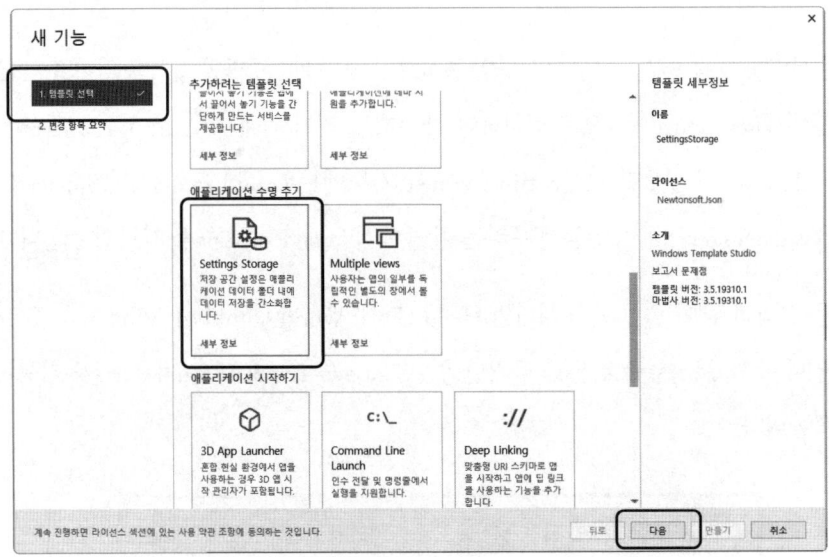

[그림] Windows Template Studio의 새 기능 설치 화면(1)

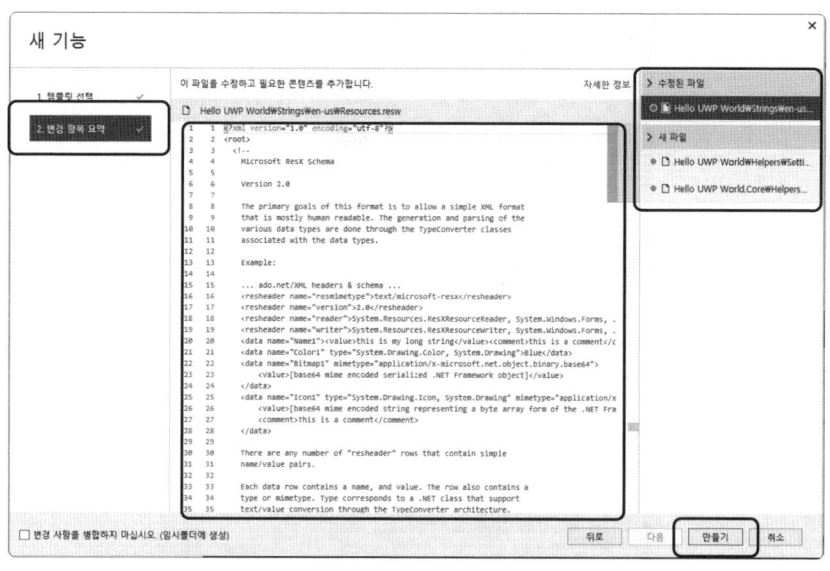

[그림] Windows Template Studio의 새 기능 설치 화면(2)

Settings Storage 기능의 설치로 Newtonsoft.Json 패키지와 Json.cs Helper 클래스, SettingsStorageExtensions.cs Helper 클래스가 추가된 것을 솔루션 탐색기에서 확인할 수 있습니다. Helper 클래스는 사용자에게 도움을 주는 클래스로 라이브러리와 역할이 유사하니 설명을 생략하겠습니다.

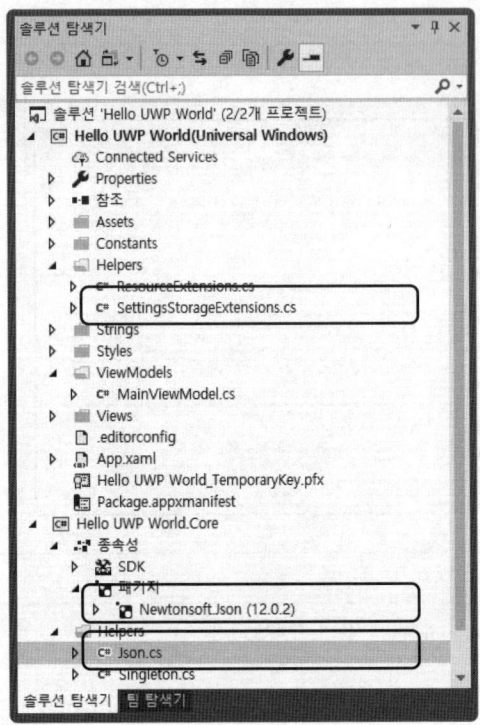

[그림] Newtonsoft.Json 설치 위치와 Json Helper 클래스 추가 위치

이제 프로그램을 개발할 환경의 구축이 끝났으니 MainViewModel.cs 프로그램 코드에서 API 서버를 호출하여 가져온 값으로 두 번째 TextBlock 요소에 나타나게 하겠습니다. Helper 클래스를 사용하기 때문에 프로그램이 아주 단순합니다. 다음은 앞으로 완성하게 될 MainViewModel.cs 프로그램 코드입니다.

MainViewModel.cs

```
using System;

using Prism.Windows.Mvvm;

using Hello_UWP_World.Core.Models;
using Hello_UWP_World.Core.Helpers;
using System.Net.Http;
```

```
namespace Hello_UWP_World.ViewModels
{
    public class MainViewModel : ViewModelBase
    {
        private string _helloGreetings;
        public string helloGreetings {
            get => _helloGreetings;
            set => SetProperty(ref _helloGreetings, value);
        }

        public MainViewModel()
        {
            //helloGreetings = "Hello UWP World (ViewModel)";

            getUserAsync();
        }

        private async void getUserAsync()
        {
            using (HttpClient httpClient = new HttpClient()) // ①
            {
                string httpResponse = await httpClient.GetStringAsync(
                    "http://jsonplaceholder.typicode.com/users/1"); // ②
                User user = await Json.ToObjectAsync<User>(httpResponse); // ③
                helloGreetings = "Hello UWP World (Model) - " + user.name; // ④
            }
        }
    }
}
```

위의 코드와 같이 먼저 User Model과 Json Helper를 사용하기 위하여 using Hello_UWP_World.Core.Models;와 using Hello_UWP_World.Core.Helpers;를 코드에 추가합니다. using System.Net.Http;는 HTTP 프로토콜을 사용하여 API 서버를 호출하기 위한 목적으로 추가되었습니다. 그리고 생성자에서 하드코딩되어 있던 helloGreetings = "Hello UWP World (ViewModel)";를 주석 처리합니다.

그리고 API 서버를 호출하여 값을 보여주는 기능을 getUserAsync() 메소드로 분리했습니다. getUserAsync() 메소드를 생성할 때 async 키워드를 사용한 이유는 API

서버가 하나의 서버에서 수행되는 것이 아닌 원격지 서버에서 수행되므로 비동기 호출 기술을 사용해야 하기 때문입니다. 동기 호출이 메소드를 호출한 후 종료될 때까지 기다리는 것과 달리 비동기 호출은 메소드를 호출한 후 응답할 때까지 기다리지 않고 코드를 수행하기 때문에 시간이 오래 걸리는 메소드를 호출할 때 적절합니다. await 키워드는 await 키워드의 뒤에 위치한 코드들이 비동기 호출로 수행되게 합니다.

이 예제에서는 API 서버를 호출하는 httpClient.GetStringAsync() 메소드와 Json 문자열을 객체로 변환해 주는 Json.ToObjectAsync() 메소드가 비동기 호출을 하기 때문에 앞에 await 키워드가 추가되어 있는 것을 확인할 수 있습니다.

```
using (HttpClient httpClient = new HttpClient()) // ①
```

① 코드는 API 서버와 통신할 HTTP Client 객체를 만드는 역할을 합니다. 생성된 객체가 하단의 { 와 } 사이의 프로그램을 수행한 후 객체가 소멸되게 하기 위하여 using 구문을 사용했습니다. 네임스페이스를 선언하는 using 지시자와 용어는 같지만 역할은 다르니 주의하여야 합니다. using 구문을 사용하지 않아도 프로그램은 수행되겠지만 생성된 HTTP Client 객체가 소멸되지 않아 메모리를 잠식하게 되니 이런 코딩이 누적되면 PC가 블루스크린과 함께 다운될 것입니다.

```
string httpResponse = await httpClient.GetStringAsync(
                    "http://jsonplaceholder.typicode.com/users/1"); // ②
```

② 코드는 API 서버를 호출한 후 결과를 httpResponse 문자열 변수에 저장해 줍니다.

```
User user = await Json.ToObjectAsync<User>(httpResponse); // ③
```

③ 코드로 문자열로 저장된 Json 문자열은 우리가 앞에서 정의했던 User Model로 변환된 후 user 객체 변수에 저장됩니다.

```
helloGreetings = "Hello UWP World (Model) - " + user.name; // ④
```

④ 코드로 데이터 바인딩되어 뷰로 넘어갑니다.

이제 완성된 프로그램을 실행해보면 다음 그림과 같이 Hello UWP World (Model) 문자열 옆에 API 서버에서 가져온 이름이 출력되어 나타나는 것을 확인할 수 있습니다. 앞에서 웹 브라우저로 API 서버를 호출하여 가져온 이름과 일치하는 것을 확인할 수 있습니다.

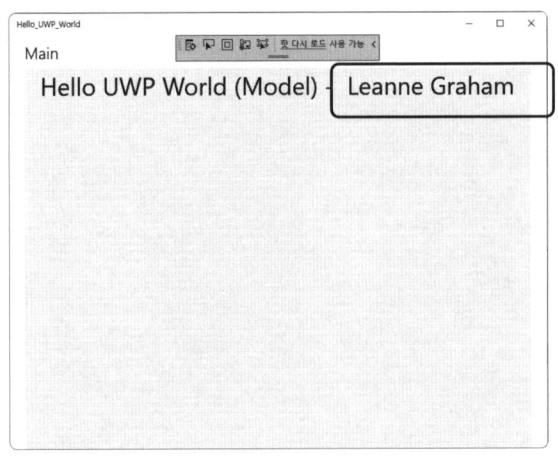

[그림] Hello UWP World 앱 실행 화면

다른 프로그래밍 책들과 다르게 이론적인 설명을 앞세우지 않고 책의 앞부분에서 UWP MVVM 프로그램의 원리를 예제를 통하여 익힐 수 있도록 했습니다. 그리고 비주얼 스튜디오 통합 개발 도구에 익숙해지도록 많은 지면을 할애하여 상세히 설명했습니다. 여기까지 충실히 실습을 하며 따라오셨는데도 UWP 프로그램과 MVVM 프로그램의 원리가 이해되지 않는다면 다시 한번 꼼꼼히 읽으며 실습하여 이해한 후 다음 장으로 넘어가기 바랍니다.

CHAPTER

XAML 프로그램 기본기

XAML(Extensible Application Markup Language)은 화면을 구성하기 위한 XML 기반의 마크업 언어로 이 책의 주제인 UWP만이 아니라 WPF, Silverlight 및 Xamarin 등의 개발 도구에서 채택하여 사용하고 있습니다. XAML은 HTML이나 XML 등 다른 마크업 언어와는 다르게 대소문자를 구분하기 때문에 〈Button〉은 바른 문법이지만 〈button〉은 문법 오류를 유발합니다.

XAML에 대한 설명도 이론보다는 예제 프로그램 코드를 사용하여 설명할 것입니다. 따라서 테스트할 프로젝트를 새로 만들어 코딩한 후 실행시켜 보는 것을 반드시 실천하기 바랍니다. XAML을 테스트하기 위한 프로젝트는 "2.1 프로젝트 만들기"를 참조하여 XAML Test라는 이름으로 프로젝트를 만들어 테스트하기 바랍니다. 코딩과 실행은 설명되는 기능들을 모아서 하는 것보다 개별 기능별로 나누어서 하는 것이 좋습니다. 따라서 프로젝트를 별도로 나누거나 프로그램 파일을 분리하거나 기존의 코드를 지우지 말고 기존 코드를 주석 처리한 후 새롭게 코딩하여 실행해보도록 합니다.

1 : 기본 개념

■ XAML 문장의 구성

XAML 언어의 요소(Element)를 표현하는 문법은 태그(Tag)와 속성(Property) 혹은 특성(Attribute)으로 구성됩니다. 요소는 객체지향 프로그램 언어로 개발된 클래스, 속성은 클래스의 멤버 변수(Member Variable)로 대응하여 생각해볼 수 있습니다. 태그는 요소의 종류나 시작과 끝을 나타내주고 속성은 요소가 가지는 특성을 나타냅니다.

```
<Button Content="Click Me"></Button>
```

위 코드는 전형적인 XAML 문법을 보여줍니다. 여기서 〈Button〉은 여는 태그, 〈/Button〉은 닫는 태그로 Button이라는 요소를 정의합니다. Content="Click Me"는 속성이며 Button 요소의 Content 속성의 값이 "Click Me"라는 것을 알려줍니다.

```
<Button Content="Click Me"></Button>
```
↓
```
<Button Content="Click Me"/>
```

그리고 시작 태그와 종료 태그 사이에는 다른 요소들이 계층적으로 추가될 수 있으며, 하위 요소가 없을 경우 종료 태그가 생략되고 태그를 닫는 기호를 〉에서 /〉로 변경할 수 있습니다. 즉, 위의 코드처럼 축약하여 표현할 수 있습니다. 간혹 〈Button〉Click Me〈/Button〉와 같이 표현하는 경우도 있는데 이것도 HTML과 XML과 같은 마크업 언어의 관행으로 〈Button Content="Click Me"〉〈/Button〉 문장의 다른 표현입니다.

■ XAML의 구현 기술

XAML은 컴파일 단계를 거치면 C#의 클래스로 변환됩니다. 그래서 XAML 프로그램의 형식을 빌려 뷰(View)로 C# 객체의 계층 구조를 표현하는 효과를 낼 수 있습니다. 즉, XAML은 HTML이나 XML과 같이 화면을 구성하는 기능만을 가진 단순한 마크업 언어가 아니라 UWP의 주력 언어인 C#과 같은 .NET 기반의 객체지향 프로그램 언어와 결합할 수 있는 강력한 뷰(View) 디자인 도구입니다. 이런 특징을 활용하여 XAML 프로그램과 C# 프로그램을 연동함으로써 코드 비하인드와 같이 화면을 제어하는 강력한 기능을 구현할 수 있다는 것을 "2.5 뷰와 뷰모델이 합쳐진 코드 비하인드 이해하기"에서 예제를 통하여 살펴보았습니다.

다음은 Grid와 TextBlock 요소로 구성된 동일한 화면을 XAML과 C#으로 코딩한 것입니다.

XAML 프로그램

```
<Grid xmlns="http://schemas.microsoft.com/winfx/2006/xaml/presentation" >
    <TextBlock Name="viewGreetngs" Text="Hello UWP World (View)" />
</Grid>
```

C# 프로그램

```
using Windows.UI.Xaml.Controls;

Grid g = new Grid();
TextBlock viewGreetings = new TextBlock();
viewGreetings.Text = "Hello UWP World (View)";
g.Children.Add(viewGreetings);
```

앞에서 살펴보았던 프레임워크가 자동으로 제공한 XAML 프로그램 설명이 기억나
나요? x:Class="Hello_UWP_World.Views.MainPage" 문장이 화면의 최상위 구성 요
소에 지정되어 있어서 클래스를 지정해주었죠. 이는 XAML 프로그램이 결국 객체
지향 프로그램의 마크업 표현이라는 것을 알 수 있게 합니다.

MainPage.xaml

```
01  <Page
02      x:Class="Hello_UWP_World.Views.MainPage"
03      xmlns="http://schemas.microsoft.com/winfx/2006/xaml/presentation"
04      xmlns:x="http://schemas.microsoft.com/winfx/2006/xaml"
05      xmlns:d="http://schemas.microsoft.com/expression/blend/2008"
06      xmlns:mc="http://schemas.openxmlformats.org/markup-compatibility/2006"
07      Style="{StaticResource PageStyle}"
08      xmlns:prismMvvm="using:Prism.Windows.Mvvm"
09      prismMvvm:ViewModelLocator.AutoWireViewModel="True"
10      mc:Ignorable="d">
```

■ XAML 네임스페이스

앞에서 언급한 프레임워크가 MainPage.xaml 파일에 뼈대로 제공한 XAML 프로그
램의 최상위 요소인 Page 태그를 통해서 XAML의 네임스페이스를 알아보겠습니다.

xmlns 속성은 XML 네임스페이스의 사용을 선언하는데 여기에서 네임스페이스는 C#
의 using 선언문에서 말하는 네임스페이스와 유사한 것으로 XAML 요소와 속성들 같
은 객체들이 정의된 네임스페이스를 사용할 수 있게 해줍니다.

x: 같은 접두사 없이 사용하는 Grid, TextBlock, Text 및 Font와 같은 키워드들이 03
행에서 선언한 XAML의 기본 네임스페이스(Default Namespace)인 "http://schemas.
microsoft.com/winfx/2006/xaml/presentation"에 속합니다.

04행의 x, 즉 "http://schemas.microsoft.com/winfx/2006/xaml" 네임스페이스는
XAML 컴파일러를 통제합니다. 이 네임스페이스를 사용하면 속성이 정의되지 않은

다른 요소나 파일에서도 사용하게 해주는 역할을 합니다. 02행에서 x: 접두사가 붙은 x:Class 속성이 이 네임스페이스에 속하고 이 속성이 x:Class="Hello_UWP_World.Views.MainPage"와 같이 지정되었는데 04행에서 xmlns:x와 같이 네임스페이스를 선언한 후 02행에서 x:Class와 같이 표기해 사용했습니다. 클래스 이름은 모든 요소와 파일이 다 같이 사용할 수 있어야 하겠지요? 그래서 x 네임스페이스를 사용하는 것입니다.

05~06행의 d와 mc 네임스페이스는 네임스페이스의 이름이 말해 주는 것과 같이 Blend라는 XAML 디자인 도구를 사용하기 위한 http://schemas.microsoft.com/expression/blend/2008 네임스페이스와 XML 호환성을 맞추어 주기 위한 http://schemas.openxmlformats.org/markup-compatibility/2006 네임스페이스를 각각 의미합니다.

08행의 prismMvvm 네임스페이스는 Prism MVVM 패턴을 사용하기 위한 네임스페이스로 웹상에 위치한 네임스페이스가 아니라 프레임워크에 포함된 C# .NET 네임스페이스를 사용하기 때문에 http URL 대신 "using:Prism.Windows.Mvvm"과 같이 기술된 것을 알 수 있습니다. 네임스페이스를 정의한 후 09행과 같이 ViewModelLocator.AutoWireViewModel 속성을 True로 지정하여 Hello UWP World 프로그램에서 사용한 ViewModel이 ViewModelLocator.AutoWireViewModel임을 알려줍니다.

10행의 mc:Ignorable 속성, 즉, mc 네임스페이스의 Ignorable 속성을 보면 값에 d가 들어가 있는데 이것은 d 네임스페이스, 즉, Blend 네임스페이스가 XAML의 호환성에 맞지 않지만 허용하겠다는 의미가 됩니다.

> **알아두기**
>
> x:Class와 함께 자주 사용되는 x:Name이라는 속성이 있는데 요소의 이름을 다른 요소 혹은 프로그램과 공유하기 위한 목적으로 사용합니다. Name보다 x:Name이 미치는 효력의 범위가 더 넓으므로 Name 속성을 사용하여 이름을 찾지 못하는 문제가 생기면 얼른 x:Name으로 수정하면 됩니다. Name 대신 x:Name을 사용할 수 있지만 x:Name 대신 Name을 사용할 수 있는 것은 아니니 습관적으로 x:Name을 사용하는 것도 좋은 프로그래밍 습관이 될 것입니다. x라는 접두사는 키워드가 아니라 변경할 수 있습니다. 즉, 네임스페이스를 선언할 때의 접두사와 사용할 때의 접두사가 일치하기만 하면 되는데 프레임워크가 기본적으로 제공하는 접두사는 변경하지 않는 것이 좋습니다. 혹시 C# 프로그램으로 자신만의 XAML 네임스페이스를 만들었다면 접두사의 이름은 local 혹은 lib과 같은 이름으로 부여할 수 있을 것입니다. 자신만의 XAML 네임스페이스는 C# 프로그램을 개발하여 만듭니다.

프레임워크가 뼈대로 제공하는 MainPage.xaml의 Page 태그 중 설명하지 않은 속성으로 07행의 Style 하나가 남았습니다. 이에 대해서는 Resource 요소와 Style 요소를 학습할 때 설명합니다.

■ 속성 요소와 부착 속성

이제 UWP Prism 프레임워크가 뼈대로 제공하는 XAML 프로그램을 설명할 때 은근슬쩍 넘어갔던 XAML 프로그램 코드에서 발췌한 다음 코드를 보면서 속성 요소와 부착 속성에 대하여 설명하겠습니다.

MainPage.xaml

```
생략
<Grid x:Name="ContentArea" Margin="{StaticResource MediumLeftRightMargin}">
    <Grid.RowDefinitions>
        <RowDefinition Height="48" />
        <RowDefinition Height="*" />
    </Grid.RowDefinitions>
```

```xml
<TextBlock
    Grid.Row="0"
    x:Uid="Main_Title"
    Style="{StaticResource PageTitleStyle}" />
<Grid
    Grid.Row="1"
    Background="{ThemeResource SystemControlPageBackgroundChromeLowBrush}">
```
생략

〈Grid.RowDefinitions〉와 같은 태그나 Grid.Row="0" 혹은 Grid.Row="1"와 같은 속성도 뒤에 설명하게 될 Content Control과 같이 HTML이나 XML 프로그램에는 없는 개념입니다. 통상적으로 마크업 언어의 속성은 상위 요소가 아니라 자기 자신의 요소에 대한 특성인데 이 두 가지는 상위 요소에 대한 특성과 자기 자신의 요소에 대한 특성이 섞여 있기 때문입니다.

Grid.RowDefinitions 요소는 상위에 있는 Grid 요소의 행을 정의하는 역할을 합니다. 그래서 이 요소는 마치 상위 요소인 Grid 요소의 속성처럼 동작하는 것입니다. 이와 같은 요소를 속성 요소(Property Element)라고 부릅니다.

TextBlock 요소가 Grid 안에 배치되지 않는 경우 Grid.Row와 같은 속성은 존재하지 않습니다. Grid.Row는 속성 요소와 같이 상위 요소인 〈Grid x:Name="ContentArea" Margin="{StaticResource MediumLeftRightMargin}"〉 태그와의 관계에 의하여 비로소 지정할 수 있는 것으로, 자신이 포함될 Grid 상위 요소의 행을 지정하는 역할을 합니다. 그래서 이와 같은 속성을 부착 속성(Attached Property)이라고 부릅니다.

속성 요소와 부착 속성은 상위 요소와 하위 요소가 상호 작용할 수 있게 하여 위의 예제에서 보았던 것처럼 XAML에 강력한 힘을 부여합니다.

■ Content Control

Button, CheckBox, RadioButton, ToggleButton, Border, ScrollViewer, ViewBox와 같은 XAML의 요소 혹은 컨트롤들은 사진이나 이미지 같은 Content를 관리하기 위한 목적으로 사용됩니다. 이와 같이 요소에 Content를 포함할 수 있는 컨트롤을 Content Control이라고 부릅니다.

Content를 관리하는 요소가 아닌 TextBlock 요소는 〈TextBlock Text="Text Block" /〉와 같이 코딩했었습니다. 그럼 Button 요소도 동일한 방법으로 코딩할 수 있을까요? 〈Button Text="Click Me" /〉와 같이 코딩하면 문법 오류가 발생합니다. Button 요소는 Content Control이기 때문입니다. 컨트롤은 사용자와 상호 작용을 하는 요소라고 설명했습니다. 대신 〈Button Content="Click Me" /〉와 같이 코딩하면 버튼이 와 같이 잘 나타납니다. HTML이나 XML 프로그램에는 없는 개념이니 XAML 코딩할 때 주의하여야 합니다. 물론 HTML이나 XML과 같이 〈Button〉Click Me〈/Button〉와 같이 코딩해도 동일한 결과가 나타납니다.

도대체 왜 XAML은 다른 마크업 언어와 문법을 달리해서 우리를 괴롭게 만드는 것일까요? XAML의 Content Control이 Content를 관리하는 방법을 이해하면 이와 같은 궁금증이 풀립니다. 문법이 다른 것이 아니라 HTML이나 XML, XAML의 Textblock 요소 등은 Content를 관리할 수 없고 Button 요소는 Content를 관리할 수 있는 것입니다. 다음의 예제와 그 결과를 살펴봅시다. 단, 프로그램을 실행하기 전에 Universal Windows 프로젝트 하단의 Assets 폴더에 이미지를 복사해 놓아야 합니다.

> **알아두기**
>
> 비주얼 스튜디오에서 파일을 복사하여 붙여넣는 방법은 Windows 운영체제에서 사용하는 방법과 동일합니다. 〈Ctrl〉 + 〈C〉나 〈Ctrl〉 + 〈V〉 단축키를 사용하거나 마우스 오른쪽 클릭을 하여 나타나는 팝업 메뉴에서 복사와 붙여넣기를 선택해도 됩니다. 다음 예제에서 사용하는 lock.png 파일을 출판사가 제공하는 사이트에서 복사하여 사용하기 바랍니다.

> **알아두기**
>
> 다음 코드에서 설명할 때 의미가 있는 코드는 강조 표시되어 있습니다. 앞에서 설명한 것과 같이 프레임워크가 제공하는 코드를 깨트리지 않고 유지하려면 사용자의 코드는 강조된 것과 같이 사용자 코드 영역 안에 배치하여야 합니다. 다음 코드에서만 사용자 코드가 들어갈 Grid 요소를 보여주고 그 뒤의 코드에서는 설명에 필요한 코드만 남기고 생략하겠습니다.

이미지를 관리하는 Button Content Control 예제와 결과

```
생략
    <Grid
        Grid.Row="1"
        Background="{ThemeResource SystemControlPageBackgroundChromeLowBrush}">
        <!--
            The SystemControlPageBackgroundChromeLowBrush background
            represents where you should place your content.
            Place your content here.
        -->
        <Button Width="100" Height="100">
            <Image Source="/Assets/lock.png" />
        </Button>
    </Grid>
생략
```

예제와 결과를 보니 버튼이 콘텐츠인 이미지로 나타나고 있어서 Content Control의 의미가 와닿습니다.

이번에는 Button 요소와 마찬가지로 Content Control인 CheckBox 요소의 예제를 살펴보겠습니다.

CheckBox Content Control 예제와 결과

```
<CheckBox Content="Click Me" />

<CheckBox Width="100" Height="100">
    <Image Source="/Assets/lock.png" />
</CheckBox>
```

어떤가요? 점점 XAML이 마음에 들기 시작하지요? Content Control인 RadioButton, ToggleButton, Border, ScrollViewer, ViewBox 등의 요소를 동일한 방법으로 사용할 수 있습니다. 어떤 컨트롤이 Content Control인지 아닌지를 확인할 때는 해당 컨트롤에 Content 속성이 있는지 없는지를 보면 쉽게 판단할 수 있습니다.

■ 장치 독립적인 픽셀

Width와 Height 속성을 설명 없이 사용했지만 의미를 직관적으로 이해했을 것으로 믿습니다. 앞에서 설명한 〈Button Width="100" Height="100"〉 코드에서 넓이와 높이를 지정하지 않고 〈Button〉과 같이 수정한 후 버튼의 모양을 살펴보겠습니다. XAML의 요소는 그 크기를 지정하지 않으면 다음 그림과 같이 상위 요소의 공간 전체를 채우는데, 이때 높이가 넓이보다 먼저 상위 요소의 전체 공간을 차지하게 되어 넓이의 크기는 비율에 맞게 자동으로 조절됩니다. 만약 넓이가 높이보다 먼저 상위 요소의 전체 공간을 차지하게 된다면 높이의 크기가 비율에 맞게 자동으로 조절될 것입니다.

[그림] Width와 Height 속성을 생략한 이미지 Button 요소의 실행 화면

> 🧺 **알아두기**
>
> Button이나 TextBox 등 요소들의 Content나 Text 속성에 이미지가 아닌 문자열이 지정되는 경우, 문자열보다 크기가 좀 더 커집니다. WPF의 경우 Content가 이미지이든 문자열이든 상관없이 상위 요소의 크기로 버튼의 크기가 결정됩니다.

그럼 Width와 Height 속성을 정의할 때 값의 단위는 무엇일까요? XAML에서는 기본 단위로 "장치 독립적인 픽셀(Pixel)"을 사용합니다. 장치 독립적인 픽셀 개념은 자동 크기 조정 알고리즘을 통해 3미터 떨어진 Surface Hub 10에 표시된 24픽셀 글꼴이 몇 센티미터 떨어진 5인치 휴대폰에 표시된 24픽셀 글꼴과 동일하게 보이게 해줍니다. 이런 작동 방식 때문에 UWP 앱을 디자인할 때 장비의 실제 물리적 픽셀이 아닌 알고리즘에 의한 장치 독립적인 픽셀 단위로 디자인합니다. 이렇게 하면 화면 크기나 해상도가 다른 경우에도 프로그램상에서 글꼴 크기를 변경할 필요가 없습니다.

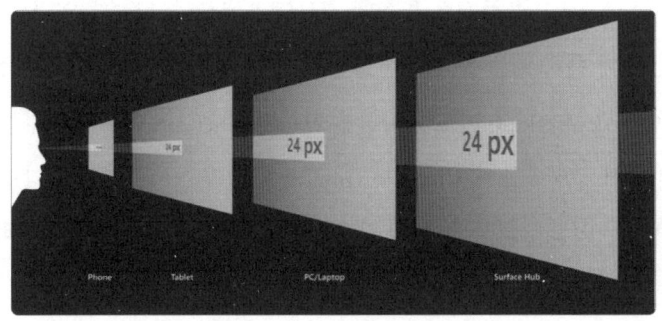

[그림] 장치 독립적인 픽셀의 개념도(https://docs.microsoft.com/ko-kr/windows/uwp/design/basics/design-and-ui-intro)

이와 같은 특징을 직접 느끼고 싶다면 PC의 해상도를 변경해 가면서 Width와 Height 속성이 100으로 지정된 버튼의 크기를 관찰해보세요. XAML이 장치 독립적 픽셀 단위를 사용하기 때문에 버튼의 크기가 항상 일정하게 나타나는 것을 관찰할 수 있습니다. XAML은 다른 언어들과 다르게 단위를 별도로 지정하지 않고 "100"과 같이 숫자만으로 표현합니다.

■ **마크업 확장**

지금까지 우리가 언급해왔던 XAML 문장들은 데이터 바인딩을 제외하고는 변하지 않는 고정된 상숫값과 고정된 XAML 요소들의 계층적 구조의 초깃값으로 사용하도록 해주었습니다. ⟨Ellipse Width="150" Height="50" Margin="10"⟩과 같은 문장을 생각해볼까요? 여기에서 사용하는 150, 50, 10과 같은 값들은 모두 변하지 않는 고정된 상수입니다. 그런데 프로그램을 하다 보면 상숫값이 아니라 변숫값, 즉, 때에 따라서 변하는 값을 상황에 맞게 사용해야 할 때가 있습니다. 일반적인 프로그램이라면 변수를 정의하여 사용할 수 있습니다. XAML은 일반적인 프로그램 언어와는 다른 마크업 언어인데 변수를 어떻게 처리하는 것일까요?

Hello UWP World 예제에서 언급했던 데이터 바인딩의 예를 생각해봅시다. 뷰(View)와 뷰모델(ViewModel)을 데이터 바인딩으로 연결하기 위하여 ⟨TextBlock Text="{Binding helloGreetings}"/⟩와 같은 문장을 사용했습니다. 여기서 Text의 값에는 뷰모델(ViewModel) 프로그램의 실행 결과에 따라서 변하는 값을 사용했습니다. 이처럼 XAML이 변하는 값을 사용하도록 만들어 놓은 것을 "마크업 확장(Markup Extension)"이라고 부릅니다. 마크업 확장은 고정된 상숫값이 아니라 변하는 변숫값을 지정하기 위하여 컴파일할 때(Compile Time)가 아니라 실행할 때(Run Time) 속성의 값을 지정해주는 역할을 하는데, 그와 같은 마크업 확장 중 하나가 데이터 바인딩인 것입니다.

마크업 확장은 {Binding helloGreetings}와 같이 하나의 매개 변수(Parameter)를 지정할 수도 있고 {Binding Path=helloGreetings, Mode=OneWay}와 같이 여러 개를 지정할 수도 있습니다. 여러 개를 지정할 때에는 Path=이나 Mode=과 같이 매개 변수의 값 앞에 매개 변수의 이름을 추가하고, 각각의 매개 변수는 콤마(,)로 구분해 주어야 합니다. {Binding helloGreetings}는 {Binding Path=helloGreetings}와 같은 의미입니다. 그리고 {Binding Path=helloGreetings, Source={StaticResource redGradation}}과 같이 마크업 확장을 중첩(Nested Markup Extension)하여 사용해도 됩니다. 자주 사용하는 마크업 확장의 종류는 다음 표와 같습니다.

종류	설명	사용 예
Binding	데이터 바인딩	Text="{Binding Path=helloGreetings}" 혹은 Text="{Binding helloGreetings}"
RelativeSource	데이터 바인딩의 Relative Source	Height="{Binding Path=ActualWidth, RelativeSource={RelativeSource Mode=Self}}"
StaticResource	사용자 자원 지정	Style="{StaticResource PageStyle}"
ThemeResource	시스템 자원 지정	Value="{ThemeResource ApplicationPageBackgroundThemeBrush}"
x:Null	없는 값(Null Value)을 지정	Background="{x:Null}

[표] 자주 사용하는 마크업 확장

2 : Layout

"Content Control"절에서 설명했던 XAML 코드들을 함께 실행해보겠습니다. 그러면 실행 화면에 다음 그림과 같이 요소들이 섞여서 나타납니다. Hello UWP World 프로그램 예제에서도 경험한 것입니다. 이것은 기본적으로 XAML이 Layout 요소들을 제외하고는 화면 배치 기능을 제공하지 않기 때문입니다.

MainPage.xaml

```xaml
<TextBlock Text="Text Block" />

<Button Content="Click Me" />
<Button>Click Me</Button>
<Button Width="100" Height="100">
    <Image Source="/Assets/lock.png" />
</Button>
```

```
<CheckBox Content="Click Me" />
<CheckBox Width="100" Height="100">
    <Image Source="/Assets/lock.png" />
</CheckBox>
```

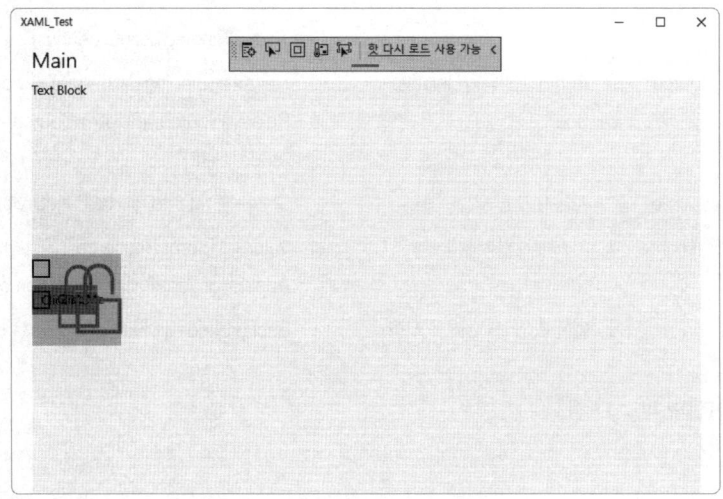

[그림] "Content Control"절에서 설명했던 XAML 코드와 실행 화면

■ **StackPanel**

이와 같은 문제를 해결하려면 Layout 기능을 지원하는 요소를 사용해야 하는데 우선 가장 간단한 StackPanel Layout 요소를 사용하여 각각의 요소가 순서대로 나타나도록 합니다.

프로그램을 변경하기 전에, 프로그램을 사소하게 고칠 때마다 프로그램을 다시 실행하지 않아도 프로그램을 고치면 실행 화면에 바로 반영되도록 해주는 "핫 다시 로드(Hot Reload)" 기능을 소개합니다. 실행 화면 상단에 [아이콘]와 같은 표시가 있는데 이것이 바로 "핫 다시 로드" 기능이 현재 활성화되어 있다는 것을 알려줍니다.

프로그램 실행을 중단시키지 않은 상태로 XAML 편집기에서 "Content Control" 절에서 설명했던 XAML 코드의 앞뒤에 〈StackPanel〉과 〈/StackPanel〉 태그를 다음 그림과 같이 추가합니다. 프로그램을 실행하며 XAML 프로그램을 편집할 때 디자인 보기가 사라진 것을 눈치채셨나요? 그리고 프로그램에서 변경된 내역이 다음 두 번째 그림과 같이 실행 화면에 바로 반영되는 것을 확인하셨나요? 디자인 보기는 사용하기가 여러 가지로 불편해서 개발할 때는 핫 다시 로드 기능을 사용하는 것이 편리합니다.

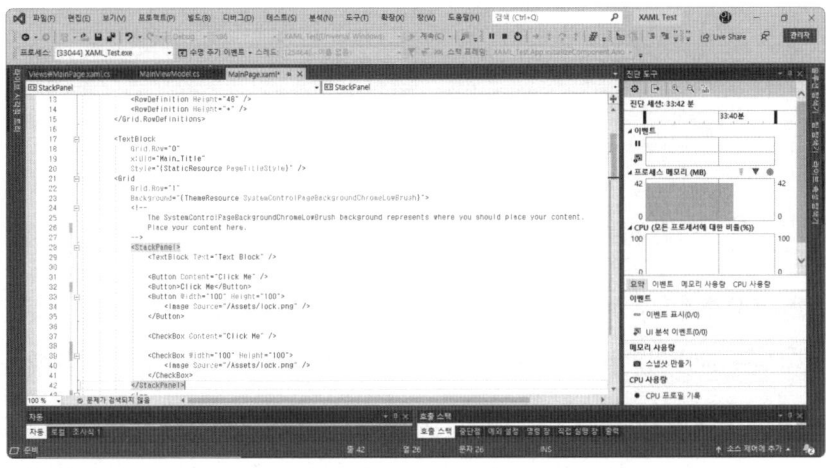

[그림] 프로그램 실행을 중단시키지 않은 상태로 편집할 때의 XAML 편집기

[그림] 핫 다시 로드 기능에 의하여 XAML 코드 변경이 바로 반영된 실행 화면

StackPanel 요소가 Layout에 내부 요소를 쌓아 가는 순서는 위의 첫 번째 화면에서 본 것과 같이 Vertical(수직) 방향입니다. 이제 Horizontal(가로) 방향으로 바꾸어 쌓기 위하여 Orientation 속성을 Horizontal로 바꾸고, 요소의 배치 역시 우측에서 좌측으로 하기 위하여 FlowDirection 속성을 RightToLeft로 바꾸겠습니다. 즉, StackPanel의 시작 태그를 〈StackPanel Orientation="Horizontal" FlowDirection="RightToLeft"〉와 같이 수정합니다. 버튼에 경계선이 없어서 다른 버튼과 구분하기 힘드니 BorderBrush와 BorderThickness 속성을 사용해 경계선도 나타나도록 합니다.

또 버튼 간의 거리가 너무 가까우니 Margin 속성을 사용해 버튼 간 간격도 넓혀 보겠습니다. Margin 속성은 좌상, 우하에 각각의 값을 주어 따로 지정할 수도 있고, 이번 예처럼 하나의 값을 전체에 동일하게 지정할 수도 있습니다. 그리고 핫 다시 로드 기능에 의하여 XAML 코드 변경이 바로 반영된 실행 화면을 확인해보겠습니다. 화면에 요소들이 수평으로 배치되는 것을 확인할 수 있습니다.

MainPage.xaml

```
<StackPanel Orientation="Horizontal" FlowDirection="RightToLeft">
    <TextBlock Text="Text Block" />

    <Button Content="Click Me" BorderBrush="Black" BorderThickness="1" Margin="5" />
    <Button BorderBrush="Black" BorderThickness="1" Margin="5">Click Me</Button>
    <Button Width="100" Height="100" BorderBrush="Black" BorderThickness="1" Margin="5">
        <Image Source="/Assets/lock.png" />
    </Button>

    <CheckBox Content="Click Me" />

    <CheckBox Width="100" Height="100">
        <Image Source="/Assets/lock.png" />
    </CheckBox>
</StackPanel>
```

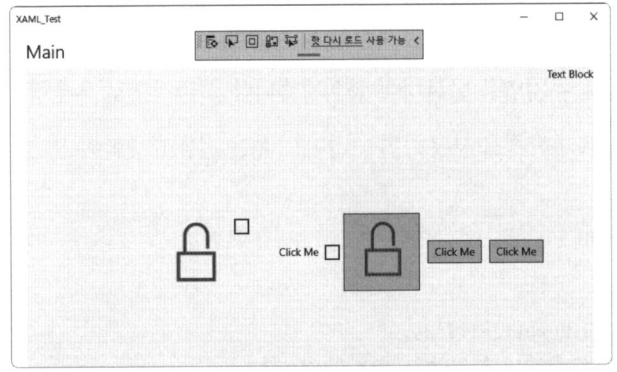

[그림] Stack Panel을 수평으로 전환한 XAML 코드와 실행 화면

■ Grid

이번에는 Grid Layout 요소를 사용해보겠습니다. 행마다 동일한 종류의 요소를 배치할 수 있도록 격자의 행과 열을 각각 3개로 만듭니다. 〈Grid.RowDefinitions〉 태그로 지정한 행을 만드는 코드와 〈Grid.ColumnDefinitions〉 태그로 지정한 열을 만드는 코드는 속성 요소라는 것을 알면 쉽게 이해할 수 있습니다.

다음 코드의 02~06행과 같이 행의 높이는 장치 독립적인 픽셀 단위를 사용하지 않고 Auto로 지정하여 하위 요소의 크기에 따라 높이가 자동으로 결정되도록 합니다.

08~12행에서 열의 넓이는 비율 배분하기 위하여 1*와 2*를 값으로 사용하는 방식으로 전체 넓이를 5등분하여 첫 번째 열에 1/5을 배분하고 나머지 두 열에 2/5를 배분합니다. *가 지정되고 남은 공간을 의미한다는 것은 Hello UWP World 예제를 설명할 때 언급했는데 * 앞에 숫자를 붙이는 방식으로 지정을 하면 비율로 배분하여 사용할 수 있습니다.

그리고 14~25행에서 만들어진 Grid 요소의 행과 열에 하위 요소들을 Grid.Row와 Grid.Column 부착 속성으로 해당 격자에 나타나게 처리한 코드를 확인해보기 바랍니다. Grid.ColumnSpan 부착 속성은 여러 개의 열을 하나의 객체가 점유하게 할 때 사용하는데 TextBlock 요소에 적용합니다. 3개의 열을 점유하는 것을 명시적으로 보이게 하기 위하여 "Text Block" 문자열을 반복하여 붙여넣습니다. 직관적으로 유추할 수 있는 것처럼 Grid.RowSpan 부착 속성을 사용하면 여러 개의 행을 점유하게 할 수 있습니다.

MainPage.xaml

```
01  <Grid>
02      <Grid.RowDefinitions>
03          <RowDefinition Height="Auto" />
04          <RowDefinition Height="Auto" />
05          <RowDefinition Height="Auto" />
06      </Grid.RowDefinitions>
07
08      <Grid.ColumnDefinitions>
09          <ColumnDefinition Width="1*" />
10          <ColumnDefinition Width="2*" />
11          <ColumnDefinition Width="2*" />
12      </Grid.ColumnDefinitions>
13
14      <TextBlock Grid.Row="0" Grid.Column="0" Grid.ColumnSpan="3"
            Text="Text Block Text Block Text Block Text Block Text Block Text Block Text Block Text Block Text Block Text Block" />
15
```

```
16      <Button Grid.Row="1" Grid.Column="0" Content="Click Me"
                BorderBrush="Black" BorderThickness="1" Margin="5" />
17      <Button Grid.Row="1" Grid.Column="1" BorderBrush="Black"
                BorderThickness="1" Margin="5" >Click Me</Button>
18      <Button Grid.Row="1" Grid.Column="2" Width="100" Height="100"
                BorderBrush="Black" BorderThickness="1" Margin="5" >
19          <Image Source="/Assets/lock.png"/>
20      </Button>
21
22      <CheckBox Grid.Row="2" Grid.Column="0" Content="Click Me" />
23      <CheckBox Grid.Row="2" Grid.Column="1" Width="100" Height="100">
24          <Image Source="/Assets/lock.png" />
25      </CheckBox>
26  </Grid>
```

[그림] Grid Layout으로 배치하는 XAML 코드의 예와 실행 화면

이번에는 Grid를 행과 열로 균등하게 나눠봅니다. 행과 열을 균등 배분하는 방법은 아주 쉽습니다. 다음 예제와 같이 모든 RowDefinition 요소와 ColumnDefinition 요소에 아무런 속성을 지정하지 않으면 됩니다. 혹은 Width와 Height 속성에 공통으로 * 혹은 1*를 지정해주어도 되는데 문법적으로는 그렇지만 굳이 Width와 Height 속성을 지정할 필요는 없습니다. 실행 화면에는 Grid의 행과 열을 구분하는 실선이 나타나지 않기 때문에 이번에는 실행 화면 대신에 디자인 보기에서 확인합니다.

MainPage.xaml

```
<Grid>
    <Grid.RowDefinitions>
        <RowDefinition/>
        <RowDefinition Height="1*"/>
        <RowDefinition Height="*"/>
    </Grid.RowDefinitions>

    <Grid.ColumnDefinitions>
        <ColumnDefinition/>
        <ColumnDefinition Width="1*"/>
        <ColumnDefinition Width="*"/>
    </Grid.ColumnDefinitions>

    <Image Grid.Row="0" Grid.Column="0" Source="/Assets/lock.png"/>
    <Image Grid.Row="0" Grid.Column="1" Source="/Assets/lock.png"/>
    <Image Grid.Row="0" Grid.Column="2" Source="/Assets/lock.png"/>

    <Image Grid.Row="1" Grid.Column="0" Source="/Assets/lock.png"/>
    <Image Grid.Row="1" Grid.Column="1" Source="/Assets/lock.png"/>
    <Image Grid.Row="1" Grid.Column="2" Source="/Assets/lock.png"/>

    <Image Grid.Row="2" Grid.Column="0" Source="/Assets/lock.png"/>
    <Image Grid.Row="2" Grid.Column="1" Source="/Assets/lock.png"/>
    <Image Grid.Row="2" Grid.Column="2" Source="/Assets/lock.png"/>
</Grid>
```

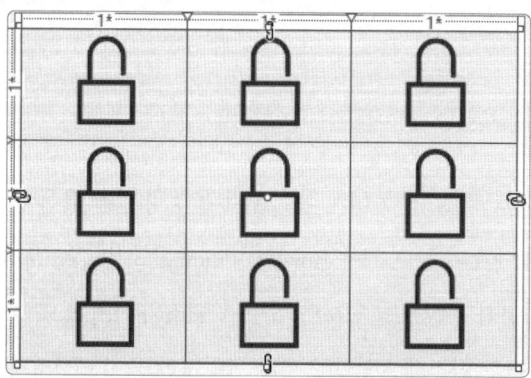

[그림] Grid Layout으로 행과 열을 균등 분할한 XAML 코드의 예와 디자인 보기

■ **RelativePanel**

이번에는 RelativePanel Layout 요소를 사용하여 배치해보겠습니다. 위의 예에서 사용한 요소들을 Button과 TextBlock, CheckBox 그룹으로 묶어, Button 그룹의 오른쪽에 TextBlock 그룹을 배치하고 하단에는 CheckBox 그룹을 배치합니다. 다음 코드와 같이 x:Name 속성으로 위치 지정의 기준이 되는 요소에 이름을 부여한 후 RelativePanel.RightOf 부착 속성과 RelativePanel.Below 부착 속성으로 상대적 위치를 지정하면 되는데, 그룹 간의 간격을 유지하기 위하여 Margin을 함께 지정합니다.

MainPage.xaml

```xml
<RelativePanel>
    <StackPanel x:Name="ButtonGrp" Margin="20">
        <Button Content="Click Me" BorderBrush="Black" BorderThickness="1"
            Margin="5" />
        <Button BorderBrush="Black" BorderThickness="1" Margin="5">Click Me
            </Button>
        <Button Width="100" Height="100" BorderBrush="Black" BorderThickness="1"
            Margin="5">
            <Image Source="/Assets/lock.png" />
        </Button>
    </StackPanel>

    <StackPanel Margin="20" RelativePanel.RightOf="ButtonGrp">
        <TextBlock Text="Text Block" />
    </StackPanel>

    <StackPanel Margin="20"  RelativePanel.Below="ButtonGrp">
        <CheckBox Content="Click Me" />

        <CheckBox Width="100" Height="100">
            <Image Source="/Assets/roulette.png" />
        </CheckBox>
    </StackPanel>
</RelativePanel>
```

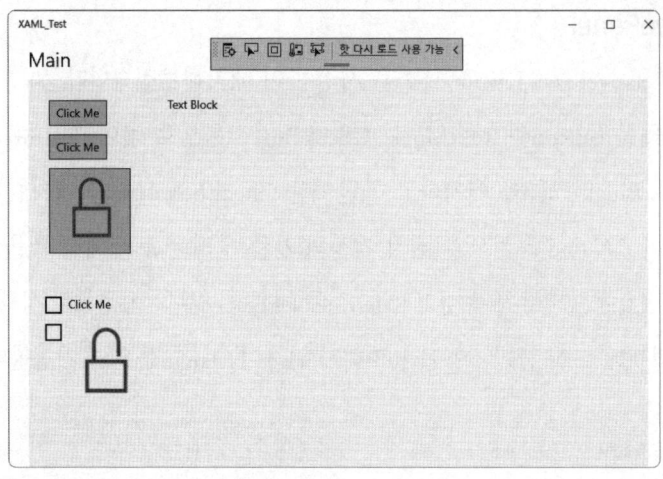

[그림] RelativePanel Layout으로 배치하는 XAML 코드의 예와 실행 화면

■ ViewBox

이번에는 이미지와 글자가 동시에 들어가는 아이콘을 하나 만들어보겠습니다. 앞에서 배운 Content Control인 Button 요소를 사용합니다.

MainPage.xaml

```
<Button Height="100" Width="100">
   <Image Source="/Assets/lock.png"/>
   <TextBlock Text="Lock" HorizontalAlignment="Center"/>
</Button>
```

그런데 입력한 코드에 밑줄이 생기며 문법 오류가 납니다.

```
<Button Height="100" Width="100">
   <Image Source="/Assets/lock.png"/>
   <TextBlock Text="Lock" HorizontalAlignment="Center"/>
</Button>
```

앞에서도 언급했듯이 Button 요소에는 Layout 기능이 없기 때문에 이런 오류가 나는 것입니다. ViewBox는 상자의 크기만큼 내부 요소를 확장하여 배치하는 Layout 요소인데 ViewBox를 사용하여 이 문제를 해결해보겠습니다. 단순히 이미지 버튼에 글자를 넣는 것보다 더 직관적인 아이콘을 만들 수 있습니다.

다음의 XAML 코드를 확인해보면 매우 쉽고 직관적입니다. ViewBox 요소는 넓이와 높이가 각각 200인 상자를 만듭니다. Border 요소는 테두리를 그려주는데 색상은 노랑, 두께는 15로 지정했습니다. 그리고 수평 StackPanel을 사용하여 빨강, 초록, 파랑으로 구성된 막대를 만듭니다. 그 후 수직 StackPanel을 사용하여 색상 막대 위에 자물쇠 모양의 이미지 하나와 Lock이라는 문자열 하나를 배치합니다. 이와 같이 XAML의 구성 요소들을 조합하여 새로운 형태의 요소를 만들 수 있습니다.

MainPage.xaml

```xaml
<Viewbox Height="200" Width="200">
    <Border BorderBrush="Yellow" BorderThickness="15">
        <StackPanel>
            <Image Source="/Assets/lock.png"/>
            <TextBlock Text="Lock" HorizontalAlignment="Center"/>
            <StackPanel Orientation="Horizontal">
                <Rectangle Fill="Red" Height="10" Width="57"/>
                <Rectangle Fill="Green" Height="10" Width="57"/>
                <Rectangle Fill="Blue" Height="10" Width="57"/>
            </StackPanel>
        </StackPanel>
    </Border>
</Viewbox>
```

[그림] ViewBox Layout으로 배치하는 XAML 코드와 실행 화면

ViewBox 요소와 Stretch 속성을 사용하면 고정된 크기의 XAML 객체들을 원하는 형태의 유연한 크기로 조정할 수 있습니다. 앞선 예제의 ViewBox 태그를 〈Viewbox Height="100" Width="200" Stretch="Fill"〉와 같이 혹은 〈Viewbox Height="200" Width="100" Stretch="Fill"〉와 같이 수정하여 높이와 넓이를 다르게 지정하고 Stretch 속성을 Fill로 지정해봅니다. 그러면 다음 그림과 같이 ViewBox의 크기에 맞게 내부의 XAML 객체의 크기가 변경되는 것을 알 수 있습니다.

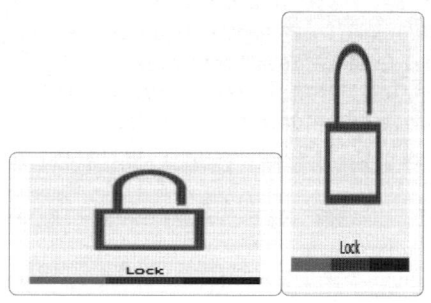

[그림] ViewBox의 크기에 맞추어진 내부 XAML 객체

■ **Layout 요소에 사용되는 공통 속성들**

Layout 요소에서 공통적으로 사용되는 속성들을 정리해보면 다음 표와 같습니다. 사용이 가능한 값은 비주얼 스튜디오의 자동 완성 기능을 사용하여 확인해보기 바랍니다. 이와 같은 속성들은 Layout 요소만이 아니라 다른 요소들에서도 공통으로 나타나는 것들이 많으니 참조하기 바랍니다.

속성	설명	속성	설명
Width	넓이	Height	높이
MinWidth	최소 넓이	MaxWidth	최대 넓이
MinHeight	최소 높이	MaxHeight	최대 높이
HorizontalAlignment	수평 정렬	VerticalAlignment	수직 정렬
RenderTransform	변형 (Layout 불변)	LayoutTransform	변형 (Layout 수정)
Margin	경계선 밖의 공간	Padding	경계선 안의 공간
Visibility	요소 보기/숨기기	FlowDirection	객체 출력 방향
Panel.ZIndex	Layout 상의 객체 계층 정렬 순서로 부착 속성으로 사용됨		

[표] Layout 요소에서 사용하는 공통 속성들

3 : XAML Controls Gallery

"3.2 Layout"에서 주로 사용되는 몇 가지 Layout 요소와 Layout 요소에 공통으로 적용되는 속성들에 대하여 알아보았습니다. XAML에는 위에서 언급한 것들 외에 다양한 종류의 더 많은 Layout 요소들이 있습니다. 그런데 Layout 요소뿐만 아니라 XAML이 제공하는 수많은 요소들 혹은 컨트롤들을 이 책에서 언급하는 것은 가능하지 않을 뿐만 아니라 기본적이고 핵심적인 개념을 중심으로 언급하겠다는 약속에도 부합하지 않습니다. 그래서 Content Control과 Layout 요소 등 가장 기본적이고 핵심적인 요소들에 대한 설명을 완료했으니 이제는 XAML 요소를 필요할 때 찾아서 학습할 때 도움이 되는 유용한 앱인 XAML Controls Gallery를 소개합니다.

XAML Controls Gallery는 마이크로소프트가 무상으로 제공하는 앱으로 XAML 에서 사용하는 요소들을 참조하여 프로그램할 수 있도록 XAML 코드 사례를 제공합니다. 마이크로소프트 스토어에서 XAML Controls Gallery를 찾아 설치하고 실행하면 다음 그림과 같이 실행 초기 화면이 나타납니다.

[그림] XAML Controls Gallery 실행 화면

XAML Controls Gallery의 좌측 메뉴에 XAML이 제공하는 화면 구성 요소들이 나와 있습니다. 각각의 화면 구성 요소는 컴퓨터에 대한 기초 지식만 있어도 충분히 이해할 수 있으니 설명을 생략합니다.

컨트롤은 사용자와 상호 작용을 하는 요소이니 컨트롤이라는 용어보다는 요소라는 용어를 사용해야 하지만 마이크로소프트는 관행적으로 컨트롤이라는 용어를 사용합니다만 엄격하게 이야기하면 Layout 요소는 사용자와의 상호 작용이 없으니 컨트롤이 아닙니다. 하지만 응용 프로그램 개발자의 입장에서 요소를 대상으로 프로그램하는 방법과 컨트롤을 대상으로 프로그램하는 방법이 동일하여 두 용어의 구분은 큰 의미가 없으니 문맥에 맞게 이해하도록 합니다.

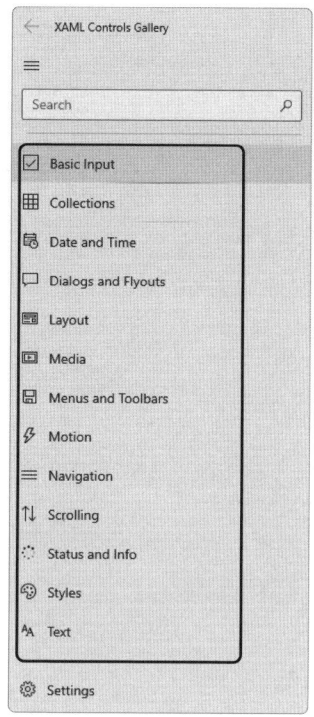

[그림] XAML이 제공하는 요소들의 종류

지금까지 모든 Layout 요소를 소개한 것이 아니니 우선 Layout 요소부터 살펴보겠습니다. 위의 화면에서 Layout 메뉴 항목을 선택합니다.

다음 화면에 나타나는 Layout 요소의 종류들을 보니 위에서 프로그램 코드의 예로 사용한 Border 요소도 Layout 요소였다는 것을 알 수 있고 Canvas, ItemRepeater, SplitView, VaribleSizedWrapGrid 등이 Layout 요소로 더 있다는 것을 알 수 있습니다. 다음 화면에서 Canvas 메뉴 항목을 선택합니다.

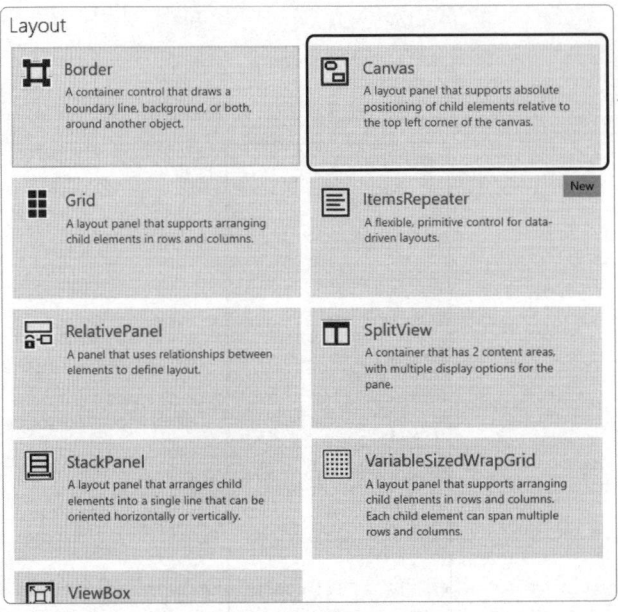

[그림] XAML이 제공하는 Layout 요소들

그러면 다음 그림과 같이 요소의 모양과 코드 예시 같은 정보가 제공됩니다. Canvas Layout 요소에 대한 설명을 읽어 보니 절대좌표를 사용하여 컨트롤을 배치하는 기능을 제공하며, Canvas.Top이나 Canvas.Left와 같은 부착 속성을 사용하여 상대적인 위치에 내용물들을 위치시킨다고 되어 있습니다. 아무튼 Canvas Layout 요소는 이름이 의미하듯이 그래픽 요소들을 배치할 때 주로 사용됩니다. XAML 코드 사례에서 Canvas.ZIndex 속성을 제외하고는 모두 앞에서 설명했습니다. ZIndex는 Layout 요소들에 적용되는 속성으로, 여기서는 Canvas에 요소들이 중첩되어 나타나는 경우 무엇을 먼저 보여줄지 결정해줍니다. 이때 값이 큰 것이 화면의 상단에 위치하게 되고 값이 작은 요소들은 값이 더 큰 요소들에 가려 일부 혹은 전부가 보이지 않게 됩니다.

[그림] Canvas Layout 요소 설명 화면

XAML 프로그램을 개발하다가 활용해야 할 컨트롤들이 생기면 XAML Controls Gallery에서 원하는 컨트롤을 찾아 외관(Apperance)과 동작(Behavior)을 살펴본 후 화면 중간에 위치한 코드 사례를 복사해 사용하면서 이해하기를 바랍니다.

4 : 데이터 바인딩

데이터 바인딩(Data Binding)은 두 속성 간의 데이터를 데이터 바인딩 엔진(Engine) 혹은 로직의 도움을 받아 서로 동기화 혹은 일치화시키는 것을 말합니다. 데이터를 동기화할 때 필요한 경우 데이터의 형변환을 통해 주고받는 데이터의 형식을 일치시킵니다. 데이터는 주로 요소와 요소 간에 혹은 요소와 프로그램 객체 간에 교환됩니다.

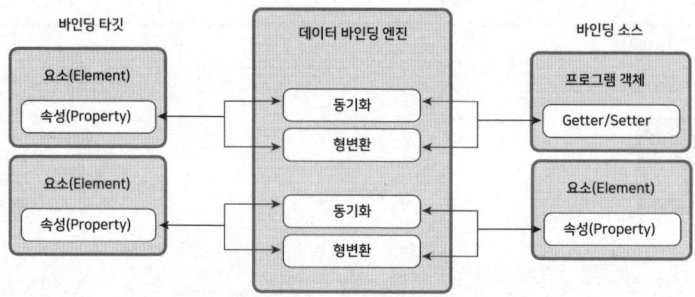

[그림] 데이터 바인딩의 개념도

■ 요소와 요소 간 데이터 바인딩

먼저 요소와 요소를 데이터 바인딩하는 다음의 XAML 코드 사례부터 살펴봅니다.

```
MainPage.xaml

<StackPanel>
    <TextBox Name="sourceTextBox" Text="Source Text Value"/>
    <TextBox Text="{Binding Path=Text, ElementName=sourceTextBox,Mode=TwoWay}"/>
    <Ellipse Stroke="Blue" Width="100"
Height="{Binding Path=ActualWidth, RelativeSource={RelativeSource Mode=Self}}"/>
</StackPanel>
```

앞의 코드에서 요소의 이름을 참조하여 사용하기 위하여 Name="sourceTextBox"와 같이 먼저 소스(Source) 요소의 이름을 지정합니다. 그러고는 타깃(Target) 요소에서 Text="{Binding Path=Text, ElementName=sourceTextBox, Mode=TwoWay}"/>와 같이 요소 간 데이터 바인딩을 합니다. Path 매개 변수에 Text를 지정한 것은 Text 속성을 데이터 바인딩한다는 의미이고 요소 간 데이터 바인딩을 하기 위하여 ElementName 매개 변수에 소스 요소의 이름을 지정했습니다.

Mode=TwoWay와 같이 매개 변수를 추가로 지정한 이유는 데이터 바인딩을 양방향으로 하기 위함입니다. 소스 요소에서 타깃 요소로만 값을 가져오려면 Mode를 OneWay로 지정하면 됩니다.

이제 앱을 실행하여 소스 요소의 값과 타깃 요소의 값을 번갈아 수정해 보기 바랍니다. 두 요소의 데이터가 바인딩되어 하나의 값을 바꾸면 다른 하나의 값도 바뀌는 것을 확인할 수 있습니다. Mode를 OneWay로 바꾸어 소스에서 타깃으로 한 방향 바인딩만 되는지도 테스트해보기 바랍니다.

앞의 코드에 요소와 요소 간 데이터 바인딩의 특수한 사례로 RelativeSource 마크업 확장을 사용한 사례를 추가해보았습니다. RelativeSource는 요소와 요소 간 데이터 바인딩을 할 때 요소의 이름을 절댓값으로 지정하지 않고 상대위치로 지정하는 방법으로, 지정 가능한 값에는 Self와 TemplatedParent가 있습니다. Self는 자기 자신을 소스 요소로 지정하는 방식으로 이 예제에서와같이 자기 자신의 속성을 다른 속성에 지정할 때 사용합니다.

Height="{Binding Path=ActualWidth, RelativeSource={RelativeSource Mode=Self}}"와 같이 지정하면 자신의 실제 넓이를 Height 속성에 지정하므로 넓이가 변하더라도 항상 원의 형태를 유지합니다. TemplatedParent는 Control Template에서 사용하는 속성으로 "Control Template" 절에서 설명하도록 하겠습니다.

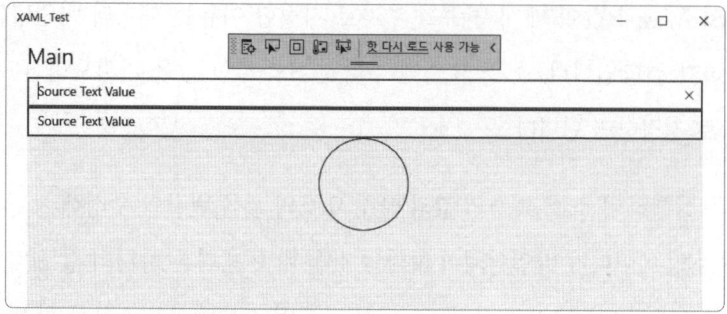

[그림] 요소 간 데이터 바인딩 실행 화면

■ **요소와 프로그램 객체 간 데이터 바인딩**

요소와 프로그램 객체를 바인딩하는 사례는 Hello UWP World 예제에서 언급했습니다. Hello UWP World 예제에서 데이터 바인딩되는 부분의 XAML 코드와 뷰모델(ViewModel)의 C# 코드만 다시 확인해보겠습니다. 요소 간 데이터 바인딩과 차이는 XAML 코드에서 ElementName 매개 변수를 지정하지 않았다는 것과 뷰모델(ViewModel) 코드에서는 속성을 정의했다는 것입니다.

다음은 요소와 프로그램 객체 간 데이터 바인딩을 설명하기 위한 XAML 코드와 뷰모델(ViewModel) 코드입니다.

MainPage.xaml

```
<TextBlock Text="{Binding helloGreetings}"/>
```

MainViewModel.cs

```
private string _helloGreetings;
public string helloGreetings {
    get => _helloGreetings;
    set => SetProperty(ref _helloGreetings, value);
}
```

■ **축약 표현과 축약되지 않은 표현**

〈TextBlock Text="{Binding Path=helloGreetings}"/〉와 같은 표현 방식은 데이터 바인딩 마크업 확장의 축약 문법 표현입니다. 축약되지 않은 문법 표현은 다음 코드와 같은데, 축약된 표현보다 코드에 대한 이해도를 높여줍니다.

```
<TextBlock>
    <TextBlock.Text>
        <Binding Path="helloGreetings"/>
    </TextBlock.Text>
</TextBlock>
```

■ **데이터 바인딩과 바인딩 오류**

데이터 바인딩 시 오류가 발생하는 경우 오류가 발생했는지 인식하지 못하고 넘어가는 경우가 많습니다. 데이터 바인딩을 수행하다가 오류가 발생하여도 실행 화면에 값이 나타나지 않거나 이상하게 나타날 뿐 명시적인 오류 메시지가 발생하지 않기 때문입니다. 따라서 데이터 바인딩을 사용할 때는 오류 발생 여부를 확인하기 위하여 앱을 디버그 모드로 실행시킨 후 비주얼 스튜디오의 출력 창을 확인하는 습관을 들여야 합니다. 데이터 바인딩 시 오류가 발생한다면 다음 그림과 같이 오류를 출력해줍니다.

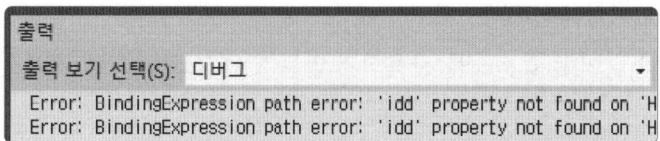

[그림] 비주얼 스튜디오의 출력 창에 나타난 데이터 바인딩 오류

> **알아두기**
>
> 데이터 바인딩은 XAML이 제공하는 Binding이라는 키워드와 함께 x 네임스페이스에서 제공하는 x:Bind 키워드를 사용합니다. x 네임스페이스를 사용하면 x 네임스페이스를 사용하지 않는 범용 네임스페이스를 사용하는 것보다 속성이 미치는 영향의 범위가 사용 중인 네임스페이스 밖으로 넓어지고 중단점 설정 등을 통한 디버깅을 가능하게 해줍니다.
>
> 그리고 x 네임스페이스를 사용하는 경우 Name은 x:Name을 사용하는 것에 비하여 Binding은 x:Binding이 아니라 x:Bind를 사용하니 주의하여야 합니다. 또한 Binding을 사용하면 앱을 실행할 때 바인딩되는 속성을 찾아보고 바인딩할 속성이 없으면 바인딩하지 않고 오류없이 실행되어 디버깅을 어렵게 하는데 x:Bind는 컴파일할 때 바인딩할 속성을 찾아보고 바인딩할 속성이 없으면 오류를 발생시킵니다. 따라서 x:Bind를 사용하면 오류를 찾는 것이 쉬워짐과 동시에 실행 성능도 개선됩니다. 따라서 위와 같은 오류를 겪지 않으려면 특별한 목적이 없는 한 x:Bind를 사용하는 것이 좋습니다.

5 : Resource

XAML의 자원 즉, Resource는 주로 문자열이나 멀티미디어 파일들을 의미하는 다른 프로그램 언어들과는 다르게 Brush, Color, Text 객체 등을 필요한 요소에서 반복하여 가져다 사용할 수 있도록 미리 정의해 놓은 요소를 말합니다. Resource로 정의할 수 있는 객체들은 "Resource로 활용이 가능한 객체"절을 참조하기 바랍니다.

■ 사용자 정의 Resource

다음 코드와 같이 Resource를 사용하지 않는 XAML 프로그램 코드를 생각해봅시다.

MainPage.xaml

```xml
<StackPanel>
    <Button Height="300" Width="300">
        <Button.Background>
            <LinearGradientBrush>
                <GradientStop Color="White" Offset="0"/>
                <GradientStop Color="Blue" Offset="1" />
            </LinearGradientBrush>
        </Button.Background>
    </Button>
    <Button Height="300" Width="300">
        <Button.Background>
            <LinearGradientBrush>
                <GradientStop Color="White" Offset="0"/>
                <GradientStop Color="Blue" Offset="1" />
            </LinearGradientBrush>
        </Button.Background>
    </Button>
</StackPanel>
```

파란색 그라데이션(Gradation) 효과를 가지는 버튼을 두 개 나열하는 XAML 코드로 StackPanel 요소를 사용하여 Button 요소 2개를 감쌌습니다. 각각의 Button 요소에 그라데이션 효과를 내기 위하여, Button.Background 속성 요소를 사용해 버튼의 배경을 LinearGradientBrush 요소로 지정했습니다. Brush는 요소의 배경이나 전경 혹은 글자의 색을 지정해주는 역할을 합니다. 그중에서 LinearGradientBrush는 선형으로 변하는 그라데이션을 구현하는 요소입니다. LinearGradientBrush 요소는 하부에 GradientStop 요소를 가지는데 여기서는 하얀색으로부터 서서히 파란색으로 만들어주기 위하여 각각의 LinearGradientBrush에 대하여 2개의 GradientStop 요소를 지정했습니다.

이렇게 하면 첫 번째 GradientStop에서 두 번째 GradientStop으로 서서히 선형으로 변하면서 그라데이션 효과가 나타나게 됩니다. Offset 속성에서 0은 왼쪽 상단의 모서리를 의미하고 1은 오른쪽 하단의 모서리를 의미합니다. 따라서 그라데이션 효과는 Offset 속성이 0인 왼쪽 상단 모서리에서 Offset 속성이 1인 오른쪽 하단 모서리로 나타나게 됩니다. XAML 코드의 효과는 코드 오른쪽의 이미지를 참조하기 바랍니다.

그런데 이 프로그램 코드를 분석해보면 두 가지 문제점이 발견됩니다. 첫째, Button.Background 속성 요소가 버튼마다 중복하여 코딩된다는 문제가 있습니다. 둘째, 이 코드가 파란색 그라데이션을 구현하는 코드라는 것을 직관적으로 파악하기가 어렵다는 문제가 있습니다.

이런 문제들을 해결하기 위하여 Resource를 사용할 수 있습니다. 그리고 Resource는 통상적으로 자원이 필요한 최상위 요소에서 정의하여 사용합니다.

설명과 이론만으로 이해하기는 어려우니 Resource를 사용한 XAML 프로그램 코드의 예제를 살펴보겠습니다.

MainPage.xaml

```
<StackPanel>
    <StackPanel.Resources>
        <LinearGradientBrush x:Key="blueDiagonalGradation">
            <GradientStop Color="White" Offset="0"/>
            <GradientStop Color="Blue" Offset="1" />
        </LinearGradientBrush>
    </StackPanel.Resources>

    <Button Height="300" Width="300"
            Background="{StaticResource blueDiagonalGradation }"/>
    <Button Height="300" Width="300"
            Background="{StaticResource blueDiagonalGradation }"/>
</StackPanel>
```

여기서는 StackPanel 요소의 하부에서만 Resource를 사용하기 위하여 StackPanel 요소 레벨에서 Resource를 정의하고 있습니다. Resource를 정의하기 위해서는

StackPanel.Resources 속성 요소를 사용합니다. Resource로 정의한 요소는 그라데이션 효과를 내는 LinearGradientBrush 요소입니다. 자원은 다른 요소에서 가져다 사용하기 때문에 x 네임스페이스 Key 속성의 값을 blueDiagonalGradation으로 지정했습니다. x 네임스페이스를 사용해야 파일 간, 그리고 요소 간 공유가 가능하다고 설명했었지요? 이렇게 Resource로 정의한 후 Button 요소에서 Background="{StaticResource blueDiagonalGradation}와 같은 형식으로 Key의 이름을 지정하여 Resource를 가져다 사용합니다. 이렇게 해서 첫 번째 문제였던 코드의 중복 문제가 Resource를 사용하여 깔끔하게 해결되었습니다.

직관적으로 파란색 그라데이션 코드라는 것을 알기 어렵다는 두 번째 문제는 Resource를 정의할 때 x:Key=" blueDiagonalGradation"와 같이 Key 속성을 지정하고 지정된 이름으로 Resource를 가져다 사용하는 방법으로 해결되었습니다. Resource를 사용하지 않는 프로그램 코드에서는 코드를 자세히 분석해봐야 코드가 의도하는 것이 무엇인지 알 수 있었는데 Resource를 사용하는 프로그램 코드에서는 LinearGradientBrush 요소와 하부 요소들이 의미하는 것이 파란색 대각선 그라데이션(blueDiagonalGradation)이라는 것을 Key 속성을 통하여 바로 알 수 있습니다.

이와 같은 노력을 "추상화(Abstraction)했다"고 합니다. 단순한 프로그램 코드의 나열에 의미를 부여하는 것으로 변수나 객체, 메소드의 이름을 왜 잘 지어야 하는가와 밀접하게 연결되어 있는 개념입니다. 이름을 잘 지어야 추상화가 되어 코드의 의미를 쉽게 알 수 있게 됩니다.

그런데 추상화를 해놓고 나니 한 가지 어려움이 있습니다.

한국인에게는 'blueDiagonalGradation'과 같은 영문이 아니고 '파란 대각선 그라데이션'과 같은 한글이라면 의미가 더 와닿을 것이기 때문입니다. 그래서 컴퓨터가 한글을 지원하기 시작하던 시절 데이터베이스의 필드 이름을 한글로 만들어 사용하려는 시도가 이루어졌었습니다. 그런데 실패했습니다. 그 이유는 잘 운영되던 시스템이 가끔 이상 동작을 했기 때문입니다. 그래서 어쩔 수 없이 프로그램 개발자에게는 프로그램을 개발하는 능력 외에 한 가지 능력이 더 필요하게 되었습니다.

그것은 영문으로 추상화해서 이름을 지어도 그 의미를 알 수 있는 정도의 영어 실력입니다. 영어로 추상화를 잘할 수 있어야 가독성과 유지 보수성이 높은 프로그램을 개발할 수 있기 때문입니다. 그리고 프로그램 개발과 관련된 서적들은 주로 영어로 되어 있기 때문에 원서를 어렵지 않게 읽을 수 있기 위해서라도 어느 정도의 영어 실력은 필수입니다. 그래서 이 책에서는 가능한 한글과 영어를 병기하여 이 책으로 공부한 사람들이 영어로 된 책을 읽을 때 용어만이라도 익숙하게 되는 데 도움이 될 수 있도록 노력했습니다.

■ Resource의 적용 순서와 적용 범위

Resource는 자원이 필요한 최상위 요소에서 정의하여 사용한다고 했습니다. 앞의 예에서는 StackPanel 요소에서 StackPanel.Resources 속성 요소를 사용하여 정의했죠. 여기서 정의된 Resource는 StackPanel 하부에만 영향을 미칩니다. 만약에 Grid나 Page 요소에서 Resource를 정의하려고 한다면 Grid.Resources나 Page.Resources 속성 요소를 사용하여 정의해야 할 것입니다.

이때 혹시 동일한 이름으로 여러 상위 요소에서 Resource를 정의했다면 그중 가장 가까운 상위 요소의 자원을 가져다 사용하게 됩니다. 즉, 우리가 지금 사용하고 있는 Prism 프레임워크에서는 우리가 코딩한 StackPanel의 Resource를 가장 먼저 사용하고, 그다음에 Prism이 제공한 Grid와 Page 그리고 Application 순서로 Resource를 사용하는 것입니다.

■ **Prism이 기본으로 제공하는 Resource**

상위 요소가 아니라 별도의 XAML 파일로 Resource를 정의해 놓고 사용할 수도 있습니다. 이때는 ResourceDictionary 요소를 사용하는데, Prism 프레임워크는 몇 가지 ResourceDictionary를 제공합니다.

Prism이 기본으로 제공하는 Resource로는 어떤 것들이 있는지 확인해봅시다. 다음 그림에는 Prism 프레임워크가 제공하는 Resource와 관련된 파일들이 선으로 표기되었습니다.

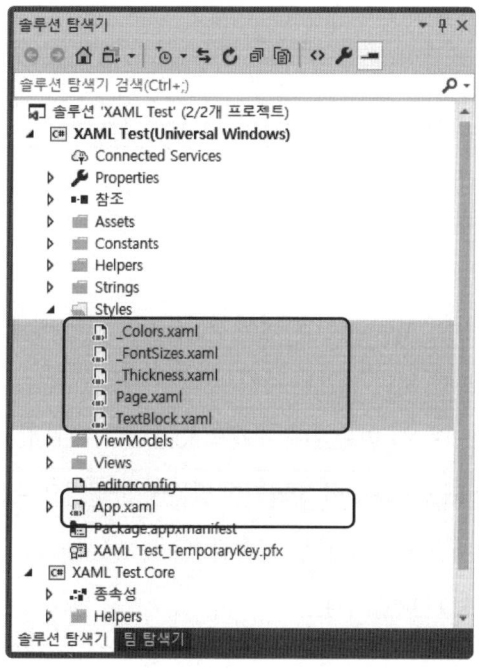

[그림] ResourceDictionary 파일들의 위치

다음 그림을 보면 App.xaml 파일은 ResourceDictionary.MergedDictionaries 속성 요소를 사용하여 외부의 5개의 또 다른 ResourceDictionary 파일을 병합하여 구성한

하나의 특수한 ResourceDictionary 요소라는 것을 확인할 수 있습니다. App.xaml은 최상위 XAML 프로그램 파일이기 때문에 이름이 중복되지 않는 한 모든 XAML 프로그램에서 여기서 정의된 Resource를 공통적으로 사용할 수 있습니다.

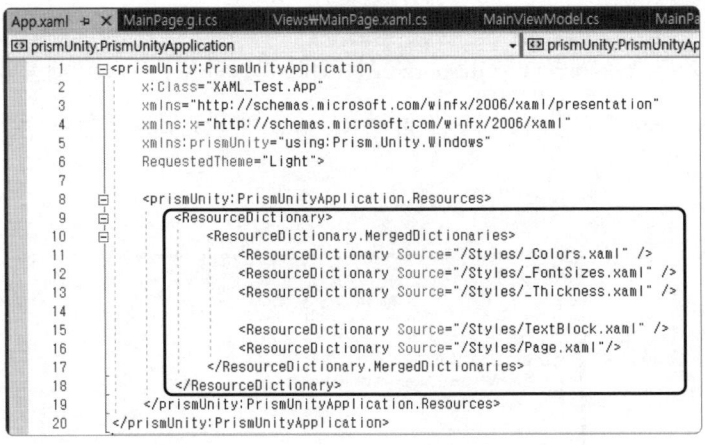

[그림] App.xaml 코드

또한, 다음 그림과 같이 App.xaml 파일의 ResourceDictionary에 병합된(Merged) _FontSizes.xaml 코드를 보면 병합된 각각의 외부 파일도 ResourceDictionary로 정의되어 있는 것을 확인할 수 있습니다. 각각의 ResourceDictionary XAML 프로그램 코드 파일들은 어떤 Resource들이 정의되어 있는지 파일명으로 알 수 있으니 설명을 생략하겠습니다. 보다 자세한 정보는 정의된 ResourceDictionary XAML 프로그램 코드를 직접 확인해보기 바랍니다.

[그림] 외부 ResourceDictionary XAML 코드의 예

■ **시스템이 기본으로 제공하는 Resource**

Resource를 사용할 때 StaticResource 마크업 확장을 사용하면 Prism 프레임워크가 제공하거나 사용자가 직접 만든 Resource를 가져다 사용하게 됩니다. 그런데 ThemeResource 마크업 확장을 사용하면 시스템이 기본으로 사용하는 Resource를 가져다 사용하게 됩니다. 시스템이 제공하는 Resource는 generic.xaml 파일에 정의되어 있습니다. ResourceDictinary 파일을 어떻게 확인할 수 있는지는 "3.6 Style" 절에서 설명합니다.

■ **Resource로 활용이 가능한 객체**

일반적으로 ResourceDictionary 및 XAML은 다음과 같은 객체들을 Resource로 정의하여 활용할 수 있습니다.

- Style 및 Template
- Brush 및 Color
- Storyboard를 포함한 Animation 형식
- Transform
- Matrix 및 Matrix3D
- Point
- Thickness 및 CornerRadius 같은 특정한 다른 UI 관련 구조
- x:String이나 x:Double과 같은 XAML 기본 데이터 형식

6 : Style

Style은 속성의 집합으로 별도 정의한 후 동일한 스타일을 적용할 화면 요소에 반복하여 적용하는 특별한 요소입니다.

다음은 작은 파란색 버튼 3개를 그려주는 XAML 코드인데 Button 요소에 동일한 Background, Height, Width 및 Margin 속성이 반복하여 사용되었습니다. 즉, Style을 사용하지 않는 코드입니다.

MainPage.xaml

```xml
<StackPanel>
    <Button Background="Blue" Height="20" Width="50" Margin="1"/>
    <Button Background="Blue" Height="20" Width="50" Margin="1"/>
    <Button Background="Blue" Height="20" Width="50" Margin="1"/>
</StackPanel>
```

■ Named Style

위에서 언급된 코드 중복의 문제는 Style을 Resource로 정의하여 사용함으로써 해결할 수 있습니다. 그리고 일반적으로 Style은 Resource로 정의하고 속성 값은 Setter 요소의 집합으로 지정하여 활용합니다.

이제 Style을 사용하지 않는 코드를 다음 코드와 같이 Style 요소를 사용하도록 수정합니다. 기본적인 문법은 Resource와 동일하니 Style 요소와 Setter 요소를 설명하겠습니다.

MainPage.xaml

```xml
<StackPanel>
    <StackPanel.Resources>
        <Style x:Key="smallBlueButton" TargetType="Button">
            <Setter Property="Background" Value="Blue"></Setter>
            <Setter Property="Height" Value="20"></Setter>
            <Setter Property="Width" Value="50"></Setter>
            <Setter Property="Margin" Value="1"></Setter>
        </Style>
    </StackPanel.Resources>

    <Button Style="{StaticResource smallBlueButton}"/>
    <Button/>
    <Button Style="{StaticResource smallBlueButton}"/>
</StackPanel>
```

Style은 다른 요소에서 가져다 사용하는 요소이므로 x 네임스페이스의 Key 속성을 사용하여 이름을 smallBlueButton으로 지정했습니다. Style을 이름으로 구분하기 때문에 Named Style 즉 이름으로 구분하는 스타일이라고 부릅니다. TargetType은 Style을 적용할 요소의 종류를 지정하는데 여기서는 Button이라고 지정했습니다. Setter라는 요소는 Style의 속성 값을 지정하기 위하여 사용했습니다. 그러고는 Resource를 가져다 사용하는 방법과 동일하게 가져다 사용했습니다. smallBlueButton이라는 이름으로 추상화되어 있어, 이 Style이 작은 파란색 버튼(Small Blue Button)이라는 것도 쉽게 파악할 수 있습니다.

■ Element Typed Style

이번에는 적용될 요소의 유형으로 구분되는 스타일인 Element Typed Style에 관하여 알아봅시다. 위의 Named Style을 사용한 프로그램 코드와 같은 방법으로 Style을 정의하여 적용했을 때 가운데 버튼에 Style이 적용되지 않은 것을 눈치채셨나요? Named Style을 사용하면 당연히 이름이 지정된 요소에만 Style이 적용됩니다. 그런데 실제로 프로그램을 개발하다 보면 특정 Panel이나 Grid, Page, 심지어는 해당 앱 안에 있는 모든 요소의 Style을 통일하고 싶을 때가 있습니다. 이럴 때 Element Typed Style을 사용하여 지정된 유형의 요소에 동일한 스타일을 지정합니다. XAML 코드로 작성한 모든 요소에 일일이 Style 요소를 지정하는 것은 좋은 방법이 아닙니다.

다음의 Element Typed Style을 사용한 프로그램 코드에는 앞에서 살펴본 Named Style을 사용한 프로그램 코드와 두 가지 차이가 있습니다.

> **MainPage.xaml**

```
<StackPanel>
    <StackPanel.Resources>
        <Style TargetType="Button">
            <Setter Property="Background" Value="Blue"></Setter>
            <Setter Property="Height" Value="20"></Setter>
            <Setter Property="Width" Value="50"></Setter>
            <Setter Property="Margin" Value="1"></Setter>
```

```
        </Style>
    </StackPanel.Resources>
    <Button/>
    <Button/>
    <Button/>
</StackPanel>
```

첫째, Style 요소를 정의할 때 x:Key="smallBlueButton" 코드를 제외하여 이름을 주지 않았고, 둘째, Button 요소를 정의할 때에도 〈Button/〉과 같이 Style Resource 이름을 지정하지 않았다는 것입니다. 이와 같은 Style을 Element Typed Style이라고 부르는데 이 예제의 경우 모든 Button 요소가 작은 파란색 버튼으로 나타나게 됩니다.

■ PageStyle

지금까지 Prism 프레임워크가 기본으로 제공하는 Page 요소의 XAML 코드 중에서 Style="{StaticResource PageStyle}" 속성의 설명을 미루고 있었는데, 이제는 설명할 수 있습니다. 이 속성은 Page 요소의 스타일로 PageStyle이라는 Resource를 정적(Static)으로 사용한다는 의미입니다. WPF에는 동적(Dynamic) Resource도 있었는데 UWP에서는 사라지고 없습니다.

그런데 PageStyle이 무엇인지 알 수 없습니다. 알고 싶으면 다음 그림과 같이 PageStyle이라는 이름 위에 마우스 커서를 올린 후 오른쪽 버튼을 클릭하여 PageStyle에서 동작하는 팝업 메뉴를 열고 [정의로 이동]을 선택하면 됩니다. 단축키 〈F12〉를 누르면 더 쉽게 이동할 수 있습니다.

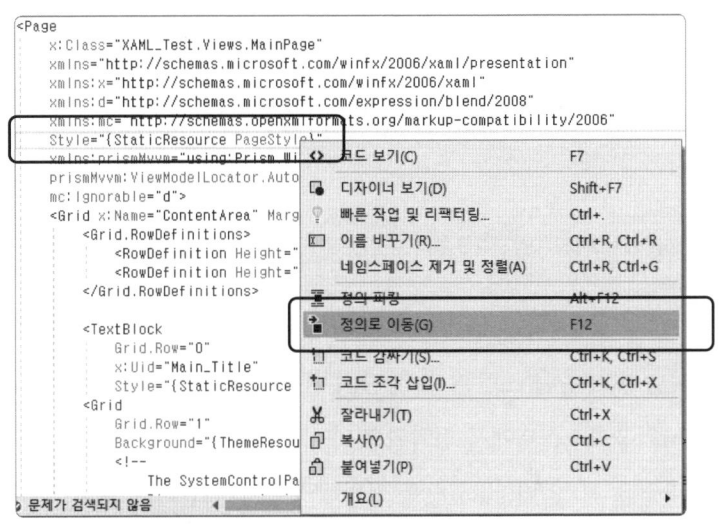

[그림] 비주얼 스튜디오에서 모르는 요소의 정의를 확인하는 팝업 메뉴

그러면 다음 그림과 같이 PageStyle을 정의한 XAML 프로그램 코드가 나타납니다. 당연히 PageStyle은 Style 요소로 정의되어 있습니다. 그런데 Style의 값이 여기서 보이지 않고 다시 Resource로 정의되어 있습니다. 그리고 Resource를 가져다 사용할 때 StaticResource 마크업 확장을 사용하지 않고 ThemeResource 마크업 확장을 사용하고 있습니다. ThemeResource는 앱의 프로그램 코드에서 정의하는 StaticResource와 달리 시스템이 제공하는 Resosurce입니다. Theme라는 용어는 PC에서 사용하는 용어인 화면 테마(Theme)에서 온 것임을 쉽게 짐작할 수 있습니다.

ApplicationPageBackgroundThemeBrush Rcsourcc에 마우스 커서를 두고 〈F12〉 키를 누르거나 팝업 메뉴를 통해 [정의로 이동] 메뉴 아이템을 클릭해봅니다.

```
<ResourceDictionary
    xmlns="http://schemas.microsoft.com/winfx/2006/xaml/presentation"
    xmlns:x="http://schemas.microsoft.com/winfx/2006/xaml">

    <Style TargetType="Page" x:Key="PageStyle">
        <Setter Property="Background" Value="{ThemeResource ApplicationPageBackgroundThemeBrush}" />
    </Style>

</ResourceDictionary>
```

[그림] PageStyle을 정의한 XAML 프로그램 코드

그러면 다음 그림과 같이 ApplicationPageBackgroundThemeBrush를 정의한 XAML 코드가 나타납니다. 다음 그림 우측 상단의 파일 이름을 보면 ResourceDictionary 파일이 Prism의 Styles 폴더에서 정의된 것이 아니라 generic.xaml이라는 것을 알 수 있는데 이 파일은 시스템 Resource를 정의해 놓은 파일입니다. 아무튼, 우리가 찾는 ApplicationPageBackgroundThemeBrush Resource는 〈SolidColorBrush x:Key="ApplicationPageBackgroundThemeBrush" Color="#FFFFFFFF" /〉와 같이 정의되어 있습니다. SolidColorBrush 요소의 Color 속성이 "#FFFFFFFF"인 것으로 보아 Page의 배경색은 하얀색인 것을 알 수가 있습니다.

[그림] ApplicationPageBackgroundThemeBrush Resource를 정의한 generic.xaml generic.xaml 파일의 위치는 비주얼 스튜디오에서 편집 창 오른쪽 상단의 파일명 탭 위에 마우스를 올려서 확인할 수 있습니다. 필자의 PC 환경에서는 C:₩Program Files (x86)₩Windows Kits₩10₩DesignTime₩CommonConfiguration₩Neutral₩UAP₩10.0.18362.0₩Generic 폴더에 있는 것으로 확인됩니다.

■ Style의 확장

기존 Style을 확장하여 새로운 Style을 만들고 싶으면 새로운 Style을 정의할 때 BasedOn="{StaticResource smallBlueButton}"〉 문장과 같이 BasedOn 속성에 확장할 Style Resource를 지정하면 됩니다. 다음 코드를 참조하기 바랍니다. smallBlueButtonBordered 라는 이름으로 작은 파란색 버튼에 검정 테두리를 추가하는 Style을 만든 후, 가운데 버튼에 적용해보았습니다.

```xaml
MainPage.xaml

<StackPanel>
    <StackPanel.Resources>
        <Style x:Key="smallBlueButton" TargetType="Button">
            <Setter Property="Background" Value="Blue"></Setter>
            <Setter Property="Height" Value="20"></Setter>
            <Setter Property="Width" Value="50"></Setter>
            <Setter Property="Margin" Value="1"></Setter>
        </Style>
        <Style x:Key="smallBlueButtonBordered" TargetType="Button"
                    BasedOn="{StaticResource smallBlueButton}">
            <Setter Property="BorderBrush" Value="Black"></Setter>
        </Style>
    </StackPanel.Resources>

    <Button Style="{StaticResource smallBlueButton}"/>
    <Button Style="{StaticResource smallBlueButtonBordered}"/>
    <Button Style="{StaticResource smallBlueButton}"/>
</StackPanel>
```

■ **Style의 적용 순서와 적용 범위**

Style도 Resource이기 때문에 "Resource의 적용 순서와 적용 범위" 절에서 언급한 것과 같이 Resource가 정의된 요소의 하위 계층에 위치한 요소들이 적용 범위이며 Style을 사용할 요소의 상위 계층 중에서 최하위에 정의된 Style을 먼저 사용합니다.

7 : 이벤트 핸들러와 코드 비하인드

■ **이벤트 핸들러**

Hello UWP World 예제 프로그램을 함께 작성하면서 Loaded Event가 발생할 때 TextBlock 요소를 숨기는 방법을 설명했습니다. 이번에는 사각형을 누르면 사각형의 가로 크기가 조금씩 커지는 예제를 작성하며 XAML의 이벤트 처리 방식을 좀더 깊이 있게 이해해보겠습니다.

우선 다음의 XAML 코드를 봅시다. 설명이 필요 없을 만큼 쉬운 코드로 Tapped="Rectangle_Tapped"와 같이 Tapped 이벤트 핸들러를 지정한 것을 주의 깊게 보기 바랍니다.

MainPage.xaml

```
<StackPanel>
    <TextBlock HorizontalAlignment="Left" TextWrapping="Wrap"
        Text="사각형의 크기를 키우려면 사각형을 손가락으로 탭하거나 Mouse의 왼쪽 버튼으로 클릭하세요."/>
    <Rectangle Width="100" Height="50" HorizontalAlignment="Left"
        Fill="Red" Tapped="Rectangle_Tapped"/>
</StackPanel>
```

UWP는 PC용 프로그램과 태블릿용 프로그램, 스마트폰용 프로그램을 동일하게 개발하기 때문에 Click 이벤트가 아니라 Tapped 이벤트를 사용했습니다. Tapped 이벤트는 화면을 탭(Tap)하는 경우와 마우스의 왼쪽 버튼을 누를 때 동일하게 동작합니다. 화면을 다루는 코드는 뷰모델(ViewModel)을 사용하는 것보다 코드 비하인드를 사용하는 것이 편하니 뷰모델(ViewModel)을 사용하지 않고 코드 비하인드를 사용하여 설명하겠습니다. 만약에 이벤트 핸들러를 추가하는 방법과 이벤트 핸들러가 추가된 코드 비하인드를 확인하는 방법이 생각나지 않는다면 Hello UWP World 프로그램 예제를 복습하기 바랍니다.

코드 비하인드에 위치한 Rectangle 요소의 이벤트 핸들러 프로그램은 매우 직관적입니다.

MainPage.xaml.cs
```
생략
namespace XMAL_Test.Views
{
    public sealed partial class MainPage : Page
    {
        private MainViewModel ViewModel => DataContext as MainViewModel;

        public MainPage()
        {
            InitializeComponent();
        }
        private void Rectangle_Tapped(object sender,
                            Windows.UI.Xaml.Input.TappedRoutedEventArgs e)
        {
            Rectangle clickedRectangle = sender as Rectangle;
            clickedRectangle.Width += 10;
        }
    }
}
```

여기서 sender는 이벤트가 발생하는 요소 객체입니다. Rectangle clickedRectangle = sender as Rectangle; 문장으로 요소 유형을 Rectangle로 변환한 다음 변수 객체에 저장합니다. 그리고 clickedRectangle.Width += 10; 문장을 기술하여 클릭할 때마다 넓이를 10씩 증가시킵니다. XAML 요소는 C#의 객체에 대응되고 속성은 C#의 객체 멤버에 대응된다는 것은 앞에서 설명했습니다.

그런데 Rectangle 글자 아래에 빨간색 줄이 그어져 문법 오류가 발생했음을 알립니다.

```
private void Rectangle_Tapped(object sender, Windows.UI.Xaml.Input.TappedRoutedEventArgs e)
{
    Rectangle clickedRectangle = sender as Rectangle;
    clickedRectangle.Width += 10;
}
```

[그림] 코드 비하인드에 위치한 Rectangle의 Tapped 이벤트 핸들러

Rectangle 글자에 마우스를 위치시킨 후 〈Ctrl〉+〈.〉키를 입력해봅니다. 그러면 비주얼 스튜디오가 문법 오류를 해결하기 위한 방법을 다음 그림과 같이 제시합니다. 우측 상단을 보니 네임스페이스를 선언하지 않은 것이 오류의 원인이라는 것을 알 수 있습니다. 네임스페이스 두 개를 대안으로 제시하는데 우리는 XAML 프로그램과 연동된 프로그램을 작성하고 있으니 using System.Drawing이 아니라 using Windows.UI.Xaml.Shape; 을 선택하여야 오류가 해결되리라는 것을 어렵지 않게 판단할 수 있습니다. 이제 프로그램을 실행하여 사각형을 클릭 혹은 탭할 때마다 크기가 증가하는지 확인해봅시다.

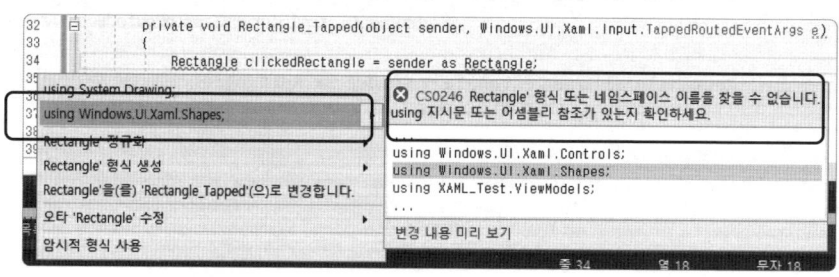

[그림] 비주얼 스튜디오의 오류 해결 도우미를 통한 오류 해결 방법

■ Routed Event

다음 그림에서 Routed Event(이벤트 전파)의 개념도를 확인합시다. XAML은 3가지 종류의 이벤트를 제공합니다.

- 첫째, 버블링 이벤트(Bubbling Event)는 비누 거품이 일어나듯이 하위 요소에서 발생한 이벤트가 상위 요소로 퍼져 나갑니다.
- 둘째, 다이렉트 이벤트(Direct Event)는 이벤트가 발생한 요소에서만 이벤트의 효력이 있습니다.
- 셋째, 터널링 이벤트(Tunneling Event)는 상위 요소에서 발생한 이벤트가 하위 요소로 퍼져 나갑니다.

버블링 이벤트(Bubbling Event)의 대표적인 예가 Tapped와 Click 이벤트입니다. 하위 요소를 클릭하면 하위 요소를 포함한 상위 요소도 클릭된 격이니 직관적으로 버블링 이벤트(Bubbling Event)라는 것을 판단할 수 있으며 대부분의 이벤트가 여기에 해당합니다.

다이렉트 이벤트(Direct Event)의 대표적인 예는 PointerEntered와 PointerExited 이벤트입니다. 이 두 이벤트는 PC용 프로그램을 개발할 때의 MouseEnter와 MouseLeave 이벤트에 해당하는데 UWP는 PC용 프로그램만을 위한 프로그램 개발 방법이 아니라 태블릿과 스마트폰을 위한 프로그램 개발에도 사용되니 Mouse 대신 Pointer라는 용어를 사용한 것입니다. 이 이벤트들 또한 하위 객체를 빠져나갔다고 상위 객체를 빠져나간 것이 아니고 상위 객체에 진입했다고 하위 객체에 진입한 것은 아니니 직관적으로 다이렉트 이벤트(Direct Event)임을 판단할 수 있습니다.

터널링 이벤트(Tunneling Event) 즉, 상위 요소에서 발생한 이벤트가 하위 요소로 전달되는 사례로는 PreviewKeyDown이나 PreviewKeyUp처럼 사전 처리를 담당하는 이벤트가 상위 요소에서 하위 요소로 전파되는 것들을 들 수 있습니다.

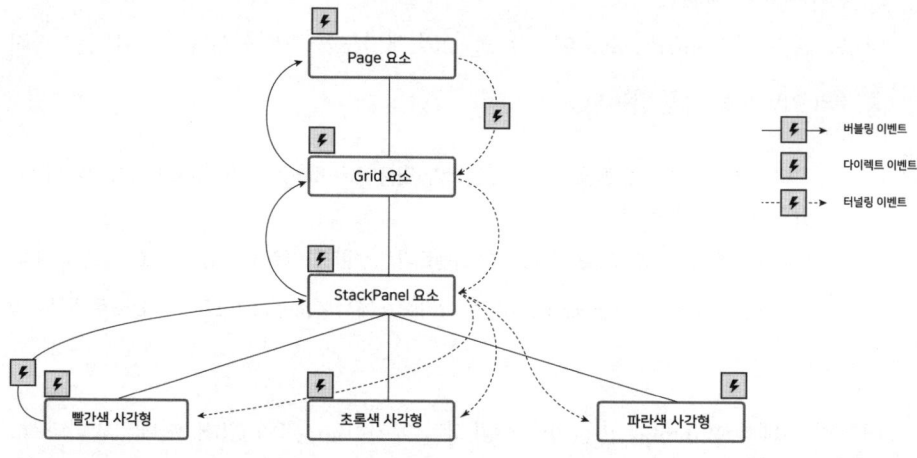

[그림] Routed Event 개념도

Routed Event를 예제를 통하여 이해하기 위해서 이번에는 다음 코드와 같이 사각형을 두 개 더 추가해보겠습니다. 빨간색 사각형에 이어 초록색과 파란색 사각형을 추가했습니다. 이 초록색 사각형과 파란색 사각형도 앞선 예제의 빨간색 사각형처럼 손가락으로 탭하거나 마우스 왼쪽 버튼을 눌렀을 때 커지게 할 것입니다.

MainPage.xaml

```
<StackPanel>
    <TextBlock HorizontalAlignment="Left" TextWrapping="Wrap"
        Text="사각형의 크기를 키우려면 사각형을 손가락으로 탭하거나 Mouse의 왼쪽 버튼으로 클릭하세요."/>
    <Rectangle Width="100" Height="50" HorizontalAlignment="Left"
        Fill="Red" Tapped="Rectangle_Tapped"/>
    <Rectangle Width="100" Height="50" HorizontalAlignment="Left"
        Fill="Green"/>
    <Rectangle Width="100" Height="50" HorizontalAlignment="Left"
        Fill="Blue"/>
</StackPanel>
```

이를 위해 각각의 사각형에 대하여 Tapped 이벤트 핸들러를 만들어 빨간색 사각형의 Tapped 이벤트 핸들러의 C# 코드를 복사하여 붙여넣는 방법을 사용할 수 있습니다. 조금 더 좋은 방법은 이벤트 핸들러의 코드를 메소드로 분리한 후 초록색과 파란색 사각형의 이벤트 핸들러에서 호출하여 사용하게 하는 것입니다. 하지만 XAML의 이벤트의 Routed Event의 특성을 활용하면 더욱 효과적인 방법으로 세 개의 사각형에 적용되는 이벤트 핸들러를 구현할 수 있습니다. Bubbling Event인 Tapped 이벤트가 상위 요소로 전파되어 갈 때 StackPanel 요소의 Tapped 이벤트 핸들러에서 이를 구현하는 것입니다.

다음 XAML과 C# 코드를 봅시다.

MainPage.xaml

```
생략
<StackPanel Tapped="StackPanel_Tapped">
    <TextBlock HorizontalAlignment="Left" TextWrapping="Wrap"
        Text="사각형의 크기를 키우려면 사각형을 손가락으로 탭하거나 Mouse의 왼쪽 버튼으로 클릭하세요."/>
    <Rectangle Width="100" Height="50" HorizontalAlignment="Left"
        Fill="Red" Tapped="Rectangle_Tapped"/>
    <Rectangle Width="100" Height="50" HorizontalAlignment="Left"
        Fill="Green"/>
    <Rectangle Width="100" Height="50" HorizontalAlignment="Left"
        Fill="Blue"/>
</StackPanel>
생략
```

MainPage.xaml.cs

```
생략
    private void Rectangle_Tapped(object sender,
                        Windows.UI.Xaml.Input.TappedRoutedEventArgs e)
    {
        Rectangle clickedRectangle = sender as Rectangle;
        clickedRectangle.Width += 10;
    }

    private void StackPanel_Tapped(object sender,
                        Windows.UI.Xaml.Input.TappedRoutedEventArgs e)
    {
        Rectangle clickedRectangle = e.OriginalSource as Rectangle;
        clickedRectangle.Width += 10;
    }
생략
```

이벤트 핸들러의 이름이 StackPanel_Tapped인 것으로 보아 StackPanel 요소의 이벤트 핸들러임을 알 수 있습니다. 앞의 C# 코드로 구현된 이벤트 핸들러와 비교해보니 딱 한 군데가 수정되었는데 sender as Rectangle이 e.OriginalSource as Rectangle로 수정된 것입니다. StackPanel의 sender 인자는 StackPanel 요소 자신을 의미하고, 클릭된 요소에 대한 정보가 Windows.UI.Xaml.Input.TappedRoutedEventArgs의 OriginalSource 속성에 저장되어 이벤트 핸들러로 넘어오기 때문에 코드를 살짝 수정한 것입니다. 그러면 앱을 테스트해봅시다.

[그림] StackPanel 요소 하위의 모든 사각형에 적용되는 Tapped 이벤트의 실행 화면

그런데 앱의 동작이 이상합니다. 빨간색 사각형을 누르면 크기가 다른 사각형의 두 배만큼 커집니다. 이는 빨간색 사각형을 탭하는 경우 Rectangle의 Tapped 이벤트 핸들러와 StackPanel의 Tapped 이벤트 핸들러가 모두 실행되기 때문입니다.

이것을 해결하는 방법은 Rectangle의 이벤트 핸들러를 주석 처리하거나 Rectangle의 이벤트 핸들러를 처리한 후 상위 요소로 확장되어 가지 않도록 다음 코드와 같이 e.Handled = true; 문장을 Rectangle 이벤트 핸들러 뒤에 추가하는 방법이 있습니다.

MainPage.xaml.cs

```
private void Rectangle_Tapped(object sender,
                        Windows.UI.Xaml.Input.TappedRoutedEventArgs e)
{
    //Rectangle clickedRectangle = sender as Rectangle;
    //clickedRectangle.Width += 10;
    ((Rectangle)sender).Width += 10;

     e.Handled = true;
}
```

알아두기

앞에서 언급한 Rectangle의 이벤트 핸들러에서 ((Rectangle)sender).Width += 10; 라는 문장을 눈여겨보기 바랍니다. Hello UWP World에서 사용했던 방법인데 clickedRectangle 변수를 정의하지 않고 sender를 Rectangle로 형변환한 후 Width의 값을 바로 증가시키고 있습니다.

동작은 앞에 주석 처리된 두 줄의 C# 코드의 수행 결과와 동일한데 어떤 코딩 방법이 더 좋은 방법일까요? 앞의 코드에서는 sender의 의미가 클릭된 요소인 것을 알 수 있도록 이미 개발 도구 개발자에 의하여 추상화된 개념이기 때문에 재사용할 필요가 없는 변수를 정의하지 않은 ((Rectangle)sender).Width += 10; 가 더 좋은 코딩이라고 할 수 있습니다.

하지만 StackPanel 이벤트 핸들러에서 ((Rectangle)e.OriginalSource).Width += 10;와 같이 코딩했다면 이 경우에도 더 좋은 코딩이라고 할 수 있을까요? ((Rectangle) e.OriginalSource)는 무슨 의미인지 한참 생각해야 하는 반면 Rectangle clickedRectangle = e.OriginalSource as Rectangle; 문장에서는 변수 객체가 clickedRectangle이라고 의미를 추상화해주고 있어서 가독성을 높여주니 더 좋은 코딩이라고 할 수 있겠습니다.

물론 변수를 추가로 만들지 않아야 할 만큼 수행 속도에 민감한 경우라면 더 좋은 코딩이라고 할 수 있겠지만 이와 같은 경우에는 앞의 코드와 같이 의미를 명확히 알 수 있도록 변수를 정의하여 사용하는 코드를 주석으로 남겨 놓고 효율적인 코드를 추가하는 것이 좋은 Performance Tuning 습관이 됩니다. 주석으로 가독성을 확보하고 추가된 코드로 수행 속도를 확보하기 때문입니다.

8 : 커맨드 바인딩

Command는 편집기에서 〈Ctrl〉 + 〈C〉나 〈Ctrl〉 + 〈V〉 키 등을 눌렀을 때, 또는 이에 대응되는 [Copy] 메뉴 항목이나 [Paste] 메뉴 항목 등을 눌렀을 때 발생합니다. Command라는 용어는 〈Ctrl〉 + 〈C〉 키를 누르면 "복사하라", Paste 메뉴 항목을 누르면 "붙여넣어라"와 같이 대상 요소 혹은 객체에 명령을 내리는 것에서 유래한 용어로 이해하면 무리가 없습니다. Command는 PC용 프로그램을 개발할 때 매우 유용한데 더 자세한 것은 WPF(Windows Presentation Foundation) 관련 서적을 참조하기 바랍니다.

버튼과 같은 경우에도 버튼을 탭하거나 클릭했을 때 이에 해당하는 처리를 하라는 Command를 발생시키고 Command를 받은 핸들러를 통하여 처리할 수 있습니다. 이와 유사한 역할을 할 수 있는 것이 코드 비하인드 형태의 이벤트 핸들러입니다. 코드 비하인드의 이벤트 핸들러는 XAML 코드에 종속되어 있습니다. XAML 요소의 속성 창에서 이벤트 이름을 더블 클릭하여 이벤트 핸들러를 자동으로 생성했던 기억이 나지요? 그 말은 이벤트 핸들러를 사용하면 코드 비하인드의 C# 프로그램과 XAML 화면 프로그램이 상호 종속되어 화면 디자인과 프로그램 로직 개발의 담당자를 분리하는 효과를 누릴 수 없게 된다는 것을 의미합니다.

그뿐만이 아니라 뷰모델(ViewModel)에서는 코드 비하인드의 이벤트 핸들러를 사용할 수 없습니다. 그러면 XAML의 화면구성 요소에서 발생하는 Command를 어떻게 뷰모델(ViewModel)의 독립된 C# 프로그램과 연동하여 처리할 수 있을까요? 결론적으로 말하면 뷰모델(ViewModel)에서 이벤트를 처리하려면 커맨드 바인딩(Command Binding)의 도움을 받아야 합니다.

우선 다음 코드와 같이 Command를 발행하는 Button 요소를 하나 만들어보겠습니다. 코드에서 Command="{Binding clickMeCommand}" 부분이 배우지 않은 것입니다. 이는 데이터 바인딩과 유사한 방식으로 Command 속성에 데이터 바인딩 기술을 사용하기 때문에 '커맨드 바인딩(Command Binding)'이라고 부릅니다.

MainPage.xaml

```xml
<Button Content="Click Me" VerticalAlignment="Top"
                    Command="{Binding clickMeButtonCommand}"/>
```

위의 코드를 MainPage.xaml 파일에 코딩했다면 Hello UWP World에서 데이터 바인딩을 했던 것과 같이 MainViewModel.cs 파일에 이에 대응하는 속성을 정의해야 합니다. 다음은 버튼을 클릭하면 Command를 받아 메시지 창을 보여주는 MainViewModel.cs 코드입니다.

MainViewModel.cs

```csharp
using System;
using System.Windows.Input;
using Prism.Commands;
using Prism.Windows.Mvvm;
using Windows.UI.Popups;

namespace XAML_Test.ViewModels
{
    public class MainViewModel : ViewModelBase
    {
```

```
        public ICommand clickMeButtonCommand { get; set; }

        public MainViewModel()
        {
            clickMeButtonCommand = new DelegateCommand(onClickMeButtonCommand);
        }

        private async void onClickMeButtonCommand()
        {
            MessageDialog messageDialog = new MessageDialog("버튼을 클릭하였습니다.");
            await messageDialog.ShowAsync();
        }
    }
}
```

앞 코드에서 볼 수 있듯이 다행히 커맨드 바인딩의 속성 정의는 데이터 바인딩보다 단순해서 public ICommand clickMeCommand { get; set; } 문장과 같이 지정하면 됩니다. 값을 가져올(get) 때도 clickMeCommand 값을 변환 없이 가져가고 값을 저장할(set) 때도 변환 없이 저장한다는 의미의 코드입니다. 다만 데이터 바인딩은 string과 같은 클래스를 사용한 반면 커맨드 바인딩에는 ICommand 인터페이스를 사용한다는 것이 데이터 바인딩과 가장 큰 차이점입니다.

> **알아두기**
>
> 응용 프로그램 개발자 입장에서는 데이터 타입(Data Type), 클래스(Class), 인터페이스(Interface)가 유사한 의미를 가집니다. 변수나 상수로 혹은 변수 객체나 상수 객체로 혹은 변수 인터페이스나 상수 인터페이스로 정의되어 사용된다는 측면에서 동일한 개념으로 볼 수 있습니다. 다만 데이터 타입, 클래스 그리고 인터페이스 순으로 일반성을 가집니다. 데이터 타입은 단일 타입의 값을 표현할 수 있고 클래스는 목적에 맞게 여러 개의 값과 여러 개의 메소드로 특징지어지는 복합구조를 표현할 수 있고 인터페이스는 제한된 기능을 가지는 클래스에 해당하기 때문에 앞 문장과 같이 표현할 수 있는 것입니다.
>
> 클래스는 객체 타입이라고 번역할 수도 있습니다. 데이터 타입을 인스턴스(Instance)화하면 변수나 상수, 클래스를 인스턴스화하면 변수 객체나 상수 객체가 되니 클래스를 객체 타

입으로 번역하는 것이 매우 일리가 있게 느껴지지 않나요? 인터페이스는 우리말로 번역하기가 어렵지만 구현되어 있지 않은 클래스, 틀만 가진 클래스라고 이해하면 됩니다. 화면을 사용자 인터페이스라고 부르는 것처럼 인터페이스라는 용어는 어떤 접촉 창구와 같은 것을 의미합니다. 객체를 특정한 형태로 사용할 수 있다는 틀만 만들어 놓았다는 개념에서 따온 용어입니다. 용어가 어렵지만 인터페이스는 구현되지 않은 틀만 갖춘 제한된 클래스로 이해하면 됩니다.

Command를 받아서 처리하려면 커맨드 바인딩된 변수 객체에 Command를 받아서 처리할 메소드 혹은 함수를 지정해야 합니다. 위의 MainViewModel.cs 코드에서 커맨드 바인딩된 변수 객체는 clickMeButtonCommand이고, 버튼 클릭 시 실행할 메소드는 onClickMeButtonCommand()입니다. 그러면 데이터 바인딩을 할 때와 같이 clickMeButtonCommand = onClickMeButtonCommand; 같은 문장을 쓰고 싶을 테지만 C언어와 같은 저수준 언어에서는 가능해도 C#과 같은 대부분 언어에서는 그렇게 할 수 없습니다.

UWP의 Prism 프레임워크에서는 '위임한다'는 의미를 가진 Delegate 객체의 도움을 받아야 합니다. 그런데 우리가 하려고 하는 위임은 Command를 처리하기 위한 위임이니 DelegateCommand 객체의 도움을 받아야 합니다. 즉 clickMeButtonCommand = new DelegateCommand(onClickMeButtonCommand); 문장과 같이 DelegateCommand 객체를 만들어 속성에 저장하면 됩니다. 이때 위임을 할 이벤트 핸들러, 즉, 이벤트의 처리를 담당할 메소드가 onClickMeButtonCommand() 메소드이니 객체 생성 시 초깃값으로 넘겨주기 위하여 DelegateCommand 객체의 생성자에 인자로 넘겨주었습니다. 이 문장을 해석하면 "onClickMeButtonCommand() 메소드의 Command Delegate 객체를 만들어 속성 변수 객체인 clickMeButtonCommand에 저장하라."가 됩니다. 그러면 XAML 화면에서 버튼을 눌렀을 때 onClickMeButtonCommand() 메소드가 실행됩니다.

onClickMeButtonCommand() 메소드의 코드는 메시지 대화 창(Dialog Window)을 비동기 호출로 구현하고 있는데 async와 await 프로그램 패턴(Program Pattern)은 Hello UWP World 프로그램 예제에서 설명했으니 기억나지 않으면 다시 읽고 돌아오기 바랍니다. 메소드 안의 MessageDialog messageDialog = new MessageDialog("버튼을 클릭하였습니다."); 문장은 MessageDialog 객체를 생성하고, messageDialog.ShowAsync(); 문장은 생성된 객체를 사용하여 대화창을 보여줍니다. 이런 형태는 객체지향 프로그램의 전형적인 프로그램 패턴입니다.

알아두기

객체지향 프로그램은 응용 프로그램 개발자의 입장에서는 매우 단순합니다. 라이브러리 혹은 Helper의 형태로 제공되는 객체를 이해하고 객체를 구성하는 메소드를 호출하거나 멤버 변수의 값을 가져오거나 저장하는 방법으로 프로그램을 작성하면 되기 때문입니다. 응용 프로그램 개발자가 할 일은 객체를 이해하고 객체의 사용법에 맞추어 코딩하는 것입니다.

특히 .NET과 같이 객체들의 네임스페이스 구조가 계층적 나무 구조(Hierarchical Tree Strudcure)로 되어 있기 때문에 객체들의 구조를 쉽게 예측할 수 있어서 사용할 객체를 찾기가 쉽고, 해당 기술의 개념을 알고 있다면 멤버와 메소드의 이름을 추측하는 것이 어렵지 않아 객체를 쉽게 사용할 수 있습니다. 객체를 만들어 판매하는 개발자를 자동차 생산자에 비유할 수 있다면 객체를 사용하여 응용 프로그램을 제작하는 개발자는 운전자에 비유할 수 있습니다. 운전자에게는 자동차를 만드는 기술보다 차선을 지키고 신호를 준수하는 것이 더 중요한 기술이듯이 응용 프로그램 개발자에게는 적용할 업무를 이해하고 업무 수행을 위하여 문제나 장애가 되는 일의 해결에 집중하는 것이 더 중요한 기술입니다.

비주얼 스튜디오에서 C# 코딩을 할 때 코딩 생산성을 높여주는 방법으로 using 선언을 하지 않고 C# 프로그램을 먼저 코딩한 후 프로그램 오류가 나면 비주얼 스튜디오의 오류 해결 도우미의 도움을 받는 방법이 있습니다. 이 예제에서도 using System.Windows.Input;과 using Prism.Commands; 및 using Windows.UI.Popups; 문장을 그런 방식으로 추가했습니다. 각각 ICommand 인터페이스와 DelegateCommand 객체, MessageDialog 객체가 정의된 네임스페이스들입니다.

[그림] 버튼 클릭 시 Command를 받아 메시지 창을 보여주는 실행 화면

알아두기

필자는 속성을 포함하여 필자가 정의한 변수 객체명과 메소드명들은 clickMeButtonCommand나 onClickMeButtonCommand와 같이 소문자로 시작하고 있습니다. 이것은 시스템이 제공하는 이름들과 필자가 직접 정의한 이름들을 구분하여 코딩하는 필자의 코딩 표준(Coding Standard)입니다.

그리고 Hello UWP World 예제에서는 데이터 바인딩을 위한 속성 변수를 구현하기 위한 private 변수 객체의 이름은 _helloGreetings와 같이 변수 이름 앞에 _(UnderScore)를 추가했습니다. 이것도 일반 변수와 구분해 주기 위한 필자의 코딩 표준입니다. 변수나 메소드의 이름을 잘 짓는 것만으로도 추상화를 상당 부분 달성할 수 있다고 앞에서 설명했지요.

이름을 잘 짓는 것은 실생활에서 이름을 짓는 것만큼이나 어려운 일입니다. 그런데 저와 같은 코딩 표준을 가지고 있으면 MessageDialog messageDialog = new MessageDialog(" 버튼을 클릭하였습니다."); 문장에서와같이 시스템이 제공한 이름의 첫 글자만 소문자로 바꾸어 변수 객체의 이름을 지정할 수 있습니다. 실제로 이런 방식으로 이름을 지정하는 것이 억지로 영어를 만들어 내는 것보다 의미 있습니다. 이 프로그램 코드의 예에서는 실제로 messageDialog보다 좋은 이름을 작명하는 것이 거의 가능하지 않습니다. messsageWindows나 popUpWindow와 같은 이름을 붙일 수 있겠지만 이름을 위한 이름처럼 억지스러워 보이죠. UWP의 용어를 그대로 준용하여 messageDialog라고 부르는 것이 더욱 타당하다고 생각합니다. 물론 앞에서 설명한 프로그램 예제의 경우와 같이 프로그램의 목적에 맞게 clickedRectangle과 같이 이름을 지을 수 있다면 프로그램 코드의 추상화 수준이 더욱 높아져 프로그램의 가독성과 유지 보수성이 상승합니다.

_helloGreetings의 경우도 helloGreetings 속성의 private 변수 객체의 이름으로 더 좋은 것을 생각하기 어렵습니다. 그리고 최근에는 컴파일러의 최적화 기술이 발달하며 개발자가 직접 최적화할 일이 줄어들고 있기 때문에 수행 속도를 중시하는 프로그램 코드보다 가독성과 유지 보수성이 좋은 프로그램 코드의 중요성이 더 커지고 있습니다.

예제를 통하여 이전에 배웠던 데이터 바인딩과 함께 커맨드 바인딩의 개념과 코딩 방법을 살펴보았습니다. 사실 커맨드 바인딩은 데이터 타입이 ICommand인 데이터 바인딩입니다. 아무튼, 응용 프로그램 개발자들은 이론보다 코드를 통하여 배우는 것이 훨씬 효율적이겠지만 경험과 이론의 겸비가 중요하니 코드에서 배운 개념을 그림으로 정리합니다.

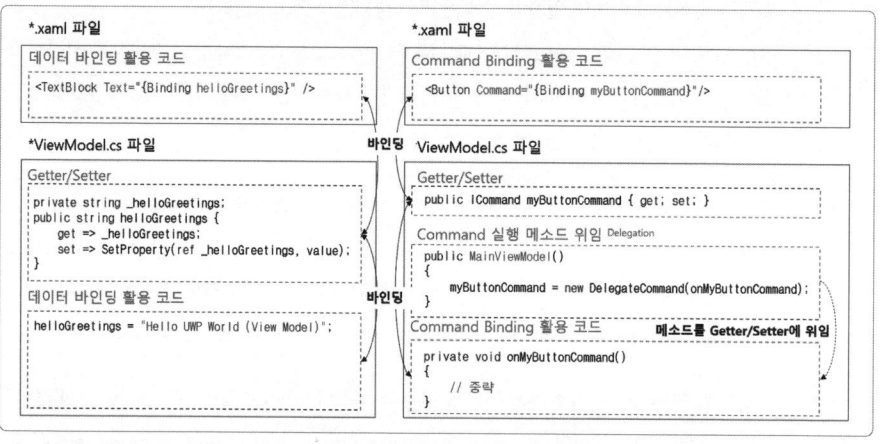

[그림] 데이터 바인딩과 커맨드 바인딩의 개념도

9 : 여러 값의 데이터 바인딩

앞에서는 하나의 값에 대한 데이터 바인딩을 살펴보았는데 이번에는 여러 값을 데이터 바인딩하는 방법을 살펴보겠습니다.

다음 코드와 같이 ListBox 컨트롤을 사용하여 데이터는 MainViewModel.cs에서 제공하고, 화면은 MainPage.xaml로 보여주는 예제를 살펴봅니다. User 모델을 사용하기 위하여 앞에서 설명했던 Hello UWP World 예제에 프로그램 코드를 추가했습니다.

MainPage.xaml

```
생략
<StackPanel>
    <TextBlock Name="viewGreetngs" Text="Hello UWP World (View)" FontSize="36"
            HorizontalAlignment="Center" Loaded="viewGreetngs_Loaded"/>
    <TextBlock Name="viewModelGreetngs" Text="{Binding helloGreetings}" FontSize="36"
        HorizontalAlignment="Center" Loaded="viewModelGreetngs_Loaded"/>
    <TextBlock Name="codeBehindGreetngs" Text="Hello UWP World (Code Behind 기본값)"
      FontSize="36" HorizontalAlignment="Center" Loaded="codeBehindGreetngs_Loaded"/>

    <ListBox ItemsSource="{Binding users}"/>
</StackPanel>
생략
```

MainPage.xaml.cs

```
생략
private void viewModelGreetngs_Loaded(object sender,
                                    Windows.UI.Xaml.RoutedEventArgs e)
{
    viewModelGreetngs.Opacity = 0; // 문장의 주석을 해제하세요.
    //((TextBlock)sender).Opacity = 0;
}
생략
```

MainViewModel.cs : 변경되는 부분만 기술합니다.

```
private IList<string> _users;
public IList<string> users
{
    get => _users;
    set => SetProperty(ref _users, value);
}

public MainViewModel()
{
    //helloGreetings = "Hello UWP World (View Model)";
    //getUserAsync();

    string[] tempUsers = { "홍길동", "유관순", "안정복" };
    users = tempUsers.ToList();
}
```

앞선 예제에서는 하나의 값을 데이터 바인딩하기 위하여 string 데이터 타입을 사용했고, 하나의 Command를 커맨드 바인딩하기 위하여 ICommand 인터페이스를 사용했습니다. 이번에는 IList Generic(포괄적인/일반적인) 인터페이스를 사용하여 여러 개의 값을 데이터 바인딩합니다.

인터페이스만 해도 이해가 어려운데 Generic 인터페이스라니 더 어렵지요? 하지만 어려울 것이 하나도 없습니다. List를 구현할 때는 특정 데이터 타입이나 클래스, 인터페이스에 국한되지 않도록, 데이터 타입마다 여러 가지로 구현하지 않고 하나로 만드는 것이 유리합니다. 이를 위해 데이터 타입이나 객체 타입(Class/클래스)을 참조 정보로 주어 구현하는 것을 Generic이라고 부를 뿐입니다. 즉, IList〈string〉은 string 데이터 타입의 List 인터페이스를 의미하는 것입니다. List가 여러 개의 값을 동시에 저장하는 Collection 자료 구조이니 string 데이터 타입을 여러 개 관리하는 인터페이스라는 의미가 됩니다.

마지막으로 users = tempUsers.ToList(); 문장을 설명하면 됩니다. string 배열을 List로 만들어 속성에 저장하기 위하여 System.Linq 네임스페이스에 속한 ToList() 메소드를 사용했습니다. tempUsers 문자열 배열을 List Collection 객체로 변환해 주는 것으로 코드의 의미가 직관적입니다. 앞으로는 어떤 네임스페이스에 속하는 기능인지 설명하지 않을 테니 코딩해놓고 문법 오류가 발생하면 〈Ctrl〉 + 〈.〉 키를 눌러 비주얼 스튜디오 오류 해결 도우미의 도움을 받아 네임스페이스를 추가하기 바랍니다. System.Collections.Generic 네임스페이스에 속한 IList를 추가할 때에도 동일한 문법 오류가 발생하는데 〈Ctrl〉 + 〈.〉 키로 문법 오류를 해결하기 바랍니다.

[그림] ListBox 컨트롤을 사용하도록 수정한 Hello UWP World 프로그램 실행 화면

10 : Template

Template는 컨트롤의 외관이나 내용이 나타나는 형태를 제어할 수 있도록 XAML에 의하여 제공되는 틀 혹은 장치입니다.

■ Item Template과 Data Template

여러 값의 데이터 바인딩을 설명하기 위하여 ListBox 컨트롤 예제에서 배열로 이루어진 이름을 하드코딩하여 실행하는 방식을 사용했습니다. 지금부터는 실제 프로그램할 때의 환경과 유사하게 API 호출을 통하여 가져온 값을 보여주는 방식으로 코드를 수정하면서 Template에 대한 개념을 이해합니다. 다음은 ListBox의 값들을 API 호출로 가져오도록 수정한 ViewModel C# 코드입니다. MainPage.xaml과 MainPage.xaml.cs 파일에는 변경되는 것이 없어 그대로 사용하고 MainViewModel.cs 파일에만 변경이 발생합니다.

MainViewModel.cs : 변경되는 부분만 기술합니다.

```
/*
private IList<string> _users;
public IList<string> users
*/
private IList<User> _users;
public IList<User> users
{
   get => _users;
   set => SetProperty(ref _users, value);
}

public MainViewModel()
{
   //helloGreetings = "Hello UWP World (ViewModel)";

   //getUserAsync();

   //string[] tempUsers = { "홍길동", "유관순", "안정복" };
   //users = tempUsers.ToList();
```

```
        getUsersAsync();
    }

    private async void getUsersAsync()
    {
        using (HttpClient httpClient = new HttpClient())
        {
            string httpResponse = await httpClient.GetStringAsync(
                            "http://jsonplaceholder.typicode.com/users");
            User[] tempUsers = await Json.ToObjectAsync<User[]>(httpResponse);
            users = tempUsers.ToList();
        }
    }
```

"3.9 여러 값의 데이터 바인딩"의 Hello UWP World 예제에서 사용했던 string 데이터 타입의 List를 User 데이터 타입, 엄밀하게 표현하면 객체 타입(Class/클래스)으로 변경하고 하나의 User 값을 가져오던 getUserAsync() 메소드를 여러 값을 가져오도록 getUsersAsync() 메소드로 복사하여 수정합니다.

이때 복사한 코드에서 http://jsonplaceholder.typicode.com/users/1과 같이 특정 User만 가져오던 API를 모든 User를 가져오도록 /1 부분만 제거합니다. 그리고 User[] tempUsers = await Json.ToObjectAsync<User[]>(httpResponse); 문장과 같이 User 클래스를 User[]와 같이 User 객체 배열 타입으로 변경하고 변수 객체명 tempUser는 복수인 tempUsers로 변경합니다.

이제 앱을 실행해보면 10개의 User가 ListBox에 나타납니다. 그런데 Hello_UWP_World.Core.Models.User와 같이 모델의 이름이 나타나 어떤 사용자들의 목록인지 알 수가 없습니다. 상단의 공란은 Hello UWP World 예제의 출력이 나타나던 공간인데 공란이 필요 없기는 하지만 설명하는 데 큰 문제가 있는 것은 아니니 수정하지 않고 두겠습니다.

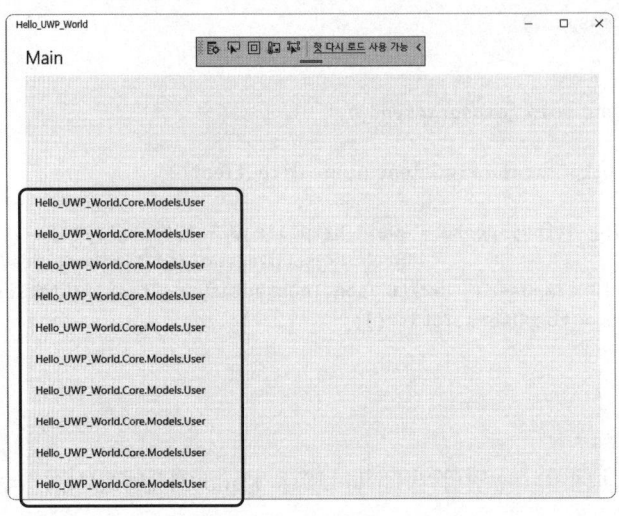

[그림] ListBox의 값들을 API 호출로 가져오도록 수정한 Hello UWP World 프로그램 실행 화면

이와 같은 문제가 발생하는 이유는 XAML 코드에 〈ListBox ItemsSource="{Binding users}"/〉라고 기술한 ListBox 요소가 전체 객체 하나의 값만을 보여주기 때문입니다. 이와 같은 문제를 풀기 위하여 Item Template와 Data Template를 사용하겠습니다.

Item Template는 여러 개의 값을 보여주기 위하여 XAML이 만들어 놓은 Template 이고 Data Template는 데이터가 여러 개의 값으로 구성되어 있을 때 전체 객체 하나의 값이 보여지는 형태를 사용자가 지정하여 보여주도록 XAML이 만들어 놓은 Template입니다. 설명이 더 어렵죠? 이럴 때는 개발자들의 공통 언어인 프로그램 코드를 봅니다. 백문이 불여일견(百聞不如一見)이므로 금방 이해할 수 있을 것입니다. 여러분은 백견이 불여일타(百見不如一打)로 한발 더 나아가실 것으로 믿습니다.

다음은 API 호출로 가져온 User 객체를 구성하는 개별 값이 ListBox에 나타나도록 수정한 XAML 코드입니다.

> **MainPage.xaml : 변동되는 부분만 기술합니다.**

```xml
<ListBox ItemsSource="{Binding users}">
    <ListBox.ItemTemplate>
        <DataTemplate>
            <StackPanel Orientation="Horizontal">
                <TextBlock Text="{Binding id}" Margin="0 0 5 0"/>
                <TextBlock Text="{Binding name}" Margin="0 0 5 0"/>
                <TextBlock Text="{Binding phone}"/>
            </StackPanel>
        </DataTemplate>
    </ListBox.ItemTemplate>
</ListBox>
```

위의 코드를 보면 ListBox 태그를 시작 태그와 종료 태그로 나누고 그 안에 〈ListBox.ItemTemplate〉 태그를 속성 요소로 배치했습니다. 이 Item Template에 의하여 ListBox 컨트롤의 ItemsSource에 지정한 항목들의 값이 반복하여 나타나는 것입니다. 그 안에 Data Template 요소를 배치했는데 TextBlock 요소 3개를 StackPanel 요소를 사용하여 수평으로 배치하고 각각의 값들에 대하여 id와 name, phone을 데이터 바인딩하고 있습니다. Margin은 여러 개의 값으로 지정할 때에는 좌상우하의 순서로 지정하는데 여기서는 마지막 값 항목을 제외하고 우측에 5 Pixel만큼의 Margin을 지정하여 값들 간의 간격을 조정했습니다. 실행 화면과 코드를 함께 보고 이해하기 바랍니다.

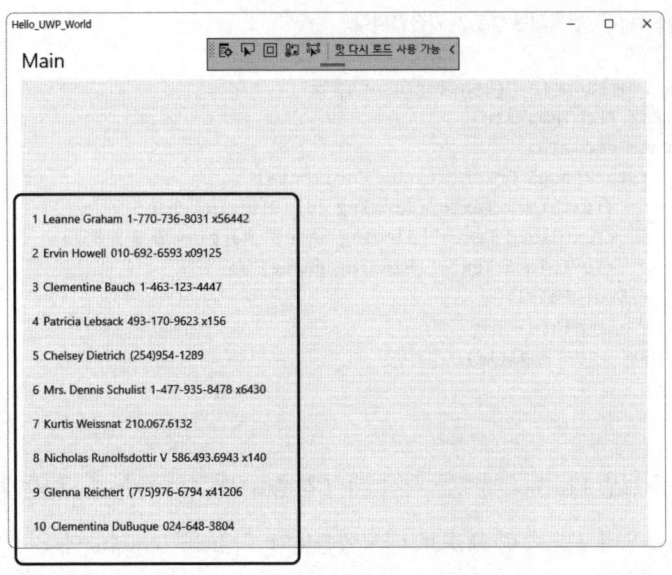

[그림] API 호출로 가져온 User 객체의 개별 값이 ListBox에 나타나도록 수정한 Hello UWP World 프로그램 실행 화면

■ **Control Template**

XAML은 주어진 요소의 모양을 사용자가 정의할 수 있도록 Control Template를 제공합니다. Style을 사용하여 주어진 요소의 기본적인 모양을 변경할 수 있지만, 주어진 요소의 속성(Property)이 허용하는 범위 내에서만 변경할 수 있습니다. 이것으로 부족하다면 Control Template을 사용하여 주어진 요소의 모양을 완전히 변경할 수 있습니다.

간단한 사용자 정의 버튼 컨트롤을 만드는 예를 통하여 설명하겠습니다. 이 예제는 단순해서 Hello UWP World 프로젝트를 사용하지 않고 XAML Test 프로젝트를 사용합니다.

다음은 Control Template로 사용자 정의 버튼을 만드는 XAML 코드입니다.

MainPage.xaml

```
<Button Content="Click Me" VerticalAlignment="Top" Width="100" Height="50">
    <Button.Template>
        <ControlTemplate>
            <Ellipse Fill="Magenta"/>
        </ControlTemplate>
    </Button.Template>
</Button>
```

위의 코드는 매우 단순합니다. Button 요소 안에 〈Button.Template〉 속성 요소를 배치한 후 그 안에 〈ControlTemplate〉 요소를 배치했습니다. 그 구조가 〈ListBox.ItemTemplate〉 속성 요소 안에 〈DataTemplate〉 요소를 배치한 것과 같습니다. ItemTemplate가 값이 나타나는 항목을 변경해 주는 틀이라면 Template는 요소 자체를 변경해주는 틀로 이해하면 무리가 없습니다. 그 후 버튼의 모양을 대체할 Ellipse 요소를 배치하여 XAML이 제공하는 버튼의 모양을 보라색 타원형으로 변경했습니다. 버튼의 모양을 타원으로 바꾸는 속성은 없으니 Style로 지정할 수는 없습니다. 하지만 Control Template을 사용하여 아주 간단하게 사각형의 버튼 모양을 타원형으로 변경했습니다. 버튼의 모양은 변경되었지만, 버튼의 동작이 변경되지는 않았습니다.

코드와 실행 결과를 함께 살펴보기 바랍니다. 용어나 이론으로 설명하는 것은 어렵지만 코드와 실행 결과로 설명하는 것은 비교적 쉽게 이해됩니다. 여러분들도 이런 설명 방식의 이점을 최대한 누리면 좋겠습니다.

[그림] Control Template로 만든 사용자 정의 버튼

그런데 앞의 예제에는 버튼의 모양은 바뀌었는데 버튼에 글자가 나타나지 않는 문제가 있습니다. 이와 같은 문제를 해결하려면 ContentPresenter 요소를 사용해야 합니다. 다음 코드를 보면 ContentPresenter 요소로 부모 요소의 Content인 버튼의 글자를 가져다 보여주며, Control Template 안에 Ellipse와 ContentPresenter 요소가 동시에 들어가기 때문에 Layout을 지정하는 요소인 Grid가 둘러싸고 있는 것을 확인할 수 있습니다.

MainPage.xaml

```xaml
<Button Content="Click Me" VerticalAlignment="Top" Width="100" Height="50">
    <Button.Template>
        <ControlTemplate>
            <Grid>
                <Ellipse Fill="Magenta"/>
                <ContentPresenter HorizontalAlignment="Center"
                                  VerticalAlignment="Center"/>
            </Grid>
        </ControlTemplate>
    </Button.Template>
</Button>
```

실행 결과는 다음 그림과 같습니다.

[그림] ContentPresenter 요소로 버튼에 글자가 나타나도록 수정한 사용자 정의 버튼

이번에는 Control Template를 Style로 정의한 후 여러 개의 버튼에 동시에 적용해보겠습니다. "3.5 Resouce"절에서 배웠던 문법과 다른 부분은 진하게 표기하겠습니다. 그러면 차이가 나는 부분은 〈Setter Property="Template"〉와 〈Setter.Value〉만 남습니다

다. 저절로 코드가 이해가 되지요? 이 두 문장으로 Control Template 요소를 감싸면 Style로 정의한 후 반복하여 사용할 수 있습니다. 코드와 실행 화면을 함께 확인해보기 바랍니다.

MainPage.xaml

```xml
<StackPanel>
    <StackPanel.Resources>
        <Style TargetType="Button">
            <Setter Property="Template">
                <Setter.Value>
                    <ControlTemplate>
                        <Grid>
                            <Ellipse Fill="Magenta"/>
                            <ContentPresenter HorizontalAlignment="Center"
                                              VerticalAlignment="Center"/>
                        </Grid>
                    </ControlTemplate>
                </Setter.Value>
            </Setter>
        </Style>
    </StackPanel.Resources>
    <Button Content="1st Button" VerticalAlignment="Top" Width="100"
                                 Height="50" Margin="0 0 0 5"/>
    <Button Content="2nd Button" VerticalAlignment="Top" Width="150"
                                 Height="75"/>
</StackPanel>
```

[그림] Control Template을 Style로 정의하여 여러 개의 버튼에 적용한 사용자 정의 버튼

■ Template Binding

이번에는 버튼의 색상을 각각 다르게 지정하고 싶습니다. 그렇게 하려면 버튼마다 공통된 코드는 Control Template에 작성해야 하고 버튼마다 다른 코드는 Button 요소에 작성해야 합니다. Control Template에서는 자신이 적용되는 부모 요소의 값을 가져다 사용할 수 있어야 합니다. 이때 사용하는 것이 Template Binding입니다. 이것도 코드로 살펴보면 아주 쉽습니다.

다음은 Template Bindnig을 사용하여 버튼의 크기와 색상을 각각 다르게 적용한 XAML 코드입니다.

MainPage.xaml

```
<StackPanel>
    <StackPanel.Resources>
        <Style TargetType="Button">
            <Setter Property="Template">
                <Setter.Value>
                    <ControlTemplate>
                        <Grid>
                            <Ellipse Fill=
"{Binding Path=Background, RelativeSource={RelativeSource Mode=TemplatedParent}}"/>
                            <ContentPresenter HorizontalAlignment="Center"
                                        VerticalAlignment="Center"/>
                        </Grid>
                    </ControlTemplate>
                </Setter.Value>
            </Setter>
        </Style>
    </StackPanel.Resources>
    <Button Content="1st Button" VerticalAlignment="Top" Width="100" Height="50"
                            Margin="0 0 0 5" Background="Brown"/>
    <Button Content="2nd Button" VerticalAlignment="Top" Width="150" Height="75"
                            Background="Magenta"/>
</StackPanel>
```

이 코드에서 Template Binding은 바인딩하여 가져다 사용하는 대상이 부모 요소입니다. 달라진 코드 중에 "{Binding Path=Background, RelativeSource={RelativeSource Mode=TemplatedParent}}"를 봅시다. 앞에서 이미 설명한 내용입니다. 데이터 바인딩으로 값을 가져오는 요소가 상대적 소스입니다. 즉, 소스로 Template의 부모 요소를 지정하고 있고 부모의 값 중에서 Background 값을 가져오도록 했습니다. 그리고 버튼마다 Background 색상을 별도로 지정하여 Control Template에서 가져다 사용하게 하고 있습니다.

[그림] Template Bindnig을 사용하여 크기와 색상을 다르게 적용한 사용자 정의 버튼

알아두기

여기서 설명한 것들 외에도 버튼과 같은 간단한 컨트롤이 아니라 ProgressBar나 ComboBox 같은 복잡한 컨트롤들을 변경하여 사용하기 위하여 XAML이 기본적으로 제공하는 요소를 수정하기 위한 많은 기법이 있습니다. 그러나 필자는 현장에서 프레임워크 혹은 패키지를 수정하여 프로젝트가 잘 되는 모습을 별로 보지 못했습니다. 반대로 시스템이 사용자가 예상하는 대로 동작하지 않아 혼란을 초래하고 유지보수를 어렵게 하는 것은 자주 목격했습니다. 심지어 기본적으로 제공된 기능을 변경한 사람이 퇴사하면 남은 사람들이 속수무책인 경우도 많았습니다. 결국 IT시스템은 기본 기능을 최대한 수용하는 것이 더 나은 선택일 수 있습니다.

CHAPTER

기본 컨트롤 요소들

04*

지금까지 XAML의 기본기를 이루는 전반적인 기술들을 살펴보았습니다. 여기까지 코딩하고 실행해보면서 따라오셨다면 그래픽이나 애니메이션 같은 고급 기술들을 제외하고 인터넷 검색이나 개발 지원 도구에서 언급하는 내용은 스스로 이해할 수 있을 것입니다.

말로 설명하기는 까다로웠지만 직접 코딩하고 실행해보면서 이해하기에는 무난한 내용이었을 것입니다. 이제는 지금까지 배운 기술들을 기반으로 XAML Controls Gallery에서 제공하는 컨트롤들을 살펴보겠습니다. 지금부터 설명할 내용 중에서 코드 비하인드 코드 조각은 XAML Controls Gallery에서는 찾을 수 없습니다. 하지만 프로그램 개발자에게는 반드시 필요한 정보여서 새롭게 만들어 넣었습니다.

> **알아두기**
>
> 프로그램 개발은 레고 블록 쌓기와 유사합니다. 이미 정해진 레고 블록을 사용하여 자신의 상상을 따라 자유롭게 만들어 가는 과정이 개발자의 상상력에 따라 프로그램을 개발하는 과정과 유사합니다. 블록으로 무엇인가를 만들기 위하여 블록 조각이 필요한 것과 같이 프로그램을 만들기 위해서도 코드 조각과 컨트롤 조각이 필요합니다. 만약에 우리가 컴퓨터 기술이 태동하는 시대에 태어나서 어셈블리 언어나 C 언어를 가지고 프로그램 개발을 해야

했다면, 프로그램 개발을 조각이나 그림 그리기에 비유했을 것입니다. 그 시대에는 코드 조각이나 컨트롤 조각들이 부족하여 프로그램 개발자가 필요한 코드 조각과 컨트롤 조각을 직접 만들어 사용했어야 하니까요.

그러나 객체지향 프로그램이 활성화되면서 프로그램 개발자에게 필요한 대부분의 코드 조각과 컨트롤 조각이 클래스로 제공되기 시작했습니다. 인터넷 검색을 해보면 우리가 원하는 코드 조각이나 컨트롤 조각의 대부분을 찾을 수 있습니다. 그래서 프로그램 개발자는 개발하려는 프로그램에 적합한 디지털 조각을 찾아 붙여나가면 됩니다. 이런 상황을 보고 어떤 사람들은, 예전에는 프로그램 개발자가 진정한 엔지니어의 역할을 했었는데 이제는 다른 사람들의 발명품을 조립하는 신세로 전락했다고 말합니다. 그러나 필자는 그렇게 생각하지 않습니다. 오히려 프로그램 개발을 위하여 필요한 사소한 조각들을 만드는 일에 시간을 낭비하지 않고 프로그램으로 개발할 대상의 본질에 집중할 수 있는 환경이 되었다고 생각합니다.

세상에 새로운 것은 없다고 하는데 프로그램 개발의 세계는 더욱 그러한 것 같습니다. 자신이 개발한 응용 프로그램에 집중하고 이때 필요한 코드 조각과 컨트롤 조각들은 인터넷 검색으로 찾아서 사용하면 됩니다.

여기서는 자주 사용되는 컨트롤 조각 코드들은 간단히 소개하고, 컨트롤들을 스스로 학습할 수 있는 참고 자료를 찾거나 다른 앱을 활용하는 방법을 중점으로 설명하겠습니다. 그 외 자주 사용되지 않거나 프로그램에 따라 사용 여부가 결정되는 컨트롤은 6장 "UWP 프로그램 예제"에서 사용되는 컨트롤들을 중심으로 설명하도록 하겠습니다.

1 : Basic Input

Basic Input으로 분류되는 컨트롤들은 버튼이나 체크박스 등과 같이 기본적인 정보를 출력하고 입력하게 해줍니다.

[Basic Input] → [Button]

Button 컨트롤은 사용자의 단일 선택 입력을 받습니다.

XAML 코드 조각	컨트롤 외관 조각
`<Button Content="Button" Click="ClickEventHandler" />`	Button
`<Button Style="{StaticResource AccentButtonStyle}"` `        Content="Button" Click="ClickEventHandler" />`	Button

`<Button>`
`    <Image Source="/Assets/Slices.png" Stretch="None" />`
`</Button>`
	●

첫 번째 Basic Input 컨트롤인 Button의 예에서는 x:Name 속성을 지정하는 것을 생략했습니다. 그러나 입력 컨트롤은 코드 비하인드나 뷰모델(ViewModel) 프로그램에서 빈번히 사용하기 때문에 프로그램을 하다 보면 자연스럽게 이름을 부여하여 사용하게 될 것입니다.

[Basic Input] → [CheckBox]

CheckBox 컨트롤은 사용자의 두 상태(Two State) 혹은 세 상태(Three State) 입력을 받습니다.

XAML 코드 조각	컨트롤 외관 조각

`<CheckBox Content="두 상태 CheckBox"`
`          Unchecked="UncheckedEventHandler"`
`          Checked="CheckedEventHandler" />`
	☐ 두상태 CheckBox
	☑ 두상태 CheckBox

`<CheckBox Content="세 상태 CheckBox" IsThreeState="True"`
`          Unchecked="UncheckedEventHandler"`
`          Checked="CheckedEventHandler"`
`          Indeterminate="IndeterminateEventHandler" />`
	☐ 세상태 CheckBox
	☑ 세상태 CheckBox
	▣ 세상태 CheckBox

[Basic Input] → [ColorPicker]

ColorPicker 컨트롤은 선택할 수 있는 색상 범위를 보여주고 원하는 색상을 선택하게 해줍니다. ColorPicker는 사용 난이도가 높은 컨트롤이므로 이제부터 ColorPicker를 설명하면서 XAML Controls Gallery를 사용하는 방법까지 함께 설명하겠습니다.

XAML에서는 배경이나 글자, 채우기 등의 색을 지정할 때 Blue나 Gray와 같이 색의 영문 이름을 사용할 수 있습니다. 그러나 색을 세밀하게 표현하고 싶을 때는 색을 ARGB(Alpha Red Green Blue) 형태로 표현하는 16진수 값을 직접 사용해야 합니다. RGB(Red Green Blue)는 색의 3원소라는 의미를 직관적으로 파악할 수 있지만, Alpha는 '투명도'라고 외워두어야 합니다. 투명도를 뜻하는 'Transparency'를 사용할 수는 없었던 것일까요?

ColorPicker 컨트롤은 XAML Controls Gallery의 Basic Input 하위에서 찾을 수 있습니다. XAML Controls Gallery에서 [Basic Input] → [ColorPicker] 경로를 찾아 들어가면 다음 그림과 같이 컨트롤의 외관과 코드 사례가 나와 있습니다. 초기 색상은 White로 선택되어 있고 색을 나타내는 16진수 값이 #FFFFFF인 것을 확인할 수 있습니다. 여기서 #은 색상 값을 16진수로 나타낸다는 것을 알려주는 구분자입니다.

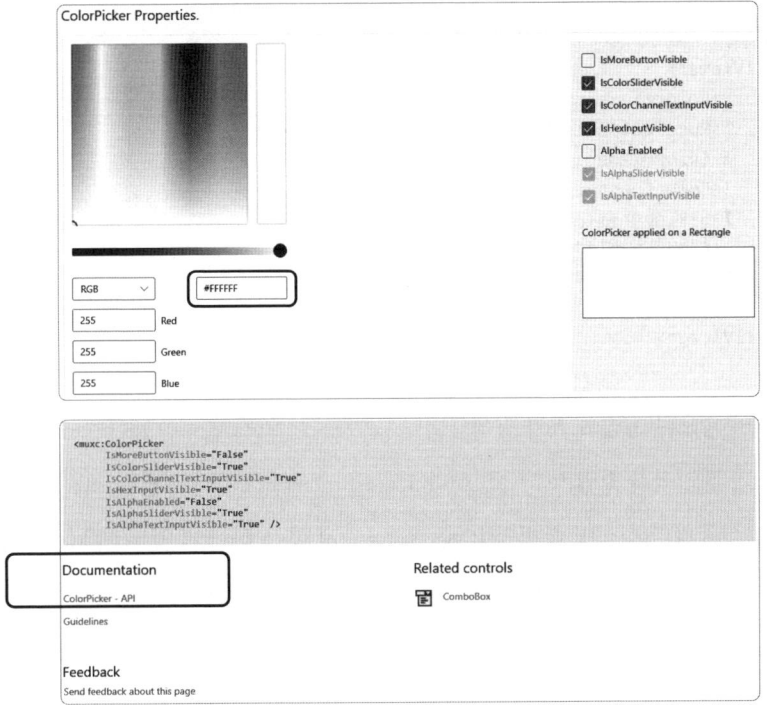

[그림] ColorPicker 컨트롤 설명 화면

ColorPicker 컨트롤을 화면에 배치하여 사용하려면 다음 코드와 같이 사례로 제공된 코드를 복사하여 XAML 편집기의 사용자 코드 부분에 붙여넣습니다. 그리고 Alpha 값을 함께 알아보기 위하여 IsAlphaEnabled 속성 값을 True로 설정합니다. ColorPicker 컨트롤은 상하 공간을 많이 차지하기 때문에 화면이 작은 장치를 고려하여 ScrollViewer 요소로 ColorPicker 컨트롤을 감쌌습니다. 다음 코드에서 강조된 코드는 직접 코딩한 코드이고 강조되지 않은 코드는 복사하여 넣은 코드입니다.

XAML 코드 조각

```xaml
<ScrollViewer>
    <muxc:ColorPicker
        IsMoreButtonVisible="False"
        IsColorSliderVisible="True"
        IsColorChannelTextInputVisible="True"
        IsHexInputVisible="True"
        IsAlphaEnabled="True"
        IsAlphaSliderVisible="True"
        IsAlphaTextInputVisible="True" />
</ScrollViewer>
```

코드를 붙여넣으니 문법 오류가 발생합니다. 그 이유는 코드에서 사용하는 muxc 네임스페이스가 선언되지 않았기 때문입니다. ColorPicker 컨트롤이 포함된 네임스페이스는 ColorPicker 컨트롤 설명 화면의 [Documentation] 항목 하단에 있는 ColorPicker - API 링크를 누르면 나타납니다. 다음 그림과 같은 ColorPicker의 API 문서에서 확인해 보니 ColorPicker 컨트롤이 포함된 네임스페이스는 Windows.UI.Xaml.Controls입니다.

[그림] ColorPicker의 API 문서

XAML 프로그램에서 네임스페이스를 선언하는 위치는 Page 요소입니다. 문법은 걱정할 필요 없습니다. 네임스페이스가 HTTP URL이 아니라 .NET의 네임스페이스이니, prismMvvm 네임스페이스를 선언한 것을 복사하여 사용하면 됩니다. 코딩이 완료된 프로그램은 다음과 같습니다. 주의할 것은 네임스페이스의 이름을 muxc로 XAML 코드와 맞추어야 한다는 것입니다.

> **XAML 코드 조각**
>
> ```xml
> <Page
>     x:Class="XAML_Test.Views.MainPage"
>     xmlns="http://schemas.microsoft.com/winfx/2006/xaml/presentation"
>     xmlns:x="http://schemas.microsoft.com/winfx/2006/xaml"
>     xmlns:d="http://schemas.microsoft.com/expression/blend/2008"
>     xmlns:mc="http://schemas.openxmlformats.org/markup-compatibility/2006"
>     Style="{StaticResource PageStyle}"
>     xmlns:prismMvvm="using:Prism.Windows.Mvvm"
>     xmlns:muxc="using:Windows.UI.Xaml.Controls"
>     prismMvvm:ViewModelLocator.AutoWireViewModel="True"
>     mc:Ignorable="d">
> ```

이제 프로그램을 실행하면 문법 오류가 사라지고 다음 그림과 같이 ColorPicker 컨트롤을 사용할 수 있습니다. 원하는 색상을 찾아내기 위하여 ARGB 값을 수정해도 되고 상단의 색상표에서 원하는 색의 위치를 마우스로 클릭해도 됩니다. 이때 색의 이름은 마우스로 클릭된 색상표에 나타나고 색상의 16진수 표현 값이 컨트롤의 우측 하단에 나타납니다. Color="LightGreen"과 같이 색의 이름을 사용하여 코딩해도 되고 더 정교한 색을 표현하기 위해 Color= "#FF98FFE4"와 같이 색의 16진수 값을 사용하여 코딩해도 됩니다.

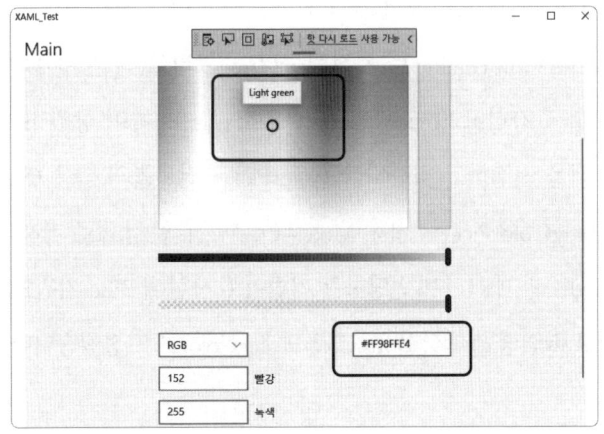

[그림] ColorPicker 컨트롤을 화면에 배치하여 실행한 화면

ColorPicker 컨트롤이 Basic Input으로 분류되어 있는 것은 컨트롤에서 색의 값을
받아 사용할 수 있는 틀이 만들어져 있다는 것을 의미합니다. ColorPicker 컨트롤에
서 색을 가져다 Ellipse 요소에 바탕색으로 채워주도록 코드를 보완해보겠습니다.

XAML 코드 조각
```
<ScrollViewer>
    <StackPanel>
        <Ellipse Width="150" Height="50" Margin="10">
            <Ellipse.Fill>
                <SolidColorBrush
                    Color="{x:Bind Path=myColorPicker.Color, Mode=OneWay}"/>
            </Ellipse.Fill>
        </Ellipse>
        <muxc:ColorPicker
            x:Name="myColorPicker"
            IsMoreButtonVisible="False"
            IsColorSliderVisible="True"
            IsColorChannelTextInputVisible="True"
            IsHexInputVisible="True"
            IsAlphaEnabled="True"
            IsAlphaSliderVisible="True"
            IsAlphaTextInputVisible="True" />
    </StackPanel>
</ScrollViewer>
```

ColorPicker 요소를 외부 요소에서 가져다 사용해야 하기 때문에 x:Name 속성을 사
용하여 이름을 myColorPicker로 지정했습니다. 그리고 색을 가져다 사용할 요소
로 Ellipse 요소를 추가하고 Ellipse.Fill 속성 요소를 사용하여 상위 요소인 Rectangle
의 Fill 속성에 색을 지정하고 있습니다. ColorPicker 컨트롤의 색은 〈SolidColorBrush
Color="{x:Bind myColorPicker.Color, Mode=OneWay}" 문장으로 가져다 사용합니다.
뷰모델(ViewModel)과 데이터 바인딩하는 기법이 유사한데 Bind 키워드 앞에 x 네임스
페이스를 붙이고 바인딩할 대상을 myColorPicker.Color로 지정했습니다.

데이터 바인딩은 별도의 지정을 하지 않으면 양방향으로 이루어지는데 여기서는 색을 가져다가 사용하기만 하기 때문에 데이터 바인딩의 Mode 속성을 OneWay로 제한했습니다. 그런데 직관적으로 〈Ellipse Width="150" Height="50" Margin="10" Fill="="{x:Bind myColorPicker.Color, Mode=OneWay}"/〉 문장과 같이 한 문장으로 해결할 수 있을 것 같은데 문법 오류를 발생시키니 SolidColorBrush 요소를 활용한 데이터 바인딩 방법을 사용해야 합니다.

SolidColorBrush 요소는 색을 지정하기 위한 객체로 이해하면 됩니다. 두 개 이상의 요소를 배치해야 하기 때문에 StackPanel 요소로 Ellipse 요소와 ColorPicker 컨트롤을 감싸 주었습니다. 그리고 배치한 전체 요소에 Scroll Bar를 적용하기 위하여 ScrollViewer 요소를 StackPanel 요소 바깥으로 옮겼습니다.

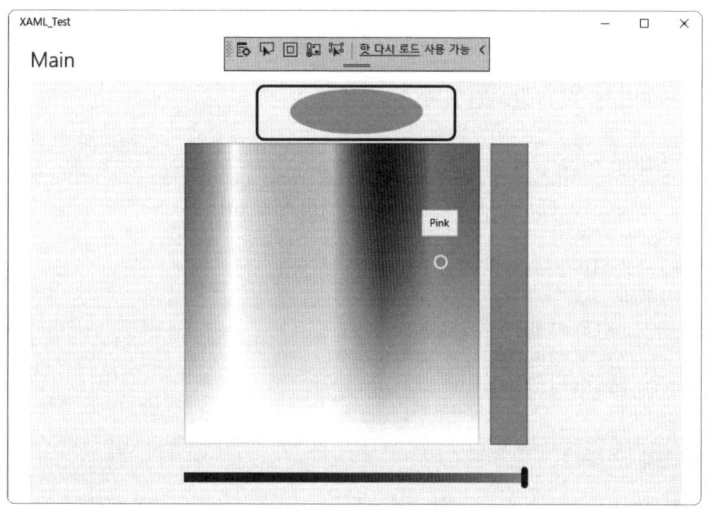

[그림] ColorPicker 컨트롤에서 선택된 색을 타원에 채우도록 수정한 코드의 실행 화면

[Basic Input] → [ComboBox]

ComboBox 컨트롤은 사용자에게 드롭다운 리스트 항목들을 보여준 후, 나열된 값 중에서 선택하여 입력하게 합니다. Header 속성은 여기서 처음 사용했는데 입력 컨트롤에 Header 속성을 지정하면 입력 항목의 바로 위에 지정되는 헤더(Header) 혹은 레이블(Label), 타이틀(Title)로 사용됩니다. 그런데 방금 보신 것처럼 하나의 항목을 설명하기 위한 용어가 3개나 됩니다. 그래서 필자는 용어로 설명하기보다 프로그램의 실행 결과로 설명하는 것이 더 타당하다고 생각합니다. 개발 도구나 시스템, 사람마다 사용하는 용어가 제각각입니다. 때로는 용어가 같아도 의미가 서로 다르기도 합니다.

아무튼, Header 속성은 다음의 컨트롤 외관 조각의 색상 ComboBox의 타이틀로 보이는 것처럼 사용됩니다. Header 속성은 Button, CheckBox 및 RadioButton 등의 입력 컨트롤을 제외하고 RatingControl, Slider 등을 포함한 거의 대부분의 입력 컨트롤에서 사용됩니다. PlaceholderText 속성도 처음 사용되었네요. 값이 입력되기 전에 설명 문구로 사용되는 것이 매우 직관적입니다.

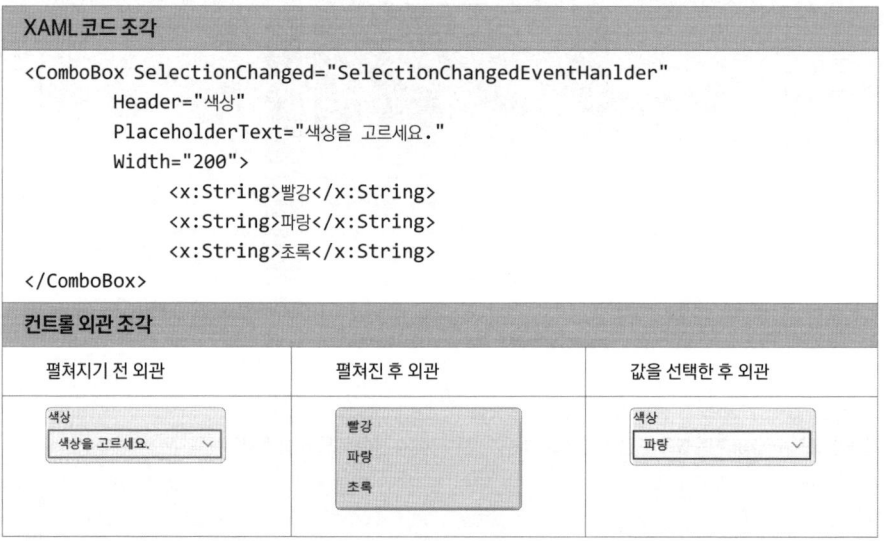

ComboBox 컨트롤은 ListBox와 마찬가지로 여러 개의 값을 데이터 바인딩할 수 있는데 자세한 것은 "여러 값의 데이터 바인딩" 절을 참조하기 바랍니다. 코딩 방법은 기본적으로 동일합니다.

⟨x:String⟩ 태그는 XAML의 기본 데이터 타입을 표현하는 요소입니다. XAML의 기본 자료형은 자주 사용되지는 않으나 x:Object, x:Boolean, x:Char, x:String, x:Decimal, x:Single, x:Double, x:Int16, x:Int32, x:Int64, x:TimeSpan, x:Uri, x:Byte 및 x:Array 등이 있습니다.

[Basic Input] → [HyperlinkButton]

HyperlinkButton 컨트롤은 문자열 형식으로 된 Hyperlink를 보여주고, 클릭하면 지정한 URL로 이동하게 해줍니다. 단, 이 방법으로 이동할 때에는 UWP 앱에서 이동하는 것이 아니라 웹 브라우저를 통하여 이동하게 됩니다.

XAML 코드 조각
`<HyperlinkButton Content="홈페이지" NavigateUri=http://www.company.com />`
컨트롤 외관 조각
홈페이지

[Basic Input] → [RadioButton]

RadioButton 컨트롤은 상위 요소에 포함된 상호 배타적인 선택 항목들 중에서 하나를 선택하게 합니다. GroupName 속성과 IsChecked 속성은 직관적이어서 설명이 주가로 필요하지 않습니다.

XAML 코드 조각
| ```
<StackPanel>
    <TextBlock Text="색상선택:" Style="{ThemeResource BaseTextBlockStyle}"/>
    <RadioButton GroupName="ColorOptions"
                 x:Name="OptionRadioButtonRed Content="빨강"
                 IsChecked="True"
                 Checked="ColorOptionCheckedEventHandler"/>
    <RadioButton GroupName="ColorOptions"
                 x:Name="OptionRadioButtonGreen" Content="초록"
                 Checked="ColorOptionCheckedEventHandler"/>
    <RadioButton GroupName="ColorOptions"
                 x:Name="OptionRadioButtonBlue" Content="파랑"
                 Checked="ColorOptionCheckedEventHandler"/
</StackPanel>
``` |

컨트롤 외관 조각
색상선택: ◉ 빨강 ○ 초록 ○ 파랑

[Basic Input] → [RatingControl]

RatingControl 컨트롤은 별 하나인 1단계부터 별 다섯 개인 5단계의 범위로 등급을 지정합니다.

XAML 코드 조각	컨트롤 외관 조각
| ```
<StackPanel>
    <muxc:RatingControl PlaceholderValue="1" />
    <muxc:RatingControl PlaceholderValue="3" />
    <muxc:RatingControl PlaceholderValue="5" />
</StackPanel>
``` | ★☆☆☆☆<br>★★★☆☆<br>★★★★★ |

[Basic Input] → [Slider]

Slider 컨트롤은 정해진 범위의 값을 슬라이더 버튼으로 선택합니다. 값의 범위를 별도로 지정하지 않으면 0에서 100 사이의 값을 선택할 수 있습니다. StepFrequency 속성을 지정하지 않으면 연속적인(Continuous) 값을 선택할 수 있고, StepFrequency 속성을 지정하면 이산적인(Discrete) 값을 선택할 수 있습니다.

XAML 코드 조각	컨트롤 외관 조각

``xml
<StackPanel>
    <Slider Width="200" Value="0"/>
    <Slider Width="200"
            Value="50"/>
    <Slider Width="200"
            Minimum="500"
            Maximum="1000"
            Value="1000"/>
    <Slider Height="150"
            Orientation="Vertical"
            HorizontalAlignment="Center"
            StepFrequency="10"
            TickFrequency="20"
            TickPlacement="Outside"
            Value="50"/>
</StackPanel>
``
	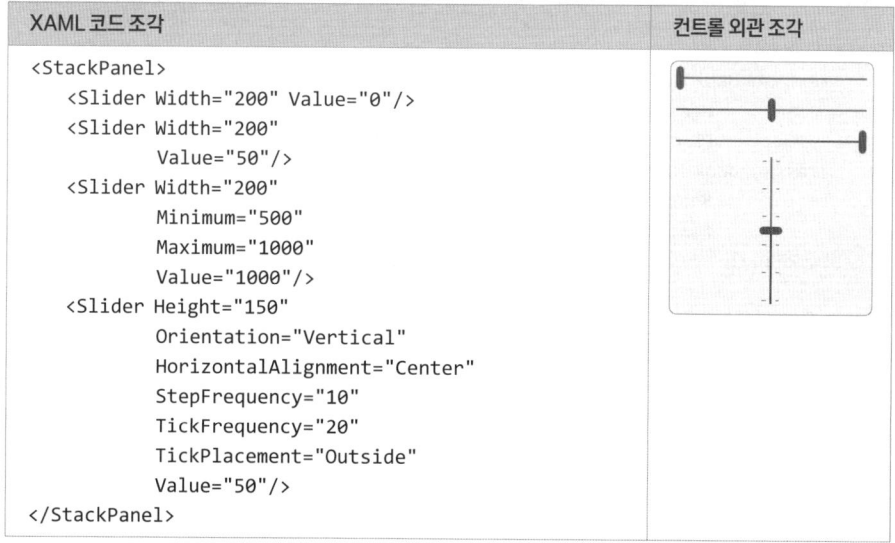

[Basic Input] → [ToggleSwitch]

ToggleSwitch 컨트롤은 On과 Off 상태를 선택하게 하며 On과 Off 상태 레이블과 헤더 레이블을 지정할 수 있습니다.

XAML 코드 조각	컨트롤 외관 조각

``xml
<StackPanel>
    <ToggleSwitch/>
    <ToggleSwitch Header="점멸신호"
                  OffContent="소등"
                  OnContent="점등"
                  IsOn="True" />
</StackPanel>
``
	Off
	점멸신호
	점등

2 : Text

Text으로 분류되는 컨트롤들은 문자열 정보를 출력하고 입력하게 해줍니다.

[Text] → [PasswordBox]

PasswordBox 컨트롤은 암호를 입력하게 합니다.

XAML 코드 조각	컨트롤 외관 조각

``xml
<StackPanel>
    <PasswordBox Width="300"
                 Header="암호"
                 PlaceholderText="Enter your password"/>
    <PasswordBox Width="300"
                 Header="암호확인"
                 PasswordChar="#" />
</StackPanel>
``
	암호
	Enter your password
	암호확인
	##

[Text] → [TextBlock]

TextBlock 컨트롤은 소량의 문자열을 출력합니다. 다음 예제는 소량의 문자열을 기본 폰트를 사용하여 출력하는 예와 폰트를 지정하여 출력하는 예입니다.

XAML 코드 조각

``xml
<StackPanel>
    <TextBlock Text="TextBlock"/>
    <TextBlock Text="Font 지정 TextBlock"
        FontFamily="Arial" FontSize="14" FontStretch="Expanded"
        FontStyle="Italic" FontWeight="Bold" Foreground="CornflowerBlue"
        TextWrapping="WrapWholeWords" CharacterSpacing="200"/>
</StackPanel>
``

컨트롤 외관 조각
TextBlock *Font 지정 TextBlock*

TextBlock 컨트롤은 소량의 문자열을 출력해주기 때문에 Run, Span, Bold, Italic 등의 Inline 요소들만 사용할 수 있습니다. Inline 요소란 줄 바꾸기가 없는 문자열입니다. 그래서 요소와 요소 간에 줄을 바꾸기 위하여 LineBreak 요소를 사용했습니다. Span 요소를 사용하면 TextBlock 요소의 Text 속성이나 단일 문자열만 출력할 수 있는 Run 요소와 다르게 Bold, Italic 및 Underline 요소 등을 사용하여 더 다양한 문자열을 출력할 수 있습니다.

XAML 코드 조각
| ```xml
<TextBlock>
    <Run Foreground="Green" Text="Run 요소 안의 TextBlock"/>
    <LineBreak/>
    <Span FontFamily="Times New Roman">
        <Bold>강조</Bold>,<Italic>이탤릭</Italic>,<Underline>밑줄</Underline>,
    </Span>
    <LineBreak/>
    <Span TextDecorations="None">TextDecoration None</Span><LineBreak/>
    <Span TextDecorations="Strikethrough">TextDecoration Strikethrough</Span>
    <LineBreak/>
    <Span TextDecorations="Underline">TextDecoration Underline</Span>
    <LineBreak/>
    <Span TextDecorations="Strikethrough,Underline">
        TextDecoration Strikethrough,Underline
    </Span>
</TextBlock>
``` |

컨트롤 외관 조각
Run 요소 안의 TextBlock **강조**,*이탤릭*,밑줄, TextDecoration None ~~TextDecoration Strikethrough~~ <u>TextDecoration Underline</u> ~~<u>TextDecoration Strikethrough,Underline</u>~~
```

[Text] → [RichTextBlock]

RichTextBlock 컨트롤은 TextBlock 컨트롤과 유사하나 다양한 형태의 대량의 문자열을 출력해줍니다. 그리고 하나의 RichTextBlock이 다 포함하지 못하는 값(Overflow)들을 자동 배치해주는 등의 부가 기능을 제공합니다. RichTextBlock은 TextBlock에서 제공하지 않는 TextAlignment 속성을 제공하는데 이 속성은 문자열이 한 줄이 아니라 문단에 걸쳐 나타날 때 Text를 배치하는 방법을 지정합니다. 주로 좌측 배치(Left), 우측 배치(Right), 중간 배치(Center), 좌우 균등 배치(Justify) 값을 사용합니다. TextAlignment 속성 값을 변경해 가면서 문자열의 배치가 달라지는 모습을 관찰해보기 바랍니다.

또한, 다음 코드 조각에서 조금 주의 깊게 봐야 할 부분은 현재 RichTextBlock 컨트롤의 공간에서 내용을 다 보여주지 못할 때, 나머지 부분을 RichTextBlockOverflow 요소로 넘기기 위한 OverflowContentTarget 속성과 자신을 지정한 요소로부터 Overflow 되어 넘어오는 값을 보여주기 위한 〈RichTextBlockOverflow〉 요소입니다. 속성 이름과 요소 이름을 설명하다 보니 모두 저절로 설명되었습니다. 설명이 부족하다면 RichTextBlock 컨트롤 외관 조각을 확인해보기 바랍니다.

다음 예제에서는 Span 요소 대신 Paragraph 요소를 사용했습니다. RichTextBlock 컨트롤은 대량의 문자열을 출력해주기 때문에 Paragraph라는 요소를 사용할 수 있습니다. Paragraph 요소는 문단을 관리해주는 요소이기 때문에 LineBreak 요소의 도움 없이도 문단을 구성하기 위하여 자동으로 줄 바꿈 처리를 해줍니다. 그리고 Block 요소인 Paragrah 요소 안에서는 Inline 요소인 Run, Span, Bold, Italic 등의 요소를 사용할 수 있습니다. 당연히 소량의 문자열을 처리하는 TextBlock 요소 안에서는 Paragraph 요소를 사용할 수 없습니다.

XAML 코드 조각

```xml
<StackPanel>
    <RichTextBlock>
        <Paragraph FontFamily="Times New Roman"
                   Foreground="DarkGray">
            회색 Paragraph
        </Paragraph>
        <Paragraph>
            <Bold>강조</Bold> ,
            <Italic>이탤릭</Italic> ,
            <Underline>밑줄</Underline> ,
        </Paragraph>
    </RichTextBlock>

    <Grid>
        <Grid.ColumnDefinitions>
            <ColumnDefinition/>
            <ColumnDefinition/>
            <ColumnDefinition/>
        </Grid.ColumnDefinitions>

        <RichTextBlock Grid.Column="0"
                       OverflowContentTarget="{x:Bind firstOverflowContainer}"
                       TextAlignment="Justify"
                       Margin="12,0"
                       Height="300">
            <Paragraph>
                서문을 옮겨 적었습니다. 여기서는 지면의 제약상 생략합니다.
            </Paragraph>
        </RichTextBlock>
        <RichTextBlockOverflow x:Name="firstOverflowContainer"
                               OverflowContentTarget="{x:Bind secondOverflowContainer}"
                               Grid.Column="1"
                               Margin="12,0"
                               Height="300"/>
        <RichTextBlockOverflow x:Name="secondOverflowContainer"
                               Grid.Column="2"
                               Margin="12,0"
                               Height="300"/>
    </Grid>
</StackPanel>
```

> **컨트롤 외관 조각**
>
> 회색 Paragraph
> **강조**, *이탤릭*, 밑줄,
> UWP Universal Windows Platform은 Microsoft사가 스마트폰 시장에서 안드로이드폰과 아이폰에 밀려 점유율을 확대하지 못함에 따라 그리고 UWP로 개발된 프로그램은 Windows 10 이외의 OS Operating System/운영체제에서는 수행되지 않는다는 단점에 따라 기존의 Windows PC Personal Computer용 개발도구들과 차별화되지 못한 채 널리 활용되지 못하였습니다. 그러나 최근 Windows 10 OS가 Windows PC에서 차지하는 비중이 커지고 Windows 7 OS의 지원이 2020년 1월 14일에 종료됨에 따라 Windows 10 OS의 표준 개발 도구로 UWP가 관심을 끌게 되었습니다. 아래 그림에서 PC 점유율 변화 추이를 보면 이미 Windows 10 OS를 설치한 PC의 수량이 Windows 7 OS를 설치한 PC의 수량을 넘어선 것을 알 수 있는데 결국 머지 않은 시일 안에 PC에서 수행되는 프로그램은 Windows 10 OS의 표준 개발 방식으로 전환될 것이라는 것을 의미합니다. 이제는 Windows OS 계열의 표준 프로그램 개발 도구로 Win32 API Application Program Interface나 Windows Forms를 넘어서 UWP를 배울 시점이 되었습니다. 나무위키는 크로스 플랫폼 Cross Platform을 "하나 이상의 플랫폼에서 실행 가능한 소프트웨어라는 것을 뜻하는 용어. 예시로, 한 앱이 안드로이드와 아이폰에서 기능상, 외관상의 차이 없이 똑같게 실행된다면 그 앱은 크로스 플랫폼으로 개발된 것이라 볼 수 있다."로 정의하고 있는데 UWP는 Windows 10 OS가 탑재된 장비에서만 동작하지만 PC와 스마트폰과 태블릿 및 IoT Internet Of Things 기기를 아우르기 때문에 크로스 플랫폼으로 볼 수 있습니다.

[Text] → [TextBox]

TextBox 컨트롤은 사용자의 입력을 받는 기능을 제공한다는 것을 제외하면 TextBlock 컨트롤과 유사합니다. TextBlock 컨트롤은 주로 화면의 헤더나 타이틀, 레이블로 사용하고 TextBox 컨트롤은 입력 항목 자체로 사용합니다. 물론 앞에서 설명했던 것과 같이 입력 항목 바로 상단에 헤더를 추가하고 싶다면 입력 항목의 Header 속성을 사용하면 됩니다.

TextBox의 초깃값을 코드로 지정하는 방법과 사용자의 입력을 받아서 코드로 처리하는 방법은 여러 가지가 있습니다. 그중 코드 비하인드의 이벤트 핸들러를 사용하는 방법을 뒤에 추가해두었으니 확인하기 바랍니다. 여기서 초깃값은 Page가 처음 로드될 때 지정한다고 가정했고 TextBox의 값은 입력을 마치고 〈Enter〉 키를 치는 시점에 가져다 사용하는 것으로 가정했습니다. 여러분도 자신의 응용 프로그램에 적절한 시점과 위치에 코딩하면 됩니다.

XAML 코드 조각	컨트롤 외관 조각

``xml
<StackPanel>
    <TextBox x:Name="TextBoxName"
             Header="이름"
             KeyDown="TextBoxName_KeyDown"/>
</StackPanel>
``
	이름
	홍길동

코드 비하인드 조각

```csharp
// 초깃값을 설정하는 코드
private void Page_Loaded(object sender, Windows.UI.Xaml.RoutedEventArgs e)
{
    TextBoxName.Text = "홍길동";
}
// 변경된 값을 사용하는 코드
private async void TextBoxName_KeyDown(object sender,
                                Windows.UI.Xaml.Input.KeyRoutedEventArgs e)
{
    if(e.Key == Windows.System.VirtualKey.Enter)
    {
        string name = ((TextBox)sender).Text;
        MessageDialog messageDialog
                        = new MessageDialog("입력된 이름은 " + name + "입니다.");
        await messageDialog.ShowAsync();
    }
}
```

3 : Date and Time

Date and Time으로 분류되는 컨트롤들은 다양한 형태의 연/월/일/시/분 정보를 출력하고 선택하게 해줍니다.

[Date and Time] → [CalendarDatePicker]

CalendarDatePicker 컨트롤은 연/월/일 정보를 선택하게 해줍니다. TextBox 컨트롤과는 달리 값을 초기화할 때 DateTime.Now와 같은 DateTime 클래스의 현재 날짜를 알려 주는 정적 객체 멤버를 사용하거나 new DateTime(2004, 1, 1)과 같은 새로운 날짜 객체를 만들어 값을 할당해야 합니다. 다음 코드를 참조하기 바랍니다. 이번 예에서 TextBox 컨트롤의 예와 또 하나 다른 것은 Date 속성의 하부 속성인 Value를 사용해야 비로소 연/월/일/시/분/초 정보를 볼 수 있는 특이함입니다.

XAML 코드 조각	컨트롤 외관 조각

`<CalendarDatePicker x:Name="CalendarDatePickerEnteredDate"`
`                    PlaceholderText="날짜선택"`
`                    Header="입사일자"`
`DateChanged="CalendarDatePickerEnteredDate_DateChanged"/>`
	입사일자
	12/29/2019

코드 비하인드 조각

```
// 초깃값을 설정하는 코드
private void Page_Loaded(object sender, Windows.UI.Xaml.RoutedEventArgs e)
{
    //CalendarDatePickerEnteredDate.Date = DateTime.Now;
    CalendarDatePickerEnteredDate.Date = new DateTime(2004, 1, 1);
}
// 변경된 값을 사용하는 코드
private async void CalendarDatePickerEnteredDate_DateChanged(
    CalendarDatePicker sender, CalendarDatePickerDateChangedEventArgs args)
{
    string dateString = sender.Date.Value.Year.ToString() + "/"
                       + sender.Date.Value.Month.ToString() +"/"
                       + sender.Date.Value.Day.ToString();
    MessageDialog messageDialog
        = new MessageDialog("입력된 입사일자는 " + dateString + "입니다.");
    await messageDialog.ShowAsync();
}
```

알아두기

Date 속성의 하부 속성인 Value를 사용해야 비로소 연/월/일/시/분/초 정보를 볼 수 있는 특이함은 필자가 인터넷에 "UWP CalendarDatePicker"를 검색하여 알게 되었습니다. 왜 이렇게 일관성이 부족하게 만들었을까요? 아무튼 "원리와 기본 개념을 습득한 후 인터넷 검색을 해라"는 문구는 이 시대의 응용 프로그램 개발자가 반드시 명심해야 할 격언입니다. 어떤 사람들은 지식을 개념적(Conceptual) 지식과 실용적(Practical) 지식으로 나누기도 합니다. 원리와 기본 개념은 개념적 지식에 속하는데 어떤 업무를 수행하기 위하여 반드시 알아야 하는 지식이니 평소에 학습하여 두어야 합니다. 반면에 인터넷 검색으로 찾을 수 있는 문법이나 코딩 사례와 같은 것들은 실용적 지식으로, 사용하는 도구에 따라 혹은 시대의 흐름에 따라 달라지니 필요할 때 인터넷 검색을 통하여 확인하면 될 것입니다. 가끔 인터넷상에 한글로 된 정보가 없는 경우가 있는데 그럴 때는 할 수 없이 영어로 된 정보를 가지고 해결해야 합니다. 응용 프로그램 개발자에게 개발 기술만큼이나 중요한 것이 영어로 빠르게, 바르게 읽고 이해하는 능력입니다. 과거와 달리 최근에 개발된 개발 도구들은 한글 문제는 기본으로 해결되어 있는 것이 응용 프로그램 개발자들에게 매우 다행입니다.

과거에는 한글로 된 자료가 없으면 한글화되지 않았다는 것을 의미하여, 이는 사용하면 안 된다는 것을 의미했거든요. 하지만 최근에는 한글이나 한자와 같은 소위 더블바이트 폰트(Double Byte Font)가 기본으로 지원되면서 오픈소스 개발 도구들도 큰 부담 없이 사용할 수 있는 시대가 되었습니다.

[Date and Time] → [DatePicker]

DatePicker 컨트롤은 연/월/일 정보를 선택하게 해줍니다. CalendarDatePicker와 프로그램하는 방법이 거의 동일한데 컨트롤의 외관과 연/월/일의 형식을 지정할 수 있는 것이 차이점입니다.

연/월/일의 형식을 지정할 때에는 XAML 코드를 사용하는 것보다 비주얼 스튜디오의 속성 창에서 해당 속성을 찾아 선택할 것을 권장합니다. 문법을 외우지 않아도 되기 때문에 매우 간편합니다. 다음 화면을 참조하기 바랍니다. 속성의 수가 많으니 검색란에 Format이라고 입력해서 찾으면 편리합니다.

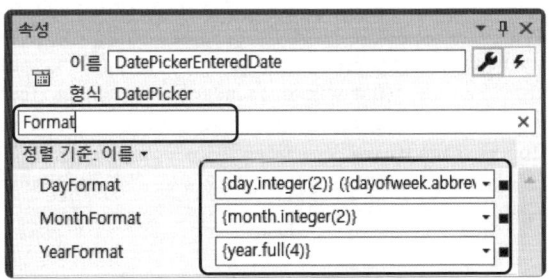

[그림] 년/월/일의 형식을 지정하는 속성 창

DatePicker 컨트롤에서는 날짜 값을 가져다 사용할 때 Date 속성 뒤에 Value 하부 속성을 지정하지 않아도 되게 CalendarDatePicker에서 있었던 문제가 해결되었습니다. sender는 Date 형태의 객체가 아니어서 sender.Date와 같이 사용하지 못하고 매번 ((DatePicker)sender).Date와 같이 형변환한 후 사용해야 합니다.

XAML 코드 조각

```xaml
<DatePicker x:Name="DatePickerEnteredDate"
            Header="입사일자"
            YearFormat="{}{year.full(4)}"
            MonthFormat="{}{month.integer(2)}"
            DayFormat="{}{day.integer(2)} ({dayofweek.abbreviated})"
            DateChanged="DatePickerEnteredDate_DateChanged" />
```

컨트롤 외관 조각

입사일자		
01	01 (Thu)	2004

코드 비하인드 조각

```csharp
// 초깃값을 설정하는 코드
private void Page_Loaded(object sender, Windows.UI.Xaml.RoutedEventArgs e)
{
    //DatePickerEnteredDate.Date = DateTime.Now;
    DatePickerEnteredDate.Date = new DateTime(2004, 1, 1);
}
// 변경된 값을 사용하는 코드
private async void DatePickerEnteredDate_DateChanged(object sender,
                                    DatePickerValueChangedEventArgs e)
{
    string dateString = ((DatePicker)sender).Date.Year.ToString() + "/"
                    + ((DatePicker)sender).Date.Month.ToString() + "/"
                    + ((DatePicker)sender).Date.Day.ToString();
    MessageDialog messageDialog
            = new MessageDialog("입력된 입사일자는 " + dateString + "입니다.");
    await messageDialog.ShowAsync();
}
```

[Date and Time] → [TimePicker]

TimePicker 컨트롤은 시/분 정보를 선택하게 해줍니다. TimeSpan 클래스를 사용하여 값을 초기화할 때는 초를 지정할 수 있도록 되어 있습니다.

XAML 코드 조각

```xml
<StackPanel Loaded="StackPanel_Loaded">
    <TimePicker x:Name="TimePickerDepartureTime"
                Header="출발시간"
                MinuteIncrement="15"
                TimeChanged="TimePickerDepartureTime_TimeChanged" />
    <TimePicker x:Name="TimePickerArrivalTime"
                Header="도착시간"
                ClockIdentifier="24HourClock" />
</StackPanel>
```

컨트롤 외관 조각

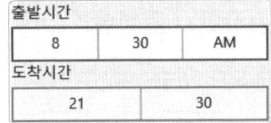

코드 비하인드 조각

```csharp
// 초깃값을 설정하는 코드
private void StackPanel_Loaded(object sender,
                               Windows.UI.Xaml.RoutedEventArgs e)
{
    TimePickerDepartureTime.Time = new TimeSpan(08, 30, 00);
    TimePickerArrivalTime.Time = new TimeSpan(21, 30, 00);
}
// 변경된 값을 사용하는 코드
private async void TimePickerDepartureTime_TimeChanged(object sender,
                                    TimePickerValueChangedEventArgs e)
{
    string timeString = ((TimePicker)sender).Time.Hours.ToString() + ":"
                      + ((TimePicker)sender).Time.Minutes.ToString();
    MessageDialog messageDialog
        = new MessageDialog("입력된 출발시간은 " + timeString + "입니다.");
    await messageDialog.ShowAsync();
}
```

4 : Dialogs and Flyouts

Dialogs and Flyouts으로 분류되는 컨트롤들은 별도의 대화형 화면을 통하여 사용자와 상호 작용하게 해줍니다.

[Dialogs and Flyouts] → [ContentDialog]

ContentDialog 컨트롤은 XAML 기반의 대화형 화면을 구성하여 사용자와 상호 작용하게 해 줍니다.

앞선 예제들을 통하여 특별한 설명 없이 직관적으로 MessageDialog(메시지 대화 상자)를 사용해 왔습니다. C# 코드로 MessageDialog messageDialog = new MessageDialog("문자열 메시지"); 같이 객체를 만들어 await messageDialog.ShowAsync();과 같이 대화형 창을 보여주는 ShowAsync() 메소드를 비동기적으로 호출하면 다음 화면과 같은 대화형 창을 보여주고 사용자가 〈Close〉 버튼을 누르면 닫히게 되어 있습니다.

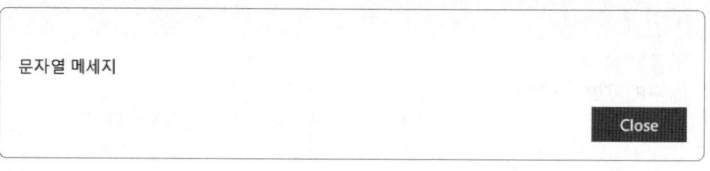

[그림] MessageDialog 대화형 창

그런데 이 대화형 창은 크기 조절도 되지 않고 제목도 달 수 없고 버튼도 추가할 수 없습니다. 아니 엄밀하게 따지면 C# 코드를 활용하여 기능을 구현할 수도 있으나 이런 코드는 PC용 프로그램에서는 정상적으로 동작하지만 Windows 폰과 같은 프로그램에서는 정상 동작하지 않습니다. 그래서 비주얼 스튜디오에서 MessageDialog 클래스에 마우스 버튼을 올리면 이 클래스는 다음과 같이 사용자에게 사용을 권고합니다.

> MessageDialog.MessageDialog(string content) (+ 1 오버로드)
> 사용자에게 간단한 질문을 하는 데 사용할 수 있는 제목 없는 메시지 대화 상자를 표시하도록 MessageDialog 클래스의 새 인스턴스를 초기화합니다.

[그림] MessageDialog 사용에 대한 설명 창

기존 PC용 프로그램 개발자들은 Windows Forms 등의 개발 도구에서 사용했던 기억 때문에 납득하기가 쉽지 않겠지만 이 클래스는 JavaScript의 alert과 같은 용도로 사용해야 합니다. 대신 XAML에서는 ContentDialog라는 화면 요소를 표준 대화형 창으로 제공하고 있습니다.

ContentDialog(콘텐츠 대화 상자)를 사용하는 방법으로는 MessageDialog의 경우와 같이 코드 비하인드와 같은 C# 코드를 활용하는 방법이 있고, XAML 편집기에서 일반 XAML 화면과 같이 콘텐츠 대화 상자 화면을 만들어서 활용하는 방법이 있습니다.

첫 번째 방법은 코드 비하인드 코드 조각으로 설명하겠습니다. Button 컨트롤을 하나 만들어 Tapped 이벤트 핸들러를 코드 비하인드 코드 조각과 같이 구현하면 쉽게 테스트해볼 수 있습니다.

비동기 호출을 하는 것이니 이벤트 핸들러의 반환 값 데이터 타입 정의 앞에 async 키워드를 추가하는 것을 잊으면 안 됩니다. 다음 코드 비하인드 코드 조각에서 특이한 점은 ContentDialog 객체를 new 키워드를 사용하여 생성자를 호출하여 객체 내부 멤버의 값을 초기화할 때 괄호 즉, ()를 사용하지 않고 중괄호({})를 사용했다는 것입니다.

중괄호({})를 Object Initializer(객체 초기화자)라고 부르는데 객체의 초깃값을 지정해주는 용도로 사용합니다. 대화창을 닫을 때 누른 버튼의 종류는 result라는 변수명의 ContentDialogResult 객체에 저장되는데, 뒤에 switch 문장을 사용하여 선택된 버튼에 맞는 로직을 구현하면 됩니다. 이와 같이 대화상자는 별도의 화면 디자인 없이 C# 코드를 사용하여 쉽게 만들어서 사용하곤 합니다.

코드 비하인드 조각

```csharp
private async void TappedEventHandler(object sender,
                                      Windows.UI.Xaml.Input.TappedRoutedEventArgs e)
{
    ContentDialog contentDialog = new ContentDialog
    {
        Title = "저장",
        PrimaryButtonText = "Yes",
        SecondaryButtonText = "No",
        CloseButtonText = "Cancel",
        DefaultButton = ContentDialogButton.Primary,
        Content = "작업한 내역을 저장하시겠습니까?"
    };

    ContentDialogResult result = await contentDialog.ShowAsync();

    switch(result)
    {
        case ContentDialogResult.Primary:      // Yes 버튼 누른 로직 구현
            break;
        case ContentDialogResult.Secondary:    // No 버튼 누른 로직 구현
            break;
        case ContentDialogResult.None:         // Cancel 버튼 누른 로직 구현
            break;
    }
}
```

컨트롤 외관 조각

저장

작업한 내역을 저장하시겠습니까?

[OK] [No] [Cancel]

알아두기

위의 코드 비하인드에서 ContentDialogButton과 ContentDialogResult 위에 마우스 커서를 놓으면 다음과 같은 설명 창이 나타나 ContentDialogButton이나 ContentDialogResult가 객체가 아니라 enum 데이터 타입이라는 것을 알 수 있습니다.

> enum Windows.UI.Xaml.Controls.ContentDialogResult
> ContentDialog의 반환 값을 나타낼 식별자를 지정합니다.

enum은 enumeration(열거)의 약자로 enum 즉, 열거형 데이터 타입은 다음 코드와 같이 사용 가능한 값들을 미리 정의하여 0은 None으로 1은 Primary로 2는 Secondary와 같은 방식으로 코드화하여 사용하게 해줍니다.

```
public enum ContentDialogResult
{
    None = 0,
    Primary = 1,
    Secondary = 2
}
```

C# 코드에서 미리 정의한 값들을 사용할 때는 ContentDialogResult.Primary와 같이 enum 데이터 타입의 뒤에 점(.)을 찍고 사용 가능한 값을 기술합니다. 비주얼 스튜디오에서는 enum 데이터 타입의 이름 뒤에 점(.)을 찍으면 사용 가능한 값들을 다음 그림과 같이 보여주어 마치 객체처럼 사용할 수 있게 해줍니다.

사용할 값을 미리 지정하여 그 외의 값들은 사용할 수 없도록 실수 방지(Fool Proof)를 해주고 0, 1, 2와 같이 의미를 알 수 없는 상수 값이 아닌 None, Primary, Secondary와 같이 우리가 알 수 있는 추상화된 명칭으로 보여주기 때문에 C#만이 아니라 대부분의 프로그램 언어에서 채용하고 있는 방법입니다.

반드시 알아두어야 할 단순하지만 중요한 개념입니다. 이후에는 enum 데이터 타입에 대해 설명을 하지 않고 C# 코드에서 사용하도록 하겠습니다.

두 번째 방법은 대화상자를 별도로 디자인하여 만드는 방법입니다. C# 코드로 만드는 대화 창과 달리 XAML 문법이 허용하는 한에서 화면 디자인이 가능합니다. 그래서 이번 예제에서는 AppBarButton을 하나 추가하고 빨간색으로 경고 문구도 추가해보았습니다. 다만 주의해야 할 것은 비주얼 스튜디오의 솔루션 탐색기의 Views 폴더에서 마우스 우측 버튼을 클릭하여 [추가] → [새 항목] 메뉴 항목을 연속으로 선택한 후 다음 그림과 같이 나타나는 새 항목 추가 화면에서 [콘텐츠 대화 상자]를 추가해야 한다는 것입니다. 단순히 XAML Controlls Gallery 앱에서 코드를 복사하여 사용하는 것만으로는 기능이 동작하지 않습니다. 이때 화면의 이름은 ContentDialogExample로 통일하여 테스트합니다.

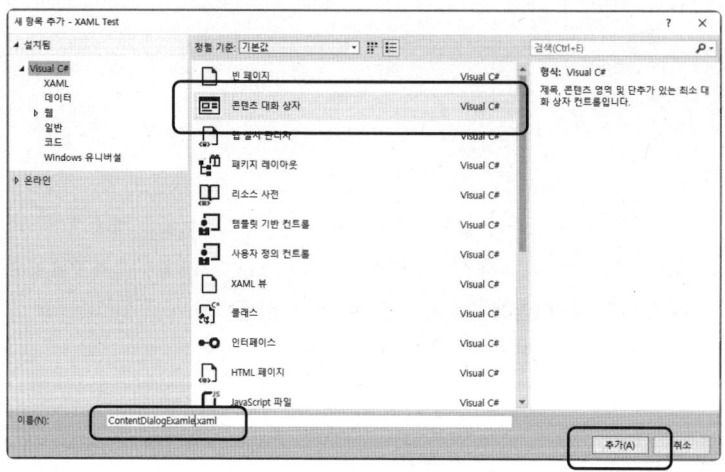

[그림] 새 항목 추가 화면

콘텐츠 대화 상자가 생성된 후 XAML ContentDialog 템플릿이 제공하는 기본적인 코드 중 강조 표시된 부분을 다음의 XAML 코드 조각과 같이 수정하기 바랍니다. 코드 비하인드 조각에서 특이한 부분은 XAML로 정의한 콘텐츠 대화 상자를 마치 클래스처럼 사용하여 객체를 생성한다는 것입니다.

XAML 화면은 바로 C#의 클래스라고 앞에서 여러 번 설명했습니다. 이것이 XAML을 다른 마크업 언어와 차별화하는 강력한 힘입니다.

그러면 컨트롤 외관 조각에서 볼 수 있는 것과 같이 첫 번째 방법보다 조금 더 대화창다운 대화 창이 만들어지는 것을 확인할 수 있습니다.

XAML 코드 조각(ContentDialogExample.xaml)

```xml
<ContentDialog
    x:Class="XAML_Test.Views.ContentDialogExample"
    xmlns="http://schemas.microsoft.com/winfx/2006/xaml/presentation"
    xmlns:x="http://schemas.microsoft.com/winfx/2006/xaml"
    xmlns:local="using:XAML_Test.Views"
    xmlns:d="http://schemas.microsoft.com/expression/blend/2008"
    xmlns:mc="http://schemas.openxmlformats.org/markup-compatibility/2006"
    mc:Ignorable="d"

    Title="저장"
    PrimaryButtonText="Yes"
    SecondaryButtonText="No"
    CloseButtonText="Cancel">

    <Grid>
        <StackPanel>
            <StackPanel Orientation="Horizontal">
                <AppBarButton Icon="Save" Label="Save"/>
                <StackPanel>
                    <TextBlock Text="작업한 내역을 저장하시겠습니까??"/>
                    <TextBlock Text=
                    "작업한 내역들은 회사의 기밀사항들을 포함하고 있으니 파일의 보안에 유의하시기 바랍니다."
                        Foreground="Red"
                        FontSize="10" />
                </StackPanel>
            </StackPanel>
        </StackPanel>
    </Grid>
</ContentDialog>
```

5 : Menus and Toolbars

Menus and Toolbars로 분류되는 컨트롤들은 메뉴나 툴바를 구성하기 위한 요소들입니다.

그러나 PC와 달리 스마트폰이나 태블릿 등에서는 메뉴 기능을 거의 사용하지 않습니다. 그래서 Command를 설명할 때도 가장 필수적인 기능만 설명했었죠. 여기서도 UWP에서 사용하기를 권장할 만한 컨트롤들만 소개하겠습니다.

> **알아두기**
>
> UWP 프로그램에서는 미니멀리즘이 가장 중요한 디자인 원칙(Design Principle)입니다. UWP 프로그램을 개발하면서 PC에만 사용되는 디자인을 한다거나 스마트폰에서만 사용되는 디자인을 한다거나 게임기에서만 사용되는 디자인을 한다면 범용 프로그램의 개발에 실패하는 것을 의미하기 때문입니다. 그래서 성공적인 UWP 프로그램 개발을 위해서는 교집합의 원칙이 필요합니다. PC와 스마트폰, 태블릿, 게임기 등 모든 디바이스에서 교집합적으로 공통으로 사용할 수 있는 컨트롤을 선택하여 사용하기 바랍니다.
>
> 사용할 수 있는 컨트롤의 수가 부족해도 충분히 훌륭한 UWP 앱을 만들 수 있을 것입니다. 반대로 컨트롤이 너무 많이 제공되어 디바이스별로 동작이 다르게 되거나 특정 디바이스에서는 오류가 발생하는 것을 경계해야 합니다. 이와 같은 디자인 원칙은 Xamarin의 경우에도 동일하게 적용됩니다. 안드로이드와 iOS, Windows 7 등에서 공통으로 사용할 수 있는 교집합 컨트롤들을 선택하여 사용해야 합니다. 한때 옴니아(Omnia)나 블랙잭(Blackjack)과 같은 마이크로소프트 계열의 스마트폰이 대세이던 시절이 있었습니다. 스마트폰을 켜면 Windows 로고가 나타나 Windows 운영체제를 가져다 사용했다는 것을 금방 알 수 있었지요. 블랙베리(BlackBerry)도 한 시대를 풍미하고 사라져갔습니다.
>
> 필자는 그 이유가 스마트폰에 PC의 Windows 같은 다양한 기능의 운영체제를 적용했기 때문이라고 감히 판단합니다. 그러고는 iPhone의 등장으로 현재의 스마트폰 시장이 생겨났는데, 기능이 넘쳐나는 PC용 운영체제를 벗어던지고 버튼과 이미지 위주로 구성된 단순한 화면과 손가락을 밀고 당기는 동작 방식 등 단순하면서도 핵심적인 기능을 갖춘 운영체제를 제공했기 때문입니다. UWP 앱을 개발할 때 미니멀리즘은 아무리 강조해도 지나치지 않습니다.

여기서는 Menus and Toolbars으로 분류되는 컨트롤들 중 모든 디바이스에서 공통으로 사용할 수 있는 AppBarButton과 AppBarToggleButton을 설명하겠습니다.

[Menus and Toolbars] → [AppBarButton], [AppBarToggleButton]
AppBarButton 컨트롤은 투명 바탕에 흑백 이미지와 이에 부합하는 문구를 함께 나타나게 해주는 버튼입니다. AppBarButton 컨트롤은 Content 속성을 사용하지 않

고 시스템이 제공하는 이미지를 선택하기 위해 Icon 속성을 사용합니다. 그리고 보여줄 문구를 지정하기 위하여 Label 속성을 사용합니다. 비주얼 스튜디오에서 Icon 속성의 값을 입력할 때 XAML 프레임워크가 기본으로 제공하는 이미지의 종류를 Accept부터 ZoomOut까지 모두 보여주고 개발자가 선택하게 하니 사용 가능한 이미지를 모두 기억할 필요가 없습니다. 그리고 필요에 따라서 파일에 저장된 이미지를 사용할 수 있습니다.

AppBarToggleButton 컨트롤은 Button과 같이 동작하지 않고 CheckBox와 같이 동작하는데 선택되면 흑백 버튼이 파란색 버튼으로 변경됩니다. AppBarButton과 AppBarToggleButton을 수평으로 나열한 후 버튼 사이에 AppBarSeparator를 배치하면 AppBar가 만들어집니다.

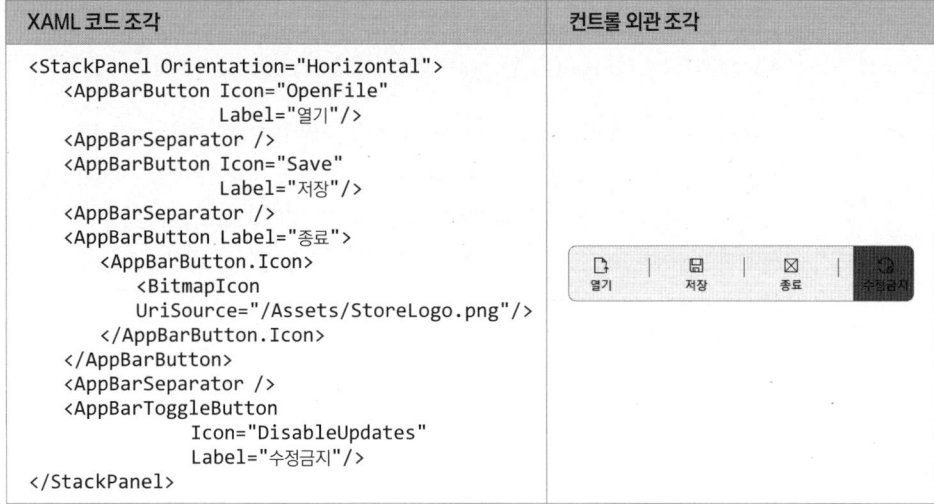

XAML 코드 조각	컨트롤 외관 조각
| ```xml
<StackPanel Orientation="Horizontal">
    <AppBarButton Icon="OpenFile"
                  Label="열기"/>
    <AppBarSeparator />
    <AppBarButton Icon="Save"
                  Label="저장"/>
    <AppBarSeparator />
    <AppBarButton Label="종료">
        <AppBarButton.Icon>
            <BitmapIcon
                UriSource="/Assets/StoreLogo.png"/>
        </AppBarButton.Icon>
    </AppBarButton>
    <AppBarSeparator />
    <AppBarToggleButton
            Icon="DisableUpdates"
            Label="수정금지"/>
</StackPanel>
``` | |

6 : Navigation

Navigation으로 분류되는 컨트롤들은 XAML 화면을 전환하는 기능을 제공합니다. Prism MVVM 프레임워크에서 Navigation을 제공하기 때문에 여기서는 Pivot이라고 부르는 일종의 Tab View 컨트롤을 설명하겠습니다.
```

[Navigation] → [Pivot]

Pivot 컨트롤은 XAML 기반의 대화형 화면을 구성하여 사용자와 상호 작용하게 해줍니다.

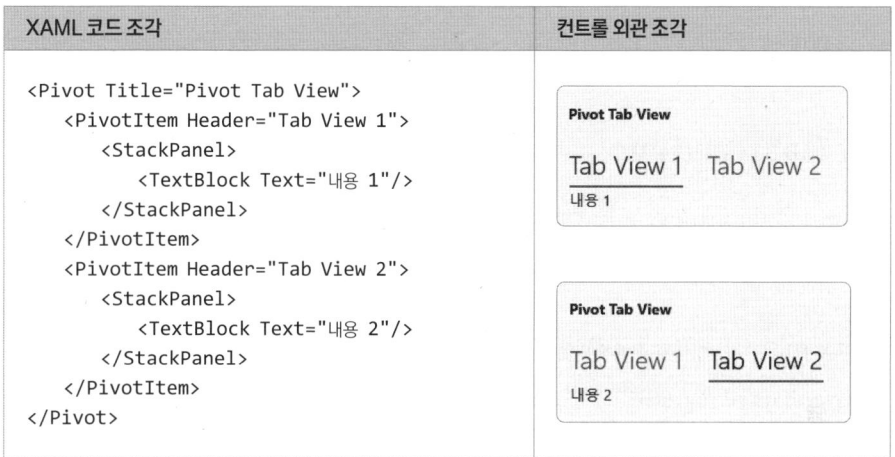

7 : Scrolling

Scrolling로 분류되는 컨트롤들은 보여줄 내용이 컨트롤의 크기보다 클 때 ScrollBar를 이용하여 이동하면서 보게 하는 등 적절한 조치를 취하게 해줍니다.

[Scrolling] → [ScrollViewer]

XAML 객체의 크기가 상위 요소보다 클 때는 ScrollViewer 요소를 사용하여 수평 Scroll Bar나 수직 Scroll Bar를 사용합니다. 수직 Scroll Bar는 하위 요소의 높이가 상위 요소의 높이보다 클 때 자동으로 나타나는데 수평 Scroll Bar는 HorizontalScrollBarVisibility 속성을 Visible로 지정해야 나타납니다. Scroll Bar는 모두 익숙할 것으로 판단하여 컨트롤 외관 조각을 보여주는 것은 생략합니다.

> **XAML 코드 조각**
>
> ```xml
> <ScrollViewer HorizontalScrollBarVisibility="Visible">
>     <Ellipse Width="1200" Height="700" Fill="Magenta"/>
> </ScrollViewer>
> ```

8 : Status and Info

Status and Info로 분류되는 컨트롤들은 작업의 상태나 특정 화면 요소에 대한 부가 정보를 보여줍니다.

[Status and Info] → [ProgressBar], [ProgressRing]

ProgressBar와 ProgressRing 컨트롤은 앱이 어떤 작업을 하고 있다는 상태를 보여줍니다. ProgressBar는 IsIndeterminate 속성을 True로 설정하면 ProgressRing과 같이 무한 반복의 형태로 무엇인가가 진행되고 있다는 것을 알려줍니다. IsIndeterminate 속성을 지정하지 않고 Value 속성에 0을 지정하면 작업이 전혀 지정되지 않은 상태의 빈 막대를 보여줍니다. Value 속성에 1에서 100 사이의 값을 지정하면 각각 지정된 숫자만큼의 완료된 상태를 보여주는 막대를 보여줍니다. Value 속성 값을 코드 비하인드를 통하여 프로그램 로직으로 지정하면 특정 작업을 진행한 만큼의 상태를 보여주는 막대를 만들어 보여줄 수 있습니다.

> **XAML 코드 조각**
>
> ```xml
> <StackPanel>
>     <TextBlock Text="파일 다운 로드 중 (ProgressBar)"/>
>     <ProgressBar Width="130" IsIndeterminate="True" />
>     <TextBlock Text="파일 다운 로드 중 (ProgressRing) "/>
>     <ProgressRing IsActive="True" />
>     <TextBlock Text="파일 다운 로드 중 (ProgressBar) "/>
>     <ProgressBar x:Name="fileDownloadProgressBar" Width="130" />
> </StackPanel>
> ```

코드 비하인드 조각

```
private void fileDownloadProgressBar_Loaded(object sender,
                                   Windows.UI.Xaml.RoutedEventArgs e)
{
    // 편의상 Loaded 이벤트 핸들러에서 Vlue 속성의 초기값을 지정하였습니다.
    // 실제 업무 환경에서 ProgressBar를 활용할 때에는
    // 특정 작업의 상태를 알 수 있는 위치에서
    // 1~100사이의 값을 작업의 진도에 맞게 설정하여야 합니다.
    fileDownloadProgressBar.Value = 50;
}
```

컨트롤 외관 조각

파일 다운 로드 중 (ProgressBar)
파일 다운 로드 중 (ProgressRing)
파일 다운 로드 중 (ProgressBar)

[Status and Info] → [ToolTip]

ToolTip 컨트롤은 특정 화면 요소에 대한 Tip 정보를 보여줍니다. ToolTip은 일종의 Content Control로 Tip의 내용으로 문자열뿐만 아니라 XAML 화면도 사용할 수 있습니다.

XAML 코드 조각	컨트롤 외관 조각

`<StackPanel>`
`    <Button Content="Show Tooltip"`
`            ToolTipService.ToolTip="Tool Tip"/>`
`    <Image Source="/Assets/Lock.png"`
`           HorizontalAlignment="Left"`
`           Width-"150"`
`           Height="100"`
`           ToolTipService.ToolTip="Tool Tip"/>`
`</StackPanel>`
	Show Tooltip / Tool Tip

`<Button Content="Click" Click="Button_Click">`
`    <ToolTipService.ToolTip>`
`        <Ellipse Width="10" Height="20" Fill="Green"/>`
`    </ToolTipService.ToolTip>`
`</Button>`
	Click

9 : Collections

Collections(모음)로 분류되는 컨트롤들은 TextBox나 PasswordBox 등과 같이 단일 값이 아니라 여러 개의 값을 동시에 처리할 수 있도록 해줍니다. "3.9 여러 값의 데이터 바인딩"에서 언급한 ListBox가 Collections 컨트롤 중의 하나입니다.

[Collections] → [FlipView]

FlipView 컨트롤은 하나의 View 컨트롤에 여러 개의 항목을 연결해놓고 한 번에 하나의 항목을 보여줍니다.

XAML 코드 조각
| ```
<FlipView MaxWidth="400" Height="270">
    <Image Source="/Assets/LockScreenLogo.scale-200.png"/>
    <Image Source="/Assets/SplashScreen.scale-200.png"/>
    <Image Source="/Assets/lock.png"/>
    <Image Source="/Assets/Square150x150Logo.scale-200.png"/>
    <Image Source="/Assets/Square44x44Logo.scale-200.png"/>
</FlipView>
``` |
| 컨트롤 외관 조각 |
|  |
| 한 번에 하나의 항목이 나타나며 좌우에 배치된 화살표를 누르면 각각 앞와 뒤에 배치된 항목이 나타납니다. |

[Collections] → [ListBox]

ListBox 컨트롤은 항목들을 수직으로 나열한 후 필요 시 특정 항목들을 선택해 필요한 처리를 하도록 합니다.

"3.9 여러 값의 데이터 바인딩"에서 ListBox를 대상으로 여러 값을 데이터 바인딩하는 방법을 살펴보았습니다. 여기서는 ListBox 컨트롤의 특성을 나타내는 몇 가지 예제를 살펴보면서 ListBox에 대한 이해도를 높이겠습니다. 다음 예제는 상단에 타원
```

을 배치하고 하단에 ListBox를 배치한 후 ListBox에서 선택된 색상으로 타원의 색을 바꾸어 주는 예제입니다.

XAML 코드 조각에서 SelectionMode 속성을 Single로 지정하여 하나의 값만 선택하도록 했습니다. SelectionMode 속성을 None으로 지정하면 선택 기능을 사용하지 않고 항목들을 보여주는 기능만 사용하게 됩니다. SelectionChanged 이벤트 속성을 colorListBox_SelectionChanged로 지정하여 ListBox에서 선택한 값이 달라지는 경우 코드 비하인드 이벤트 핸들러인 colorListBox_SelectionChanged() 메소드를 실행하게 했습니다.

코드 비하인드 코드 조각은 세 줄의 코드로 이루어져 있습니다. ((ListBox)sender).SelectedItem.ToString()으로 ListBox에서 선택된 색을 가져온 후 Windows.UI.Xaml.Markup 네임스페이스에 속한 XamlBindingHelper 클래스의 ConvertValue() 메소드를 사용하여 Windows.UI 네임스페이스에 속한 Color 객체로 변환합니다. 그런 다음 Windows.UI.Xaml.Media 네임스페이스에 속한 SolidColorBrush 객체로 다시 변환하여 colorRectangle 요소의 Fill 속성에 할당하는 방법으로 사각형의 색상을 선택된 값으로 바꿉니다. using 선언문을 코드 비하인드 조각에 표현하지 않았으니 문법 오류가 발생하는 위치에서 〈Ctrl〉 + 〈.〉 키를 누르는 방법으로 using 선언문을 추가하여 문법 오류를 해결한 후 실행해보기 바랍니다.

컨트롤 외관 조각에서는 실행되는 형태를 확인해볼 수 있는데 ListBox의 크기를 포함할 항목들의 크기보다 작게 지정하면 우측에 수직 스크롤바가 자동으로 생겨납니다.

XAML 코드 조각

```xml
<StackPanel>
    <Ellipse x:Name="colorEllipse"
             Width="200"
             Height="30"
             Stroke="Black"/>
    <ListBox x:Name="colorListBox"
             Width="200"
             Height="100"
             BorderBrush="Black"
             BorderThickness="1"
             SelectionMode="Single"
             SelectionChanged="colorListBox_SelectionChanged">
        <x:String>Blue</x:String>
        <x:String>Green</x:String>
        <x:String>Red</x:String>
        <x:String>Yellow</x:String>
    </ListBox>
</StackPanel>
```

코드 비하인드 조각

```csharp
private void colorListBox_SelectionChanged(object sender,
                                           SelectionChangedEventArgs e)
{
    Color color = (Color)XamlBindingHelper.ConvertValue(typeof(Color),
                ((ListBox)sender).SelectedItem.ToString());
    SolidColorBrush colorBrush = new SolidColorBrush(color);
    colorEllipse.Fill = colorBrush;
}
```

컨트롤 외관 조각

이번에는 XAML 코드 조각에서 SelectionMode 속성을 Multiple로 지정하여 여러 개의 값을 선택하는 예제를 만들어보겠습니다. LIstBox의 하단에 Ellipse를 추가로 배치하여 첫 번째 선택된 색상은 상단 타원의 색상으로, 두 번째 선택된 색상은 하단 타원의 색상으로 채워지도록 수정하겠습니다. 그리고 스크롤바가 자동으로 만들어지는 것을 확인하기 위하여 크기를 줄여 두었던 ListBox의 크기를 늘리도록 하겠습니다.

XAML 코드 조각의 변경은 직관적이어서 코드 비하인드 코드 조각에서 하나의 항목을 선택하도록 했던 앞의 예제와 차이가 나는 부분만 자세히 살펴보면 됩니다. 첫 번째 선택 항목을 참조하기 위하여 SelectedItem 대신 SelectedItems[0]를 사용했습니다. 여러 개의 항목을 선택할 수 있는 상태이니 하나의 항목을 선택할 때 사용하던 SelectedItem 단일 멤버 변수 객체가 아닌 SelectedItems Collection 멤버 변수 객체를 사용했습니다.

배열의 인덱스 값으로 0을 사용한 것은 첫 번째 항목이라는 의미가 됩니다. 선택된 두 번째 항목을 사용하기 위해서는 선택된 항목의 개수가 2개 이상인지 확인하고 사용해야 하기 때문에 if(((ListBox)sender).SelectedItems.Count > 1)와 같은 if 조건문을 사용했습니다. 그리고 첫 번째 색상을 지정하는 로직을 이해했으니 색상을 지정하는 로직은 직관적으로 이해할 수 있을 것이고 SelectedItems[1]와 같이 배열의 인덱스 값을 1로 지정하여 두 번째 선택 항목을 참조하는 것을 확인할 수 있습니다.

3개 이상의 항목을 선택하려면 어떻게 하면 되느냐고요? ListBox의 항목 선택에 대하여 기본적인 것을 다 배웠으니 여러분의 상상력으로 풀어가면 되겠습니다.

SelectionMode 속성을 Extended로 지정하면 Windows PC에서처럼 〈Ctrl〉 + 클릭이나 〈Shift〉 + 클릭으로 여러 개의 항목을 선택하게 할 수 있습니다. 〈Ctrl〉 + 클릭을 사용하면 클릭한 항목만 하나씩 추가되어 선택되고, 〈Shift〉 + 클릭을 사용하면 먼저 선택한 항목부터 나중에 선택한 항목 사이의 모든 항목을 선택하게 됩니다.

XAML 코드 조각

```xml
<StackPanel>
    <Ellipse x:Name="colorEllipse"
             Width="200"
             Height="30"
             Stroke="Black"/>
    <ListBox x:Name="colorListBox"
             Width="200"
             Height="180"
             BorderBrush="Black"
             BorderThickness="1"
             SelectionMode="Multiple"
             SelectionChanged="colorListBox_SelectionChanged">
        <x:String>Blue</x:String>
        <x:String>Green</x:String>
        <x:String>Red</x:String>
        <x:String>Yellow</x:String>
    </ListBox>
    <Ellipse x:Name="colorEllipseLower"
             Width="200"
             Height="30"
             Stroke="Black"/>
</StackPanel>
```

코드 비하인드 조각

```csharp
private void colorListBox_SelectionChanged(object sender,
                                SelectionChangedEventArgs e)
{
    Color color = (Color)XamlBindingHelper.ConvertValue(typeof(Color),
                    ((ListBox)sender).SelectedItems[0].ToString());
    SolidColorBrush colorBrush = new SolidColorBrush(color);
    colorEllipse.Fill = colorBrush;

    if(((ListBox)sender).SelectedItems.Count > 1)
    {
        color = (Color)XamlBindingHelper.ConvertValue(typeof(Color),
                    ((ListBox)sender).SelectedItems[1].ToString());
        colorBrush = new SolidColorBrush(color);
        colorEllipseLower.Fill = colorBrush;
    }
}
```

컨트롤 외관 조각

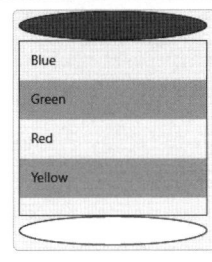

이번에는 ListBox가 항목들을 순차적으로 나열하여 보여줄 수 있는 특성을 이용하여 간단하게 상품 소개를 하는 ListBox를 만들어보겠습니다. 코드는 설명이 필요하지 않을 만큼 간단하여 예제만 제시할 텐데 이런 특징은 ListBox만이 아니라 ComboBox, ListView, GridView, TreeView 등에 공통으로 적용됩니다.

XAML 코드 조각

```
<ListBox>
  <StackPanel Orientation="Horizontal">
    <Image Source="/Assets/바나나.jpg" Width="200" Height="150"Stretch="Fill"/>
    <StackPanel Orientation="Vertical" VerticalAlignment="Center">
        <TextBlock>품   명 : 바나나</TextBlock>
        <TextBlock>금   액 : 1,000원</TextBlock>
        <TextBlock>원산지 : 진주</TextBlock>
    </StackPanel>
  </StackPanel>
  <StackPanel Orientation="Horizontal">
    <Image Source="/Assets/자몽.jpg" Width="200" Height="150" Stretch="Fill"/>
    <StackPanel Orientation="Vertical" VerticalAlignment="Center">
        <TextBlock>품   명 : 자몽</TextBlock>
        <TextBlock>금   액 : 2,000원</TextBlock>
        <TextBlock>원산지 : 미국(플로리다)</TextBlock>
    </StackPanel>
  </StackPanel>
  <StackPanel Orientation="Horizontal">
    <Image Source="/Assets/참외.png" Width="200" Height="150" Stretch="Fill"/>
    <StackPanel Orientation="Vertical" VerticalAlignment="Center">
        <TextBlock>품   명 : 참외</TextBlock>
        <TextBlock>금   액 : 1,000원</TextBlock>
        <TextBlock>원산지 : 성주</TextBlock>
    </StackPanel>
  </StackPanel>
</ListBox>
```

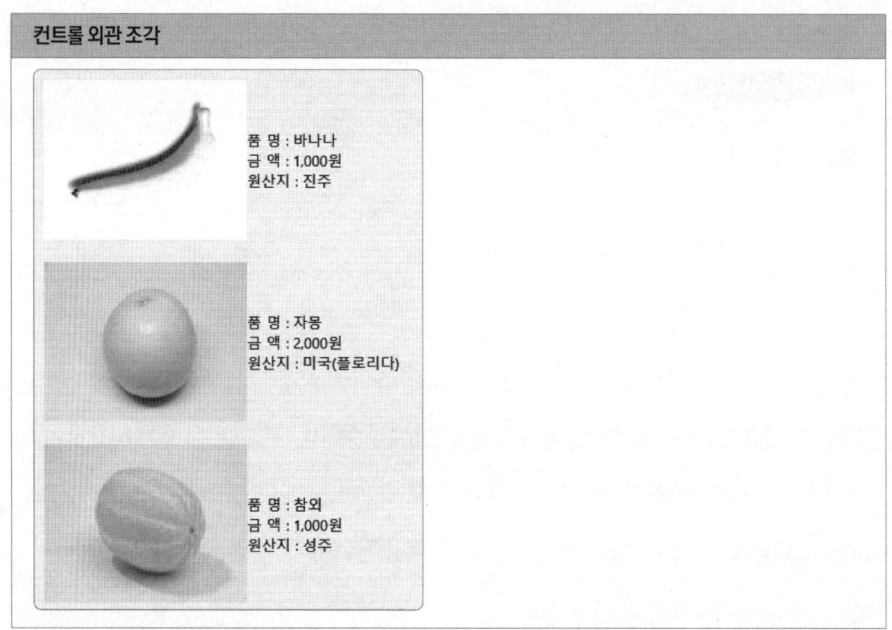

[Collections] → [GridView]

GridView 컨트롤은 항목들을 행과 열로 나열한 후 필요 시 특정 항목들을 선택하여 필요한 처리를 하도록 합니다.

상품 소개를 하는 ListBox의 예제가 조금 어색하다고 느끼셨지요? ListBox는 항목의 상하 배치만 가능하기 때문입니다. ListBox와 유사하지만, 행과 열로 나누는 기능을 제공하는 GridView를 사용하면 이를 개선할 수 있습니다.

예제로 이해하기 위하여 ListBox 예제를 복사하여 ListBox 컨트롤을 GridView 컨트롤로 변경해서 실행 화면을 관찰해봅시다. 상품에 대한 설명을 구현하기 위한 StackPanel 요소의 넓이는 일정하게 고정하기 위하여 Width 속성을 150으로 통일했습니다.

그리고 ListBox 컨트롤과 다르게 GridView는 마우스로 드래그 앤드 드롭하여 항목의 순서를 변경하여 사용할 수 있습니다. 이를 설명하고자 GridView 태그를 〈GridView CanDragItems="True" CanReorderItems="True" AllowDrop="True"〉와 같이 수정해 보았습니다.

XAML 코드 조각

```xml
<GridView CanDragItems="True" CanReorderItems="True" AllowDrop="True">
  <StackPanel Orientation="Horizontal">
    <Image Source="/Assets/바나나.jpg" Width="200" Height="150" Stretch="Fill"/>
    <StackPanel Orientation="Vertical" VerticalAlignment="Center" Width="150">
      <TextBlock>품  명 : 바나나</TextBlock>
      <TextBlock>금  액 : 1,000원</TextBlock>
      <TextBlock>원산지 : 진주</TextBlock>
    </StackPanel>
  </StackPanel>
  <StackPanel Orientation="Horizontal">
    <Image Source="/Assets/자몽.jpg" Width="200" Height="150" Stretch="Fill"/>
    <StackPanel Orientation="Vertical" VerticalAlignment="Center" Width="150">
      <TextBlock>품  명 : 자몽</TextBlock>
      <TextBlock>금  액 : 2,000원</TextBlock>
      <TextBlock>원산지 : 미국(플로리다)</TextBlock>
    </StackPanel>
  </StackPanel>
  <StackPanel Orientation="Horizontal">
    <Image Source="/Assets/참외.png" Width="200" Height="150" Stretch="Fill"/>
    <StackPanel Orientation="Vertical" VerticalAlignment="Center" Width="150">
      <TextBlock>품  명 : 참외</TextBlock>
      <TextBlock>금  액 : 1,000원</TextBlock>
      <TextBlock>원산지 : 성주</TextBlock>
    </StackPanel>
  </StackPanel>
</GridView>
```

컨트롤 외관 조각

초기 실행 화면을 보면 한줄에 2개의 항목이 나타납니다.

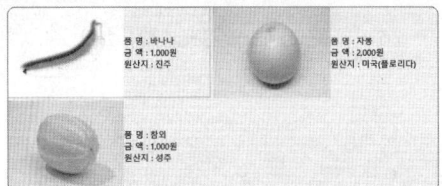

이제 실행 화면의 넓이를 넓혀 봅니다. 이번에는 한줄에 3개의 항목이 나타납니다.

이제 실행 화면의 넓이를 줄여 봅니다. 이번에는 한줄에 1개의 항목만 나타납니다.

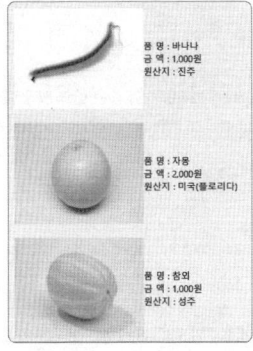

이번에는 항목을 마우스로 드래그 앤 드롭하여 순서를 바꾸어 봅니다.
말로 설명하는 것보다 실행해보면 프로그램의 특징을 쉽게 이해할 수 있습니다.

GridView도 ListBox와 같이 데이터 바인딩, ItemTemplate 및 DataTemplate 기능을 제공합니다. 그 외에 컨트롤의 Layout을 사용자 정의하기 위한 ItemsPanelTemplate 기능을 제공하는데 마찬가지로 예제를 사용해서 이해해보겠습니다.

우선 사진만 나오도록 앞의 예제를 수정해보겠습니다. 사진을 반복 사용해 ItemsPanel과 ItemsPanelTemplate을 설명할 때를 대비했습니다. 다음 코드 조각과 컨트롤 외관 조각을 확인해보기 바랍니다.

XAML 코드 조각
| ```xml
<GridView>
    <Image Source="/Assets/바나나.jpg" Width="200" Height="150" Stretch="Fill"/>
    <Image Source="/Assets/자몽.jpg" Width="200" Height="150" Stretch="Fill"/>
    <Image Source="/Assets/참외.png" Width="200" Height="150" Stretch="Fill"/>
    <Image Source="/Assets/바나나.jpg" Width="200" Height="150" Stretch="Fill"/>
    <Image Source="/Assets/자몽.jpg" Width="200" Height="150" Stretch="Fill"/>
    <Image Source="/Assets/참외.png" Width="200" Height="150" Stretch="Fill"/>
    <Image Source="/Assets/바나나.jpg" Width="200" Height="150" Stretch="Fill"/>
    <Image Source="/Assets/자몽.jpg" Width="200" Height="150" Stretch="Fill"/>
    <Image Source="/Assets/참외.png" Width="200" Height="150" Stretch="Fill"/>
</GridView>
``` |

컨트롤 외관 조각

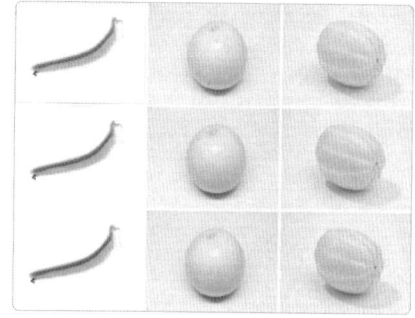

이번에는 화면이 아무리 커져도 한 줄에 최대 2개의 항목이 나올 수 있도록 ItemsPanel Template 요소를 사용해봅니다. 출력 방향도 기본 값인 수평 방향에서 수직 방향으로 수정합니다. 다음 예제의 GridView에는 ItemsPanel이라는 속성 요소가 있어서 View의 Layout을 관리합니다. 또한 View의 Layout을 관리하는 ItemsPanel을 ItemsPanelTemplate 를 사용해 다시 정의했습니다.

그리고 GridView의 ItemsPanel은 ItemsWrapGrid로 구성되어 GridView의 Layout을 화면의 크기에 맞게 자동으로 변형합니다. 이 예제에서는 ItemsPanelTemplate을 사용하여 출력 방향을 사용자 정의하고 있으며 출력 방향이 수평일 경우 최대 열의 개수를 지정하고, 출력 방향이 수직일 경우 최대 행의 개수를 사용자 정의하여 지정하는 것을 알 수 있습니다.
```

XAML 코드 조각

```xml
<GridView>
    <GridView.ItemsPanel>
        <ItemsPanelTemplate>
            <ItemsWrapGrid MaximumRowsOrColumns="2" Orientation="Vertical"/>
        </ItemsPanelTemplate>
    </GridView.ItemsPanel>

    <Image Source="/Assets/바나나.jpg" Width="200" Height="150" Stretch="Fill"/>
    <Image Source="/Assets/자몽.jpg" Width="200" Height="150" Stretch="Fill"/>
    <Image Source="/Assets/참외.png" Width="200" Height="150" Stretch="Fill"/>
    <Image Source="/Assets/바나나.jpg" Width="200" Height="150" Stretch="Fill"/>
    <Image Source="/Assets/자몽.jpg" Width="200" Height="150" Stretch="Fill"/>
    <Image Source="/Assets/참외.png" Width="200" Height="150" Stretch="Fill"/>
    <Image Source="/Assets/바나나.jpg" Width="200" Height="150" Stretch="Fill"/>
    <Image Source="/Assets/자몽.jpg" Width="200" Height="150" Stretch="Fill"/>
    <Image Source="/Assets/참외.png" Width="200" Height="150" Stretch="Fill"/>
</GridView>
```

컨트롤 외관 조각

ListBox 컨트롤이 제공되어서 GridView를 ListBox처럼 사용할 일은 없겠지만 ItemsPanelTemplate에 대한 이해를 높이기 위하여 ItemsPanelTemplate을 사용하여 GridView가 ListBox처럼 항목을 수직으로 하나씩 배열하게 수정합니다. 방법은 간단합니다. ItemsPanelTemplate 하부에 위치한 ItemsWrapGrid 요소를 ItemsStackPanel 요소로 변경하면 됩니다. 다음 예제를 살펴보기 바랍니다.

XAML 코드 조각

```
<GridView>
    <GridView.ItemsPanel>
        <ItemsPanelTemplate>
            <!--<ItemsWrapGrid MaximumRowsOrColumns="2" Orientation="Vertical"/>-->
            <ItemsStackPanel/>
        </ItemsPanelTemplate>
    </GridView.ItemsPanel>

    <Image Source="/Assets/바나나.jpg" Width="200" Height="150" Stretch="Fill"/>
    <Image Source="/Assets/자몽.jpg" Width="200" Height="150" Stretch="Fill"/>
    <Image Source="/Assets/참외.png" Width="200" Height="150" Stretch="Fill"/>
    <Image Source="/Assets/바나나.jpg" Width="200" Height="150" Stretch="Fill"/>
    <Image Source="/Assets/자몽.jpg" Width="200" Height="150" Stretch="Fill"/>
    <Image Source="/Assets/참외.png" Width="200" Height="150" Stretch="Fill"/>
    <Image Source="/Assets/바나나.jpg" Width="200" Height="150" Stretch="Fill"/>
    <Image Source="/Assets/자몽.jpg" Width="200" Height="150" Stretch="Fill"/>
    <Image Source="/Assets/참외.png" Width="200" Height="150" Stretch="Fill"/>
</GridView>
```

컨트롤 외관 조각

[Collections] → [DataGrid]

DataGrid 컨트롤은 테이블의 행과 열의 형태로 데이터를 보여주고 편집하게 해줍니다. ColorPicker를 설명할 때 XAML Controls Gallery를 활용하는 방법을 자세히 설명했습니다. 이번에는 DataGrid를 설명하며 Windows Community Toolkit Sample App을 활용하는 방법도 자세히 알아보겠습니다.

DataGrid는 XAML Controls Gallery에 설명되어 있지 않고 Windows Community Toolkit Sample App에 설명되어 있습니다. 다음 첫 번째 그림과 같이 XAML Controls Gallery에서 [Collections] → [DataGrid] 경로를 따라서 이동한 후 Launch The Windows Community Toolkit Sample App 링크를 눌러서 이동하는 방법, 그리고 다음 두 번째 그림과 같이 Windows Community Toolkit Sample App을 기동시킨 후 [Control] → [Layout] → [DataGrid] 경로를 따라서 이동하는 방법이 있습니다. XAML Controls Gallery에서는 DataGrid를 Collections에 분류하는데 Windows Community Toolkit Sample App에서는 Layout으로 분류하고 있으니 위치를 찾을 때 주의해야 합니다.

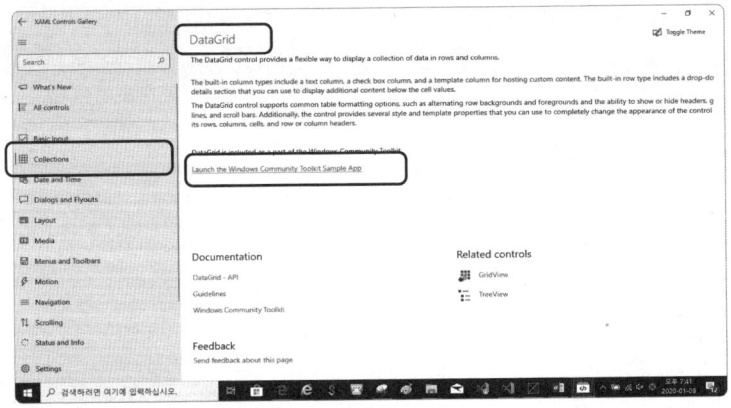

[그림] XAML Controls Gallery에서 Windows Community Toolkit Sample App의 DataGrid 설명 화면으로 이동

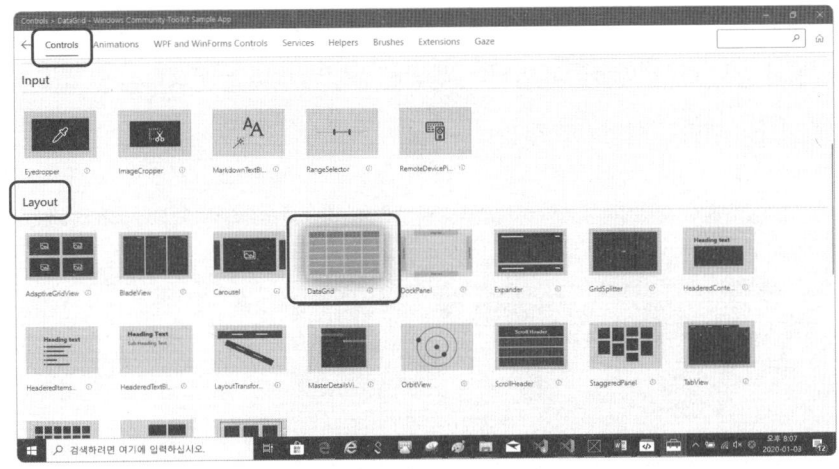

[그림] Windows Community Toolkit Sample App에서 DataGrid 설명 화면으로 이동

다음 그림과 같이 Windows Community Toolkit Sample App의 DataGrid 설명 화면에서는 좌측에 Control의 외관이 나타나고 우측 상단에는 Tab View의 형태로 속성(Properties)과 XAML 코드와 문서화된 내역(Documentation)을 확인할 수 있습니다.

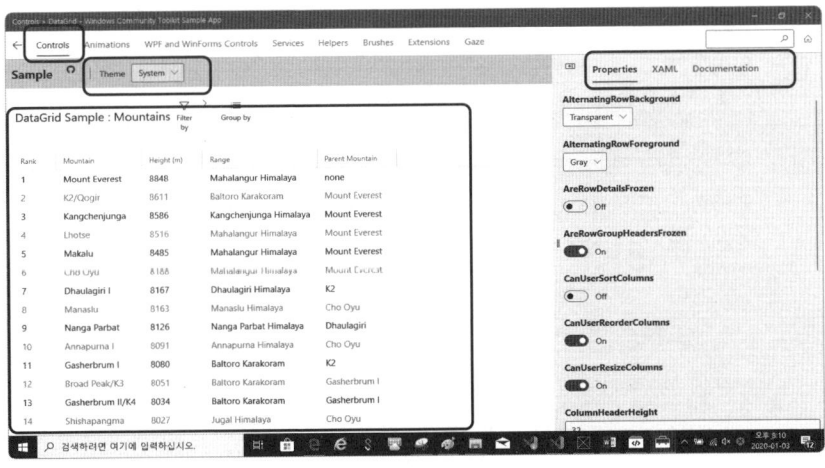

[그림] Windows Community Toolkit Sample App의 DataGrid 설명 화면

다음 화면에서 화면 상단의 Theme 선택 옵션을 Dark로 선택하면 컨트롤의 색이 다음 그림과 같이 Dark 테마로 변합니다. 특별히 화면의 테마를 선택하지 않으면 기본 옵션인 Light 테마가 선택되어 적용됩니다.

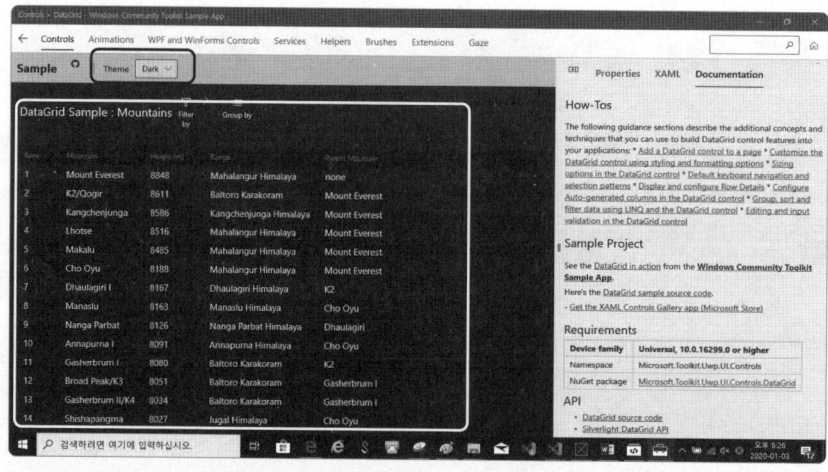

[그림] 화면 테마를 Dark로 변경한 경우의 DataGrid 외관

알아두기

Prism MVVM 프레임워크에 기본으로 선택된 화면 테마가 Light인 것은 다음 그림과 같이 App.xaml에서 prismUnity 네임스페이스에 소속된 PrismUnityApplication의 RequestedTheme 속성이 "Light"로 지정된 것을 보고 알 수 있습니다. 이 속성을 "Dark"로 변경하면 앱 전체의 화면 테마가 Dark로 변경됩니다.

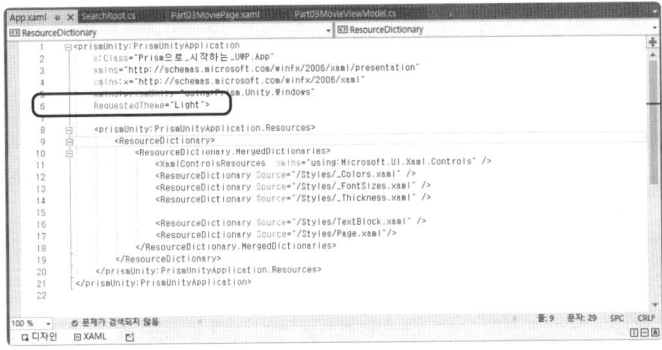

[그림] 화면의 테마를 지정하는 Prism MVVM 프레임워크의 App.xaml

속성 Tab View에서 속성의 값을 변경해보면 좌측의 컨트롤 외관에 변경된 내역이 바로 반영되어 속성의 의미를 눈으로 확인할 수 있습니다. 다음 화면에 컨트롤의 외관을 변경시키는 AlternatingRowBackground 속성의 값을 Snow에서 Tomato로, AlternatingRowForeground 속성의 값을 Gray에서 Green으로 변경해보았습니다.

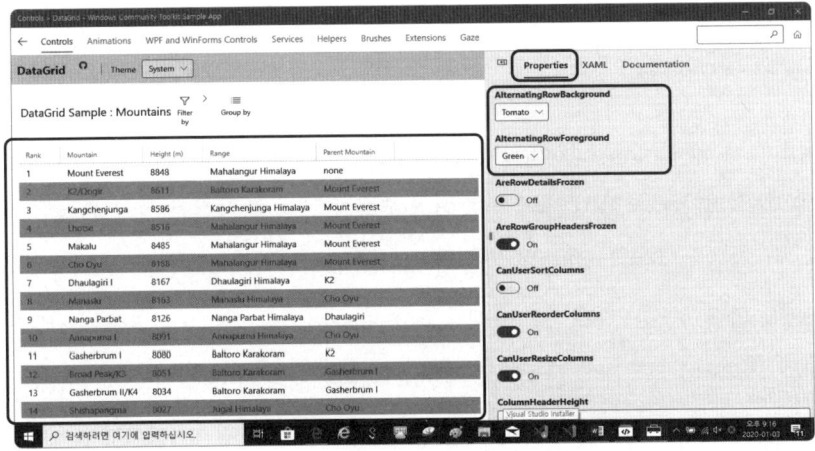

[그림] 속성 Tab View의 활용

205

XAML Tab View를 보면 좌측과 같은 컨트롤 외관이 나타나도록 하기 위한 XAML 코드를 다음 그림과 같이 확인해볼 수 있습니다. 그런데 여기에 제시된 XAML 코드를 복사해서 사용해도 문법 오류가 발생합니다. 그 이유는 다음 Documentation Tab View의 Requirements 부분에서 설명한 구성 요소가 현재 프로젝트에 설치되지 않았기 때문입니다.

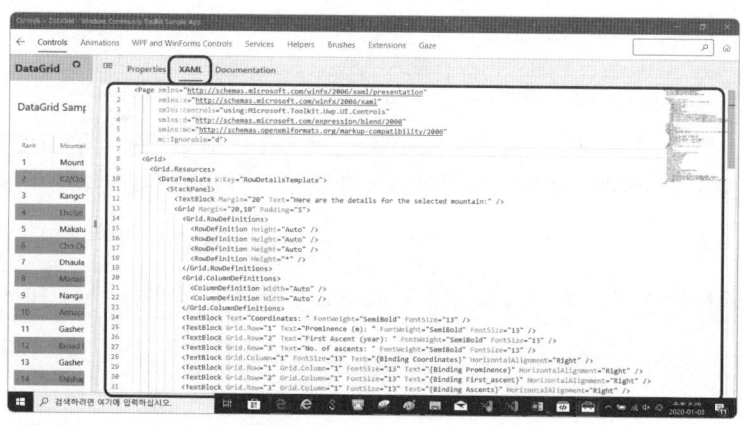

[그림] XAML Tab View의 활용

그리고 Documentation Tab View에서는 컨트롤을 사용하여 프로그램을 개발할 때 필요한 핵심적인 문서화 내역(예를 들어 컨트롤에 대한 대략적인 설명, How-Tos에서는 컨트롤을 활용하는 개념과 기술에 대한 도움말들, Sample Project 부분에서는 컨트롤을 활용하는 프로젝트의 사례, Requirements 부분에서는 설명하는 컨트롤을 사용하기 위하여 설치해야 할 네임스페이스와 NuGet 패키지, 그리고 API 부분에서는 컨트롤을 제공하는 API에 대한 설명 등)을 다음 그림과 같이 Tab View의 상단에서 확인할 수 있습니다. 그런데 아쉽게도 많은 문서화 내역이 영어로 되어 있습니다.

프로그램 개발자와 영어는 아무래도 불가분의 관계인 것 같습니다. NuGet은 마이크로소프트에서 제공하는 .NET 패키지 관리 기술로 응용 프로그램 개발자의 관점에서는 마이크로소프트나 제3자가 제공하는 패키지들의 저장소로 이해할 수 있습니다.

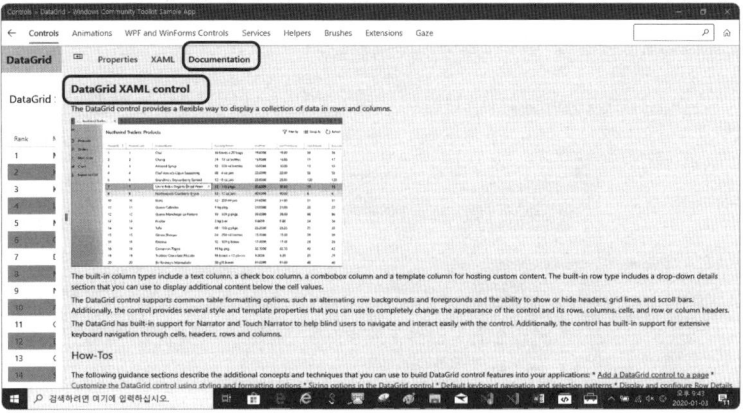

[그림] Documentation Tab View의 활용(1)

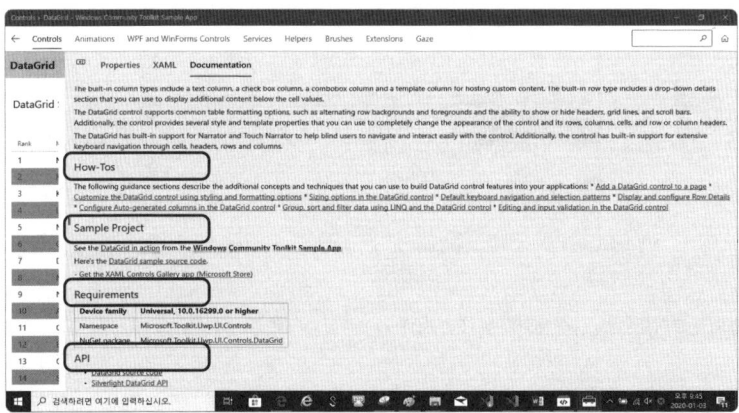

[그림] Documentation Tab View의 활용(2)

그러면 DataGrid 컨트롤을 사용하기 위하여 Documentation Tab View에서 알려주는 Microsoft.Toolkit.Uwp.UI.Controls.DataGrid라고 부르는 NuGet 패키지를 설치하겠습니다. Nuget 패키지의 설치는 다음 그림과 같이 Universal Windows 프로젝트 위에서 마우스 우측을 클릭한 후 [NuGet 패키지 관리] 메뉴 항목을 선택하여 나타난 NuGet 패키지 관리자 화면의 [찾아보기] Tab View에서 Microsoft.Toolkit.Uwp.UI.Controls.DataGrid를 찾아 설치 버튼을 클릭하는 순서로 진행하면 됩니다. 같은 방법으로 Microsoft.Toolkit.Uwp.UI.Controls 네임스페이스도 설치해야 합니다.

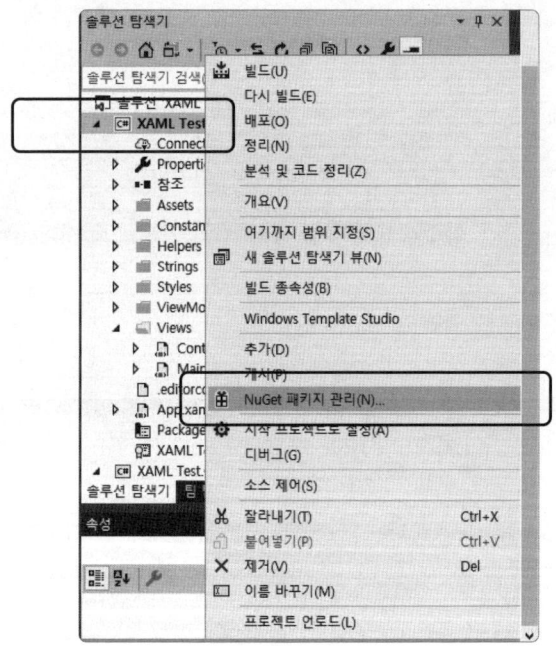

[그림] 비주얼 스튜디오의 NuGet 패키지 설치 화면(1)

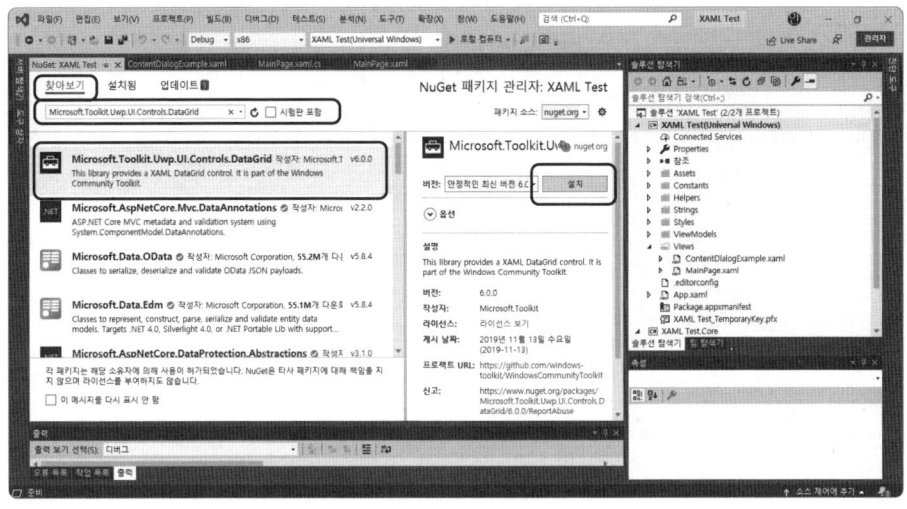

[그림] 비주얼 스튜디오의 NuGet 패키지 설치 화면(2)

Microsoft.Toolkit.Uwp.UI.Controls와 Microsoft.Toolkit.Uwp.UI.Controls.DataGrid NuGet 패키지를 설치한 후에 XAML 문법 오류는 사라졌지만 앱을 실행해보면 다음 그림과 같이 컨트롤의 틀만 나타나고 데이터 값은 나타나지 않습니다. DataGrid 컨트롤에 데이터를 연결하여 값을 보여주는 코딩은 6장의 UWP 프로그램 예제에서 다루겠습니다. NuGet 패키지의 설치도 위와 같이 개별적인 설치가 아닌 Prism MVVM 프레임워크의 생성 단계를 따라갈 것입니다.

XAML 코드를 복사하여 사용할 때 한 가지 주의할 점이 있습니다. Windows Community Toolkit Sample App의 예제에는 Page 요소의 코드도 함께 들어 있는데 이 예제를 모두 복사하여 사용하면 프레임워크가 생성해 준 Page와 클래스 이름이 상이하여 오류가 발생합니다. 따라서 이 예제에서 XAML 코드를 복사하여 사용할 때는 기존의 XAML 코드에서 〈Page x:Class="XAML_Test.Views.MainPage"와 같은 클래스 이름 부분은 덮어쓰지 않도록 주의해야 합니다.

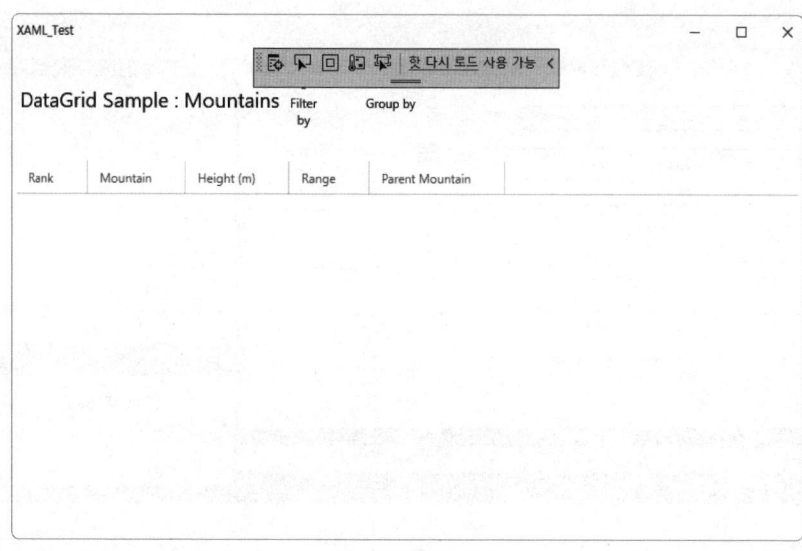

[그림] DataGrid 컨트롤 XAML 코드를 복사하여 실행한 화면

C H A P T E R

고급 XAML 요소들

1 : Graphics

앞선 예제들을 통해 Rectangle, Ellipse, LinearGradientBrush 및 SolidColorBrush 등의 그래픽 요소들을 사용해보았습니다. 지금부터는 XAML에서 제공되는 그래픽 기능을 전반적으로 살펴보겠습니다. XAML 그래픽 요소에는 Shape, Brush, Pen 등 세 개의 카테고리가 있습니다.

- Shape 그래픽의 모양을 표현하기 위한 것으로 Ellipse(타원), Line(선), Rectangle(사각형), Polygon(다각형), Polyline(다중선) 및 Path(경로)가 있습니다.
- Brush 그래픽의 색상을 표현하기 위한 것으로 가장 단순하게 하나의 색상을 제공하는 SolidColorBrush(단색 브러시), 선형으로 색이 변화하는 시각적 효과를 제공하는 LinearGradientBrush(선형그라디언트브러시), 이미지를 사용하는 ImageBrush(이미지브러시) 등이 있습니다.
- Pen Shape의 경계선을 그리기 위하여 사용하는데 Thickness(두께)와 Dash Pattern(점선 패턴), End Cap Details(선 끝 모양) 등을 위한 정보를 추가로 제공합니다.

■ Pen과 Shape

XAML이 제공하는 Shape 요소들은 기본 컨트롤을 설명할 때와 같이 XAML 코드 조각과 컨트롤 외관 조각의 형태로 설명하겠습니다.

색상과 경계선

다음 예제를 보면 Shape 요소들은 속성을 이용해 색상과 경계선을 표현하는 것을 알 수 있습니다. Shape의 안에 색을 채우는 Fill 속성은 Brush에 해당하고, 경계선을 표현하는 Stroke 속성은 Pen에 해당합니다. Brush에 해당하는 속성은 Fill 외에도 Background나 BorderBrush 등 여러 가지가 있습니다.

XAML 코드 조각	컨트롤 외관 조각

`<Ellipse Width="100" Height="50"`
`        Fill="Green"`
`        Stroke="Black" StrokeThickness="5" />`
	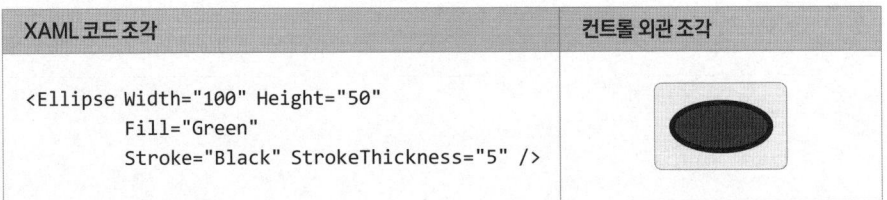

선

다음 예제를 보면 Line 요소를 사용해 선을 그리는 방법을 알 수 있습니다. 선의 시작 위치를 X1과 Y1 속성으로 지정하고 선이 끝나는 위치를 X2와 Y2 속성으로 지정하는 것은 매우 직관적입니다.

XAML 코드 조각

`<StackPanel>`
`    <Line Stroke="Red" X1="0" Y1="10" X2="370" Y2="10" />`
`    <Line Stroke="Green" StrokeThickness="10" X1="30" Y1="20" X2="400" Y2="20" />`
`</StackPanel>`

컨트롤 외관 조각

선 끝 유형

다음 예제를 보면 Line 요소들은 StrokeStartLineCap 속성으로 선이 시작하는 쪽의 선 끝 유형을 지정하고 StrokeEndLineCap 속성으로 선이 종료되는 쪽의 선 끝 유형을 지정하는 것을 알 수 있습니다. 그리고 선 끝 유형이 지정되는 경우 선 끝으로 돌출되는 부분은 라인의 범위를 살짝 벗어납니다.

XAML이 제공하는 선 끝 유형은 Flat(없음), Round(둥근 모양), Square(사각) 및 Triangle(삼각)이 있는데 첫 번째 예제에서 확인할 수 있는 것과 같이 선 끝 유형을 지정하지 않으면 기본 값으로 Flat이 사용됩니다. 각각의 선 끝 유형이 생긴 모양은 컨트롤 외관 조각에서 확인하기 바랍니다.

XAML 코드 조각

```xml
<StackPanel>
    <Line Stroke="Green" StrokeThickness="10"
        X1="0" Y1="10" X2="370" Y2="10" />
    <Line Stroke="Green" StrokeThickness="10"
        X1="0" Y1="10" X2="370" Y2="10"
        StrokeStartLineCap="Round" StrokeEndLineCap="Round" />
    <Line Stroke="Green" StrokeThickness="10"
        X1="0" Y1="10" X2="370" Y2="10"
        StrokeStartLineCap="Square" StrokeEndLineCap="Square" />
    <Line Stroke="Green" StrokeThickness="10"
        X1="0" Y1="10" X2="370" Y2="10"
        StrokeStartLineCap="Triangle" StrokeEndLineCap="Triangle" />
    <Line Stroke="Green" StrokeThickness="10"
        X1="0" Y1="10" X2="370" Y2="10"
        StrokeStartLineCap="Flat" StrokeEndLineCap="Flat" />
</StackPanel>
```

컨트롤 외관 조각

점선의 패턴

다음 예제를 보면 Line 요소들은 StrokeDashArray 속성으로 점선의 패턴을 지정하며, 점선이 전체 선 길이를 채울 때까지 반복하여 적용된다는 것을 알 수 있습니다.

즉 다음 컨트롤 외관 조각의 첫 번째 선에서 첫 번째 점과 공란은 단위 1만큼, 즉, 선의 굵기인 10만큼 반복하여 적용되는 것을 볼 수 있습니다. 두 번째 선에서 첫 번째 점은 단위 5만큼, 첫 번째 공란은 단위 5만큼, 두 번째 점은 단위 1만큼, 두 번째 공란은 단위 5만큼 적용된 후 선이 끝날 때까지 반복하여 적용됩니다. 이와 같은 점선의 패턴은 Line 요소만이 아니라 선을 가지는 다른 Shape 요소에도 공통으로 적용됩니다.

XAML 코드 조각
```xaml
<StackPanel>
    <Line Stroke="Green" StrokeThickness="10"
        X1="0" Y1="20" X2="370" Y2="20"
        StrokeDashArray="1" />
    <Line Stroke="Green" StrokeThickness="10"
        X1="0" Y1="30" X2="370" Y2="30"
        StrokeDashArray="5 5 1 5" />
    <Line Stroke="Green" StrokeThickness="10"
        X1="0" Y1="30" X2="370" Y2="30"
        StrokeDashArray="3 1 3 1" />
    <Line Stroke="Green" StrokeThickness="10"
        X1="0" Y1="30" X2="370" Y2="30"
        StrokeDashArray="3 1 1 1" />
</StackPanel>
```

컨트롤 외관 조각

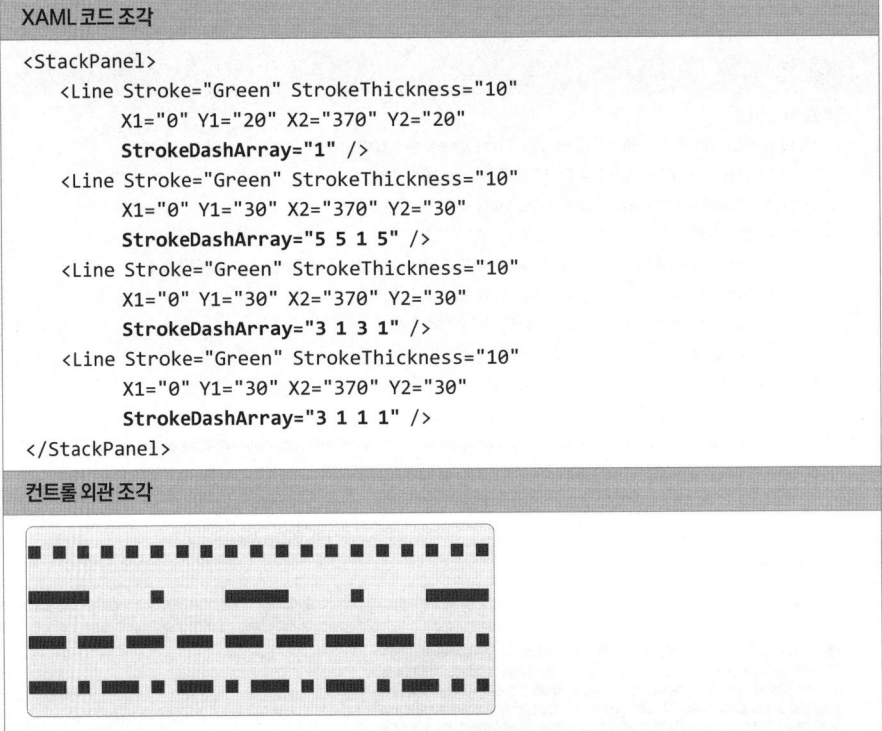

점선의 종류

다음 예제를 보면 Line 요소들은 StrokeDashCap 속성으로 점선을 그릴 때 점의 종류를 지정한다는 것을 알 수 있습니다. 점의 종류를 명시적으로 확인할 수 있도록 점과 점 사이 공간의 크기를 StrokeDashArray="2"와 같이 조금 길게 지정했습니다.

XAML이 제공하는 점의 종류는 Flat, Round, Square 및 Triangle이 있는데 첫 번째 예제에서도 확인한 바와 같이 점의 종류를 지정하지 않으면 Flat이 기본 값으로 사용됩니다. 점의 종류도 선 끝 유형과 같이 점의 크기보다 공백 쪽으로 조금 더 돌출됩니다. 각각의 점의 종류가 생긴 모양은 컨트롤 외관 조각에서 확인하기 바랍니다. 이와 같은 점선의 종류는 Line 요소만이 아니라 선을 가지는 Shape 요소에 공통으로 적용됩니다.

XAML 코드 조각

```xaml
<StackPanel>
    <Line Stroke="Green" StrokeThickness="10"
          X1="0" Y1="20" X2="370" Y2="20"
          StrokeDashArray="2" />
    <Line Stroke="Green" StrokeThickness="10"
          X1="0" Y1="20" X2="370" Y2="20"
          StrokeDashArray="2" StrokeDashCap="Round" />
    <Line Stroke="Green" StrokeThickness="10"
          X1="0" Y1="20" X2="370" Y2="20"
          StrokeDashArray="2" StrokeDashCap="Square" />
    <Line Stroke="Green" StrokeThickness="10"
          X1="0" Y1="20" X2="370" Y2="20"
          StrokeDashArray="2" StrokeDashCap="Triangle" />
    <Line Stroke="Green" StrokeThickness="10"
          X1="0" Y1="20" X2="370" Y2="20"
          StrokeDashArray="2" StrokeDashCap="Flat" />
</StackPanel>
```

컨트롤 외관 조각

위치 지정과 모서리 처리

다음 예제를 보면 Shape 요소는 Canvas Layout 요소 안에 위치하는 경우 Canvas.Left와 Canvas.Top 부착 속성을 사용해 위치를 지정하고, StrokeLineJoin 속성을 사용해 사각형의 모서리를 지정하는 것을 알 수 있습니다. StrokeLineJoin 속성으로 지정할 수 있는 값은 Bevel(각진 모양), Miter(사각 모양) 및 Round(둥근 모양)가 있습니다. 이 예제에서는 Canvas의 경계를 명시적으로 보여주기 위해 빨간색 Border 요소로 Canvas Layout 요소를 둘러쌌습니다.

XAML 코드 조각	컨트롤 외관 조각

``
<Border BorderBrush="Red" BorderThickness="5">
    <Canvas>
        <Rectangle Width="100" Height="50"
            Fill="Green"
            Stroke="Black" StrokeThickness="10"
            StrokeLineJoin="Round"
            Canvas.Left="10" Canvas.Top="20"/>
    </Canvas>
</Border>
``	

Points 속성으로 다각선과 다각형 그리기

다음 예제를 보면 Polyline과 Polygon은 Points 속성에 꼭짓점의 위치를 지정하는 것을 알 수 있습니다. Polyline은 지정된 꼭짓점을 연결하는 선만 그려주는데 Polygon은 마지막 꼭짓점과 시작점을 연결해 다각형을 그려주는 것이 다릅니다.

XAML 코드 조각	컨트롤 외관 조각
``` <Polyline Stroke="Red" Points="0,0 0,50 50,50" /> ```	
``` <Polygon Stroke="Red" Points="0,0 0,50 50,50" /> ```	

XAML이 제공하는 Shape 중에서 아직 언급하지 않은 Path에 대한 설명은 크기 바꾸기(Scaling)와 회전(Rotation)에 대한 이해를 먼저 한 후에 별도로 진행하겠습니다.

■ **Transformation**

XAML은 마크업 언어이기 때문에 대부분의 기능이 화면 요소의 형태로 제공되어 쉽게 화면을 구성할 수 있습니다. 또한 C#과 같은 프로그램 코드와 결합해 크기를 바꾸거나 회전하는 등 요소들의 모양이나 위치를 변형시키며 다양한 효과를 낼 수 있습니다.

다음의 첫 번째 코드와 두 번째 코드를 보면 StackPanel 요소 안에 녹색 Ellipse와 하늘색 Rectangle을 배치하고 버블링 이벤트(Bubbling Event)의 특성을 사용해 타원과 사각형의 상위 요소인 StackPanel 요소의 Tapped 이벤트에 이벤트 핸들러를 달았습니다. 이렇게 상위 요소에 이벤트 핸들러를 달면 하위 요소를 탭해도 상위 요소에서 함께 처리할 수 있습니다.

다음 두 번째 코드의 코드 비하인드 이벤트 핸들러에서는 e.OriginalSource 인자를 사용해 탭한 하위 요소를 찾아 ellipse와 rectangle 변수 객체에 저장합니다. 그리고 저장된 값이 null 값이 아닌 경우 타원 크기는 2배 늘리고 사각형은 90도 회전하게 했습니다. 객체 변환값이 null이 아니라는 의미는 해당 객체에서 이벤트가 발생했다는 것을 의미합니다.

다음은 탭한(Tapped) 그래픽 요소를 변환(Transformation)시키는 XAML 코드입니다.

MainPage.xaml

```xml
<StackPanel x:Name="mainStackPanel" Tapped="mainStackPanel_Tapped">
    <Ellipse Width="40" Height="20" Fill="Green"/>
    <TextBlock Text="문자열 String" HorizontalAlignment="Center"/>
    <Rectangle Width="40" Height="20" Fill-="Cyan"/>
</StackPanel>
```

다음은 탭한 그래픽 요소를 변환시키는 코드 비하인드입니다.

MainPage.xaml.cs

```csharp
private void mainStackPanel_Tapped(object sender,
                                   Windows.UI.Xaml.Input.TappedRoutedEventArgs e)
{
    Ellipse ellipse = e.OriginalSource as Ellipse;
    Rectangle rectangle = e.OriginalSource as Rectangle;

    if (ellipse != null)
        ellipse.Width *= 2;

    if (rectangle != null)
        rectangle.Rotation += 90;
}
```

실행 화면을 확인해보니 녹색 타원은 크기가 처음보다 2배 커졌고, 하늘색 사각형은 90도 회전했습니다.

[그림] 탭한 그래픽 요소를 변환시키는 UWP 앱의 실행 화면(타원과 사각형을 클릭하기 전)

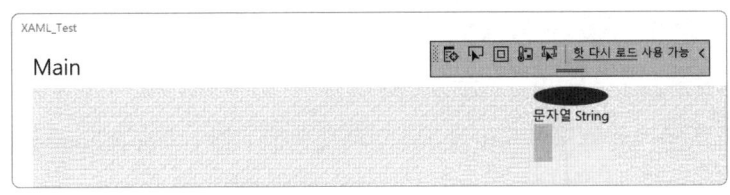

[그림] 탭한 그래픽 요소를 변환시키는 UWP 앱의 실행 화면(타원과 사각형을 클릭한 후)

그래픽 요소의 크기를 조절하거나 회전을 시키는 등의 작업은 XAML로 하는 것보다 프로그램 코드를 사용해 동적(Dynamic)으로 하는 것이 훨씬 유연성이 있지만 위에서 한 작업을 XAML 코드만 사용해 정적(Static)으로 구현하면 다음 코드와 같습니다. 〈Ellipse.RenderTransform〉과 〈Rectangle.RenderTransform〉이 상위 요소에 속성을 추가해주는 속성 요소라는 것을 이해하면 다음 코드를 매우 직관적으로 이해할 수 있습니다.

다음은 그래픽 변환을 정적으로 구현한 XAML 코드입니다.

MainPage.xaml

```
<StackPanel x:Name="mainStackPanel" Tapped="mainStackPanel_Tapped">
    <Ellipse Width="40" Height="20" Fill="Green">
        <Ellipse.RenderTransform>
            <ScaleTransform ScaleX="2"/>
        </Ellipse.RenderTransform>
    </Ellipse>
    <Rectangle Width="40" Height="20" Fill="Cyan">
        <Rectangle.RenderTransform>
            <RotateTransform Angle="90"/>
        </Rectangle.RenderTransform>
    </Rectangle>
</StackPanel>
```

다음 예제에서는 SkewTransform(기울기 변환)을 정적으로 구현해보았습니다. 실행 화면을 보면 첫 번째 "SkewTransform AngleX=30" 문자열의 기울기가 X축을 기준으로 30도 기울어진 것을 알 수 있고, 두 번째 "SkewTransform AngleY=10" 문자열의 기울기가 Y축을 기준으로 10도 기울어진 것을 알 수 있습니다. SkewTransform을 코드 비하인드로 동적으로 구현하고 싶다면 인터넷에서 "uwp compositetransform"을 검색해 방법을 알아봅니다.

MainPage.xaml

```xml
<StackPanel x:Name="mainStackPanel" Tapped="mainStackPanel_Tapped">
    <TextBlock Text="SkewTransform AngleX=30" HorizontalAlignment="Center">
        <TextBlock.RenderTransform>
            <SkewTransform AngleX="30"/>
        </TextBlock.RenderTransform>
    </TextBlock>
    <TextBlock Text="SkewTransform AngleY=10" HorizontalAlignment="Center">
        <TextBlock.RenderTransform>
            <SkewTransform AngleY="10"/>
        </TextBlock.RenderTransform>
    </TextBlock>
</StackPanel>
```

[그림] SkewTranform을 정적으로 구현한 XAML 코드의 실행 화면

지금까지는 하나의 요소에 하나의 변환을 적용하는 코드와 예제를 살펴보았습니다. 다음 예제에서는 하나의 요소에 여러 개의 변환을 동시에 적용하는 코드를 보여줍니다. 방법은 간단합니다.

여러 개의 변환 요소들을 TransformGroup 요소로 감싸거나 CompositeTransform 요소를 사용하며 속성 요소에 변환 요소에 대응되는 속성값을 지정하면 됩니다. 그런데 RotateTransform 요소는 회전을 시키기 위해 Angle이라는 이름의 속성을 사용하는데 CompositeTransform 요소는 Rotation이라는 이름의 속성을 사용합니다. 일관성! 참으로 풀기 어려운 숙제입니다. 풀어야 할 숙제가 하나 더 있는데 요소들의 변환이 처음에 XAML에게서 배정받은 위치에서 이루어지기 때문에 변환된 후의 요소들이 서로 겹친다는 것입니다. 그래서 회전 각도를 90도에서 45도로 바꾸고 요소의 위치를 이동해주는 TranslateTransform 변환을 사용해 Ellipse는 X축으로 10만큼 이동시키고 Rectangle은 Y축으로 10만큼 이동시켰습니다. 실행 화면을 보면 Ellipse와 Rectangle의 크기가 모두 2배로 커졌고 회전은 45도로 이루어진 것을 확인할 수 있습니다. 우측으로 10만큼 아래로 10만큼 이동한 것은 육안으로 확인하기 쉽지 않습니다.

다음은 여러 효과를 동시에 정적으로 구현한 XAML 코드입니다.

MainPage.xaml

```xml
<StackPanel x:Name="mainStackPanel" Tapped="mainStackPanel_Tapped">
    <Ellipse Width="40" Height="20" Fill="Green">
        <Ellipse.RenderTransform>
            <TransformGroup>
                <ScaleTransform ScaleX="2"/>
                <RotateTransform Angle="45"/>
                <TranslateTransform X="10"/>
            </TransformGroup>
        </Ellipse.RenderTransform>
    </Ellipse>
    <Rectangle Width="40" Height="20" Fill="Cyan">
        <Rectangle.RenderTransform>
            <CompositeTransform ScaleX="2" Rotation="45" TranslateY="10" />
        </Rectangle.RenderTransform>
    </Rectangle>
</StackPanel>
```

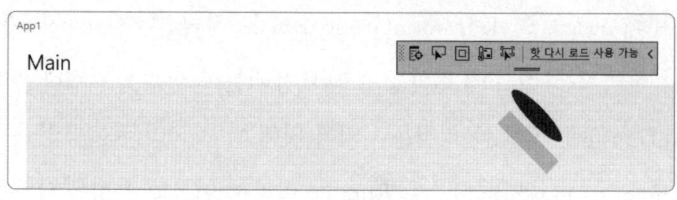

[그림] 여러 효과를 동시에 정적으로 구현한 XAML 코드의 실행 화면

MatrixTransform 요소는 3차원 Matrix에 변환 정보를 담아 변환하는 기능을 제공하는데 기본기의 범주를 벗어난다고 판단해 설명하지 않겠습니다만 위에서 설명한 고정된 방식의 변환이 아니라 수학적 지식을 기반으로 변환이 필요하다면 인터넷 검색하여 찾아보기 바랍니다. Microsoft Docs와 많은 전문가의 블로그에서 필요한 정보를 찾을 수 있을 것입니다. 필자는 개인적으로 정보의 바다에 빠져서 허우적거리지 않기 위해 평소에 기본 개념을 잘 익혀둔 후 필요한 기법과 문법들을 인터넷에서 찾아가면서 코딩합니다.

■ Path

앞에서 언급한 Ellipse, Line, Rectangle, Polygon 및 Polyline 등의 그래픽 요소들은 본질적으로 Shape에 대한 기하(Geometry) 정보를 가지고 있는 객체들입니다. 그러나 Path 요소 객체는 Geometry 객체 요소 타입의 데이터 속성을 사용해 모양을 명시적으로 표현합니다.

Geometry

Path 요소에 RectangleGeometry 요소를 함께 사용해 사각형을 그릴 수 있습니다. 동일한 방법으로 EllipseGeometry나 LineGeometry 등의 요소를 사용해 타원이나 선을 그릴 수 있고 CombinedGeometry, GeometryGroup 및 PathGeometry 등의 요소를 함께 사용하면 다각형 및 다중선과 같은 더 복잡하고 정교한 그래픽을 그릴 수 있습니다. Path.Data는 Path 요소에 Data를 제공하는 속성 요소입니다.

XAML 코드 조각	컨트롤 외관 조각

``xml
<Path Fill="Green"
    Stroke="Black" StrokeThickness="10"
    StrokeLineJoin="Round">
  <Path.Data>
    <RectangleGeometry Rect="0,0,100,50"/>
  </Path.Data>
</Path>
``	

GeometryGroup

Path 요소에 GeometryGroup 요소를 함께 사용해 여러 개의 도형을 하나로 묶어서 그릴 수 있습니다. 특이한 것은 도형을 GeometryGroup으로 묶지 않은 첫 번째 코드에서는 각각의 도형이 독립적으로 동작하여 Fill 속성이 적용되는데, GeometryGroup으로 묶은 두 번째 코드에서는 두 개의 도형이 하나의 도형으로 인식되어 안쪽의 사각형에는 Fill 속성이 적용되지 않습니다. 이는 FillRule의 속성이 기본값인 EvenOdd이기 때문입니다. FillRule을 이해하기 위해서는 그다음 예제를 보기 바랍니다.

XAML 코드 조각	컨트롤 외관 조각

``xml
<Path Fill="Green"
    Stroke="Black"
    StrokeLineJoin="Round">
  <Path.Data>
    <RectangleGeometry Rect="0,0,100,50"/>
  </Path.Data>
</Path>
<Path Fill="Green"
    Stroke="Black"
    StrokeLineJoin="Round">
  <Path.Data>
    <RectangleGeometry Rect="10,10,60,30"/>
  </Path.Data>
</Path>
``	

```
<Path Fill="Green"
    Stroke="Black"
    StrokeLineJoin="Round">
  <Path.Data>
    <GeometryGroup>
      <RectangleGeometry Rect="0,0,100,50"/>
      <RectangleGeometry Rect="10,10,60,30"/>
    </GeometryGroup>
  </Path.Data>
</Path>
```

FillRule

FillRule 속성으로 다각형의 채우기 효과를 다르게 지정할 수 있습니다. FillRule 속성을 EvenOdd로 지정하는 경우 닫힌 영역이 바탕과 홀수 번 겹치면 지정된 색으로 채워주고, 짝수 번 겹치면 채우기를 하지 않습니다. FillRule 속성을 Nonzero로 지정하는 경우 모든 닫힌 영역을 지정된 색으로 채워주고, 열린 영역에는 채우기를 하지 않습니다. FillRule 속성을 지정하지 않으면 다음 예제의 두 번째 코드와 같이 EvenOdd가 기본 값으로 사용됩니다.

XAML 코드 조각	컨트롤 외관 조각

``
<Path Fill="Green"
    Stroke="Black"
    StrokeLineJoin="Round">
  <Path.Data>
    <GeometryGroup FillRule="Nonzero">
      <RectangleGeometry Rect="0,0,100,50"/>
      <RectangleGeometry Rect="10,10,60,30"/>
    </GeometryGroup>
  </Path.Data>
</Path>
``	

```xml
<Path Fill="Green"
      Stroke="Black"
      StrokeLineJoin="Round">
   <Path.Data>
      <GeometryGroup FillRule="EvenOdd">
         <RectangleGeometry Rect="0,0,100,50"/>
         <RectangleGeometry Rect="10,10,60,30"/>
      </GeometryGroup>
   </Path.Data>
</Path>
```

```xml
<Polygon Stroke="Red"
         Points="20,20 20,110 80,110 80,5 60,5 60,90
                 35,40 110,40 110,20"
         Fill="Green" FillRule="Nonzero" />
```

```xml
<Polygon Stroke="Red"
         Points="20,20 20,110 80,110 80,5 60,5 60,90
                 35,40 110,40 110,20"
         Fill="Green" FillRule="EvenOdd" />
```

PathGeometry로 다각선과 다각형 그리기

Path 요소에 PathGeometry 요소와 PolyLineSegment 요소를 사용해 다중선과 다각형을 그릴 수 있습니다. PathFigure 요소로 시작점을 지정한 후 PathFigure 요소의 IsClosed 속성을 True로 지정하면 다각형을 그리고, False로 지정하면 다각선을 그립니다. PolyLineSegment 요소는 Points 속성에 시작점을 제외한 값을 지정합니다. 이와 유사한 방법으로 ArcSegment, BezierSegment, QuadraticBezierSegment, PolyBezierSegment, PolyQuadraticBezierSegment 등의 Segment 객체 요소 유형을 Geometry 객체 요소 유형과 함께 사용하면 더 복잡하고 정교한 그래픽을 그릴 수 있습니다.

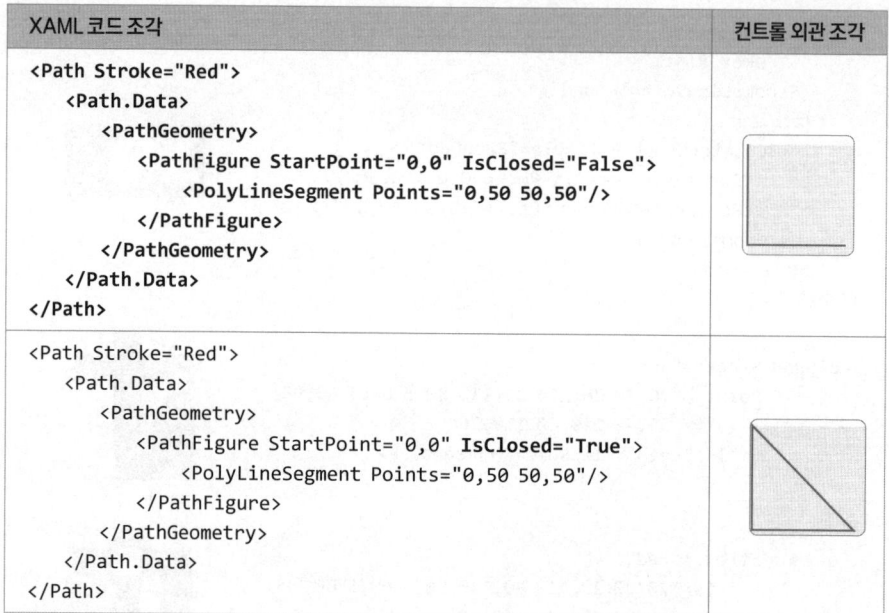

PathGeometry로 호 그리기

다음 예제처럼 Path 요소에 PathGeometry 요소와 ArcSegment 요소를 사용하면 호를 그릴 수 있습니다. PathFigure 요소의 StartPoint 속성으로 시작점을 지정하고, ArcSegment 요소의 Point 속성으로 종료점을 지정했습니다. 그리고 Size 속성으로 지정된 크기의 타원을 잘라 시계 방향 혹은 반시계 방향의 타원을 호로 그리는 것입니다. 여기서 호의 크기는 Width 속성이나 Height 속성과는 달리 지름이 아닌 반지름의 크기입니다. 이해하기 쉽도록 반원 형태의 호를 만들어 설명했습니다.

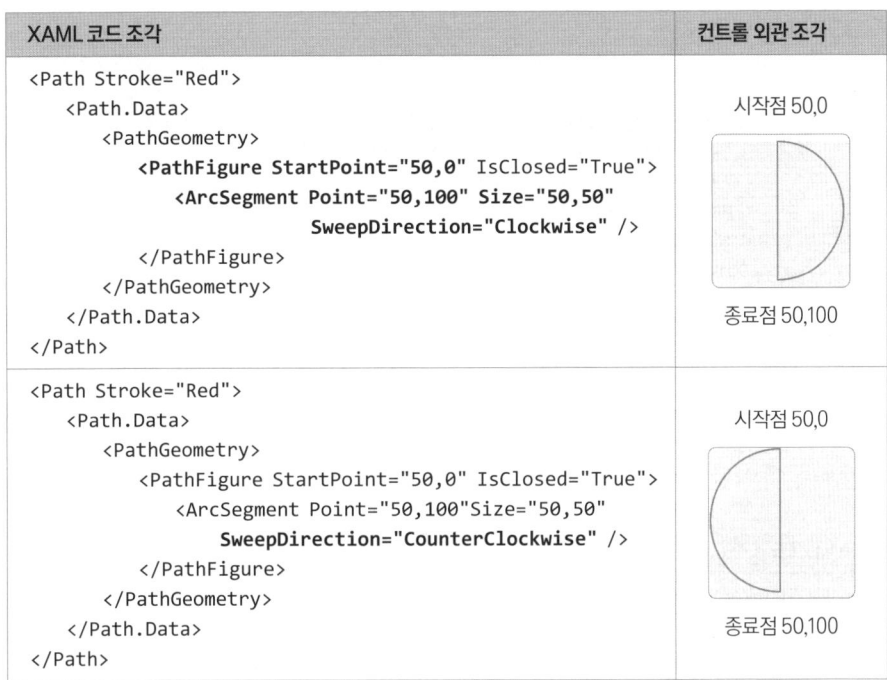

다음 예제를 보면 시작점과 종료점의 순서를 바꾸면 시계 방향과 반시계 방향이 정반대로 변한다는 것을 보여줍니다.

XAML 코드 조각	컨트롤 외관 조각
``` <Path Stroke="Red"> <Path.Data> <PathGeometry> <PathFigure StartPoint="50,100 IsClosed="True"> <ArcSegment Point="50,0" Size="50,50" SweepDirection="Clockwise" /> </PathFigure> </PathGeometry> </Path.Data> </Path> ```	종료점 50,0 시작점 50,100

227

XAML 코드 조각	컨트롤 외관 조각
``` <Path Stroke="Red"> <Path.Data> <PathGeometry> <PathFigure StartPoint="50,100" IsClosed="True"> <ArcSegment Point="50,0" Size="50,50" SweepDirection="CounterClockwise" /> </PathFigure> </PathGeometry> </Path.Data> </Path> ```	종료점 50,0 시작점 50,100

다음 예제는 타원의 시작점과 종료점의 위치를 원 표면의 위치로 변형해 호를 그릴 수 있다는 것을 보여줍니다. 시작점과 종료점의 위치를 정하기가 매우 어렵습니다만 Size를 지정할 때 원이 아닌 타원을 그리도록 하면 더 다양한 형태의 호를 그릴 수 있습니다.

XAML 코드 조각	컨트롤 외관 조각

``
<Path Stroke="Red">
   <Path.Data>
      <PathGeometry>
         <PathFigure StartPoint="80,10" IsClosed="True">
            <ArcSegment Point="80,90"
                        Size="50,50"
                        SweepDirection="Clockwise"
                        IsLargeArc="False"/>
         </PathFigure>
      </PathGeometry>
   </Path.Data>
</Path>
``
	시작점 80,10
	
	종료점 80,90

``
<Path Stroke="Red">
   <Path.Data>
      <PathGeometry>
         <PathFigure StartPoint="80,10" IsClosed="True">
            <ArcSegment Point="80,90"
                  Size="50,50"
                  SweepDirection="CounterClockwise"
                  IsLargeArc="True"/>
         </PathFigure>
      </PathGeometry>
   </Path.Data>
</Path>
``
	시작점 80,10
	
	종료점 80,90

> **알아두기**
>
> 비주얼 스튜디오의 Grid 기능이나 모눈종이를 사용한다고 해도 호를 그리는 예제에서 시작점, 종료점, 반지름의 크기, 호의 방향 등을 지정하는 것은 어려운 작업입니다. 그래서 마이크로소프트에서는 Blend for Visual Studio라는 디자인 도구를 만들어 제공하고 있습니다. 호를 그리는 것만이 아니라 BezierSegment, QuadraticBezierSegment, PolyBezierSegment, PolyQuadraticBezierSegment 등의 Segment 유형으로 Path를 그려야 하는 상황이 오면 XAML 코드로 그리지 말고 Blend for Visual Studio로 그린 다음, 제공되는 XAML 코드를 사용하기 바랍니다.

■ Brush

XAML은 화면에 모양(Shape)을 그릴 수 있는 다양한 Brush와 Pen을 제공합니다. Pen에 대해서는 앞에서 설명했으니 이번에는 Brush를 알아보겠습니다.

SolidColorBrush

색상의 이름과 색상을 표현하는 16진수로 표현되는 SolidColorBrush, 혹은 Resource로 색상을 직접 정의하는 SolidColorBrush를 사용해 모양을 그릴 수 있습니다.

XAML 코드 조각	컨트롤 외관 조각

``
<!-- 첫 번째 코드 -->
<Ellipse Width="100" Height="50"
         Fill="Blue"
         Stroke="Red" StrokeThickness="5" />
``	

``
<!-- 두 번째 코드 -->
<Ellipse Width="100" Height="50"
         Fill="#0000FF"
         Stroke="#FF0000" StrokeThickness="5" />
``	

``
<!-- 세 번째 코드 -->
<Ellipse Width="100" Height="50"
         Fill="#FF0000FF"
         Stroke="#FFFF0000" StrokeThickness="5" />
``	

``
<!-- 네 번째 코드 -->
<Ellipse Width="100" Height="50"
         Fill="#880000FF"
         Stroke="#88FF0000" StrokeThickness="5" />
``	

```xml
<!-- 다섯 번째 코드 -->
<TextBlock Width="100" Height="50"
        Text="타원의 뒤에 있는 문자열"
        TextWrapping="Wrap"/>
<Ellipse Width="100" Height="50"
        Fill="#880000FF"
        Stroke="#88FF0000" StrokeThickness="5" />
```

```xml
<!-- 여섯 번째 코드 -->
<Ellipse Width="100" Height="50"
        Fill="#000000FF"
        Stroke="#00FF0000" StrokeThickness="5" />
```

```xml
<!-- 일곱 번째 코드 -->
<StackPanel>
    <StackPanel.Resources>
        <SolidColorBrush x:Key="strokeBrush" Color="Red"/>
    </StackPanel.Resources>

    <Ellipse Width="100" Height="50"
            Stroke="{StaticResource strokeBrush}"
            StrokeThickness="5">
        <Ellipse.Fill>
            <SolidColorBrush Color="Blue"/>
        </Ellipse.Fill>
    </Ellipse>
</StackPanel>
혹은
<StackPanel>
    <StackPanel.Resources>
        <SolidColorBrush x:Key="fillBrush" Color="Blue"/>
        <SolidColorBrush x:Key="strokeBrush" Color="Red"/>
    </StackPanel.Resources>

    <Ellipse Width="100" Height="50"
            Fill="{StaticResource fillBrush}"
            Stroke="{StaticResource strokeBrush}"
            StrokeThickness="5"/>
</StackPanel>
```

첫 번째 코드는 Blue나 Red와 같이 색상의 이름을 직접 사용하는 방식입니다. 색상의 영어 이름으로 직접 코딩하거나 비주얼 스튜디오의 편집 도움 기능에서 알려주는 사용 가능한 색상 중에서 선택하면 됩니다.

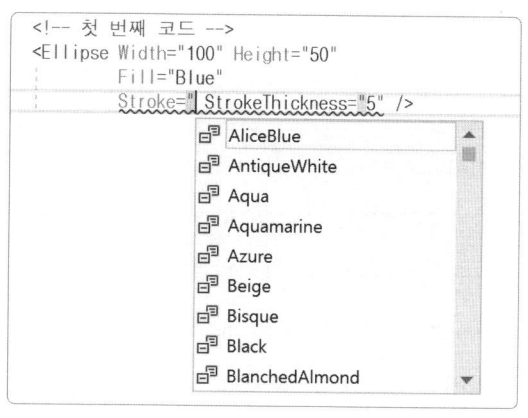

[그림] 비주얼 스튜디오의 편집 도움 기능

두 번째 코드는 "#0000FF"나 "#FF0000"와 같이 색상의 3원소의 적용 정도를 00~FF까지 16진수 값으로 표현하는 방식입니다. 색상은 RGB 즉 Red Green Blue의 순서를 따르기 때문에 # 뒤의 첫 번째 바이트는 Red, 두 번째 바이트는 Green, 세 번째 바이트는 Blue를 의미합니다.

따라서 "#FF0000"는 Red가 되고, "#00FF00"는 Green이 되고, "#0000FF"는 Blue가 됩니다. 그리고 모든 색상의 정도를 최솟값인 00으로 표현한 "#000000"는 Black이 되고, 모든 색상의 정도를 최댓값인 FF으로 표현한 "#FFFFFF"는 White가 됩니다.

세 번째 코드부터 여섯 번째 코드까지는 "#FF0000FF"나 "#FFFF0000"와 같이 세 번째 예제의 표현 방식에 Alpha 값이라고 불리는 Opacity(불투명도)를 00~FF까지 16진수 값으로 추가해 표현하는 방식입니다. 이때 색상은 ARGB 즉 Alpha Red Green Blue의 순서를 따르기 때문에 # 뒤의 첫 번째 바이트가 Alpha 값을 의미하고 뒤의 값들은 각각 순서대로 Red, Green 및 Blue를 각각 의미합니다. 그래서 "#FF"로 시작하는 4바이트의 ARGB 색상 값은 불투명도가 가장 높아 색상을 정확히 표현해 주고, 그 중간 값들은 반투명한 상태로 나타납니다. 그리고 반투명한 모양 뒤에 다른 모양이 있으면 투명도만큼 비쳐서 나타납니다. "#00"로 시작하는 4바이트의 ARGB 색상 값은 불투명도가 가장 낮아 아무것도 나타나지 않습니다.

일곱 번째 코드는 SolidColorBrush를 Resource로 지정한 방식입니다. Fill 속성에 단일 값을 지정하는 것이 아니고 SolidColorBrush 요소를 지정해야 하기 때문에 Ellipse.Fill 속성 요소를 사용했습니다. 그런데 Ellipse.Stroke 속성 요소는 제공되지 않으므로 어쩔 수 없이 SolidColorBrush를 Resource로 정의해 사용했습니다. Color 속성에 값을 지정할 때 편의상 색상의 이름을 직접 지정했는데 RGB 혹은 ARGB 형태로 색상을 지정할 수도 있습니다. 4장 "기본 컨트롤 요소들"에서 설명한 ColorPicker 컨트롤을 사용하면 더욱 쉽게 필요한 색상의 이름과 RGB 혹은 ARGB 값을 알아낼 수 있습니다.

LinearGradientBrush

LinearGradientBrush로 넘어가기 전에 채우기 좌표(Fill Coordinate)를 이해해야 합니다. 다음 사각형은 채울 영역의 좌측 상단 좌표가 0,0이고 우측 상단 좌표가 1,0 좌측 하단 좌표가 0,1 우측 하단 좌표가 1,1입니다. 통상적으로 화면의 가로를 나타내는 X 좌표를 먼저 기술하고 세로를 나타내는 Y 좌표를 나중에 기술하니 혼동될 것이 없습니다. 그리고 그 사이의 좌표들은 0에서 1사이의 소수점 값을 사용해 0.5 나 0.7 등으로 표현할 수 있습니다.

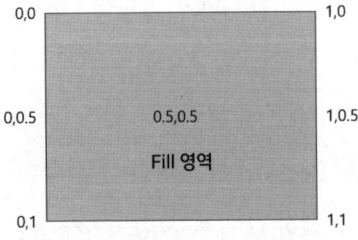

[그림] 채우기 좌표 시스템

다음에 나올 예제들은 색상이 선형으로 서서히 변하는 선형 그라데이션 효과가 있는 LinearGradientBrush의 예입니다.

XAML 코드 조각	컨트롤 외관 조각
``` <!-- 첫 번째 코드 --> <Rectangle Height="100" Width="100"> <Rectangle.Fill> <LinearGradientBrush> <GradientStop Color="White" Offset="0"/> <GradientStop Color="Blue" Offset="1" /> </LinearGradientBrush> </Rectangle.Fill> </Rectangle> ```	
``` <!-- 두 번째 코드 --> <Rectangle Height="100" Width="100"> <Rectangle.Fill> <LinearGradientBrush StartPoint="0,0" EndPoint="1,1"> <GradientStop Color="White" Offset="0"/> <GradientStop Color="Blue" Offset="1" /> </LinearGradientBrush> </Rectangle.Fill> </Rectangle> ```	
``` <!-- 세 번째 코드 --> <Rectangle Height="100" Width="100"> <Rectangle.Fill> <LinearGradientBrush StartPoint="1,1" EndPoint="0,0"> <GradientStop Color="White" Offset="0"/> <GradientStop Color="Blue" Offset="1" /> </LinearGradientBrush> </Rectangle.Fill> </Rectangle> ```	

```
<!-- 네 번째 코드 -->
<Rectangle Height="100" Width="100">
    <Rectangle.Fill>
        <LinearGradientBrush StartPoint="0,0"
                             EndPoint="1,0">
            <GradientStop Color="White" Offset="0"/>
            <GradientStop Color="Blue" Offset="1" />
        </LinearGradientBrush>
    </Rectangle.Fill>
</Rectangle>
```
혹은
```
<Rectangle Height="100" Width="100">
    <Rectangle.Fill>
        <LinearGradientBrush StartPoint="0,1"
                             EndPoint="1,1">
            <GradientStop Color="White" Offset="0"/>
            <GradientStop Color="Blue" Offset="1" />
        </LinearGradientBrush>
    </Rectangle.Fill>
</Rectangle>
```

```
<!-- 다섯 번째 코드 -->
<Rectangle Height="100" Width="100">
    <Rectangle.Fill>
        <LinearGradientBrush StartPoint="0,0"
                             EndPoint="0,1">
            <GradientStop Color="White" Offset="0"/>
            <GradientStop Color="Blue" Offset="1" />
        </LinearGradientBrush>
    </Rectangle.Fill>
</Rectangle>
```
혹은
```
<Rectangle Height="100" Width="100">
    <Rectangle.Fill>
        <LinearGradientBrush StartPoint="1,0"
                             EndPoint="1,1">
            <GradientStop Color="White" Offset="0"/>
            <GradientStop Color="Blue" Offset="1" />
        </LinearGradientBrush>
    </Rectangle.Fill>
</Rectangle>
```

```xml
<!-- 여섯 번째 코드 -->
<Rectangle Height="100" Width="100">
    <Rectangle.Fill>
        <LinearGradientBrush StartPoint="0,1"
                             EndPoint="0,0">
            <GradientStop Color="Red" Offset="0"/>
            <GradientStop Color="Orange" Offset="0.17"/>
            <GradientStop Color="Yellow" Offset="0.34"/>
            <GradientStop Color="Green" Offset="0.5"/>
            <GradientStop Color="Blue" Offset="0.67"/>
            <GradientStop Color="Indigo" Offset="0.84"/>
            <GradientStop Color="Purple" Offset="1" />
        </LinearGradientBrush>
    </Rectangle.Fill>
</Rectangle>
```

첫 번째 코드와 같이 StartPoint 속성과 EndPoint 속성의 지정을 생략하여 채우기 좌표를 지정하지 않으면 그라데이션의 시작 위치와 종료 위치가 기본 값으로 설정되어 좌측 상단(0, 0)부터 우측 하단(1, 1)까지 대각선 그라데이션이 만들어집니다. 그라데이션에 사용할 색상은 GradientStop 요소의 Color 속성으로 지정하는데, 앞의 GradientStop 요소가 시작 색상이고, 뒤의 GradientStop 요소가 종료 색상입니다.

이 예제에서는 하얀색이 서서히 파란색으로 변화하는 것을 컨트롤 외관 조각에서 확인할 수 있습니다. 서서히 변하는 그라데이션 효과의 시작 위치와 종료 위치는 GradientStop 요소의 Offset 속성으로 지정하는데 0은 시작 위치, 1은 종료 위치를 나타냅니다. 물론 0과 1 사이의 값을 사용하여 채우기를 수행할 요소의 전체가 아니라 일부분에만 그라데이션 효과가 적용되게 할 수도 있습니다. Rectangle.Fill 속성 요소는 Rectangle의 Fill 속성을 지정한다는 의미입니다.

두 번째 코드는 StartPoint 속성과 EndPoint 속성으로 그라데이션 효과를 적용할 시작 위치(0, 0)와 종료 위치(1, 1)를 명시적으로 지정한 것으로, 이를 제외하면 첫 번째 예제와 동일합니다. 시작 위치와 종료 위치를 명시적으로 지정한 두 번째 코드가 더 좋은 코드입니다.

세 번째 코드는 두 번째 예제의 시작 위치와 종료 위치를 바꾼 것입니다. 우측 하단 (1,1)부터 좌측 상단(0,0)까지 두 번째 예제와 반대 방향의 대각선 그라데이션이 만들어집니다.

네 번째 코드는 시작 위치와 종료 위치의 Y좌표를 고정하고 X좌표를 각각 0과 1로 지정했습니다. 이렇게 지정하면 수평 방향의 그라데이션이 만들어집니다. 그라데이션의 방향을 반대로 하려면 X좌표의 0과 1 값의 순서만 바꾸면 됩니다. 이때 Y좌표를 0이나 1로 고정시키는 것이 특이한데 한 변만 그라데이션 처리를 하는 것은 그라데이션이 너무 얇게 반영되니 수평 방향의 그라데이션에서 Y좌표는 의미를 가지지 않고 수직 방향의 그라데이션에서는 X좌표가 의미를 가지지 않게 됩니다.

다섯 번째 코드는 네 번째 코드와 반대로 시작 위치와 종료 위치의 X좌표를 고정하고 Y좌표를 각각 0과 1로 지정했습니다. 이렇게 지정하면 수직 방향의 그라데이션이 만들어집니다. 그라데이션의 방향을 반대로 하려면 Y좌표의 0과 1값의 순서만 바꾸면 됩니다. 수직 방향의 그라데이션을 만들기 위하여 이번에는 X좌표를 0이나 1로 고정했습니다

여섯 번째 코드는 무지개 색상을 채우기 할 영역의 하단에서 상단으로 이동하는 수직 방향의 그라데이션을 만들어 보았습니다. 수직 방향의 그라데이션이니 X 좌표를 고정시키면 됩니다. 이 예제에서는 0으로 고정했습니다. 무지개의 방향을 하단에서 상단으로 하기 위하여 StartPoint의 Y좌표를 1로 하고, EndPoint의 Y좌표를 0으로 했습니다. 그리고 GradientStop 요소를 무지개 색상의 수인 7개를 배치하고 각각의 Color 속성을 빨주노초파남보(Red Orange Yellow Green Blue Indigo Purple)로 지정하고 Offset 값은 0부터 1을 6등분한 값인 0.17을 더해가면서 지정했습니다.

앞에서 설명한 Brush 외에 ImageBrush도 있는데 이어질 "5.2 Media"절에서 Image 요소와 함께 설명하겠습니다.

2 : Media

이번에는 이미지(Image), 오디오(Audio), 동영상(Video) 등의 멀티미디어(Multi Media)와 관련하여 XAML이 제공하는 기능들을 살펴보겠습니다. XAML Controls Gallery에서도 Media를 별도의 분류 항목으로 구분해 설명하고 있기 때문에 이 책과 앱을 상호 참조하며 학습할 수 있도록 5장 "기본 컨트롤 요소들"을 설명할 때와 동일한 구조로 설명하겠습니다.

[Media] → [Image]

UWP에서는 BMP, JPEG, PNG, TIFF, GIF 및 ICO 등의 이미지 형식을 지원하는데, 이 이미지는 Image 요소나 Shape에 색을 채워 넣기 위한 Brush로 활용됩니다.

다음 첫 번째 예제는 Image 요소를 사용해 이미지를 보여주는 것이고, 두 번째 예제는 Rectangle 요소에 ImageBrush를 Fill 속성으로 지정하여 이미지를 보여주는 것입니다. 이미지의 위치는 각각 Source 속성과 ImageSource 속성에 지정했습니다. 그런데 코드를 실행해서 화면을 보니 사진이 화면 전체를 채웠습니다. "장치 독립적인 픽셀 단위" 절에서 Layout 요소 안에 있는 컨트롤에 크기를 지정하지 않으면 상위 Layout 전체를 채운다고 설명했었습니다. 심지어 다음 두 번째 예제의 경우는 이미지의 비율이 깨져서 펑퍼짐해 보이기까지 합니다.

```
<Image Source="/Assets/lock.png"/>
```

[그림] 이미지를 사용하는 XAML 코드와 실행 화면 – Image 요소

```
<Rectangle>
    <Rectangle.Fill>
        <ImageBrush ImageSource="/Assets/lock.png"/>
    </Rectangle.Fill>
</Rectangle>
```

[그림] 이미지를 사용하는 XAML 코드와 실행 화면 – ImageBrush

다음 첫 번째 예제와 두 번째 예제는 Image 요소를 사용하여 이미지를 보여주거나 Rectangle 요소에 ImageBrush를 Fill 속성으로 지정하여 이미지를 보여주는 것이 기존 예제와 동일합니다. 그런데 Source와 ImageSource 속성에 지정된 값을 보니 프로젝트의 폴더 내 위치가 아니라 인터넷(Internet)상의 주소를 지정하는 것이 다릅니다.

다음 두 번째 예제는 위의 두 번째 예제와 마찬가지로 이미지의 비율이 깨져서 펑퍼짐해 보입니다. 아무튼, XAML에서는 프로젝트 폴더 내에 저장된 이미지와 인터넷 공간상에 저장된 이미지를 기술적으로는 모두 보여줄 수 있습니다. 다만 인터넷에 저장된 이미지를 사용할 때 저작권법상에 보호를 받는 이미지라면 소유권자에게 사전 승인을 받고 사용해야 합니다.

```
<Image Source="https://m.media-amazon.com/images/M/MV5BZDRmNjYwZDktOTYxZi00MTdl
LWI5ZjYtYWU4MDE5MDc5NGM3L2ltYWdlXkEyXkFqcGdeQXVyNjQzNDI3NzY@._V1_SX300.jpg"/>
```

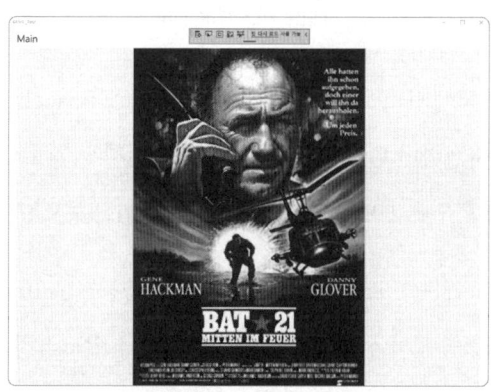

[그림] 인터넷 이미지를 사용하는 XAML 코드와 실행 화면 – Image 요소

```
<Rectangle>
    <Rectangle.Fill>
        <ImageBrush ImageSource="https://m.media-amazon.com/images/M/MV5BZDRm
NjYwZDktOTYxZi00MTdlLWI5ZjYtYWU4MDE5MDc5NGM3L2ltYWdlXkEyXkFqcGdeQXVyNjQzNDI
3NzY@._V1_SX300.jpg"/>
    </Rectangle.Fill>
</Rectangle>
```

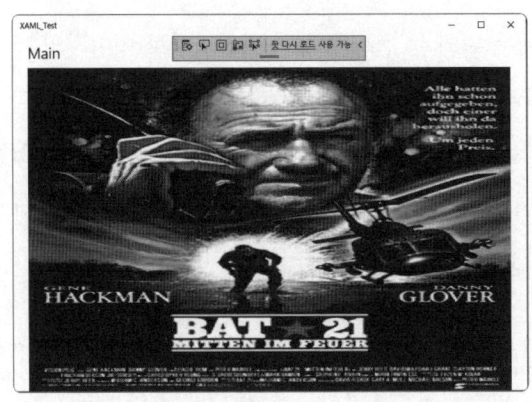

[그림] 인터넷 이미지를 사용하는 XAML 코드와 실행 화면 – ImageBrush

이미지를 사용하는 XAML 코드 예제의 Image 요소와 ImageBrush 요소에 Stretch 속성을 None으로 지정하면 다음과 같이 이미지를 실제 크기로 보여줄 수 있습니다. 이와 같이 이미지가 화면에 보이는 형태는 Stretch 속성으로 제어할 수 있습니다.

Stretch 속성은 None(없음), Fill(채우기), Uniform(균등), UniformToFill(채울 때까지 균등) 등 4개의 값 중에서 선택할 수 있습니다. ImageBrush의 기본 값은 Fill로 이미지를 상위 요소의 크기에 맞게 꽉 채우는데 이미지가 펑퍼짐해지거나 반대로 홀쭉해질 수 있습니다.

Image 요소의 기본 값은 Uniform으로 가로와 세로 중 먼저 상위 요소의 크기와 같아질 때까지 동일한 비율로 이미지의 크기를 조정합니다. 대신 가로의 좌우에 혹은 세로의 상하에 여백이 생겨날 수 있습니다. 이 책의 예제에서는 프로젝트 폴더에 저장된 이미지와 인터넷상에 저장된 이미지 모두 좌우 여백이 생겨났습니다.

```
<Image Source="/Assets/lock.png" Stretch="None"/>
```

혹은,

```
<Rectangle>
    <Rectangle.Fill>
        <ImageBrush ImageSource="/Assets/lock.png" Stretch="None"/>
    </Rectangle.Fill>
</Rectangle>
```

[그림] 이미지를 실제 크기로 보여주는 XAML 코드와 실행 화면

다음 예제와 같이 Stretch 속성이 UniformToFill이면 통상적으로 이미지의 크기가 상위 Layout 요소의 크기를 초과하게 됩니다. Stretch 속성이 Uniform일 때는 이미지가 상위 Layout의 크기에 맞추어 동일한 비율(Uniform)로 커지다가 가로와 세로 중 한쪽이 먼저 상위 Layout의 크기에 도달하면 커지는 것을 중단하지만, Stretch 속성

이 UniformToFill일 때에는 가로와 세로 모두 상위 Layout의 크기에 도달할 때까지 동일한 비율로 커지기 때문입니다. 결국, 가로와 세로 중 더 많이 확장된 이미지는 잘려나가(Crop) 화면에 보이지 않게 됩니다.

그리고 이 예제에서 또 한 가지 특이한 것은 Image 요소에는 HorizontalAlignment="Center" VerticalAlignment="Top" 속성을 추가하고 ImageBrush 요소에는 AlignmentX="Center" AlignmentY="Top" 속성을 추가한 것입니다.

이는 두 코드의 결과를 동일하게 만들기 위하여 이미지의 가로와 세로 배치를 명시적으로 지정한 것입니다. 요소별로 배치 속성이 다른 것뿐만 아니라 같은 기능을 하는 속성의 이름이 이처럼 서로 다른 것도 개발자들을 어렵게 만듭니다. 역시 일관성은 지키기가 참 어렵습니다. 자연어에서 생기는 문제점이 프로그래밍 언어에서도 동일하게 생긴다는 것이 매우 재미있게 느껴지기도 합니다.

```xml
<Image Source="/Assets/lock.png" Stretch="UniformToFill"
    HorizontalAlignment="Center" VerticalAlignment="Top"/>
```

혹은

```xml
<Rectangle>
    <Rectangle.Fill>
        <ImageBrush ImageSource="/Assets/lock.png" Stretch="UniformToFill"
            AlignmentX="Center" AlignmentY="Top"/>
    </Rectangle.Fill>
</Rectangle>
```

[그림] 이미지의 Stretch 속성이 UniformToFill인 XAML 코드와 실행 화면

[Media] → [MediaPlayerElement]

UWP에서는 MP3, MP4, WMA 및 WMV 등의 오디오와 비디오 형식을 지원합니다. 더 자세한 것은 Microsoft Docs의 "지원되는 코덱" 페이지(https://docs.microsoft.com/ko-kr/windows/uwp/audio-video-camera/supported-codecs)에서 확인할 수 있습니다.

다음 예제를 보면 MediaPlayerElement 요소를 이용해서 WMV 동영상 파일을 실행시키는 XAML 코드를 확인할 수 있습니다. Source 속성을 이용해 실행할 동영상 파일을 지정하는데, 파일의 경로명 앞에 ms-appx://를 붙여 주어야 합니다. 이미지를 Source로 지정할 때에는 이런 제약이 없었죠. 그냥 MediaPlayerElement의 문법적 특징이라고 이해하면 됩니다. ms-appx://의 문법은 http://와 같이 프로토콜을 지정하는 형식으로, ms는 마이크로소프트를 의미하고 appx는 확장형 앱을 의미합니다.

AutoPlay 속성은 프로그램을 자동으로 실행할 것인지를 결정하고 AreTransportControlsEnabled 속성은 동영상 화면 하단에 동영상 제어판(Transport Control)들을 보이게 할 것인지 아닌지를 결정합니다. 일반적으로 AutoPlay가 False이면 AreTransportControlsEnabled을 True로 지정해 제어판이 나타나도록 합니다.

그런데 실행 화면을 보니 동영상은 기본적으로 전체 화면에 나타납니다. 단, 프로그램을 실행시켜 보기 전에 Universal Windows 프로젝트 하단의 Assets 폴더에 동영상 파일을 복사해 놓아야 합니다. FilmModeDetection.wmv 파일은 Windows 10의 파일 탐색기에서 *.wmv를 검색어로 찾았습니다. 복사하는 방법은 일반적인 Windows 운영체제에서와 동일한데 파일 탐색기에서 파일을 복사한 후 비주얼 스튜디오의 Assets 폴더에 붙여넣으면 됩니다.

> **알아두기**
>
> FilmModeDetection.wmv 파일이 여러분의 PC에 존재하지 않으면 임의의 동일한 형식의 파일을 사용하거나 출판사가 제공하는 사이트에서 복사해 사용하기 바랍니다.

```
<MediaPlayerElement Source="ms-appx:///Assets/FilmModeDetection.wmv"
            AutoPlay="False" AreTransportControlsEnabled="True"/>
```

[그림] 동영상을 재생하는 XAML 코드와 실행 화면 – 전체 화면

동영상의 크기를 제어하려면 다음 예제와 같이 MaxWidth나 MaxHeight 속성을 사용해야 합니다. 그러면 동영상이 큰 경우 동영상이 차지하는 최대 넓이와 최대 높이를 제한할 수 있습니다.

```
<MediaPlayerElement MaxWidth="300"
                    MaxHeight="200"
                    Source="ms-appx:///Assets/FilmModeDetection.wmv"
                    AutoPlay="False"
                    AreTransportControlsEnabled="True"/>
```

[그림] 동영상을 재생하는 XAML 코드와 실행 화면 - 제한된 화면

다음은 동영상과 동일한 방식으로 오디오를 실행시키는 XAML 코드입니다. 편의상 전체 화면 XAML 코드는 기술하지 않았는데 Source 속성을 이용해 실행할 오디오 파일을 지정하기만 하면 됩니다. 당연히 프로그램을 실행해보기 전에 Universal Windows 프로젝트 하단의 Assets 폴더에 오디오 파일을 복사해 놓아야 합니다. CompletedSound.mp3 파일은 Windows 10의 파일 탐색기에서 *.mp3를 검색어로 찾았습니다.

알아두기

CompletedSound.mp3 파일이 여러분의 PC에 존재하지 않으면 임의의 동일한 형식의 파일을 사용하거나 출판사가 제공하는 사이트에서 복사해 사용하기 바랍니다.

```
<MediaPlayerElement MaxWidth="300"
                    MaxHeight="200"
                    Source="ms-appx:///Assets/CompletedSound.mp3"
                    AutoPlay="False"
                    AreTransportControlsEnabled="True"/>
```

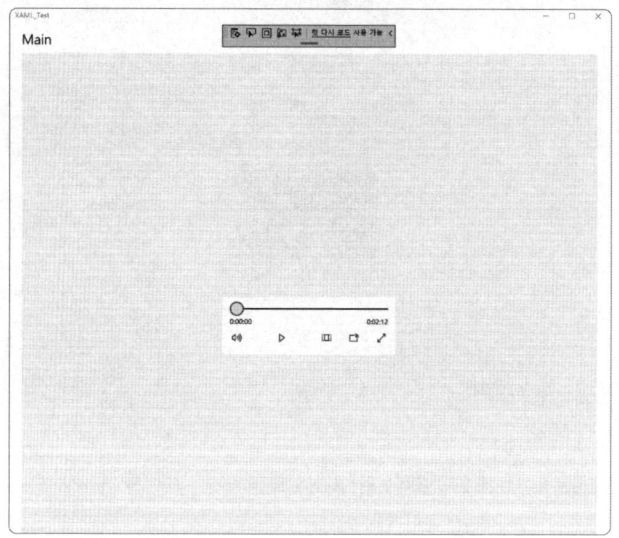

[그림] 오디오를 재생하는 XAML 코드와 실행 화면

[Media] → [Sound]

XAML Controlls Gallery 앱의 Media 카테고리 하단의 Sound는 파일에 저장된 일반 오디오가 아니라 UWP가 제공하는 System Sound(시스템 사운드)를 의미합니다.

UWP가 제공하는 System Sound는 ElementSoundKind 열거형(enum)으로 정의되어 있는데 Focus, Invoke, Show, Hide, MoveNext, MovePrevious 및 GoBack이 있습니다. 그런데 소리가 나게 하기 위해서는 다음과 같이 코드 비하인드의 도움이 필요합니다. 코드는 간단합니다. ElementSoundPlayer의 상태를 On으로 두고 Play() 메소드를 사용하여 원하는 시스템 소리를 실행하면 됩니다. 단, ElementSoundPlayer를 사용하려면 using Windows.UI.Xaml;와 같이 using 선언문을 먼저 기술해야 합니다. 물론 ElementSoundPlayer 위에 마우스 커서를 놓고 〈Ctrl〉+〈.〉 키를 사용하여 using 선언문을 추가해도 됩니다. ElementSoundPlayer는 Windows.UI.Xaml 네임스페이스에 Static으로 정의된 객체여서 객체를 만드는 코드 없이 메소드를 바로 사용할 수 있는 것입니다.

소리는 책에 보이게 할 수 없으니 만들어진 버튼을 클릭해 System Sound를 들어보기 바랍니다.

XAML 코드 조각

```
<Button x:Name="playFocusSound"
        Content="Play Focus Sound"
        Tapped="playFocusSound_Tapped"/>
```

코드 비하인드 조각

```
using Windows.UI.Xaml;          // ElementSoundPlayer

private void playFocusSound_Tapped(object sender,
                            Windows.UI.Xaml.Input.TappedRoutedEventArgs e)
{
    ElementSoundPlayer.State = ElementSoundPlayerState.On;
    ElementSoundPlayer.Play(ElementSoundKind.Focus);
}
```

컨트롤 외관 조각

[Play Focus Sound]

[Media] → [WebView]

WebView는 UWP 앱에서 웹 콘텐츠를 보여주는 역할을 합니다. 코딩하는 방법은 다음 예제와 같이 아주 단순합니다. URL은 UWP를 백과사전식으로 설명하는 Microsoft Docs 사이트 주소를 사용했습니다. UWP 앱을 개발하려면 자주 참조해야 할 사이트이기도 합니다.

```
<WebView Source="https://docs.microsoft.com/ko-kr/windows/uwp" />
```

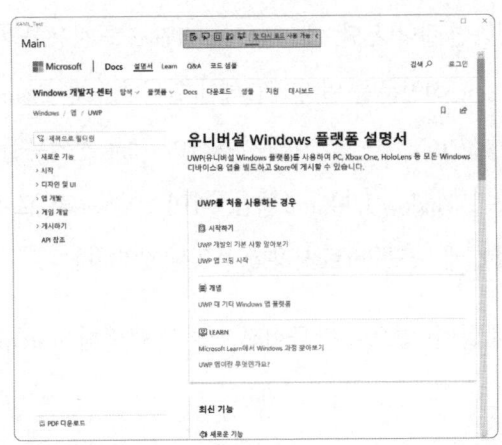

[그림] 웹 콘텐츠를 보여주는 XAML 코드와 실행 화면

3 : Animation

이번에는 Animation과 관련하여 XAML이 제공하는 기능들을 살펴보겠습니다.

XAML에서 이야기하는 Animation은 현재 모습을 다른 모습으로 전환할 때 유용한 기능으로 대상 요소의 크기나 위치, 색상 등이 특정 시간 안에 변경되게 하는 작업을 포함합니다. 그런데 Animation 예제와 설명은 XAML Controls Gallery에서는 Motion이라는 이름으로, Windows Community Toolkit Sample App에서는 Animation이라는 이름으로 분류되어 있습니다. XAML 코드와 코드 비하인드 등 애니메이션을 위한 복잡한 여러 요소를 사용하는 방식은 설명하기가 어려워서 Windows Community Toolkit Sample App의 [Animation] 부분의 예제와 같은 방식으로 쉽게 설명해보겠습니다. 그러기 위해서는 Microsoft.Xaml.Interactivity와 Microsoft.Toolkit.Uwp.UI.Animations.Behaviors 네임스페이스가 필요합니다. 무슨 일을 하는 네임스페이스인지는 이름을 통해 추정할 수 있습니다.

우선 Microsoft.Toolkit.Uwp.UI.Animations NuGet 패키지를 설치해야 합니다. NuGet 패키지를 설치하는 방법이 생각나지 않으면 "[Collections] → [DataGrid]" 절에서 NuGet 패키지를 설치하는 것을 설명한 부분을 참조하기 바랍니다. 다음 그림에서 왼쪽 사각형으로 둘러싼 것이 설치할 NuGet 패키지이고 성공적으로 설치한 후에는 오른쪽 사각형으로 둘러싼 것처럼 나타나야 합니다.

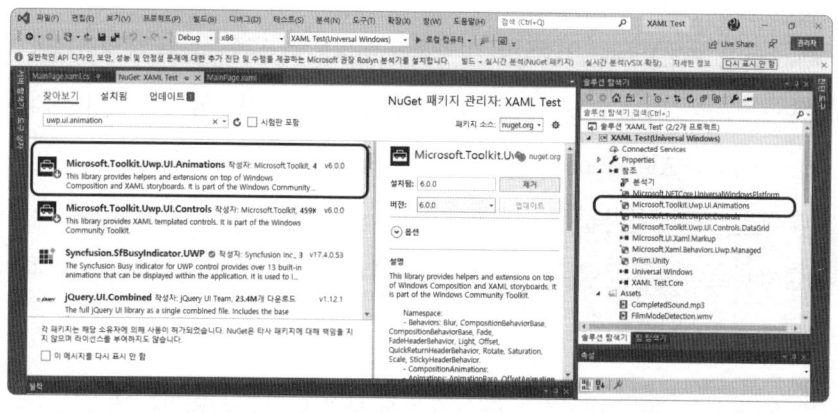

[그림] Microsoft.Toolkit.Uwp.UI.Animations NuGet 패키지 설치

> **알아두기**
>
> 코딩으로 Animation 기능을 작성하는 것은 추천할 만한 방법이 아닙니다. Blend라는 도구를 사용하면 화면을 이용해 간단하고 정확하게 작업할 수 있는데 아쉽게도 Blend 사용법은 이 책의 범위를 벗어나므로 따로 설명하지 않습니다. 앞에서 설명한 호, BezierSegment, QuadraticBezierSegment, PolyBezierSegment, PolyQuadraticBezierSegment 등뿐만 아니라 Animation을 구현해야 하는 상황이 오면 XAML 코드로 그리지 말고 Blend for Visual Studio로 그려서 제공되는 XAML 코드를 사용하기 바랍니다.

다음 예제를 보면 이미지의 Animation을 시각적으로 확인하기 쉽도록 Border 요소를 만들고 배경색을 회색으로 지정했습니다. 그리고 Animation에서 사용할 2개의 네임스페이스를 선언했습니다. XAML 네임스페이스의 선언은 Resource나 Style과 같이 사용할 위치와 가장 가까운 요소에서 할 수 있습니다. 하지만 일반적으로 Page와 같이 XAML 파일의 최상위 요소에서 선언해야 전체 프로그램이 동일한 네임스페이스를 사용할 수 있습니다.

Animatioin 대상은 Image 요소인데 이미지를 대상으로 interactivity 네임스페이스에 정의된 Interaction.Behaviors 요소를 사용해 Animation을 지정합니다. 유사한 의미를 가지는 Motion과 Animation이라는 용어에 Behavior(움직임)이라는 용어가 추가되었습니다. 개발 도구 개발자들이 저마다 다른 생각을 가지고 개발하고 실제로도 각 용어는 조금씩 다르기 때문에 응용 프로그램 개발자가 그 용어의 의미를 잘 찾아서 사용하는 수밖에는 없습니다.

그리고 behaviors 네임스페이스의 Fade 요소를 사용해 점점 사라지는 방식(Fade out)으로 Animation을 만듭니다. Fade Behavior는 Animation 대상 속성으로 Opacity를 사용하는데 여기서는 점점 사라지는 예제를 구현하기 위해 Animation이 끝날 때의 값인 Value 속성을 0으로 지정했습니다. 이미지의 Opacity 초깃값은 기본값 1인 상태입니다. 즉, 불투명한 상태이니 보이던 이미지가 서서히 0으로 변해가면서 사라지죠. 그리고 5초간 서서히 사라지게 하기 위해 Duration(지속 시간) 속성의 값을 5000으로 지정했습니다. Duration 속성의 지정 단위는 1000분의 1초입니다. 결과는 컨트롤 외관 조각에서 확인하기 바랍니다. 이미지가 서서히 사라지는 것을 확인할 수 있습니다.

XAML 코드 조각

```xml
<Border xmlns:interactivity="using:Microsoft.Xaml.Interactivity"
        xmlns:behaviors="using:Microsoft.Toolkit.Uwp.UI.Animations.Behaviors"
        Background="Gray" Width="100" Height="100">
    <Image Source="/Assets/lock.png" Height="100" Width="100">
        <interactivity:Interaction.Behaviors>
            <behaviors:Fade Value="0" Duration="5000"/>
        </interactivity:Interaction.Behaviors>
    </Image>
</Border>
```

컨트롤 외관 조각

이미지가 서서히 나타나는 Fade In 방식으로 바꾸려면 다음 예제와 같이 이미지의 불투명도인 Opacity의 값을 0으로 지정하고 Value를 Animaion이 끝난 후의 값인 1로 지정하면 됩니다.

XAML 코드 조각

```xml
<Border xmlns:interactivity="using:Microsoft.Xaml.Interactivity"
        xmlns:behaviors="using:Microsoft.Toolkit.Uwp.UI.Animations.Behaviors"
        Background="Gray" Width="100" Height="100">
    <Image Source="/Assets/lock.png" Height="100" Width="100" Opacity="0">
        <interactivity:Interaction.Behaviors>
            <behaviors:Fade Value="1" Duration="5000"/>
        </interactivity:Interaction.Behaviors>
    </Image>
</Border>
```

컨트롤 외관 조각

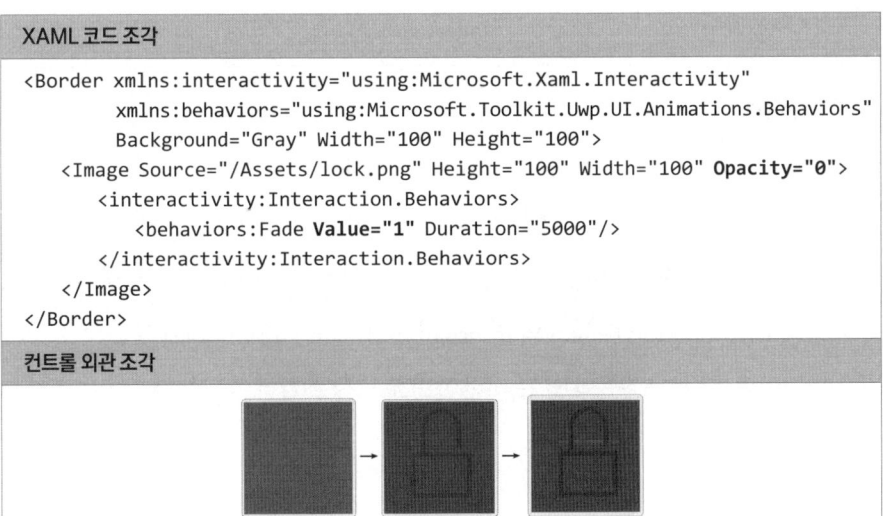

XAML이 제공하는 Animation 방식 중 NuGet 패키지를 프로젝트에 포함하면 이 방식의 Animation이 가장 직관적이고 쉬운데 다음 그림과 같이 Windows Community Toolkit Sample App의 Animation 부분을 보면 제공되는 Animation의 종류가 충분하지 않은 한계가 있습니다. 하지만 여기서 제공하는 예제가 XAML 코드만 가지고 Animation을 구현하기 때문에 Animation이 무엇이라고 설명하기에는 적절하다고 판단됩니다. Effect(효과)라는 용어가 추가되었습니다. 아무튼, 이 책은 기본기를 설명하는 책이니만큼 Windows Community Toolkit Sample App에서 기술하는 모든 움직임과 효과를 설명하지는 않을 것입니다. 필요할 때 찾아보시면 됩니다.

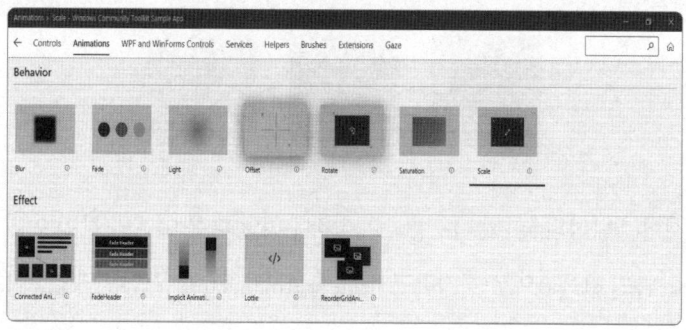

[그림] Windows Community Toolkit Sample App의 [Animations] 탭

■ Transition

예제를 통해 XAML에서 말하는 Animation이 무엇인지 알았으니 이제는 XAML이 가장 기본적으로 제공하는 기술을 사용해야 하지만 위에서 설명한 것보다는 조금 어려운 방법을 통하여 앞에서 구현했던 서서히 나타나는 Animation을 구현해보겠습니다. XAML Controls Gallery의 [Motion] → [Implicit Transitions] 부분의 예제와 같은 방식인데 XAML 코드와 코드 비하인드 코드를 조합하여 구현할 수 있습니다.

이번에는 Transition(전환)이라는 용어가 추가되었습니다. 앞의 예제에서 이미지가 서서히 사라지는 것을 보면 Animation이나 Motion, Behavior, Effect라기보다는 투명도의 Transition이라고 보는 것이 타당할 수도 있습니다.

응용 프로그램 개발자들이 용어의 본뜻을 찾아내기 위하여 애쓴다면 개발 도구의 개발자들은 적합한 용어를 찾기 위하여 애쓴다는 것을 어렵지 않게 짐작할 수 있습니다. 그만큼 응용 프로그램 개발자와 개발 도구 개발자들의 기술의 초점은 상이합니다. 그런데 시중에는 개발 도구 개발자를 위한 서적들은 넘쳐나는데 응용 프로그램 개발자를 위한 서적들이 잘 보이지 않으니 조금 이상한 현상이라고 볼 수 있겠습니다.

OpacityTransition

다음 예제는 XAML 코드에서 이미지의 불투명도의 초깃값을 0으로 두어 투명하게 만든 후 코드 비하인드의 Image 요소에 대한 Loaded 이벤트 핸들러에서 불투명도를 1로 지정하여 전환해가는 방식으로 Animation을 구현합니다. 우선 XAML의 기본 기능을 사용하기 때문에 Border 요소에서 별도의 네임스페이스 선언은 필요하지 않습니다. 코드 비하인드에서 Image 요소를 사용하기 위해 이름을 lockImage로 지정했습니다.

그리고 이미지의 불투명도를 전환하기 위하여 Image.OpacityTransition 속성 요소를 추가했습니다. 전환되는 방식은 ScalarTransition 요소로 지정하는데 여기에 전환해가는 시간을 지정했습니다. 앞의 예제에서는 밀리초 단위로 Duration 속성을 지정했는데 여기서는 시:분:초의 형식으로 지정해야 합니다. 그리고 전환이 끝날 때의 lockImage의 불투명도는 코드 비하인드의 Loaded 이벤트 핸들러에서 lockImage.Opacity의 값을 1로 지정하여 완전히 불투명한 상태로 지정했습니다. 이렇게 XAML 코드와 코드 비하인드 코드의 관련성도 응용 프로그램 개발자가 코드 예제를 통해 파악해갈 부분이라고 판단됩니다.

반투명 상태에서 Animation을 시작하게 하고 싶으면 Image 요소의 Opacity 속성을 0.5로 지정하고 반투명 상태로 Animation이 끝나게 하고 싶으면 코드 비하인드에서 lockImage.Opacity의 값을 0.5로 지정하면 되겠다는 것을 쉽게 유추할 수 있습니다. 반대로 이와 같은 방식으로 이미지가 사라지는 Animation을 구현하고 싶다면 Image 요소의 Opacity 속성 값을 1로, 코드 비하인드의 lockImage.Opacity 값을 0으로 지정하면 됩니다.

XAML 코드 조각

```xml
<Border Background="Gray" Width="100" Height="100">
    <Image x:Name="lockImage"
           Source="/Assets/lock.png" Height="100" Width="100"
           Opacity="0"
           Loaded="lockImage_Loaded">
        <Image.OpacityTransition>
            <ScalarTransition Duration="0:0:5"/>
        </Image.OpacityTransition>
    </Image>
</Border>
```

코드 비하인드 조각

```csharp
private void lockImage_Loaded(object sender, RoutedEventArgs e)
{
    lockImage.Opacity = 1;
}
```

컨트롤 외관 조각

UWP의 XAML에서는 OpacityTransition 외에도 RotationTransition, ScaleTransition, TranslationTransition, BackgroundTransition을 제공합니다. 그리고 상위 Transition에 따라서 하위 Transition으로 ScalarTransition, Vector3Transition, BrushTransition 등을 제공합니다.

RotationTransition

다음 예제는 RotationTransition을 사용해 요소를 회전시키는 예제입니다. Opacity 속성 대신 Rotation 속성을 사용한 것과 Rotation 속성에 값을 지정할 때 0~360도 사이의 각도를 지정한 것과 회전이 시계 방향으로 이루어지는 것을 제외하면 이전 예제와 동일합니다.

XAML 코드 조각

```xml
<Border Background="Gray" Width="100" Height="100">
    <Image x:Name="lockImage"
           Source="/Assets/lock.png" Height="100" Width="100"
           Rotation="0"
           Loaded="lockImage_Loaded">
        <Image.RotationTransition>
            <ScalarTransition Duration="0:0:5"/>
        </Image.RotationTransition>
    </Image>
</Border>
```

코드 비하인드 코드 조각

```csharp
private void lockImage_Loaded(object sender, RoutedEventArgs e)
{
    lockImage.Rotation = 360;
}
```

컨트롤 외관 조각

ScaleTransition

다음 예제는 ScaleTransition을 사용해 요소의 크기를 점점 커지게 하는 예제입니다. Scale 속성을 사용한 것과 Scale 속성에 값을 지정할 때 Scale="0,0,0"와 같이 요소의 크기의 배율을 X, Y, Z 축에 대해 각각 0으로 지정하여 Animation 초기에는 요소를 보이지 않게 했습니다. 그리고 ScaleTransition 하위 Animation 요소 대신 Vector3Transition 요소를 사용했습니다.

Vector3는 3차원 벡터를 의미하는 것으로 3차원은 각각 X축과 Y축과 Z축을 의미합니다. 이 예제에서는 X축과 Y축의 2차원 벡터만으로도 표현이 가능한데 XAML이 입체적인 요소도 지원하기 때문에 Vector3Transition을 사용하게 되어 있습니다. 우리는 Z축은 사용하지 않기 때문에 값을 변화시키지 않고 Scale="0,0,0"과 System.Numerics.Vector3(1, 1, 0)과 같이 0으로 고정했습니다.

코드 비하인드 조각에서 Scale 속성에 값을 지정할 때에는 System.Numerics.Vector3 객체를 사용해 요소의 크기 배율을 X, Y축에 대해 각각 1로 지정하여 Animation이 종료될 때는 요소의 전체 크기로 복귀되도록 했습니다. 만약에 배율을 1보다 큰 값으로 지정하면 원래의 크기보다 배율만큼 더 커지게 됩니다.

```
XAML 코드 조각

<Border Background="Gray" Width="100" Height="100">
    <Image x:Name="lockImage"
           Source="/Assets/lock.png"
           Height="100" Width="100"
           Scale="0,0,0"
           Loaded="lockImage_Loaded">
        <Image.ScaleTransition>
            <Vector3Transition Duration="0:0:5"/>
        </Image.ScaleTransition>
    </Image>
</Border>
```

코드 비하인드 코드 조각

```
private void lockImage_Loaded(object sender, RoutedEventArgs e)
{
    lockImage.Scale = new System.Numerics.Vector3(1, 1, 0);
}
```

컨트롤 외관 조각

TranslationTransition

다음 예제는 TranslationTransition을 사용해 요소의 위치를 조정하는 예제입니다. Image 요소를 밑에서 대각선 방향으로 날아오게 했습니다. Scale 속성 대신 Translation 속성을 사용한 것과 값을 배율이 아니라 XAML의 장치 독립적인 단위를 사용한 것을 제외하면 이전 예제와 동일합니다. 실행해 보면 도형이 100,100,0의 위치에서 0,0,0의 위치로 서서히 이동합니다.

XAML 코드 조각

```xml
<Border Background="Gray" Width="100" Height="100">
    <Image x:Name="lockImage"
           Source="/Assets/lock.png" Height="100" Width="100"
           Translation="100,100,0"
           Loaded="lockImage_Loaded">
        <Image.TranslationTransition>
            <Vector3Transition Duration="0:0:5"/>
        </Image.TranslationTransition>
    </Image>
</Border>
```

코드 비하인드 조각

```
private void lockImage_Loaded(object sender, RoutedEventArgs e)
{
    lockImage.Translation = new System.Numerics.Vector3(0, 0, 0);
}
```

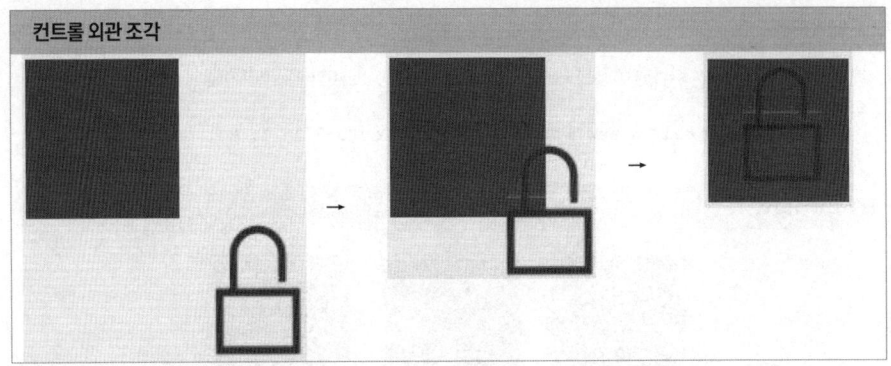

컨트롤 외관 조각

BackgroundTransition

다음 예제는 BackgroundTransition을 사용해 요소의 배경색을 서서히 변화시키는 예제입니다. 회색(Gray)에서 청색(Blue)으로 서서히 변합니다. BackgroundTransition은 Content Control에만 적용할 수 있는데 Content Control에 바로 적용하지 않고 Content Control의 Content 부분만 떼어내서 표현하는 ContentPresenter 하부 요소의 도움을 받아야 Animation을 구현할 수 있습니다.

ContentPresenter 개념이 혼동될 수도 있습니다. 그러나 다음 예제에서 Button 요소는 버튼을 정의하는 것이고 ContentPresenter 요소는 버튼의 구성 요소 중 Content만 떼어서 정의하는 것으로 이해하면 됩니다. BackgroundTransition 상위 Animation 요소의 하부 Animation 요소는 BrushTransition을 사용합니다. 코드 비하인드의 Loaded 이벤트 핸들러에서 색상을 지정하는 로직이 이해되지 않으시면 4장 "기본 컨트롤 요소들"에서 "[Collections] → [ListBox]"절을 다시 보기 바랍니다.

XAML 코드 조각

```xml
<Button>
    <ContentPresenter x:Name="animationContentPresenter"
                      Width="100" Height="100"
                      Content="Blue Button"
                      HorizontalContentAlignment="Center"
                      VerticalContentAlignment="Center"
                      Background="Gray"
                      Loaded="animationContentPresenter_Loaded">
        <ContentPresenter.BackgroundTransition>
            <BrushTransition Duration="0:0:5"/>
        </ContentPresenter.BackgroundTransition>
    </ContentPresenter>
</Button>
```

코드 비하인드 조각

```
private void animationContentPresenter_Loaded(object sender, RoutedEventArgs e)
{
    Color color = (Color)XamlBindingHelper.ConvertValue(typeof(Color), "Blue");
    animationContentPresenter.Background = new SolidColorBrush(color);
}
```

컨트롤 외관 조각

ContentPresenter

다음 예제에서는 ContentPresenter 요소의 개념을 이해하기 쉽도록 Button 컨트롤을 Border 컨트롤로 변경해보았습니다. 컨트롤 외관 조각을 확인해보면 버튼에서 나타나던 회색 테두리가 사라지고 버튼을 클릭하는 기능이 동작하지 않는 것을 확인할 수 있습니다. 요소의 모양과 동작은 Content Control에 의해 결정되고 내용은 ContentPresenter 요소에 의해 결정되는 것을 이해하면 됩니다.

XAML 코드 조각

```xml
<Border>
    <ContentPresenter x:Name="animationContentPresenter"
                      Width="100" Height="100"
                      Content="Blue Border"
                      HorizontalContentAlignment="Center"
                      VerticalContentAlignment="Center"
                      Background="Gray"
                      Loaded="animationContentPresenter_Loaded">
        <ContentPresenter.BackgroundTransition>
            <BrushTransition Duration="0:0:5"/>
        </ContentPresenter.BackgroundTransition>
    </ContentPresenter>
</Border>
```

코드 비하인드 조각

```
private void animationContentPresenter_Loaded(object sender, RoutedEventArgs e)
{
    Color color = (Color)XamlBindingHelper.ConvertValue(typeof(Color), "Blue");
    animationContentPresenter.Background = new SolidColorBrush(color);
}
```

컨트롤 외관 조각

■ Storyboard

이번에는 이미지가 서서히 나타나는 것을 Storyboard라는 요소와 DoubleAnimation 이라는 Animation 요소의 결합을 통해 구현해보겠습니다. Storyboard는 개념적으로 설명하기 쉽지 않지만 Animation의 개념을 아는 상태에서 앞선 예제들과 비교해보면 어렵지 않게 이해할 수 있습니다.

Storyboard는 Animation을 Story 즉, 이야기처럼 정의하는 요소입니다. 먼저 XAML 코드 조각을 보면 Storyboard를 Resource로 미리 정의해 놓는 것을 볼 수 있습니다. 그리고 Storyboard는 DoubleAnimation이라는 Animation으로 구성되어 있습니다.

DoubleAnimation 요소는 Animation하는 속성이 숫자일 경우 사용하는데, 이미지가 서서히 나타나는 효과를 Opacity 값을 0에서 1까지 변화시키는 방법으로 구현하기 때문에 적절한 선택입니다.

Storyboard.TargetName 속성은 Animation을 적용할 요소의 이름으로 하단에 정의한 Image 요소의 이름인 lockImage로 지정했고, Storyboard.TargetProperty는 Animation을 수행할 속성의 이름인 Opacity로 지정했습니다.

문법상 편리한 것은 From과 To를 명시적으로 지정할 수 있다는 것입니다. 앞의 예제들에서는 암시적으로 지정하는 경우가 많아 응용 프로그램 개발자가 직관적으로 파악하는 것에 애를 먹어야 했습니다.

Duration은 앞에서 설명한 것과 동일하고 RepeatBehavior는 여기서 처음 나왔는데 이름이 의미하는 것과 같이 Animation을 반복할 것인지를 지정합니다. 여기서는 Animation을 반복하기 위해 Forever로 값을 지정했습니다. 값을 별도로 지정하지 않으면 한 번만 Animation을 수행합니다.

이 예제에서 어려운 것은 Animation의 동작을 Storyboard라는 Resource에 정의한 후 Animation이 적용될 요소와 Storyboard.TargetName 속성을 사용해 연결하는 부분입니다. 어려운 또 한 가지 이유는 이렇게 지정해도 Animation이 바로 시작되지 않는다는 것입니다. 코드 비하인드에 기술된 이미지의 Loaded 이벤트 핸들러의 lockImageAnimationStoryboard.Begin(); 문장과 같이 Animation을 시작하라는 명령을 실행해야 비로소 Animation이 시작됩니다. 코드 비하인드에서 lockImageAnimationStoryboard라는 이름의 Resource로 정의된 Storyboard 객체의 Begin() 메소드로 Animation을 실행하라는 명령을 내리는 것을 볼 수 있습니다. Image 요소의 정의는 Storyboard를 Resource로 정의하고 Animation의 시작을 코드 비하인드 로직으로 구현함에 따라 매우 단순해졌습니다.

반복해 실행 중인 Animation을 중단하기 위해서는 Animation을 중단시킬 적절한 이벤트를 찾아 Begin() 메소드 대신 Stop() 메소드를 실행하면 됩니다. 같은 방법으로 Pause() 메소드를 실행하면 Animation을 잠시 중단하고, Resume() 메소드를 실행하면 다시 시작합니다.

XAML 코드 조각
| ```xml
<Border Background="Gray" Width="100" Height="100">
    <Border.Resources>
        <Storyboard x:Name="lockImageAnimationStoryboard">
            <DoubleAnimation Storyboard.TargetName="lockImage"
                             Storyboard.TargetProperty="Opacity"
                             From="0" To="1"
                             Duration="0:0:5"
                             RepeatBehavior="Forever" />
        </Storyboard>
    </Border.Resources>

    <Image x:Name="lockImage"
           Source="/Assets/lock.png"
           Height="100" Width="100"
           Loaded="lockImage_Loaded">
    </Image>
</Border>
``` |
| 코드 비하인드 조각 |
| ```csharp
private void lockImage_Loaded(object sender, RoutedEventArgs e)
{
    lockImageAnimationStoryboard.Begin();
}
``` |
| 컨트롤 외관 조각 |

ColorAnimation

Animation의 종류로 DoubleAnimation 외에 ColorAnimation이 있습니다. 다음 예제에서는 Storyboard의 ColorAnimation을 이용하여 요소의 배경색을 서서히 변화시키는 앞의 예제를 다시 구현해보았습니다.

Animation을 적용할 속성으로 "(Button.Background).(SolidColorBrush.Color)"와 같이 표현된 것 외에는 이미 설명한 것을 가지고 금방 이해할 수 있을 것입니다. (Button.Background)가 버튼의 배경색 속성이고 (SolidColorBrush.Color)가 배경색의 색상을 의미하는 것을 직관적으로 알 수 있는데 점(.)으로 구분해 기술하는 이 문법은 UWP의 XAML이 원하는 형태라고 이해하면 됩니다.

컨트롤 외관 조각을 보니 앞에서 언급한 BackgroundTransition 예제와 달리 버튼 주변에 회색 테두리가 나타나지 않는 것을 발견할 수 있습니다. 버튼처럼 보이지는 않지만 버튼으로서의 기능은 잘 동작합니다.

```xml
XAML 코드 조각
<StackPanel>
    <StackPanel.Resources>
        <Storyboard x:Name="colorAnimationButtonStoryboard">
            <ColorAnimation Storyboard.TargetName="colorAnimationButton"
                            Storyboard.TargetProperty=
                            "(Button.Background).(SolidColorBrush.Color)"
                            From="Gray" To="Blue"
                            Duration="0:0:5" />
        </Storyboard>
    </StackPanel.Resources>

    <Button x:Name="colorAnimationButton"
            Width="100" Height="100"
            Content="Blue Button"
            Loaded="colorAnimationButton_Loaded"/>
</StackPanel>
```

코드 비하인드 조각

```
private void colorAnimationButton_Loaded(object sender, RoutedEventArgs e)
{
    colorAnimationButtonStoryboard.Begin();
}
```

컨트롤 외관 조각

[Blue Button] → [Blue Button] → [Blue Button] → [Blue Button]

> **알아두기**
>
> 위의 코드에서 왜 (Button.Background).(SolidColorBrush.Color)와 같은 표현을 사용했는지는 XAML 코드의 문법을 생각해보면 알 수 있습니다. 먼저 버튼을 갈색으로 나타나게 하는 XAML 코드를 생각해봅시다. 먼저 다음과 같이 아주 간단하게 코딩할 수 있습니다.
>
> ```
> <Button Width="100" Height="100" Margin="10" Background="Gray"/>
> ```
>
> 그런데 이 문법을 축약 없이 풀어서 다시 코딩하면 다음과 같이 됩니다.
>
> ```
> <Button Width="100" Height="100" Margin="10">
>     <Button.Background>
>         <SolidColorBrush Color=" Gray"/>
>     </Button.Background>
> </Button>
> ```
>
> 그러면 풀어서 코딩한 XAML 코드를 (Button.Background).(SolidColorBrush.Color)와 비교해 봅니다. Button.Background는 〈Button.Background〉에서 따온 것이고 SolidColorBrush.Color는 〈SolidColorBrush Color=" Gray"/〉에서 따온 것임을 쉽게 짐작할 수 있습니다. 이 두 값을 분리하기 위해 괄호를 사용하고, 두 개의 속성을 다시 구분하기 위해 점을 사용한 것입니다.

RepeatBehavior

그런데 위의 Animation은 화면이 나타날 때 한 번만 동작하고 멈추니 조금 섭섭하지 않나요? 그래서 다음 코드와 같이 RepeatBehavior 속성을 Forever로 지정해 Animation이 반복되도록 하고, Autoreverse 속성을 True로 지정해 색상이 자연스럽게 갈색에서 청색으로, 청색에서 다시 갈색으로 변하는 것을 반복하게 했습니다. Autoreverse 속성을 지정하지 않으면 갈색에서 청색으로, 그리고 갑자기 색상이 변해 다시 갈색에서 청색으로 색이 바뀌게 되어 자연스러운 Animation이 되지 않을 것입니다.

XAML 코드 조각

```xml
<StackPanel>
    <StackPanel.Resources>
        <Storyboard x:Name="colorAnimationButtonStoryboard">
            <ColorAnimation Storyboard.TargetName="colorAnimationButton"
                            Storyboard.TargetProperty=
                            "(Button.Background).(SolidColorBrush.Color)"
                            From="Gray" To="Blue"
                            Duration="0:0:5"
                            RepeatBehavior="Forever" AutoReverse="True"/>
        </Storyboard>
    </StackPanel.Resources>

    <Button x:Name="colorAnimationButton"
            Width="100" Height="100"
            Content="Blue Button"
            Loaded="colorAnimationButton_Loaded"/>
</StackPanel>
```

코드 비하인드 조각

```csharp
private void colorAnimationButton_Loaded(object sender, RoutedEventArgs e)
{
    colorAnimationButtonStoryboard.Begin();
}
```

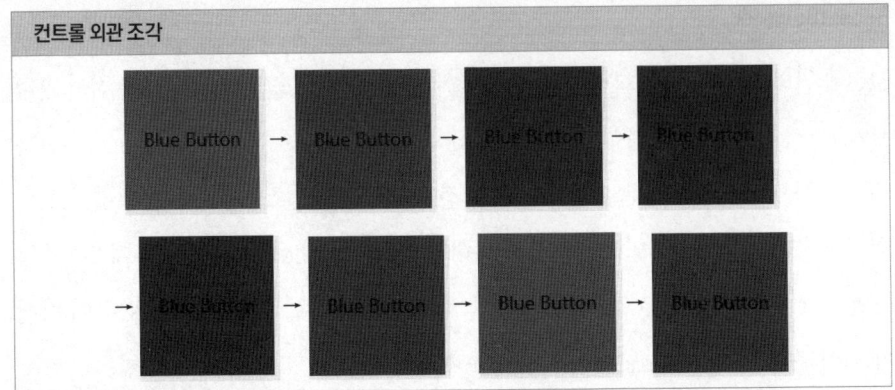

> **알아두기**
>
> RepeatBehavior 속성에 "3x"와 같은 형식으로 값을 지정하면 x 앞의 숫자만큼 반복해 동작하고, "0:0:30"과 같은 형식으로 값을 지정하면 지정한 시간만큼 동작을 반복합니다. RepeatBehavior 속성에 Animation 횟수나 시간을 지정하는 경우 Animation이 끝난 후 요소의 색상은 FillBehavior 속성으로 제어되는데 기본 값으로 HoldEnd 값이 사용되기 때문에 Animation이 종료되는 시점의 색상으로 남게 됩니다. 혹시 Animation이 시작할 때의 초기 색상으로 남기를 원한다면 Stop 값을 지정하면 됩니다. 그리고 Animation 속도를 빠르게 하거나 느리게 하고 싶으면 SpeedRatio 속성을 사용하는데 2나 3과 같이 1보다 큰 양수 값을 지정하면 숫자의 배수만큼 빨라지고 0.1이나 0.5와 같이 1보다 작은 양수 값을 지정하면 그 비율만큼 느려집니다. 즉 2는 2배로 빨라지고 3은 3배로 빨라지며, 0.1은 10분의 1로 느려지고 0.5는 반으로 느려지게 됩니다.

Storyboard를 활용한 Animation의 결합

Storyboard를 사용해 Animation을 구현하면서 Storyboard가 없이 DoubleAnimation이나 ColorAnimation과 같은 Animation 요소만 사용하면 문법이 더 간결해질 것 같다는 생각이 듭니다. 그래서 이번 예제에서는 두 개의 Animation을 Storyboard로 통합해 Storyboard를 사용하는 장점을 느껴보겠습니다.

다음 예제는 두 개의 Animation을 같은 Storyboard 안에 배치한 것이 위의 예제들과 가장 큰 차이점입니다. 그래서 Storyboard의 이름도 combinedAnimationStoryboard로 수정했습니다. 이벤트 핸들러의 경우 전에는 Animation을 적용할 각각의 요소의 Loaded 이벤트 핸들러를 사용했는데 이번 예제의 경우 두 개의 요소를 모두 포함하는 StackPanel 요소의 Loaded 이벤트 핸들러를 사용했습니다.

Animation Storyboard를 한 번만 실행해야 하고 Animation할 모든 요소가 Load된 후에 Animation해야 하니 당연한 선택입니다. 컨트롤 외관 조각을 보니 Storyboard에 기술한 두 가지 Animation이 동시에 이루어지는 것을 확인할 수 있습니다.

XAML 코드 조각

```xml
<StackPanel x:Name="combinedAnimationStackPanel"
            Loaded="combinedAnimationStackPanel_Loaded">
    <StackPanel.Resources>
        <Storyboard x:Name="combinedAnimationStoryboard">
            <DoubleAnimation Storyboard.TargetName="lockImage"
                             Storyboard.TargetProperty="Opacity"
                             From="0" To="1"
                             Duration="0:0:5"
                             RepeatBehavior="Forever" />

            <ColorAnimation Storyboard.TargetName="colorAnimationButton"
                            Storyboard.TargetProperty=
                            "(Button.Background).(SolidColorBrush.Color)"
                            From="Gray" To="Blue"
                            Duration="0:0:5" />
        </Storyboard>
    </StackPanel.Resources>

    <Image x:Name="lockImage"
           Source="/Assets/lock.png"
           Height="100" Width="100"
           HorizontalAlignment="Center">
    </Image>

    <Button x:Name="colorAnimationButton"
            Width="100" Height="100"
            HorizontalAlignment="Center"
            Content="Blue Button"/>
</StackPanel>
```

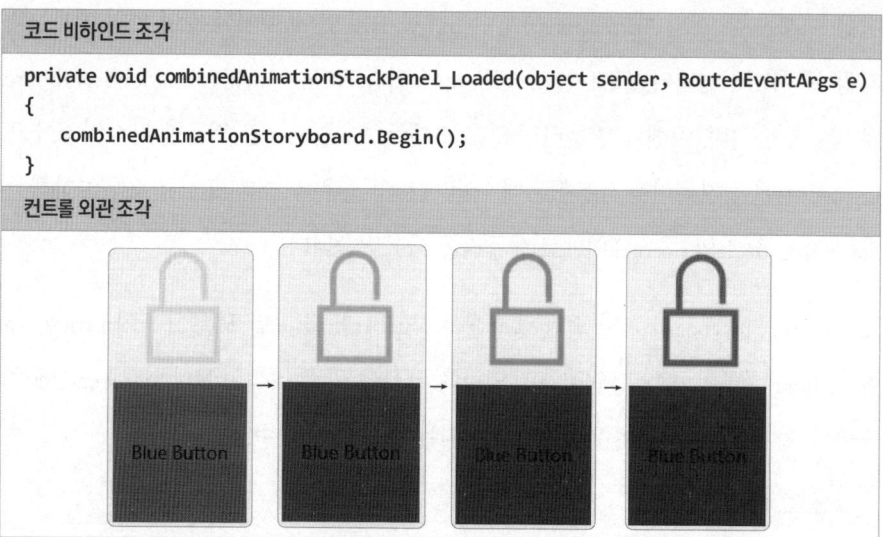

■ Easing

XAML의 Animation에서 말하는 Easing은 움직이는 객체의 속도를 조정하는 것을 말합니다. 객체의 속도를 조정하는 방법에는 EaseIn, EaseOut 및 EaseInOut이 있으며 Microsoft Docs에는 각각 감속(들어옴), 가속(종료) 및 표준 감속(이동)이라고 번역하고 있습니다.

EaseIn

EaseIn 방식의 Animation 코드를 작성해보겠습니다. Animation되는 움직임을 컨트롤 외관 조각에 보여주기가 어려우니, 대신 Animation될 때의 속도 함수 그래프로 컨트롤 외관 조각을 대신 보여주겠습니다. 그래프에서 보이는 것처럼 초반에는 빨리 움직이다가 나중에는 천천히 움직이는 것이 EaseIn입니다. 이전의 이미지가 점점 사라지거나 나타나는 예제와 다른 것은 Border의 크기를 이미지가 이동할 충분한 공간을 확보하기 위해 300으로 지정한 것, 이동의 위치를 Offset 요소와 Offset 요소의 속성인 OffsetX 및 OffsetY로 지정한 것, 그리고 EaseMode를 EaseIn으로 지정한 것입니다.

이 예제에서는 이미지가 Border 요소의 중앙에서 X축과 Y축으로 각각 100만큼 이동한 위치, 즉 우측 하단으로 빠르게 이동하다가 서서히 느려지는 형태로 이동합니다. Animation 시간은 1초로 지정했습니다.

XAML 코드 조각
| ```xml
<Border xmlns:interactivity="using:Microsoft.Xaml.Interactivity"
        xmlns:behaviors="using:Microsoft.Toolkit.Uwp.UI.Animations.Behaviors"
        Background="Gray" Width="300" Height="300">
    <Image x:Name="lockImage" Source="/Assets/lock.png" Height="100" Width="100">
        <interactivity:Interaction.Behaviors>
            <behaviors:Offset OffsetX="100"
                              OffsetY="100"
                              Duration="1000"
                              EasingMode="EaseIn"/>
        </interactivity:Interaction.Behaviors>
    </Image>
</Border>
``` |
| 컨트롤 외관 조각(Animation 속도 함수 그래프) |
| 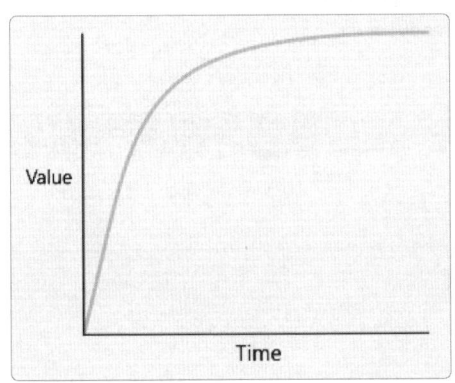 |
| 출처: https://docs.microsoft.com/ko-kr/windows/uwp/design/motion/timing-and-easing |
```

EaseOut

이번에는 위의 예제를 EaseOut 방식의 Animation 코드로 변경해보겠습니다. 위의 예제에서 OffsetX와 OffsetY의 값을 -100으로 수정하고 EaseMode를 EaseOut으로 수정했습니다. 이 예제에서는 이미지가 Border 요소의 중앙에서 X축과 Y축으로 각각 -100만큼 이동한 위치, 즉 좌측 상단으로 천천히 이동하다가 갑자기 빨라지는 형태로 이동하게 됩니다.

XAML 코드 조각

```xml
<Border xmlns:interactivity="using:Microsoft.Xaml.Interactivity"
        xmlns:behaviors="using:Microsoft.Toolkit.Uwp.UI.Animations.Behaviors"
        Background="Gray" Width="300" Height="300">
    <Image x:Name="lockImage" Source="/Assets/lock.png" Height="100" Width="100">
        <interactivity:Interaction.Behaviors>
            <behaviors:Offset OffsetX="-100"
                              OffsetY="-100"
                              Duration="1000"
                              EasingMode="EaseOut"/>
        </interactivity:Interaction.Behaviors>
    </Image>
</Border>
```

컨트롤 외관 조각(Animation 속도 함수 그래프)

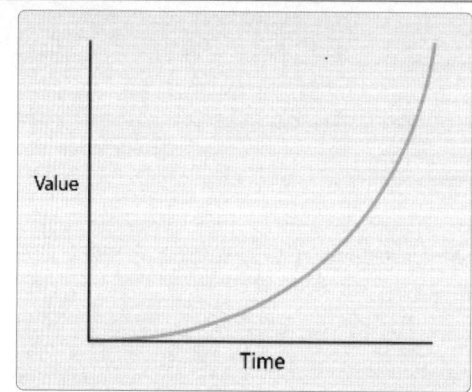

출처: https://docs.microsoft.com/ko-kr/windows/uwp/design/motion/timing-and-easing

EaseInOut

이번에는 위의 예제를 EaseInOut 방식의 Animation 코드로 변경해보겠습니다. 위의 예제에서 OffsetY의 값을 0으로 수정하고 EaseMode를 EaseInOut으로 수정했습니다. 이 예제에서는 이미지가 초반에는 Border 요소의 중앙에서 X축으로 -100만큼 이동한 위치, 즉 좌측으로 서서히 움직이다가 갑자기 빨라지고, 후반에는 빠르게 이동하다가 서서히 느려지는 형태로 이동합니다. EaseOut이 먼저 적용되고 EaseIn이 나중에 적용되는 형태인데 속성의 이름이 EaseOutIn이 아니고 EaseInOut이어서 응용 프로그램 개발자를 헷갈리게 합니다.

XAML 코드 조각

```xml
<Border xmlns:interactivity="using:Microsoft.Xaml.Interactivity"
        xmlns:behaviors="using:Microsoft.Toolkit.Uwp.UI.Animations.Behaviors"
        Background="Gray" Width="300" Height="300">
    <Image x:Name="lockImage" Source="/Assets/lock.png" Height="100" Width="100">
        <interactivity:Interaction.Behaviors>
            <behaviors:Offset OffsetX="-100"
                              OffsetY="0"
                              Duration="1000"
                              EasingMode="EaseInOut"/>
        </interactivity:Interaction.Behaviors>
    </Image>
</Border>
```

컨트롤 외관 조각(Animation 속도 함수 그래프)

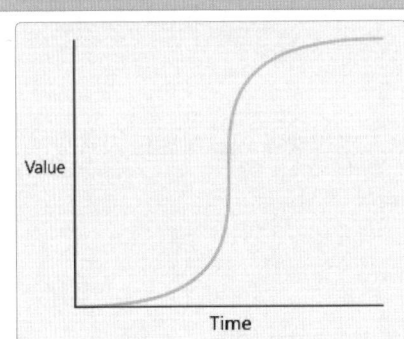

출처 : https://docs.microsoft.com/ko-kr/windows/uwp/design/motion/timing-and-easing

위의 예제를 혹시 화면이 나타날 때 Animation을 시작하는 것이 아니라 정해진 이벤트가 발생할 때 Animation을 시작하고 싶으면 코드 비하인드의 원하는 이벤트 핸들러에 코딩하면 됩니다. 이 예제에서는 XAML 코드에는 Animation 관련된 코드를 모두 제거하고 lockImage의 Loaded 이벤트 핸들러에서 Animation을 시작하도록 StartAsync() 비동기 메소드를 호출하고 있습니다. using 선언문은 따로 설명하지 않겠습니다. 주석을 참조하기 바랍니다.

XAML 코드 조각

```
<Border Background="Gray" Width="300" Height="300">
    <Image x:Name="lockImage" Source="/Assets/lock.png" Height="100" Width="100"
           Loaded="lockImage_Loaded"/>
</Border>
```

코드 비하인드 조각

```
using Microsoft.Toolkit.Uwp.UI.Animations;   // Offset().StartAsync()
using Windows.UI.Xaml.Media.Animation;       // EasingMode.EaseInOut

private async void lockImage_Loaded(object sender, RoutedEventArgs e)
{
        await lockImage.Offset(offsetX: -100.0f,
                               offsetY: 0.0f,
                               duration: 1000,
                               easingMode: EasingMode.EaseInOut
                               ).StartAsync();
}
```

4 : 기타

지금까지 디바이스의 종류와 독립적인 UWP 프로그램에 기본적으로 사용할 수 있는 컨트롤 요소들을 예제를 통해 살펴보았습니다.

> **알아두기**
>
> 미니멀리즘(Minimalism)을 유지하며 설명하려고 노력했으나 너무 장황하게 설명했다는 반성을 해봅니다. Menu, Command, TreeView 등 Windows PC에서 기본 컨트롤로 활용

되는 것들에 대한 설명은 하지 않았습니다. UWP를 설계하고 개발한 사람들이 마이크로소프트 출신들이어서 그런지 UWP의 관점이 아니라 많은 부분 Windows PC의 관점에서 디자인되었다고 느껴집니다.

백화점이나 할인점과 같은 거대 마트가 아니라 근처의 조그마한 상점에만 가도 상인들은 판매를 위한 구색을 맞추기 위해 잘 팔리지 않는 상품들도 진열해 놓는다고 합니다. 소프트웨어 개발 도구의 개발자나 판매자도 동일한 판매 전략을 가지고 있는 것으로 보입니다. 판매 시점에는 잘 사용되지 않는 기능이라고 해도 갖춰놓는 것이 유리하니까요. 그러나 제품을 사용하는 단계로 가면 상황이 많이 달라집니다.

불필요한 기능에 의해 꼭 필요한 기능이 부족하기도 하고 불필요한 기능에 의해 꼭 필요한 기능에 부작용(Side Effect)이 생기기도 합니다. 또한 불필요한 기능에 꼭 필요한 기능이 가려 사용에 어려움을 겪기도 하고 불필요한 기능에 의해 꼭 필요한 기능의 유지 보수가 어려워지기도 합니다. 따라서 상점에 가서 판매자들의 전략에 휘말려 지름신의 강림을 받지 않고 현명한 구매를 하는 것이 소비자의 역할인 것과 같이, 개발 도구로부터 꼭 필요한 기능을 찾아 부작용이 적고 유지 보수가 용이하고 사용자가 쉽게 사용할 수 있는 응용 프로그램을 만드는 것은 우리들 응용 프로그램 개발자들의 역할이라고 생각합니다.

여기서 설명되지 않은 컨트롤들에 대한 정보는 인터넷 검색이나 XAML Controls Gallary 앱이나 Windows Community Toolkit Sample App이나 개발 지원 앱들에 연결된 참조 문서 및 Github 사이트 등의 참조를 통해 확보하시기 바랍니다. 그리고 https://docs.microsoft.com/ko-kr/windows/uwp 사이트에 접속하면 UWP에 대한 매우 포괄적이고 방대한 정보를 접할 수 있습니다.

하지만 그 많은 정보들을 모두 읽기는 어렵고 제공되는 정보의 링크를 따라 방황하다 보면 시간은 많이 드는데 얻는 것은 적다는 느낌을 받게 될 것입니다. 그럴 때는 이 책을 처음부터 끝까지 따라 하면서 기본적인 기능과 개념들을 익히고 난 후, 해당 문서들을 주제별로 찾아가면서 학습하기 바랍니다. 관련 정보들이 아주 쉽게 이해되는 마법을 경험하게 될 것입니다.

CHAPTER

UWP 프로그램 예제

지금까지 배운 기본기를 활용해 레고 조각을 맞추어 가듯이 간단한 앱을 개발하면서 UWP 프로그램을 익히겠습니다. 설명보다 실습으로 익히기에 용이해 설명하지 않고 남겨 두었던 기본기를 추가적으로 학습하면서 여러분이 앞에서 이미 공부한 것들을 한 번 더 복습할 수 있도록 구성했으니 잘 따라오기 바랍니다.

1 : SimplePrismBlank 앱 개발하기

SimplePrismBlank 앱은 Prism 프레임워크로 만드는 Blank 프로젝트 유형의 앱으로, 간단한 UWP 앱을 만들어 보면서 실제 프로젝트 환경에서 필요한 기술들을 추가적으로 학습할 수 있도록 구성했습니다.

이 앱은 다음 그림과 같이 처음 기동될 때 3행 3열의 버튼을 보여주며, 상단 헤더 영역에 버튼을 그릴 행과 열의 개수를 입력하고 〈다시 그리기〉 버튼을 누르면 하단의 본문 영역에 지정한 행과 열만큼의 버튼을 동적으로 그려줍니다.

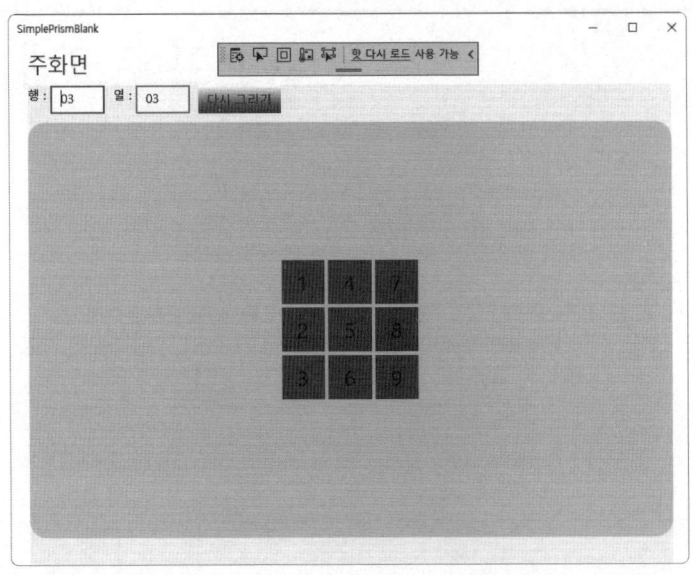

앱을 개발하는 순서는 다음과 같습니다. 우선 XAML 화면을 앞의 예제들처럼 정적으로 만들지 않고 동적으로 생성할 것입니다. XAML 화면은 기본적으로 정적인 코드이기 때문에 프로그램이 실행될 때의 상황을 반영해 화면을 동적으로 구성하지 못합니다. 그러나 프로그래밍을 하다 보면 상황에 맞게 화면을 변경해야 할 때가 있습니다. 이럴 때를 대비해 첫째, ItemsControl 요소를 사용해 데이터 바인딩에 기반한 동적 XAML 화면(Data Driven User Interface)을 생성하는 기술을 알아봅니다.

둘째, 시스템 자원과 로컬 자원을 비주얼 스튜디오의 속성 창에서 선택해 화면의 룩앤드 필(Look & Feel)을 관리하는 방법과 XAML을 사용하지 않고 비주얼 스튜디오의 속성 창에서 마우스 클릭을 사용해 그라데이션 효과를 만드는 방법을 알아보겠습니다.

셋째, 화면의 형태만 동적으로 구성하는 것이 아니라 사용자 정의 객체를 사용해 동적으로 변화하는 화면의 컨트롤 항목에 데이터의 값을 보여주는 방법을 알아봅니다.

넷째, 데이터를 XAML 화면의 형식에 맞게 보여주거나 화면의 오류 메시지를 처리하는 방법 등을 코드를 통해 설명하면서 .NET 기능 확장의 예로 오류 메시지를 음성으로 불러주는 기능을 함께 구현해 볼 것입니다.

끝으로 Windows 운영체제에서 제공하는 다국어 버전의 앱을 만드는 방법을 알아봅니다.

■ **Prism Framework 기반의 새 프로젝트 만들기**

먼저 새 프로젝트를 만듭니다. 비주얼 스튜디오를 새로 시작한 후 [새 프로젝트 만들기]를 클릭해도 되고, 비주얼 스튜디오가 이미 실행 중인 경우는 상단의 [파일] → [새로 만들기] → [프로젝트] 메뉴 항목을 선택합니다.

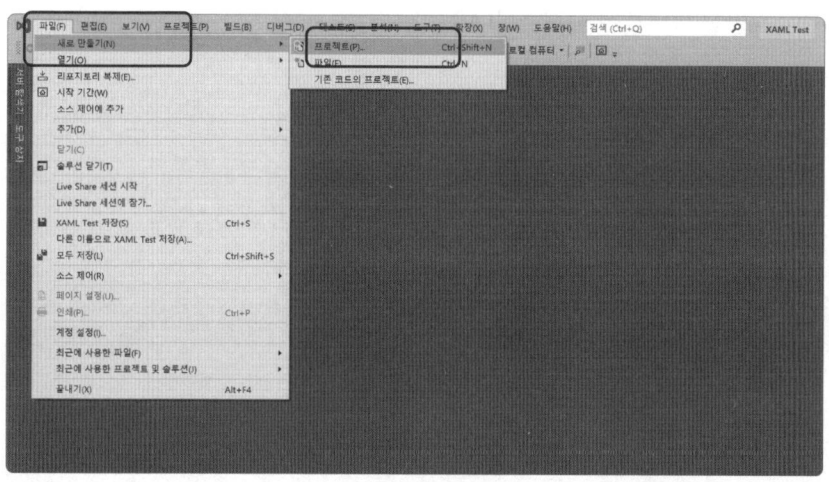

[Windows Template Studio (Universal Windows)] 템플릿을 선택하고 〈다음〉 버튼을 클릭합니다.

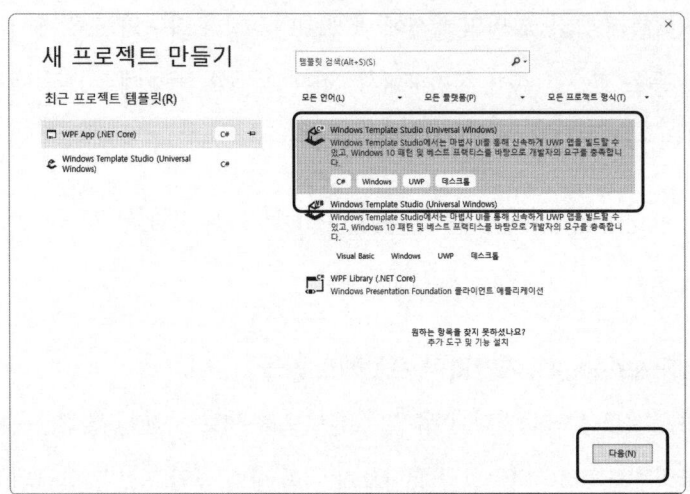

프로젝트 이름을 SimplePrismBlank로 설정하고 프로젝트가 생성될 폴더의 위치를 선택한 후 만들기 버튼을 클릭합니다.

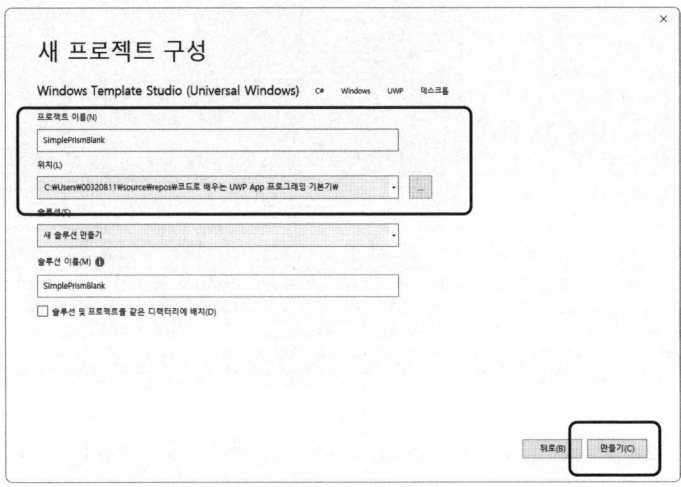

프로젝트 유형을 [Blank]로 설정한 후 〈다음〉 버튼을 클릭합니다.

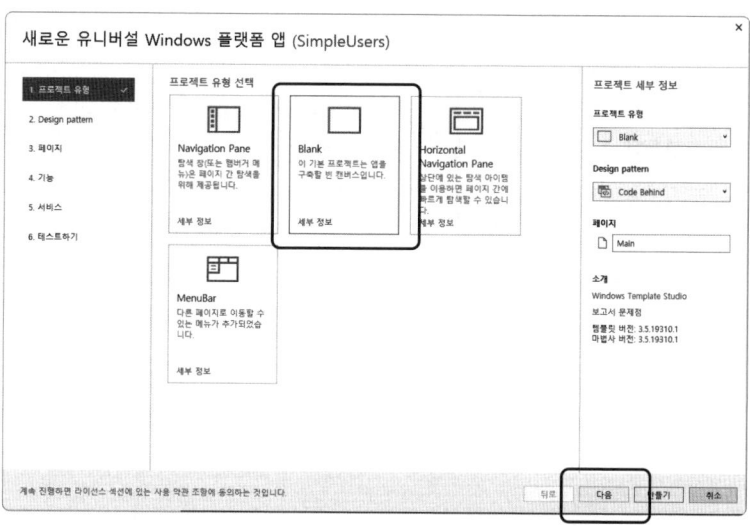

Design Pattern을 [Prism]으로 선택한 후 〈다음〉 버튼을 클릭합니다.

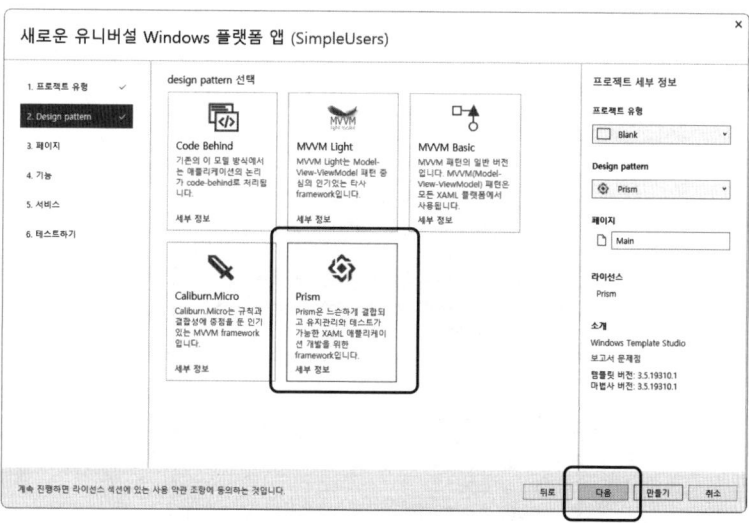

페이지 추가 화면에 Blank가 선택된 것과 페이지 이름이 Main으로 설정된 것을 확인한 후 〈만들기〉 버튼을 클릭해 프로젝트 생성 작업을 완료합니다.

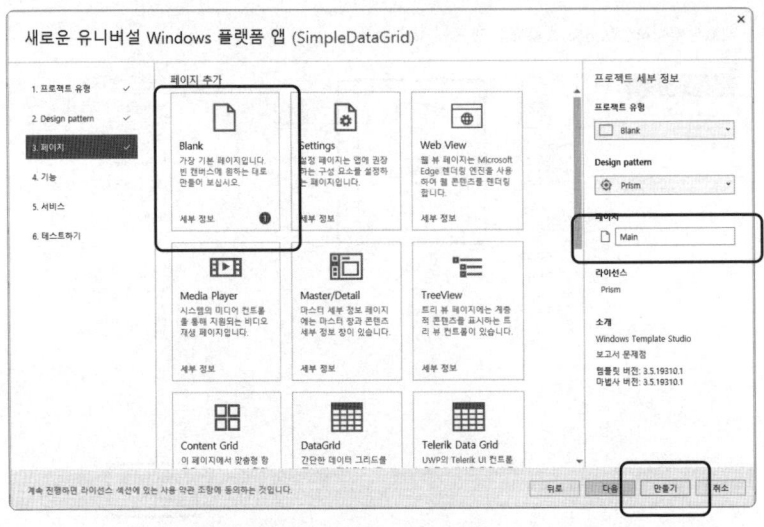

프로젝트가 생성된 후 비주얼 스튜디오의 솔루션 탐색기를 보면 Views와 ViewModels 폴더에 MainPage.xaml과 MainViewModel.cs 파일이 생성되어 있습니다. 프로젝트를 생성할 때 [Blank] 프로젝트 유형을 선택해서 생긴 것입니다. MainPage.xaml 파일 하위에는 코드 비하인드 파일인 MainPage.xaml.cs 파일이 있습니다.

이제 앱을 실행해봅니다. 그러면 다음 그림과 같이 Prism이 제공하는 기본 기능으로 빈 화면이 나오는 것을 확인할 수 있습니다.

■ **MainPage 뷰를 2개의 영역으로 분할하기**

우선 MainPage.xaml 코드에서 화면을 헤더와 본문의 2개 영역으로 분할합니다. 다음 코드와 같이 화면 전체를 사용하기 위해 Grid 요소를 배치하고 Grid를 두 개의 행으로 나누어 상단의 행에는 높이를 Auto로 지정해 하부에 배치되는 컨트롤의 크기로 지정하고 하단의 행은 높이를 지정하지 않아 나머지 전체 공간을 사용했습니다. 헤더 영역은 상단의 제한된 영역에 배치하기 위해 StackPanel로 구성하고 하단은 나머지 영역을 모두 차지하게 배치하도록 다시 Grid를 사용했습니다.

MainPage.xaml

```
생략
<!--
    The SystemControlPageBackgroundChromeLowBrush background represents
    where you should place your content.
    Place your content here.
-->
<Grid>
    <Grid.RowDefinitions>
        <RowDefinition Height="auto"/>
        <RowDefinition/>
    </Grid.RowDefinitions>

    <StackPanel x:Name="headerStackPanel" Grid.Row="0" Orientation="Horizontal">

    </StackPanel>

    <Grid x:Name="bodyGrid" Grid.Row="1">

    </Grid>
</Grid>
생략
```

MainPage 뷰에 헤더 영역 추가하기

이번에는 MainPage 뷰의 헤더에 행과 열을 입력하는 필드와 〈다시 그리기〉 버튼을 추가하겠습니다.

MainPage.xaml

```
생략
<StackPanel x:Name="headerStackPanel" Grid.Row="0" Orientation="Horizontal">
    <TextBlock Text="행 : "/>
    <TextBox Margin="5 0 0 0" Text="{Binding rowCount, Mode=TwoWay}"/>

    <TextBlock Margin="10 0 0 0" Text="열 : "/>
    <TextBox Margin="5 0 0 0" Text="{Binding columnCount, Mode=TwoWay}"/>

    <Button x:Name="drawButton" Margin="10 0 0 0" Content="다시 그리기"/>
</StackPanel>
생략
```

입력 필드의 이름은 TextBlock 요소로, 입력 필드는 TextBox 요소로 구현했습니다. 요소의 크기가 Content의 값에 의해 결정되도록 Width는 지정하지 않습니다. 그리고 첫 번째 요소가 아닌 컨트롤들의 경우 좌측 마진을 각각 5와 10으로 주어 요소들을 적당한 거리를 두고 배치했습니다.

입력 필드를 구성하기 위한 TextBox 요소에 MainViewModel.cs의 rowCount와 columnCount 속성을 데이터 바인딩하고 Mode 속성을 TwoWay로 지정해 값을 주고받습니다. 그리고 〈다시 그리기〉 버튼을 배치했습니다.

이제 앱을 실행해 현재까지 코딩한 결과를 확인해봅니다.

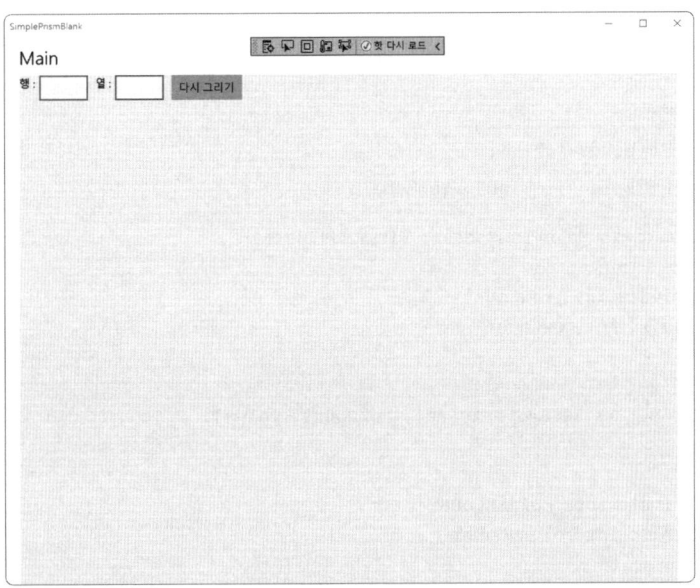

화면 상단의 헤더 영역에 행과 열을 입력하는 필드와 〈다시 그리기〉 버튼이 나타나는 것을 확인할 수 있습니다. 이렇게 의미 있는 코드가 완성될 때마다 앱을 실행시켜 확인해보는 것은 작은 부분부터 조금씩 코딩한 후 제대로 동작하는지 테스트하면서 확장해 가는 테스트 주도 개발(Test Driven Development) 방법입니다.

이와 같은 기법은 레고 블록을 조립할 때 한 조각씩 맞추어 가면서 원하는 모양이 나오는지를 확인하는 방법과 유사합니다. 원하는 모양이 아니라면 레고 조각을 풀어서 다시 맞추듯이 작은 조각의 코딩을 목적에 맞게 수정하면 됩니다.

앱을 실행했다면 이제 행과 열 필드에 초깃값인 3이 나타나게 할 차례라는 것을 알 수 있습니다.

■ 행과 열의 초깃값 지정하기

행과 열의 초깃값은 MainViewModel.cs에 rowCount와 columnCount 속성을 정의한 후 초깃값으로 3을 지정하면 됩니다.

MainViewModel.cs

```
using System;
using Prism.Windows.Mvvm;
namespace SimplePrismBlank.ViewModels
{
    public class MainViewModel : ViewModelBase
    {
        private int _rowCount = 3;
        public int rowCount
        {
            get => _rowCount;
            set => SetProperty(ref _rowCount, value);
        }

        private int _columnCount = 3;
        public int columnCount
        {
            get => _columnCount;
            set => SetProperty(ref _columnCount, value);
        }

        public MainViewModel()
        {
        }
    }
}
```

속성을 정의하는 방법도 매우 기초적이고 직관적입니다. 초깃값을 지정하기 위해 private 변수의 뒤에 = 3과 같은 코드를 추가해 초깃값을 지정합니다. 그럼 앱을 실행해 행과 열 필드에 각각 3이 나타나는지 확인해봅시다.

■ **ItemsControl 요소를 활용한 XAML 요소의 생성**

이제 화면의 본문 영역에 지정한 행과 열의 개수만큼 버튼을 그리는 코드를 작성합니다. XAML 코드에서 초기에 정해진 형태대로 정적으로 화면을 구성하지 않고 속성에 지정된 값을 기반으로 동적으로 화면을 구성할 때는 ItemsControl 요소를 사용합니다. Items, 즉 항목들의 값에 의해 모양이 결정되는 Control이라고 이해하면 됩니다.

화면을 동적으로 구성하기 위해 데이터를 먼저 생성해 놓고 화면을 그려야 하기 때문에 다음과 같이 코딩합니다.

MainViewModel.cs
```
생략
private List<int> _cells = new List<int>();
public List<int> cells
{
    get => _cells;
}

public MainViewModel()
{
    cells.Clear();

    for (int i = 0; i < rowCount; i++)
    {
        for (int j = 0; j < columnCount; j++)
        {
            cells.Add(0);
        }
    }
}
```

cells 속성을 만들어 MainViewModel() 생성자에서 초기화하는 로직입니다. 각각의 버튼은 행과 열을 곱한 개수만큼 나타나야 하기 때문에 for 문장을 사용해 행과 열을 곱한 수만큼 0의 값으로 채워 넣었습니다.

이제는 MainViewModel.cs에서 정의하고 초기화한 속성을 가져다 사용하기 위해 MainPage.xaml을 수정해보겠습니다. 본문 영역으로 준비해둔 Grid 요소에 ItemsControl 요소를 다음과 같이 추가하면 되는데 헤더 영역과 좌측 경계에 적당한 공간을 두고 본문 영역을 배치하기 위해 좌측 Margin과 상단 Margin을 10으로 지정했고 ItemsControl 요소에 앞에서 정의한 데이터를 연결하기 위해 ItemsSource 속성에 cells 속성을 데이터 바인딩했습니다. 이렇게 코딩하면 cells 속성에 포함되는 cell의 개수만큼 ItemsControl 요소 내부를 반복하여 그리게 됩니다.

MainPage.xaml

```
생략
</StackPanel>

<Grid x:Name="bodyGrid" Grid.Row="1">
    <ItemsControl Margin="10 10 0 0" ItemsSource="{Binding cells}">

    </ItemsControl>
</Grid>
생략
```

ItemsControl 요소의 내부를 반복하여 그릴 각 항목이 배치되는 형태는 다음 코드와 같이 〈ItemsControl.ItemsPanel〉 속성 요소를 사용해 정의합니다. 반복하여 그릴 각각의 Item, 즉 항목이 어떻게 보이는지는 다음 코드와 같이 〈ItemsControl.ItemTemplate〉 속성 요소를 사용해 정의하며 각각의 속성 요소들의 모양은 〈ItemsPanelTemplate〉과 〈DataTemplate〉 속성으로 결정합니다.

MainPage.xaml

```
생략
<Grid x:Name="bodyGrid" Grid.Row="1">
    <ItemsControl Margin="10 10 0 0" ItemsSource="{Binding cells}">
        <ItemsControl.ItemsPanel>
            <ItemsPanelTemplate>

            </ItemsPanelTemplate>
        </ItemsControl.ItemsPanel>

        <ItemsControl.ItemTemplate>
            <DataTemplate>

            </DataTemplate>
        </ItemsControl.ItemTemplate>
    </ItemsControl>
</Grid>
생략
```

ItemsControl 요소의 내부의 배치를 결정하는 ItemsPanel은 반복하여 그려야 하기 때문에 〈ItemsPanelTemplate〉 요소는 안에는 다시 ItemsWrapGrid 요소를 배치합니다.

요소의 이름과 같이 항목들을 Wrap 즉, 줄을 넘겨가며 배치하는 Grid 요소인데 값을 수평으로 순차적으로 보여주도록 Orientation 속성에 Horizontal 값을 지정했습니다. 그리고 MaximumRowsOrColumns 속성은 데이터 바인딩으로 columnCount 속성의 값을 가져다 사용하게 했습니다. 그래서 열의 수만큼 수평으로 항목들을 배치한 후 줄을 넘겨서 다음 줄에 항목들을 순차적으로 배치하게 됩니다. 만약에 Orientation 속성에 Vertical 값을 지정했다면 데이터 바인딩을 columnCount 대신 rowCount로 하여야 합니다. 대신 항목들이 그려질 때 좌에서 우로 나타나면서 아래로 줄이 넘어가는 것이 아니라 위에서 아래로 나타나면서 줄이 오른쪽으로 넘어가게 됩니다.

〈DataTemplate〉 요소의 안은 매우 단순하게 코딩되는데 항목의 수만큼 버튼을 보여줄 것이기 때문에 버튼 요소를 배치하고 Margin에 2를 지정하여 버튼의 좌상우하에 각각 2 독립 단위만큼의 공란이 나타나도록 했습니다.

MainPage.xaml

```
생략
<Grid x:Name="bodyGrid" Grid.Row="1">
    <ItemsControl Margin="10 10 0 0" ItemsSource="{Binding cells}">
        <ItemsControl.ItemsPanel>
            <ItemsPanelTemplate>
                <ItemsWrapGrid Orientation="Horizontal" MaximumRowsOrColumns="{Binding columnCount}" />
            </ItemsPanelTemplate>
        </ItemsControl.ItemsPanel>

        <ItemsControl.ItemTemplate>
            <DataTemplate>
                <Button Margin="2" Width="50" Height="50" Background="Green"/>
            </DataTemplate>
        </ItemsControl.ItemTemplate>
    </ItemsControl>
</Grid>
생략
```

이제 앱을 실행해보면 다음 그림과 같이 3행 3열의 초록색 버튼이 동적으로 생성되는 것을 확인할 수 있습니다.

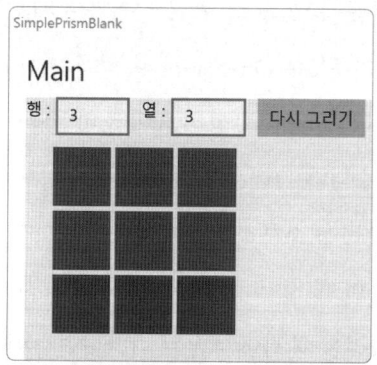

이제는 행과 열 필드의 값을 수정한 후 다시 그리기 버튼을 누르면 수정한 행과 열에 맞게 버튼이 다시 그려지게 하기 위하여 코드를 수정해봅니다.

먼저 다음 코드와 같이 MainPage 뷰의 〈다시 그리기〉 버튼에 Click 이벤트의 이벤트 핸들러를 지정합니다.

MainPage.xaml

```
생략
    <TextBox Margin="5 0 0 0" Text="{Binding columnCount, Mode=TwoWay}"/>
    <Button x:Name="drawButton" Margin="10 0 0 0" Content="다시 그리기"
                                                Click="drawButton_Click"/>
</StackPanel>
생략
```

MainViewModel() 생성자에서 cells 속성에 값을 지정하는 로직을 newGame() 메소드로 분리한 후 생성자에서 newGame() 메소드를 호출합니다. newGame() 메소드는 코드 비하인드에서 호출하여 사용할 것이기 때문에 public 메소드로 정의했습니다. 이것만으로 로직이 충분할 것 같은데 여기까지만 코딩하면 바뀐 cells 속성의 개수만큼 버튼이 나타나지 않습니다.

이유는 뷰모델에서 속성의 값이 변경된 다음 뷰에 그 정보를 전달해 주지 않기 때문인데 바뀐 정보를 뷰에 전달하기 위해서는 List 클래스를 ObservableCollection 클래스로 변경해야 합니다.

MainViewModel.cs

```
생략
//private List<int> _cells = new List<int>();
//public List<int> cells
private ObservableCollection<int> _cells = new ObservableCollection<int>();
public ObservableCollection<int> cells
{
    get => _cells;
}

public MainViewModel()
{
```

```
    newGame();
}

public void newGame()
{
    cells.Clear();

    for (int i = 0; i < rowCount; i++)
    {
        for (int j = 0; j < columnCount; j++)
        {
            cells.Add(0);
        }
    }
}
```

알아두기

앞에서 Data Context에 대하여 설명할 때, INotifyPropertyChanged 인터페이스의 상속을 받아 구현하고 있는 객체를 Data Context로 사용할 수 있고 뷰모델에는 프레임워크에 의하여 INotifyPropertyChanged 인터페이스가 구현되어 있기 때문에 특별한 코딩 없이 데이터 바인딩을 사용할 수 있다고 설명했습니다. ObservableCollection 객체는 이와 유사하게 INotifyCollectionChanged 인터페이스가 구현되어 있기 때문에 Collection 객체의 내용이 바뀔 때 뷰에 반영되어 보이는 것입니다. List 객체에는 INotifyCollectionChanged 인터페이스가 구현되어 있지 않으므로 List Collection 객체의 내용이 변경되어도 뷰에 반영되어 나타나지 않습니다. 그러면 비주얼 스튜디오의 "정의로 이동" 기능을 사용하여 ObservableCollection 클래스가 INotifyPropertyChanged나 INotifyCollectionChanged 인터페이스를 상속받아 구현하고 있는지 알아봅시다. ObservableCollection 위에 마우스 커서를 놓고 〈F12〉 키를 눌러봅시다. 그러면 다음 그림과 같이 INotifyPropertyChanged나 INotifyCollectionChanged 인터페이스를 상속받아 구현하고 있는 것을 확인할 수 있습니다. 객체의 값이 변경될 때 뷰에 반영하는 기능을 수행하기 위한 PropertyChanged 이벤트도 함께 정의되고 있습니다.

```
namespace System.Collections.ObjectModel
{
    public class ObservableCollection<T> : Collection<T>, INotifyCollectionChanged, INotifyPropertyChanged
    {
        public ObservableCollection();
        public ObservableCollection(List<T> list);
        public ObservableCollection(IEnumerable<T> collection);

        public event NotifyCollectionChangedEventHandler CollectionChanged;
        protected event PropertyChangedEventHandler PropertyChanged;

        public void Move(int oldIndex, int newIndex);
        protected IDisposable BlockReentrancy();
        protected void CheckReentrancy();
        protected override void ClearItems();
        protected override void InsertItem(int index, T item);
        protected virtual void MoveItem(int oldIndex, int newIndex);
        protected virtual void OnCollectionChanged(NotifyCollectionChangedEventArgs e);
        protected virtual void OnPropertyChanged(PropertyChangedEventArgs e);
        protected override void RemoveItem(int index);
        protected override void SetItem(int index, T item);
    }
}
```

ViewModel의 경우 상속받고 있는 ViewModelBase 클래스에서 〈F12〉 키를 누른 후 ViewModelBase가 상속받고 있는 BindableBase 클래스에 마우스 커서를 놓고 다시 한번 F12 기능키를 눌러 보기 바랍니다. 그러면 다음 화면과 유사한 형태로 INotifyPropertyChanged 인터페이스를 상속받아 구현하고 있는 것을 알 수 있습니다.

```
namespace Prism.Mvvm
{
    public abstract class BindableBase : INotifyPropertyChanged
    {
        protected BindableBase();

        public event PropertyChangedEventHandler PropertyChanged;

        protected virtual void OnPropertyChanged([CallerMemberName] string propertyName = null);
        protected virtual void OnPropertyChanged(PropertyChangedEventArgs args);
        protected virtual void OnPropertyChanged<T>(Expression<Func<T>> propertyExpression);
        protected void RaisePropertyChanged([CallerMemberName] string propertyName = null);
        protected virtual bool SetProperty<T>(ref T storage, T value, [CallerMemberName] string pro
        protected virtual bool SetProperty<T>(ref T storage, T value, Action onChanged, [CallerMemb
    }
}
```

MainPage 뷰의 코드 비하인드에 〈다시 그리기〉 버튼의 Click 이벤트 핸들러를 추가하여 정의합니다. 이벤트 핸들러에서 수행하는 로직은 뷰모델의 newGame() 메소드를 실행하는 것입니다. ViewModel.newGame()와 같이 뷰모델의 메소드를 호출할 수 있는 것은 코드 비하인드의 상단에 private MainViewModel ViewModel => DataContext as MainViewModel; 문장이 있어 ViewModel 객체 변수에 DataContext로 넘어오는 MainViewModel의 값을 할당해 놓았기 때문입니다.

291

MainPage.xaml.cs

```
private void drawButton_Click(object sender, Windows.UI.Xaml.RoutedEventArgs e)
{
    ViewModel.newGame();
}
```

이제 앱을 실행하여 행과 열의 값을 수정한 후 〈다시 그리기〉 버튼을 클릭해봅니다. 원하는 행과 열만큼의 버튼이 동적으로 화면에 나타나는 것을 알 수 있습니다.

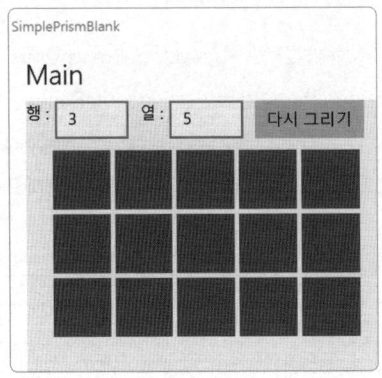

■ 시스템 자원 적용하기

앱을 작성하다 보면 시스템이 제공하는 색상이나 배경이나 글꼴 등을 사용해야 할 때가 있습니다. 이럴 때는 사전에 정의되어 제공되는 시스템 자원을 선택하여 사용하면 됩니다. 이 예제에서는 버튼에 나타나는 문자의 색을 강조해보겠습니다.

우선 MainPage 뷰의 XAML 편집기에서 다시 그리기 Button 요소에 마우스 커서를 놓은 후 다음 그림과 같이 속성 창에서 [브러시] → [Foreground]를 선택합니다. 그리고 하단에 나타나는 아이콘 중에서 브러시 리소스 아이콘을 선택합니다. 그 후 하단에 나타나는 시스템 Brush 리소스 목록에서 SystemColorHotlightColor 시스템 리소스를 선택합니다.

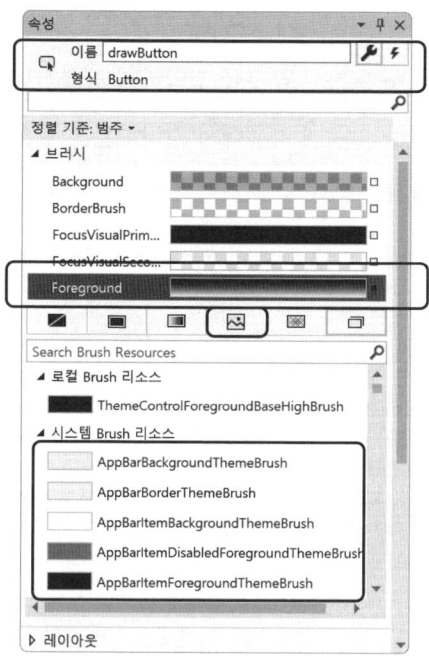

속성 창에서 작업한 내역들은 다음 코드와 같이 MainPage 뷰에 XAML 코드로 반영됩니다. ThemeResource 마크업 확장으로 로컬 자원을 가져가 사용하는 것을 확인할 수 있습니다.

MainPage.xaml

```
생략
<Button x:Name="drawButton" Margin="10 0 0 0" Content="다시 그리기"
        Click="drawButton_Click"
        Foreground="{ThemeResource SystemColorHotlightColor}"/>
생략
```

■ 로컬 자원 적용하기

버튼의 글자 색상을 시스템 자원에서 가져다 사용해보았습니다. 이번에는 앱의 로컬 자원을 정의하여 사용해보겠습니다.

앞에서 XAML의 자원을 설명할 때, 자원은 계층적으로 정의하여 사용할 수 있으며 가능한 한 적용할 요소가 가까운 곳에 정의하여 사용한다고 설명했습니다. 그런데 여기서 말하는 로컬 자원은 앱 차원에서 정의하는 자원으로 솔루션 탐색기에서 Styles 폴더 하위에 정의된 XAML 파일에 추가하면 됩니다.

Styles_Colors.xaml

```
<ResourceDictionary
    xmlns="http://schemas.microsoft.com/winfx/2006/xaml/presentation"
    xmlns:x="http://schemas.microsoft.com/winfx/2006/xaml">
    <SolidColorBrush x:Key="ThemeControlForegroundBaseHighBrush"
           Color="{ThemeResource SystemBaseHighColor}"></SolidColorBrush>
    <SolidColorBrush x:Key="ThemeControlButtonBackgroundBrush"
              Color="LightGreen "></SolidColorBrush>
</ResourceDictionary>
```

색상을 관리하는 자원이니 _Colors.xaml 파일에 자원을 정의합니다. 다음 코드와 같이 자원을 불러다 사용하기 위한 이름인 x:Key 속성으로 ThemeControlButtonBackgroundBrush를 지정하고 본문 영역의 버튼을 녹색으로 그렸으니 룩 앤 필을 녹색 계통으로 유지하기 위해 Color 속성을 LightGreen으로 지정했습니다.

속성 창을 이용하여 로컬 자원을 가져다 사용하는 방법은 시스템 자원을 가져가 사용하는 방법과 거의 유사합니다. 다음 그림과 같이 [시스템 Brush 리소스]에서 선택하지 않고 [로컬 Brush 리소스]에서 선택하는 것이 다릅니다. 로컬 자원은 버튼 글자의 색이 아니라 배경색을 지정할 때 사용할 것이기 때문에 속성 창에서 [브러시] → [Background]를 선택한 후에 하단에 나타나는 아이콘 중에서 브러시 리소스 아이콘을 선택하고 하단의 [로컬 Brush 리소스] 목록에서 _Colors.xaml에 정의한 [[ThemeControlButtonBackgroundBrush] 로컬 자원을 선택합니다.

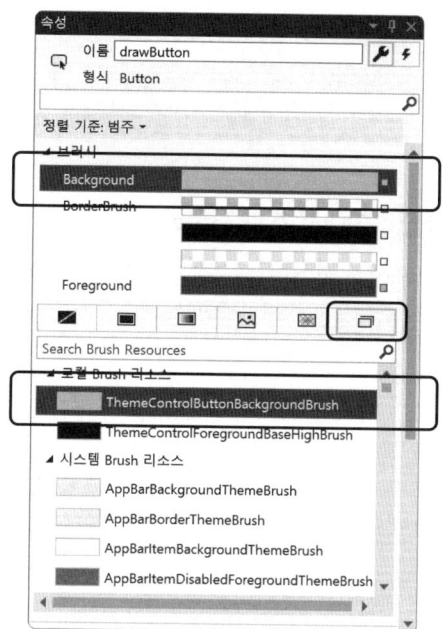

속성 창에서 작업한 내역들은 다음 코드와 같이 MainPage 뷰에 XAML 코드로 반영됩니다. StaticResource 마크업 확장으로 로컬 자원을 가져가 사용하는 것을 확인할 수 있습니다.

MainPage.xaml

```
생략
<Button x:Name="drawButton" Margin="10 0 0 0" Content="다시 그리기"
    Click="drawButton_Click" Foreground="{ThemeResource SystemColorHotlightColor}"
    Background="{StaticResource ThemeControlButtonBackgroundBrush}"/>
생략
```

이제 앱을 실행해봅니다. 버튼 글자색과 배경색이 원하는 지정한대로 바뀌어 나타나는 것을 확인할 수 있습니다.

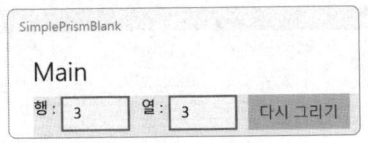

■ 속성 창을 사용하여 그라데이션 효과 지정하기

버튼의 배경색을 로컬 자원에서 가져와 사용해보았습니다. 이번에는 버튼의 배경색에 그라데이션 효과를 지정합니다.

다시 그리기 버튼에 마우스 커서를 위치시키고 속성 창에서 [브러시] → [Background]를 선택합니다. 그리고 하단에 나타나는 아이콘 중에서 [그라데이션 브러시] 아이콘을 선택합니다. 그러면 하단에 그라데이션을 설정할 수 있는 편집기 화면이 나타납니다. 그라데이션 편집기 화면의 상단은 일반적인 색상표이고 편집기의 하단이 그라데이션 정보를 시각적으로 표시합니다.

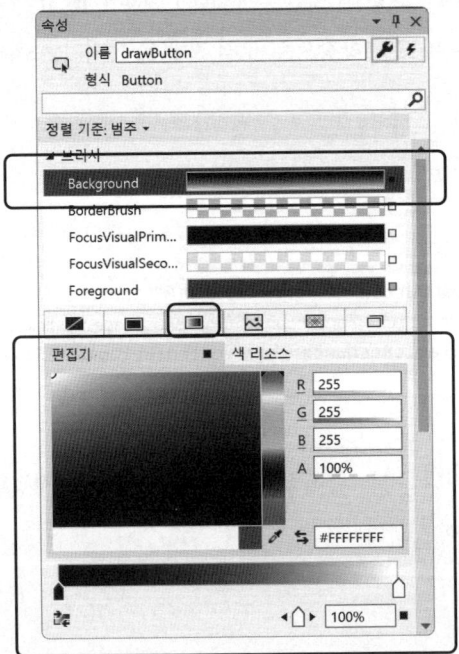

그라데이션 편집기의 하단을 보면 다음과 같이 생겼는데 비주얼 스튜디오가 그라데이션의 시작 색상을 하얀색으로 그라데이션의 종료 색상을 검은색으로 지정해 놓은 것을 알 수 있습니다.

우리는 초록색 룩 앤드 필을 사용할 것이기 때문에 시작 색상은 하얀색을 그대로 유지하고 종료 색상을 초록색으로 지정합니다. 그렇게 하기 위하여 우측 하단의 검은색 오각형 아이콘을 마우스로 클릭한 후 상단의 색상표에서 초록색을 선택해 보기 바랍니다. 그러면 다음 화면과 같이 그라데이션 편집기의 하단이 변경됩니다.

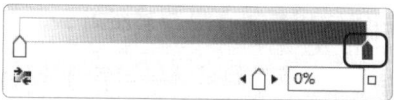

그리고 다시 그리기 버튼의 XAML 코드가 다음과 같이 변경되는 것을 확인할 수 있습니다. Button 요소 안에 있던 Background 속성은 사라지고 Button.Background 속성 요소가 생겨나고 그 하부에 그라데이션을 하기 위한 XAML 코드가 생성되어 있습니다. StartPoint가 0,5,0이고 EndPoint가 0,5,1로 지정되어 있어 버튼의 상단에서 하단으로 시작 색상이 하얀색이고 종료 색상이 초록색인 그라데이션이 이루어지게 됩니다.

MainPage.xaml

```
<Button x:Name="drawButton" Margin="10 0 0 0" Content="다시 그리기"
    Click="drawButton_Click" Foreground="{ThemeResource SystemColorHotlightColor}">
    <Button.Background>
        <LinearGradientBrush EndPoint="0.5,1" StartPoint="0.5,0">
            <GradientStop Color="Green" Offset="1"/>
            <GradientStop Color="White"/>
        </LinearGradientBrush>
    </Button.Background>
</Button>
```

이제 그라데이션 효과를 확인하기 위하여 앱을 실행해 보면 예상하는 것과 같이 그라데이션 효과가 〈다시 그리기〉 버튼에 적용되는 것을 확인할 수 있습니다.

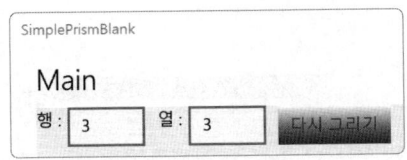

속성 창을 사용하여 그라데이션을 쉽게 생성한 후에는 XAML 코드를 사용하여 세부적으로 그라데이션을 지정하면 그라데이션을 조금 더 섬세하게 지정할 수 있습니다. 그라데이션 색상을 변경하거나 그라데이션 되는 위치를 변경하는 것 등은 여러분 스스로 XAML 코드를 변경해 가며 코딩하기 바랍니다.

■ 본문의 반복되어 나타나는 버튼에 숫자 출력하기

이번에는 앱의 본문 영역에 반복하여 나타나는 버튼에 정보를 추가하여 보여주도록 코드를 수정할 것입니다. 실제 업무 환경에서는 더 복잡한 정보를 보여줄 수 있겠지만, 여기서는 데이터를 표시하는 기법을 배우는 것이 목적이므로 간단히 버튼이 생성되는 순서대로 숫자가 나타나게 해보겠습니다.

MainViewModel.cs에서 반복하여 출력될 버튼에 대응되는 속성으로 cells를 사용한 것을 기억하지요? cells는 int 타입의 Collection 객체였는데 이것을 버튼에 보여줄 숫자를 저장하는 객체들의 Collection 객체로 다시 정의해야 합니다.

우선 솔루션 탐색기에서 Core 프로젝트의 Models 폴더 안에 Cell이라는 클래스를 다음 그림과 같이 추가합니다.

비주얼 스튜디오가 기본으로 생성해준 Cell 클래스에 다음과 같은 코드를 추가합니다. cellNumber를 보관하기 위한 읽기 전용 속성을 하나 만들고 생성자에서 cellNumber 속성에 값을 넣어 초기화해주는 아주 단순한 클래스입니다. Cell 클래스를 다른 네임스페이스에서 사용해야 하기 때문에 사용할 때 CS0051 문법 오류를 피하기 위하여 class를 public으로 지정해야 합니다.

Models\Cell.cs

```
using System;
using System.Collections.Generic;
using System.Linq;
using System.Text;
using System.Threading.Tasks;

namespace SimplePrismBlank.Core.Models
{
    public class Cell
    {
        private int _cellNumber;
```

```
        public int cellNumber
        {
            get => _cellNumber;
        }

        public Cell(int cellNumber)
        {
            _cellNumber = cellNumber;
        }
    }
}
```

Cell 객체를 생성했으니 MainViewModel.cs에서 cells 속성을 Cell 클래스를 사용하도록 수정합니다.

코드를 이해하는 것은 아주 쉽고 직관적입니다. 정의된 Cell 클래스를 사용하도록 using 선언문을 추가하고 cells 속성의 클래스를 int에서 Cell로 변경하면 됩니다.

MainViewModel.cs

```
생략
using SimplePrismBlank.Core.Models;

(중략)

//private List<int> _cells = new List<int>();
//public List<int> cells
//private ObservableCollection<int> _cells = new ObservableCollection<int>();
//public ObservableCollection<int> cells
private ObservableCollection<Cell> _cells = new ObservableCollection<Cell>();
public ObservableCollection<Cell> cells
{
    get => _cells;
}
생략
```

그리고 newGame() 메소드에서 cells 속성을 초기화시켜주는 로직을 Cell 클래스를 사용하도록 수정합니다. cellNumber를 1씩 증가시키기 위하여 변수를 정의했고 cells Collection 속성에 값을 추가할 때 new 키워드를 활용하여 Cell 클래스의 생성자를 호출했습니다. 이렇게 cells Collection 속성을 생성하면 각각의 구성 항목인 cell들은 1부터 항목의 개수만큼 증가한 cellNumber를 가진 객체들로 구성되게 됩니다.

MainViewModel.cs

```
생략
public void newGame()
{
    int cellNumber = 0;

    cells.Clear();

    for (int i = 0; i < rowCount; i++)
    {
        for (int j = 0; j < columnCount; j++)
        {
            //cells.Add(0);
            cellNumber++;
            cells.Add(new Cell(cellNumber));
        }
    }
}
생략
```

cells 속성이 Cell 사용자 정의 객체를 사용하도록 수정했으니 테스트 주도 개발 원칙에 따라 프로그램의 수정이 앱에 부작용을 유발하지는 않는지 실행해봅니다. 이전과 동일하게 앱이 실행되는 것을 확인할 수 있을 것입니다. 이제 cell Collection 속성을 구성하는 항목들에 저장된 cellNumber가 본문의 버튼에 나타나도록 수정합니다.

우선 MainPage 뷰에서 앞에서 정의한 Cell 객체를 사용할 수 있도록 Page 요소에 localObject 네임스페이스를 선언합니다.

```xml
MainPage.xaml

<Page
    x:Class="SimplePrismBlank.Views.MainPage"
    xmlns="http://schemas.microsoft.com/winfx/2006/xaml/presentation"
    xmlns:x="http://schemas.microsoft.com/winfx/2006/xaml"
    xmlns:d="http://schemas.microsoft.com/expression/blend/2008"
    xmlns:mc="http://schemas.openxmlformats.org/markup-compatibility/2006"
    Style="{StaticResource PageStyle}"
    xmlns:prismMvvm="using:Prism.Windows.Mvvm"
    xmlns:localObject="using:SimplePrismBlank.Core.Models"
    prismMvvm:ViewModelLocator.AutoWireViewModel="True"
    mc:Ignorable="d">
생략
```

그 후 본문의 버튼들이 보여줄 글자를 의미하는 Content 속성을 보여줄 때 사용할 DataTemplate 자원을 계층상 가장 가까운 Grid Layout 요소에 정의한 후 DataTemplate을 버튼의 ContentTemplate 속성에 지정하면 됩니다.

ItemsControl.ItemTemplate 속성 요소에서 사용하는 DataTemplate은 ItemsControl을 구성하는 cells Collection 속성을 데이터로 보여주기 위한 Template이고 Grid의 자원으로 정의한 DataTemplate은 cells Collection 속성을 구성하는 하나의 Cell 객체 항목을 보여주기 위한 Template이라는 것은 코드에서 명확하게 알 수 있습니다. DataTemplate 이라는 용어가 동일하다고 두 개를 혼동하면 안 됩니다.

cellNumber 자원을 정의할 때 x:DataType="localObject:Cell"와 같이 지정한 것은 항목의 형태가 localObject 네임스페이스에 정의된 Cell 클래스라는 것을 명시적으로 알려 주는 코드입니다. Data Type을 번역하면 데이터 타입이 되고 Class는 객체 타입으로 번역하면 적절하다고 앞에서 언급한 이유를 알겠지요? 객체 타입 즉 클래스도 일종의 데이터 타입입니다. DataTemplate은 TextBlock 요소 하나로 구성되는데 Text 속성에 Cell 클래스의 속성 요소인 cellNumber를 데이터 바인딩하여 Cell의 번호를 출력하도록 DataTemplate을 구성했습니다.

버튼에서 정의된 자원을 가져다 사용할 때에는 다음 코드와 같이 ContentTemplate 속성에 StaticResource로 지정하면 됩니다.

MainPage.xaml

```xml
<Grid x:Name="bodyGrid" Grid.Row="1">
    <Grid.Resources>
        <DataTemplate x:Key="cellNumber" x:DataType="localObject:Cell">
            <TextBlock Text="{x:Bind cellNumber}"
                       FontSize="24pt"
                       VerticalAlignment="Center"
                       HorizontalAlignment="Center"/>
        </DataTemplate>
    </Grid.Resources>

    <ItemsControl Margin="10 10 0 0" ItemsSource="{Binding cells}">
        <ItemsControl.ItemsPanel>
            <ItemsPanelTemplate>
                <ItemsWrapGrid Orientation="Horizontal"
                               MaximumRowsOrColumns="{Binding columnCount}" />
            </ItemsPanelTemplate>
        </ItemsControl.ItemsPanel>

        <ItemsControl.ItemTemplate>
            <DataTemplate>
                <Button Margin="2" Width="50" Height="50" Background="Green"
                        ContentTemplate="{StaticResource cellNumber}"/>
            </DataTemplate>
        </ItemsControl.ItemTemplate>
    </ItemsControl>
</Grid>
```

이제 앱의 실행 화면을 확인하면 Cell의 번호가 버튼에 나타나는 것을 확인할 수 있습니다.

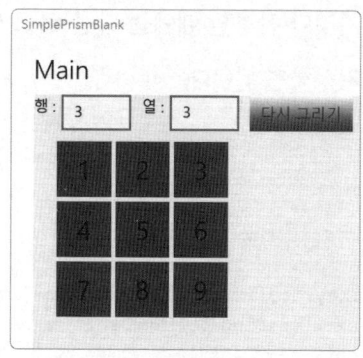

■ **본문에 반복되는 버튼의 출력 순서 바꾸기**

버튼에 숫자가 나타나는 것을 보기 전에는 동적으로 화면을 구성할 때 데이터가 화면에 하나의 컨트롤로 대응되어 나타나는 것은 알 수 있었지만 데이터가 화면에 나타나는 순서를 알 수가 없었습니다. 데이터의 내용을 컨트롤에 나타나게 하니 어떤 컨트롤이 어느 데이터에 대응되는지 알 수 있게 되었습니다. 이렇게 데이터와 컨트롤을 대응시켜 화면을 구성하는 것이 ItemsControl.ItemsPanel 속성 요소가 하는 일로 데이터 하나를 나타내는 형태를 제어하는 ItemsControl.ItemTemplate 속성 요소와의 차이점입니다.

그럼 데이터를 수평 방향으로 보여주던 것을 수직 방향으로 보여주도록 코드를 수정하면서 ItemsControl.ItemsPanel 속성 요소와 ItemsPanel의 구성 방식의 하나인 ItemsWrapGrid 요소에 대하여 더 알아보겠습니다.

데이터의 항목을 좌에서 우로 나타나게 하면서 한 줄을 모두 채우면 다음 줄로 넘어가게 해주는 것이 ItemsWrapGrid 요소의 역할이라는 것을 코드와 실행 결과를 보며 이해했을 것입니다. Orientation 속성이 Horizontal로 되어 있으니 수평으로 컨트롤을 나열하고 MaximumRowsOrColumns 속성을 columnCount로 데이터 바인딩했기 때문에 열의 수만큼 수평으로 데이터의 항목들을 순서대로 나열한 후 다음 줄로 넘어간 것입니다.

다음 코드와 같이 Orientation 속성을 Vertical로 수정하고 MaximumRowsOrColumns 속성에 rowCount를 데이터 바인딩해 봅니다.

MainPage.xaml

```
생략
<ItemsControl.ItemsPanel>
    <ItemsPanelTemplate>
        <!--<ItemsWrapGrid Orientation="Horizontal"
                        MaximumRowsOrColumns="{Binding columnCount}"/>-->
        <ItemsWrapGrid Orientation="Vertical"
                        MaximumRowsOrColumns="{Binding rowCount}"/>
    </ItemsPanelTemplate>
</ItemsControl.ItemsPanel>
생략
```

그리고 앱을 다시 실행합니다. cellNumber가 좌에서 우로 나타나며 아래로 줄을 넘기던 것이 상에서 하로 나타나며 우측으로 줄을 넘기는 것을 확인할 수 있습니다.

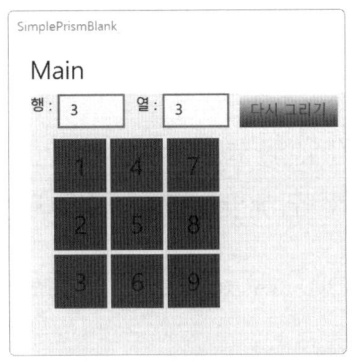

그런데 행과 열의 값이 같아서 행과 열의 개수가 제대로 반영되는지 확인하기 어렵습니다. 행의 값을 4로 수정하여 〈다시 그리기〉 버튼을 클릭해봅니다. 이제 제대로 동작하는 것이 확인됩니다.

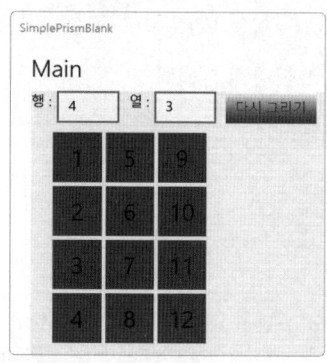

ItemsControl.ItemsPanel 속성 요소는 화면의 구성을 제어하기 위한 ItemsPanelTemplate 요소로 ItemsWrapGrid 요소 외에 데이터의 항목을 순서대로 보여주는 ItemsStackPanel 요소를 추가로 가지고 있습니다.

■ **행과 열 필드의 값을 주어진 형식에 맞게 출력하기**

이번에는 행과 열 필드의 값이 특정 형식에 맞게 출력되도록 만들어보겠습니다. 아주 간단한 형식을 사용할 것인데 숫자는 항상 두 자리로 출력되도록 할 것입니다. 즉, 3은 '03', 9는 '09'로 나타나게 하는 것입니다.

이와 같은 기능을 구현하기 위해서는 IValueConverter라는 인터페이스를 상속받는 Value Converter 객체를 만든 후 데이터 바인딩을 할 요소에 연결해야 합니다.

우선 솔루션 탐색기에서 Value Converters라는 폴더를 만들고 그 안에 TwoDigitsFormat 이라는 클래스를 추가합니다.

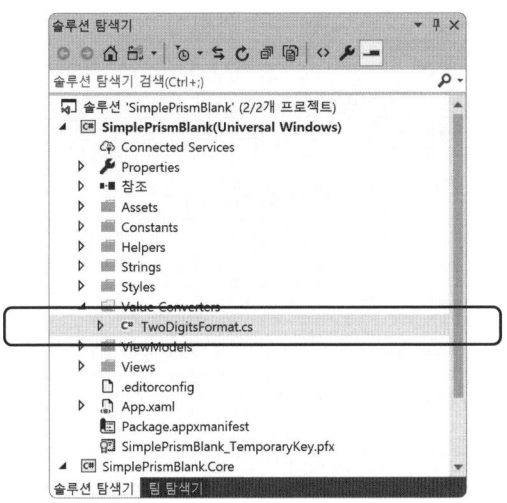

비주얼 스튜디오가 기본 값으로 생성한 클래스에 IValueConverter를 상속받는 코드를 추가합니다. IValueConverter 인터페이스를 사용하려면 using 선언문으로 Windows.UI.Xaml.Data 네임스페이스를 사용하겠다고 선언해야 합니다. 오류가 나는 곳에 마우스 커서를 올리고 〈Ctrl〉+〈.〉 키를 누르면 비주얼 스튜디오의 도움을 받아 쉽게 using 선언문을 추가할 수 있습니다.

Value Converters₩TwoDigitsFormat.cs

```
using System;
using System.Collections.Generic;
using System.Linq;
using System.Text;
using System.Threading.Tasks;
using Windows.UI.Xaml.Data;

namespace SimplePrismBlank.Value_Converters
{
    class TwoDigitsFormat : IValueConverter
    {
    }
}
```

IValueConverter를 상속받은 후 구현하기 위해서 필요한 메소드들이 있는데 어떤 메소드들을 반드시 구현해야 하는지는 비주얼 스튜디오가 다음 그림과 같이 보여줍니다. 다음 화면을 보면 Convert 메소드와 ConvertBack 메소드를 정의해야 한다고 되어 있고 필요한 메소드의 인자들까지 알 수 있습니다.

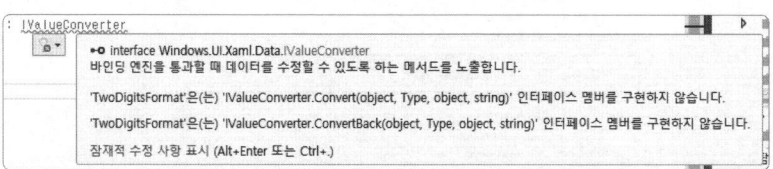

그럼 비주얼 스튜디오가 알려 주는 대로 2개의 메소드를 구현하겠습니다. 이름에서 직관적으로 알 수 있는 것과 같이 Convert는 뷰모델의 속성 값을 뷰의 요소에 출력하도록 변환하는 역할을 하고 ConvertBack 메소드는 그 반대의 역할을 합니다.

그런데 비주얼 스튜디오가 알려주는 것만 가지고는 코드를 완성할 수가 없습니다. 이럴 때는 인터넷 검색을 하면 메소드의 원형만이 아니라 코드의 예제까지 구할 수 있습니다. 인터넷 검색한 내역을 참조하여 다음 코드와 같이 구현해봅니다. 두 메소드의 첫 번째 인자인 value가 변환을 통하여 입력으로 들어오는 인자이고 변환된 값은 return 키워드를 통하여 돌려줍니다. Converter의 입장에서 입력될 값과 반환해 줄 값의 타입을 모르기 때문에 object 타입의 메소드 원형을 가집니다. 그래도 ConvertBack 메소드의 경우 특별한 변환을 필요로 하지 않기 때문에 입력으로 넘어온 value 값을 반환했습니다.

> **Value Converters₩TwoDigitsFormat.cs**
>
> ```
> using System;
> using System.Collections.Generic;
> using System.Linq;
> using System.Text;
> using System.Threading.Tasks;
> using Windows.UI.Xaml.Data;
> ```

```
namespace SimplePrismBlank.Value_Converters
{
    class TwoDigitsFormat : IValueConverter
    {
      public object Convert(object value, Type targetType, object parameter, string culture)
      {
          return String.Format("{0:00}",(int)value);
      }

      public object ConvertBack(object value, Type targetType, object parameter, string culture)
      {
          return value;
      }
    }
}
```

Value Converter 객체가 완성되었으니 데이터 바인딩을 할 요소에 연결해보겠습니다.

우선 MainPage 뷰에서 앞에서 개발된 Value Converter 객체를 사용할 수 있도록 Page 요소에 localConverter 네임스페이스를 선언합니다.

MainPage.xaml

```
<Page
    x:Class="SimplePrismBlank.Views.MainPage"
    xmlns="http://schemas.microsoft.com/winfx/2006/xaml/presentation"
    xmlns:x="http://schemas.microsoft.com/winfx/2006/xaml"
    xmlns:d="http://schemas.microsoft.com/expression/blend/2008"
    xmlns:mc="http://schemas.openxmlformats.org/markup-compatibility/2006"
    Style="{StaticResource PageStyle}"
    xmlns:prismMvvm="using:Prism.Windows.Mvvm"
    xmlns:localObject="using:SimplePrismBlank.Core.Models"
    xmlns:localConverter="using:SimplePrismBlankApp.Value_Converters"
    prismMvvm:ViewModelLocator.AutoWireViewModel="True"
    mc:Ignorable="d">
생략
```

그리고 앞에서 개발된 Value Converter 객체를 Resource로 등록을 합니다. 등록되는 자원의 위치는 사용할 행과 열 요소에서 가장 가까운 헤더를 보여주기 위한 StackPanel 요소로 하겠습니다. 그리고 행과 열 필드에서 사용하기 위하여 key 속성으로 twoDigitsFormat이라는 고유한 식별자를 지정합니다. Value Converter 객체를 Resource로 등록한 후 행과 열 필드가 바인딩 정보로 Converter 속성에 아래 코드와 같이 지정합니다.

MainPage.xaml

```
생략
<StackPanel x:Name="headerStackPanel" Grid.Row="0" Orientation="Horizontal">
    <StackPanel.Resources>
        <localConverter:TwoDigitsFormat x:Key="twoDigitsFormat"/>
    </StackPanel.Resources>
    <TextBlock Text="행 : "/>
    <TextBox Margin="5 0 0 0" Text="{Binding rowCount, Mode=TwoWay,
            Converter={StaticResource twoDigitsFormat}}"/>

    <TextBlock Margin="10 0 0 0" Text="열 : "/>
    <TextBox Margin="5 0 0 0" Text="{Binding columnCount, Mode=TwoWay,
            Converter={StaticResource twoDigitsFormat}}"/>

    <Button x:Name="drawButton" Margin="10 0 0 0" Content="다시 그리기"/>
</StackPanel>
생략
```

앱을 실행해보면 행과 열의 값이 다음 그림과 같이 '03'과 같은 형식으로 나타납니다.

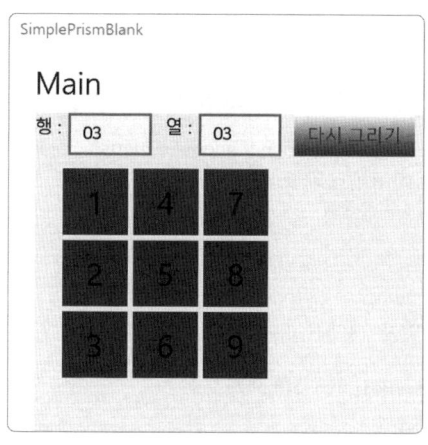

■ 데이터 검증 - 단일 항목 검증

데이터 검증은 입력된 데이터의 값이 적절한지 확인하는 것을 말합니다. 데이터 검증은 검증을 수행하는 위치에 따라서 Client Side Validation과 Server Side Validation으로 나뉩니다. 우리는 이 책의 목적에 맞게 Client Side Validation을 수행할 것입니다. 그리고 데이터 검증은 입력된 단일 항목의 값을 대상으로 하는 검증과 입력된 전체 항목의 값들을 비교하는 검증으로 나뉩니다.

여기서는 코드의 단순성을 위하여 단일 항목을 대상으로 하는 검증은 코드 비하인드에서 수행하겠습니다. 단일 항목의 변경을 이벤트로 받아 가장 단순하게 단일 항목에 대한 검증을 할 수 있기 때문입니다. 전체 항목의 값들을 비교하는 검증은 뷰모델에서 수행하겠습니다. 입력된 전체 항목들은 뷰모델에 저장이 되고 코드 비하인드에서는 전체 항목들을 대상으로 검증을 하기 위하여 뷰모델이 가진 전체 항목들을 private이 아니라 public으로 정의하는 것은 정보 은폐의 원칙에 위배되기 때문입니다.

우선 오류 메시지를 보여줄 화면 구성이 필요한데 오류 메시지를 출력할 화면의 공간을 다음 코드와 같이 MainPage 뷰의 Grid에 최하단 행으로 추가했습니다. 메시지가 출력될 공간만큼만 확보되면 되기 때문에 Height 속성을 auto로 지정했습니다.

MainPage.xaml

```
생략
<!--
    The SystemControlPageBackgroundChromeLowBrush background represents
    where you should place your content.
    Place your content here.
-->
<Grid>
    <Grid.RowDefinitions>
        <RowDefinition Height="auto"/>
        <RowDefinition/>
        <RowDefinition Height="auto"/>
    </Grid.RowDefinitions>
생략
```

그리고 MainPage 뷰의 최하단 행으로 두 개의 TextBlock 요소를 StackPanel 요소로 감싼 후 단일 항목에 대한 오류 메시지를 보여줄 TextBlock에는 errorMessageElement 라는 이름을 부여하고 전체 항목들에 대한 오류 메시지를 보여줄 TextBlock에는 errorMessagePage라는 이름을 부여했습니다. 전체 항목들에 대한 데이터 검증은 뷰모델에서 수행할 것이기 때문에 뷰모델의 errorMessagePage 속성과 데이터 바인딩했습니다.

MainPage.xaml

```
생략
            <StackPanel Grid.Row="2">
                <TextBlock x:Name="errorMessageElement" Foreground="Red"/>
                <TextBlock x:Name="errorMessagePage" Foreground="Red"
                           Text="{Binding errorMessagePage}"/>
            </StackPanel>
        </Grid>
    </Grid>
  </Grid>
</Page>
```

당연히 뷰모델에는 다음 코드와 같이 오류 메시지를 저장할 속성이 정의되어야 합니다.

> **MainViewModel.cs**

```
생략
private string _errorMessagePage = "";
public string errorMessagePage
{
    get => _errorMessagePage;
    set => SetProperty(ref _errorMessagePage, value);
}
생략
```

먼저 행의 값에 대한 단일 항목 검증 코드를 다음과 같이 작성해보겠습니다. MainPage 뷰에서 데이터 검증이 필요한 행과 열 입력 요소에 각각 이름을 부여하고 TextChanged 이벤트 핸들러를 추가합니다. TextBox 요소에 대한 단일 항목 검증은 요소의 값이 바뀔 때 발생하는 TextChanged 이벤트 발생 시 수행하는 것이 적절합니다.

> **MainPage.xaml**

```xml
<TextBlock Text="행 : "/>
<TextBox x:Name="rowCount" Margin="5 0 0 0" Width="50"
         Text="{Binding rowCount, Mode=TwoWay, Converter={StaticResource twoDigitsFormat}}"
         TextChanged="rowCount_TextChanged"/>

<TextBlock Margin="10 0 0 0" Text="열 : "/>
<TextBox x:Name="columnCount" Margin="5 0 0 0" Width="50"
         Text="{Binding columnCount, Mode=TwoWay, Converter={StaticResource twoDigitsFormat}}"
         TextChanged="columnCount_TextChanged"/>
```

코드 비하인드의 이벤트 핸들러는 다음과 같이 추가해보았습니다. 행과 열을 검증하는 로직이 동일하여 validateRowAndColumnCount() 메소드를 추가했습니다. 그리고 단일 값 검증이어서 오류가 발생하면 검증을 중단하도록 return 문장을 추가했습니다. 검증을 위한 코드를 좀 더 일반적으로 코딩하려면 오류 메시지를 Collection 객체로 관리하거나 C#의 System.ComponentModel 네임스페이스에서 제공하는 INotiyDataErrorInfo 인터페이스를 구현하여 사용할 수도 있습니다.

MainPage.xaml.cs

생략
```
private void rowCount_TextChanged(object sender, TextChangedEventArgs e)
{
    TextBox rowCount = sender as TextBox;
    validateRowAndColumnCount(rowCount.Name, rowCount.Text);
}

private void columnCount_TextChanged(object sender, TextChangedEventArgs e)
{
    TextBox columnCount = sender as TextBox;
    validateRowAndColumnCount(columnCount.Name, columnCount.Text);
}

private void validateRowAndColumnCount(string elementName, string enteredCount)
{
    int count;

    if (!int.TryParse(enteredCount, out count))
    {
        errorMessageElement.Text = elementName + " : " + "정수값이 입력되어야 합니다.";
        return;
    }

    if(count < 1 || count > 10)
    {
        errorMessageElement.Text = elementName + " : " + "1에서 10까지의 정수가 입력되어야 합니다.";
        return;
    }

    errorMessageElement.Text = "";
}
```
생략

단일 항목 검증 로직의 구현이 끝났으니 앱을 실행하여 행과 열의 값으로 문자도 입력해보고 0이나 11을 입력하여 오류 메시지가 나타나는 형태를 확인해보기 바랍니다. 화면의 하단에 오류 메시지가 나타나는 것을 확인할 수 있을 것입니다.

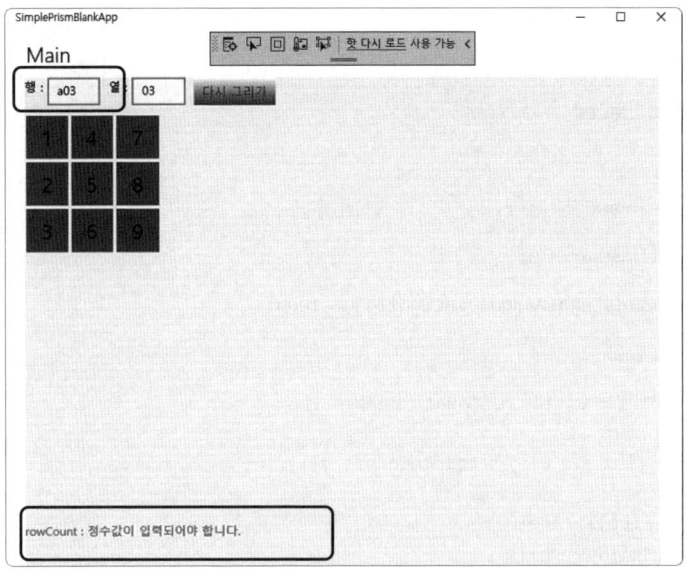

알아두기

이 예제에서는 데이터 검증을 수행하는 UWP 프로그램 기법에 집중하고 단일 항목들의 데이터 검증과 전체 항목 비교 검증의 결과를 모두 모아서 처리하거나 화면에 보여주는 방식에는 신경을 쓰지 않았습니다. 실제 개발 환경에서는 데이터 검증 결과를 처리하는 방식과 표준이 프레임워크나 프로젝트 및 개발회사마다 각각 다르기 때문에 그에 맞춰 구현하면 되고 여기서는 데이터 검증을 수행하는 기법에 초점을 맞추어 학습하기 바랍니다.

■ 데이터 검증 - 전체 항목 비교 검증

이번에는 입력된 행과 열의 값을 비교하여 검증하는 코드를 작성하겠습니다. 이번 예제에서 전체 항목의 값을 비교하는 검증은 입력된 행과 열의 값을 모두 사용하는 〈다시 그리기〉 버튼을 클릭하는 시점이 적절합니다. 이 예제의 경우 특별히 전체 항목을 비교하여 검증할 필요성은 없으나 학습 목적으로 행의 수는 열의 수보다 클 수 없다는 규칙을 임의로 만들어 코딩해보겠습니다.

뷰모델의 코드만 수정하면 됩니다.

MainViewModel.cs

```
생략
public void newGame()
{
    int cellNumber = 0;

    if (!validateRowAndColumnCount()) return;

    cells.Clear();

    for (int i = 0; i < rowCount; i++)
    {
        for (int j = 0; j < columnCount; j++)
        {
            //cells.Add(0);
            cellNumber++;
            cells.Add(new Cell(cellNumber));
        }
    }
}

private bool validateRowAndColumnCount()
{
    if (rowCount > columnCount)
    {
        errorMessagePage = "행의 수가 열의 수보다 작거나 같아야 합니다.";
        return false;
    }

    errorMessagePage = "";

    return true;
}
```

검증하는 메소드의 반환 값을 불리언 형식으로 지정했습니다. 전체 항목을 비교하여 검증하다가 오류가 발생하는 경우 false값을 반환하게 함으로써 newGame() 메소드 하단의 로직을 실행하지 않게 한 것입니다. 오류 메시지는 errorMessagePage 속성에 저장하여 화면에 나타나게 했습니다.

앱을 실행하여 열의 값을 행보다 작게 2로 수정한 후 〈다시 그리기〉 버튼을 클릭해 오류 메시지가 나타나는 형태를 확인해보기 바랍니다. 행의 값을 수정하여 열의 값보다 크게 하면 rowCount가 ItemsWrapGrid 요소에 데이터 바인딩되고 있어 본문에 반복되어 나타나는 버튼들의 정렬이 흐트러지는 부작용이 발생하는데 이 문제를 해결하는 것은 독자 여러분에게 맡기겠습니다.

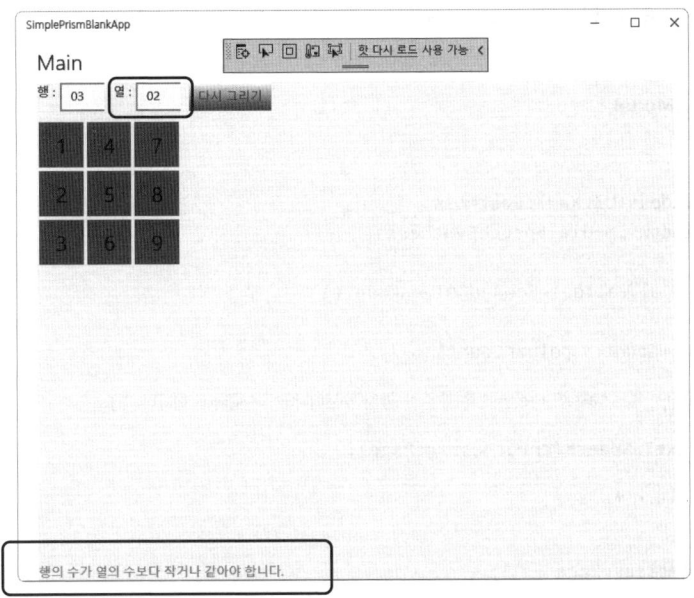

■ .NET 연동 - 문자열의 음성 변환

UWP 프로그램의 많은 장점 중의 하나는 .NET에 개발되어 있는 많은 기능과 연동하여 개발할 수 있다는 것입니다. .NET에서 제공하는 기능들을 하나하나 설명하는 것은 이 책의 범위를 벗어나기 때문에 여기서는 오류 메시지를 음성으로 불러 주는 .NET 기능의 예를 들어 .NET과 연동되는 모습을 보여주는 것으로 .NET 연동의 기본기에 대한 설명을 대신하겠습니다.

다음 코드를 보면 음성을 들려주는 기능은 Windows.UI.Xaml.Controls 네임스페이스에 정의된 MediaElement 요소를 사용하고, 문자열을 음성으로 변환하는 기능은 Windows.Media.SpeechSynthesis 네임스페이스에 정의된 SpeechSynthesizer 객체를 사용하고 있습니다.

SpeechSynthesizer 객체를 생성한 후 오류 메시지 문자열을 음성 Stream으로 전환하고 MediaElement 요소에 Source 속성으로 전달하여 Play했습니다.

MainViewModel.cs

```
생략
using Windows.UI.Xaml.Controls;
using Windows.Media.SpeechSynthesis;
(중략)
private bool validateRowAndColumnCount()
{
    if (rowCount > columnCount)
    {
        errorMessagePage = "행의 수가 열의 수보다 작거나 같아야 합니다.";

        textToSpeech(errorMessagePage);

        return false;
    }

    errorMessagePage = "";

    return true;
}

private async void textToSpeech(string text)
{
    MediaElement mediaElement = new MediaElement();

    SpeechSynthesizer speechSynthesizer = new SpeechSynthesizer();
    SpeechSynthesisStream speechSynthesizerStream
            = await speechSynthesizer.SynthesizeTextToStreamAsync(text);

    mediaElement.SetSource(speechSynthesizerStream,
                        speechSynthesizerStream.ContentType);
    mediaElement.Play();
}
생략
```

이제 앱을 실행한 후 전체 항목을 비교 검증할 때처럼 열의 값을 행의 값보다 작게 지정한 후 〈다시 그리기〉 버튼을 클릭해보기 바랍니다. 화면에 오류 메시지가 나타나는 동시에 음성으로도 들릴 것입니다.

■ **다국어 버전 앱 만들기**

UWP 프로그램의 다국어 버전 앱의 지원은 언어와 국가에 적합한 문자열 자원을 만들어 놓고 가져다 사용하는 방식으로 이루어집니다.

먼저 다음 그림과 같이 솔루션 탐색기에서 Strings 폴더의 하위 구조를 확인해보기 바랍니다. en-us 폴더가 보이고 그 아래에 Resources.resw 파일이 있는 것을 확인할 수 있습니다. en-us 폴더에서 en은 언어를 지정하며, 영어(English)를 의미합니다. 또한, us는 국가를 지정하며 '미국(United State)'을 의미합니다. Resources.resw 파일은 해당 언어와 국가에서 사용하는 문자열 자원을 정의하는 자원 파일입니다.

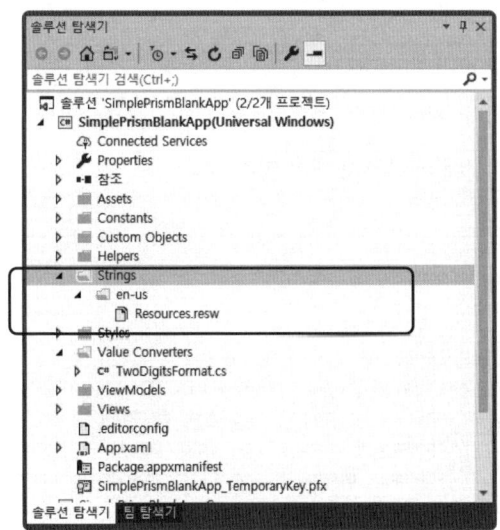

이제 Resources.resw 파일의 내용을 확인해봅니다. 3개의 문자열이 지정되어 있는데 이름이 Main_Title.Text이고 값이 Main인 자원이 눈에 익숙합니다. Main_Title은 자원의 이름이고 Text는 자원을 적용할 대상 요소 속성의 이름이라는 것도 직관적으로 파악할 수 있습니다. 이름은 다시 페이지의 이름인 Main과 항목의 이름인 Title로 구분되는 것도 직관적으로 파악됩니다. 이 값이 어디서 사용되는지 볼까요?

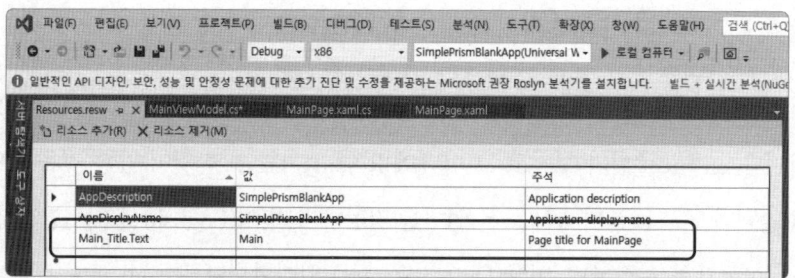

Prism 프레임워크가 제공하는 MainPage 뷰 코드의 상단을 보면 화면의 최상단 Grid를 구성하는 TextBlock이 있는데 거기에 x:Uid:"Main_Title"이라고 지정된 것이 보입니다. Uid는 Unique Identifier의 약자로 문자열 자원의 고유한 이름을 가져다 보여주는 역할을 합니다. 자원의 이름은 Main_Title.Text이기 때문에 사용할 때에는 지정된 값을 Text 속성에 반영하게 되어 있습니다.

MainPage.xaml

```
<Page
    x:Class="SimplePrismBlank.Views.MainPage"
    xmlns="http://schemas.microsoft.com/winfx/2006/xaml/presentation"
    xmlns:x="http://schemas.microsoft.com/winfx/2006/xaml"
    xmlns:d="http://schemas.microsoft.com/expression/blend/2008"
    xmlns:mc="http://schemas.openxmlformats.org/markup-compatibility/2006"
    Style="{StaticResource PageStyle}"
    xmlns:prismMvvm="using:Prism.Windows.Mvvm"
    xmlns:localObject="using:SimplePrismBlank.Core.Models"
    xmlns:localConverter="using:SimplePrismBlank.Value_Converters"
    prismMvvm:ViewModelLocator.AutoWireViewModel="True"
    mc:Ignorable="d">
```

```xml
<Grid x:Name="ContentArea" Margin="{StaticResource MediumLeftRightMargin}">
    <Grid.RowDefinitions>
        <RowDefinition Height="48" />
        <RowDefinition Height="*" />
    </Grid.RowDefinitions>

    <TextBlock
        Grid.Row="0"
        x:Uid="Main_Title"
        Style="{StaticResource PageTitleStyle}" />
```
생략

이런 방법으로 앱 실행 시 화면의 상단에 다음 그림과 같이 Main이 나타나게 된 것입니다.

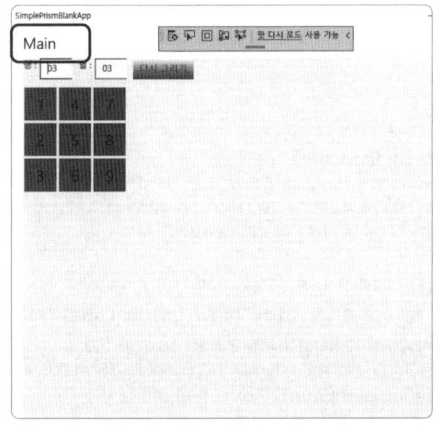

이제 행과 열의 TextBlock과 〈다시 그리기〉 버튼을 en-us 설정에 맞게 문자열로 영문이 나타나도록 해보겠습니다. 다음 그림과 같이 3개의 문자열을 추가했습니다. 이름의 표준은 Prism이 기본으로 제공하는 형식을 따랐습니다. 값에는 en-us 설정에 맞게 미국에서 사용하는 영어인 Row와 Column과 Redraw를 사용했습니다. 주석은 우리가 한국인이니 당연히 한국어를 사용하여 주석을 달았습니다. 주의해야 할 것은 버튼의 경우 다국어 문자열이 Text 속성이 아니라 Content 속성에 반영되어야 하기 때문에 자원의 이름이 .Content로 끝나야 한다는 것입니다.

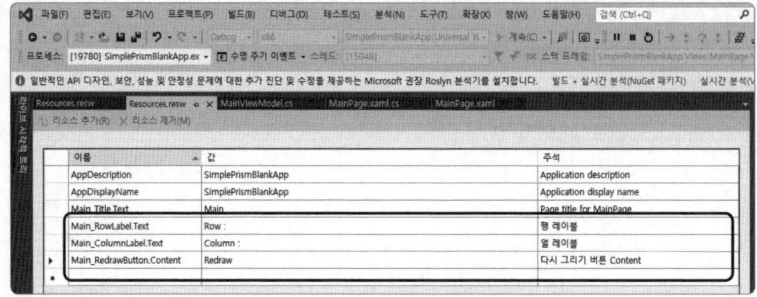

정의된 자원을 MainPage 뷰에서 가져다 사용해보겠습니다. 사용하는 방법은 다음 코드에서 보는 것과 같이 Main_Title 자원을 가져가 사용하는 것과 동일합니다. Text 속성과 Content 속성을 지우고 대신에 x:Uid 속성을 사용하여 하드코딩되어 있는 값을 자원의 이름으로 바꾸면 됩니다.

MainPage.xaml

```
생략
<!--<TextBlock Text="행 : "/>-->
<TextBlock x:Uid="Main_RowLabel"/>
<TextBox x:Name="rowCount" Margin="5 0 0 0" Width="50"
         Text="{Binding rowCount, Mode=TwoWay, Converter={StaticResource twoDigitsFormat}}"
         TextChanged="rowCount_TextChanged"/>

<!--<TextBlock Margin="10 0 0 0" Text="열 : "/>-->
<TextBlock Margin="10 0 0 0" x:Uid="Main_ColumnLabel"/>
<TextBox x:Name="columnCount" Margin="5 0 0 0" Width="50"
         Text="{Binding columnCount, Mode=TwoWay, Converter={StaticResource twoDigitsFormat}}"
         TextChanged="columnCount_TextChanged"/>

<!--<Button x:Name="drawButton" Margin="10 0 0 0" Content="다시 그리기"
        Click="drawButton_Click" Foreground="{ThemeResource SystemColorHotlightColor}">-->
<Button x:Name="drawButton" Margin="10 0 0 0" x:Uid="Main_RedrawButton"
        Click="drawButton_Click" Foreground="{ThemeResource SystemColorHotlightColor}">
    <Button.Background>
        <LinearGradientBrush EndPoint="0.5,1" StartPoint="0.5,0">
            <GradientStop Color="Green" Offset="1"/>
            <GradientStop Color="White"/>
        </LinearGradientBrush>
    </Button.Background>
</Button>
생략
```

앱을 실행해보면 다음 그림과 같이 행과 열의 필드 이름과 버튼에 나타나는 문자열이 하드코딩되었던 한글에서 en-us 자원 파일에 맞추어 영어로 바뀌어 나타납니다. 프로그램의 로직과 화면은 동일한 상태에서 자원 파일의 값을 사용하여 다국어 버전의 프로그램이 아주 쉽게 완성된 것입니다.

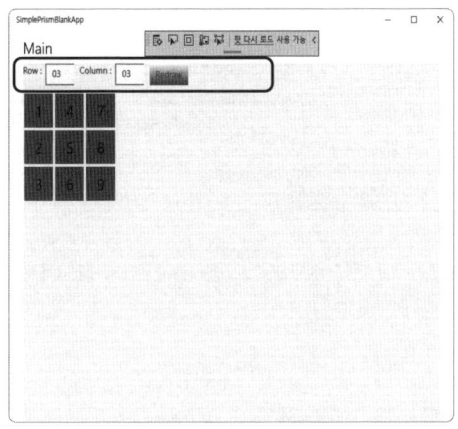

이제는 한글 화면을 구성하기 위하여 한글로 된 자원 파일을 추가해보겠습니다. 영어로 된 자원 파일이 있으니 복사하여 사용하면 되겠지요. 그래서 다음 화면들과 같이 먼저 Strings 폴더의 하단에 있는 en-us 폴더에서 [마우스 우측 클릭] → [복사]로 폴더 전체를 복사합니다.

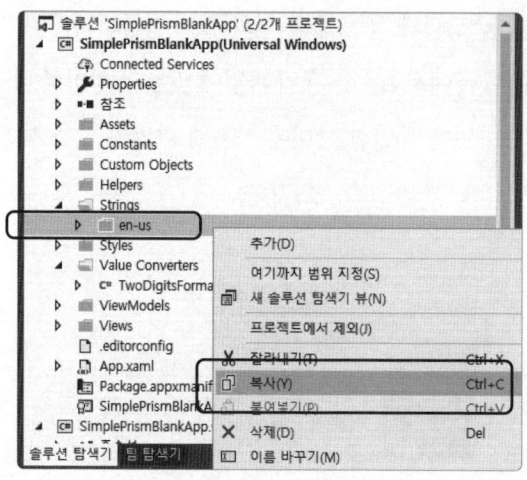

복사 후 Strings 폴더에서 다시 [마우스 우측 클릭] → [붙여넣기]로 폴더 전체를 붙여 넣습니다.

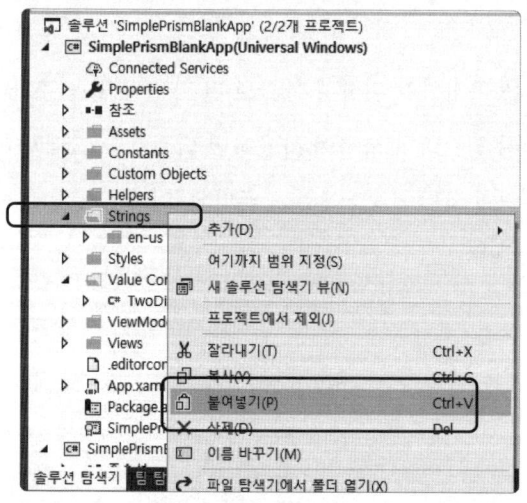

그런 다음 폴더 이름을 ko-kr로 지정하면 한글 화면을 구성하기 위한 자원 파일이 생성됩니다. ko는 한국어(Korean)를 의미하고 kr은 한국(Korea)을 의미합니다.

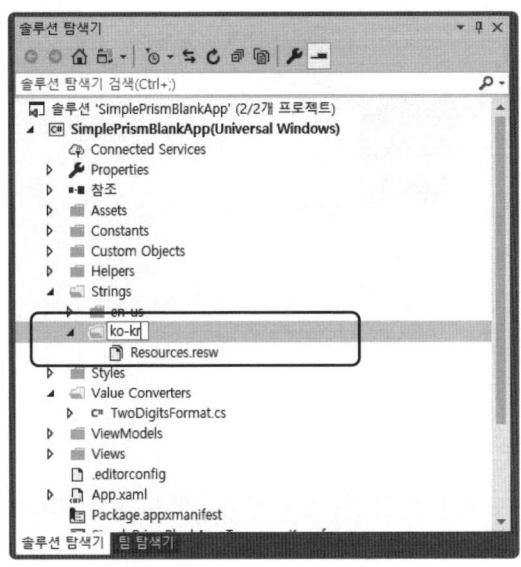

이제 ko-kr 폴더 하부에 위치한 Resources.resw 파일의 내용을 확인해봅니다. 그리고 영어로 된 값들을 그에 맞는 한글로 변환합니다.

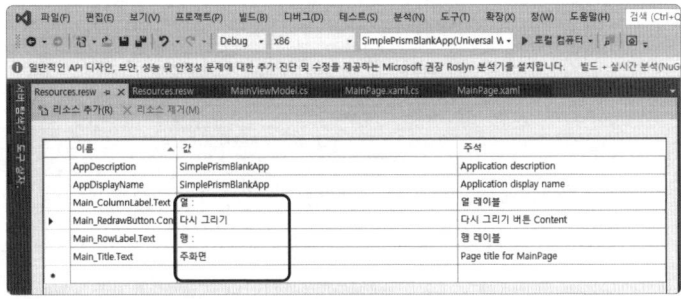

이제 앱을 실행해보면 Main은 '주화면'으로 Row는 '행'으로 Column은 '열'로 Redraw는 '다시 그리기'로 한글화되어서 나타납니다.

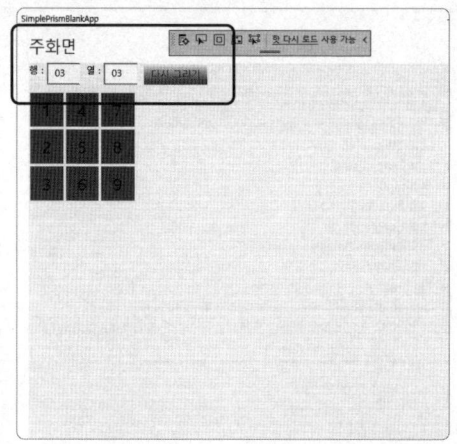

자원을 en-us와 ko-kr로 두 개를 만들었는데 한글이 먼저 반영되는 것은 PC나 태블릿, 게임기 등의 단말기 언어 설정이 한글로 되어 있기 때문입니다. 사용 중인 Windows 10 운영체제의 설정 언어를 확인하기 위해서는 Windows 10 운영체제에서 [설정] → [시간 및 언어] 메뉴 항목을 선택한 후 좌측 메뉴 중에서 [언어] 메뉴 항목을 선택합니다.

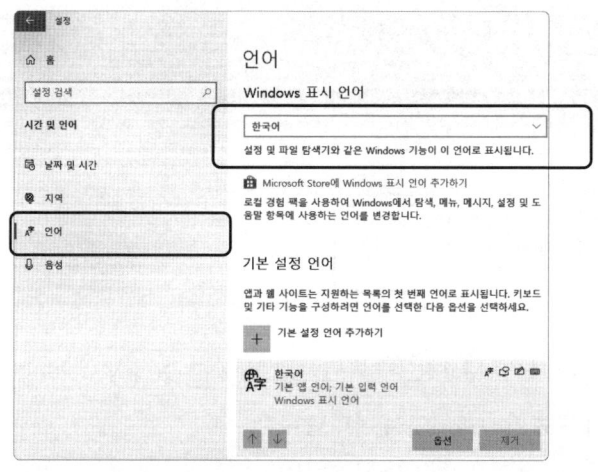

[Windows 표시 언어]를 [한국어]에서 [English (United States)]로 변경한 후 PC나 태블릿이나 게임기 등의 단말기를 재부팅하면 변경된 언어가 사용 중인 운영체제에 반영됩니다.

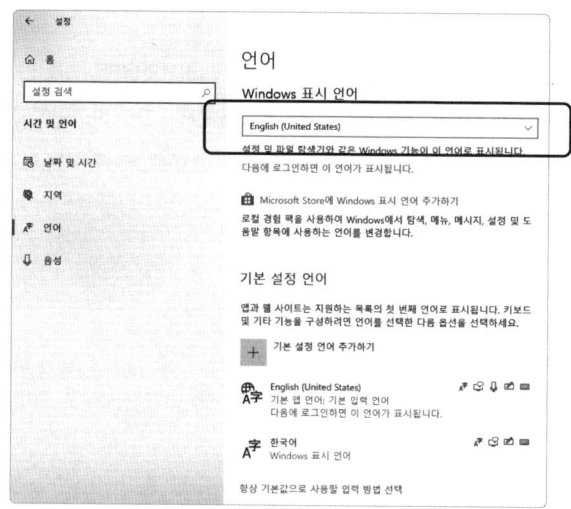

재부팅한 후 앱을 다시 실행하면 영어 화면으로 앱이 동작하는 것을 확인할 수 있습니다.

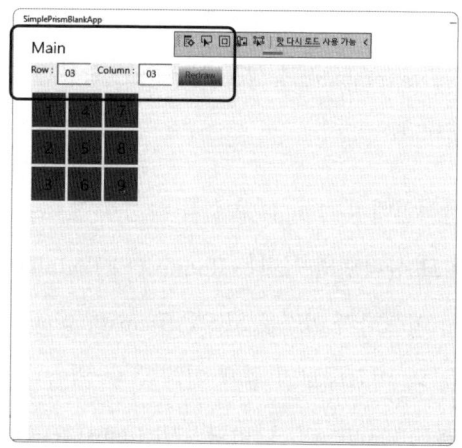

테스트가 종료되었으면 언어 환경을 다시 한국어로 바꾸고 재부팅하기 바랍니다.

> **알아두기**
>
> 자원을 활용하는 방식은 폴더를 계층적으로 두거나 문자열만이 아니라 Width나 Height 등을 언어나 국가에 맞게 자원으로 저장하여 활용하거나 코드 비하인드의 도움을 받아 시스템의 언어와 국가 환경을 알아낸 후 오류 메시지 등을 다국어화하는 등의 기능을 활용할 수도 있습니다. 여기서는 기본기만 언급했으니 부가적인 기능들은 인터넷 검색을 활용하여 찾아보기 바랍니다.

■ 화면 마무리

아무리 교육용 예제라 하여도 게임을 하기 위한 주요 화면이 좌측 상단에 있는 것은 자연스럽지 않습니다. 숫자 버튼들의 위치를 화면의 중앙으로 배치해보겠습니다. 숫자 버튼들이 ItemsControl 요소에 배치되기 때문에 아래 코드와 같이 〈ItemsControl.Template〉 속성 요소를 사용합니다. 그리고 ItemsControl 요소의 모양을 변경하는 것이기 때문에 ControlTemplate 속성을 사용하고 적용한 대상 TargetType으로 ItemsControl을 지정합니다.

나머지 코드들은 직관적인데 Rectangle 요소를 사용하여 ItemsControl의 배경색을 연한 파랑으로 지정하고 사각형의 꼭지는 RadiusX와 RadiusY 속성을 지정하여 둥글게 만듭니다. 여기서 이해하기 어려운 코드는 ItemsPresenter 요소인데 앞에서 설명한 ContentPresenter와 비교해보면 쉽게 이해할 수 있습니다. ContentPresenter의 위치에 상위 컨트롤의 Content가 나타나듯이 ItemsPresenter의 위치에 상위 컨트롤 즉 ItemsControl의 Item들이 나타납니다. 그리고 HorizontalAlignment와 VerticalAlignment 속성의 값을 Center로 지정하여 숫자 버튼들을 ItemsControl의 중앙에 위치시키게 됩니다.

MainPage.xaml

생략
```xml
<ItemsControl Margin="0 10 0 0" ItemsSource="{Binding cells}">
    <ItemsControl.ItemsPanel>
        <ItemsPanelTemplate>
            <!--<ItemsWrapGrid Orientation="Horizontal"
                            MaximumRowsOrColumns="{Binding columnCount}"/>-->
            <ItemsWrapGrid Orientation="Vertical"
                            MaximumRowsOrColumns="{Binding rowCount}"/>
        </ItemsPanelTemplate>
    </ItemsControl.ItemsPanel>

    <ItemsControl.ItemTemplate>
        <DataTemplate>
            <Button Margin="2" Width="50" Height="50" Background="Green"
                    ContentTemplate="{StaticResource cellNumber}"/>
        </DataTemplate>
    </ItemsControl.ItemTemplate>

    <ItemsControl.Template>
        <ControlTemplate TargetType="ItemsControl">
            <Grid>
                <Rectangle Fill="LightBlue" RadiusX="20" RadiusY="20"/>
                <ItemsPresenter HorizontalAlignment="Center"
                                VerticalAlignment="Center"/>
            </Grid>
        </ControlTemplate>
    </ItemsControl.Template>
</ItemsControl>
```
생략

그리고 앱을 실행해보면 배경이 연한 파랑으로 바뀌어 있고 사각형의 테두리가 둥글게 되어 있으면서 게임의 주화면이 화면의 중앙에 배치되는 것을 확인할 수 있습니다.

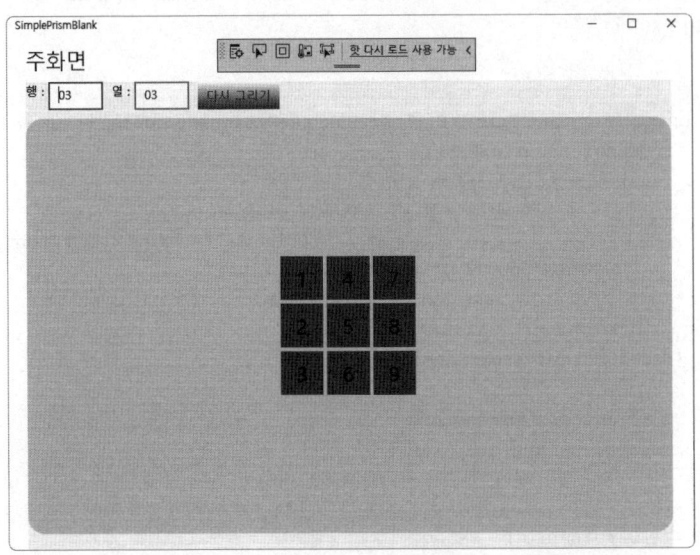

이것으로 첫 번째 예제 프로그램의 개발을 마무리합니다. 어떤가요? 프로그램을 한 번에 코딩하지 않고 레고를 맞추어 가듯이 코드 조각을 하나씩 맞추어 가는 것이 재미있지요? 이와 같은 원칙은 테스트 주도 개발(Test Driven Development) 방법론의 원칙과 유사하다고 반복하여 말씀드립니다. 아무리 강조해도 지나치지 않습니다. 전체 코드를 한 번에 완성한 후 테스트하지 말고 앱의 전체 틀을 구상한 후 필요한 코드와 그에 맞는 테스트를 반복하며 앱을 점진적으로 완성해가기 바랍니다.

2 : SimpleDataGrid 앱 개발하기

SimpleDataGrid 앱은 MVVM 프로젝트 패턴의 전체적인 기술과 DataGrid 컨트롤의 활용법과 API를 호출하여 동작하는 클라이언트(Client) 프로그램에 필요한 기본 기술들, 즉 기본기를 보여주도록 고안되었습니다.

이 예제는 다음 그림과 같이 앱이 기동될 때 DataGrid 컨트롤을 사용하여 사용자 정보를 보여준 후 특정 사용자를 탭하면 사용자의 상세 정보를 보여줍니다. 그리고

DataGrid의 상단에 위치한 항목명을 탭하면 상향 정렬(Ascending Sort)하고 한 번 더 탭하면 하향 정렬(Descending Sort)하며 한 번 더 탭하면 원상태로 돌아가게 됩니다. 그리고 남반구 사용자와 북반구 사용자를 선택하여 해당 지역의 사용자만 골라 보기(Filtering)를 할 수 있습니다.

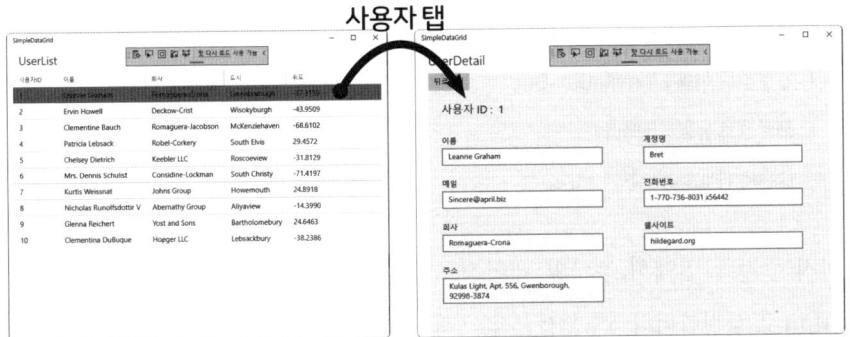

앱을 개발하는 순서는 다음과 같습니다.

- 첫째, API를 호출하기 위한 모델(Model)을 만듭니다.
- 둘째, 모델(Model)을 사용하여 사용자 목록을 가져오기 위한 API를 호출하는 뷰모델(ViewModel)과 API 호출된 결과를 보여주는 사용자 목록 뷰(View)를 만듭니다.
- 셋째, 사용자 상세 정보를 보여주기 위한 화면을 만들고 사용자 목록에서 특정 사용자를 탭하면 사용자 상세 화면으로 전환(Navigation)하고 사용자 상세 화면에서 〈뒤로가기〉 버튼을 탭하면 다시 사용자 목록 화면으로 전환하는 기능을 만듭니다.
- 넷째, 사용자 목록을 정렬하고 골라서 보는 기능을 구현할 것입니다. 이때 데이터를 관리하기 위하여 널리 사용되는 LINQ라고 하는 기술을 함께 알아볼 것입니다.

■ Prism Framework 기반의 새 프로젝트 만들기

비주얼 스튜디오 화면에서 [파일] → [새로 만들기] → [프로젝트] 메뉴 항목을 선택한 후 아래와 같은 정보를 사용하여 SimplePrismBlank 앱 프로젝트를 만들 때와 같은 방법으로 프로젝트 만들기를 시작합니다.

- **템플릿** : Windows Template Studio(Universal Windows)
- **프로젝트 이름** : SimpleDataGrid
- **프로젝트 유형** : [Blank]
- **Design Pattern** : [Prism]

페이지 추가 화면에서 추가할 페이지로 DataGrid를 선택하고 페이지의 이름을 UserList로 설정합니다. XAML 프로그램 기본기를 설명할 때에는 XAML Controls Gallery에서 DataGrid 코드를 복사하여 사용했는데 이번에는 Prism 패키지가 제공하는 페이지 기능을 사용하여 DataGrid 페이지를 만드는 것입니다. 예제를 완성해 가면서 코드 샘플을 제공하는 것보다 프레임워크를 제공할 때 더 강력하다는 점을 이해할 수 있게 될 것입니다.

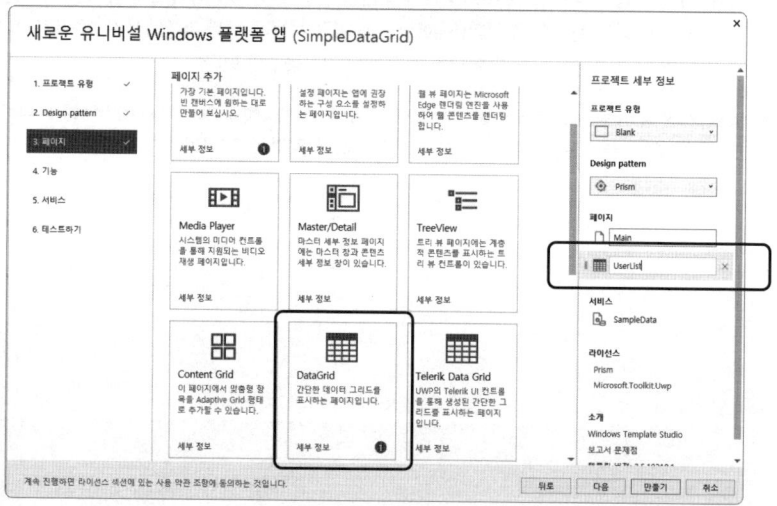

Blank Main 페이지 대신에 Main 페이지로 사용할 UserList 페이지를 만들었으니 필요 없는 Blank Main 페이지는 삭제합니다. Main 페이지 우측의 〈X〉 버튼을 클릭해 Blank Main 페이지를 삭제한 후 〈다음〉 버튼을 클릭합니다.

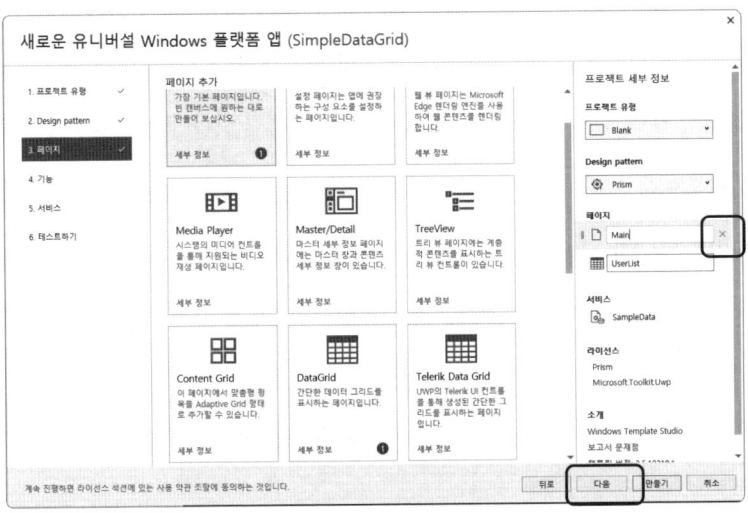

기능 추가 화면에서 [Settings Storage]를 선택한 후 〈만들기〉 버튼을 클릭해 프로젝트 생성 작업을 완료합니다.

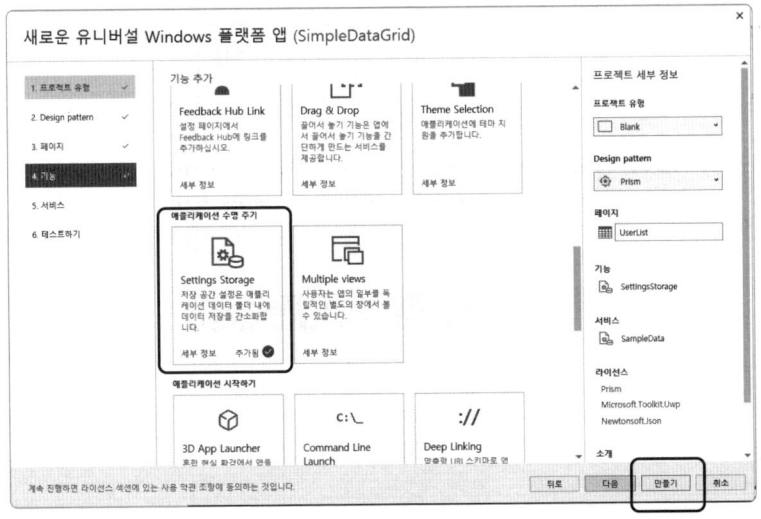

프로젝트가 생성된 후 솔루션 탐색기를 보면 Views와 ViewModels 폴더에 UserListPage. xaml과 UserListViewModel.cs 파일이 생성되어 있는 것을 알 수 있는데 이것은 위에서 프로젝트를 생성할 때 DataGrid 페이지를 선택해서 생긴 것입니다. 그리고 Universal Windows 프로젝트의 Helpers 폴더에는 SettingsStorageExtensions.cs 파일이 생성되어 있고 Core 프로젝트의 Helpers 폴더에는 Json.cs 파일이 생성되어 있는데 이것은 위에서 프로젝트를 생성할 때 Settings Storage 기능을 선택해서 생긴 것입니다.

Helpers 폴더에 생성된 클래스들의 용도는 "2.6 MVVM 프로그램 패턴 중 모델 이해하기"에서 언급했는데 이번 예제에서도 http://jsonplaceholder.typicode.com 사이트에서 제공하는 API를 사용할 것이기 때문에 프로젝트를 생성할 때 함께 생성했습니다.

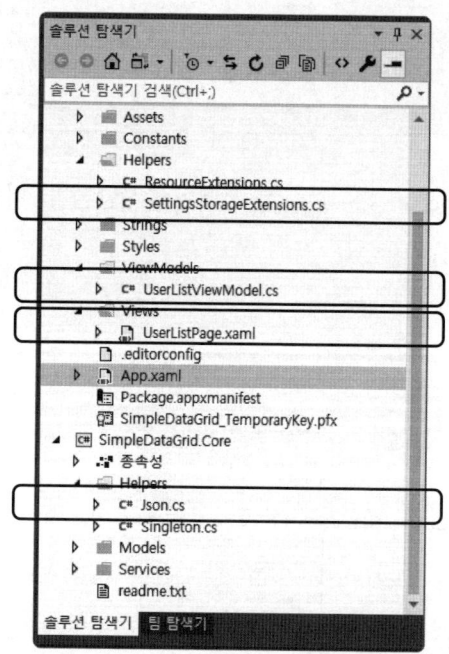

이제 앱을 실행해보면 다음 그림과 같이 Prism이 제공하는 기본 기능으로 DataGrid 컨트롤상에 판매와 관련된 정보가 나오는 것을 확인할 수 있습니다. 우리는 Prism

패키지가 제공하는 이 기본 기능을 "Item Template과 Data Template"절에서 언급한 http://jsonplaceholder.typicode.com/users API를 사용하여 사용자 목록 정보를 보여주도록 변경할 것입니다.

OrderID	OrderDate	Company	ShipTo	OrderTotal	Status	Symbol
10643	8/25/1997 12:00:00 AM	Company A	Company A, Obere Str. 57, Berlin, 12209, Germany	814.5	Shipped	
10835	1/15/1998 12:00:00 AM	Company A	Company A, Obere Str. 57, Berlin, 12209, Germany	845.8	Closed	
10952	3/16/1998 12:00:00 AM	Company A	Company A, Obere Str. 57, Berlin, 12209, Germany	471.2	Closed	
10625	8/8/1997 12:00:00 AM	Company F	Company F, Avda. de la Constitución 2222, 05021, México D.F., Mexico	469.75	Shipped	
10926	3/4/1998 12:00:00 AM	Company F	Company F, Avda. de la Constitución 2222, 05021, México D.F., Mexico	507.2	Shipped	
10507	4/15/1997 12:00:00 AM	Company Z	Company Z, Mataderos 2312, 05023, México D.F., Mexico	978.5	Closed	
10573	6/19/1997 12:00:00 AM	Company Z	Company Z, Mataderos 2312, 05023, México D.F., Mexico	2082	Closed	
10682	9/25/1997 12:00:00 AM	Company Z	Company Z, Mataderos 2312, 05023, México D.F., Mexico	375.5	Closed	

■ 모델 만들기

DataGrid로 구성된 사용자 목록을 구현하기 위한 뷰(View)와 뷰모델(ViewModel)은 Prism 프레임워크에 의하여 만들어졌습니다. 그리고 Prism 프레임워크에 의하여 제공되는 모델(Model)은 다음 그림과 같이 Models 폴더에서 확인할 수 있습니다. 하지만 http://jsonplaceholder.typicode.com/users API를 사용하여 판매 정보가 아니라 사용자 정보를 보여줄 것이기 때문에 모델(Model)을 다시 만들어야 합니다. 모델(Model)을 만드는 방법은 "2.6 MVVM 프로그램 패턴 중 모델 이해하기"에서 언급했기 때문에 이론적인 설명은 하지 않고 복습을 위해 다시 만들어 보겠습니다.

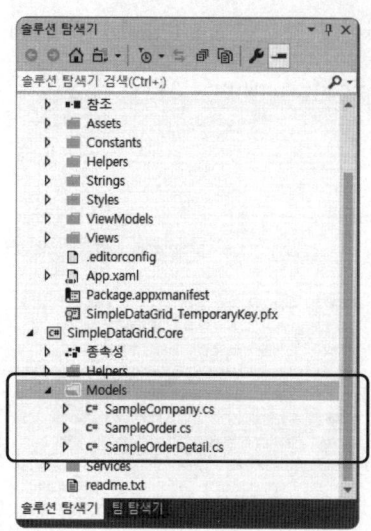

우선 브라우저의 주소 창에 http://jsonplaceholder.typicode.com/users을 입력합니다. 그러면 다음 그림과 같이 모두 10명의 사용자 정보를 JSON 형식으로 반환해주는 것을 확인할 수 있습니다. 첫 화면에는 2명의 사용자 정보만 보이지만 화면을 아래로 스크롤해 보면 모두 10명의 사용자 정보가 있습니다.

```
← → ⟲ ⌂          ⓘ jsonplaceholder.typicode.com/users

[
  {
    "id": 1,
    "name": "Leanne Graham",
    "username": "Bret",
    "email": "Sincere@april.biz",
    "address": {
      "street": "Kulas Light",
      "suite": "Apt. 556",
      "city": "Gwenborough",
      "zipcode": "92998-3874",
      "geo": {
        "lat": "-37.3159",
        "lng": "81.1496"
      }
    },
    "phone": "1-770-736-8031 x56442",
    "website": "hildegard.org",
    "company": {
      "name": "Romaguera-Crona",
      "catchPhrase": "Multi-layered client-server neural-net",
      "bs": "harness real-time e-markets"
    }
  },
  {
    "id": 2,
    "name": "Ervin Howell",
    "username": "Antonette",
    "email": "Shanna@melissa.tv",
    "address": {
      "street": "Victor Plains",
      "suite": "Suite 879",
      "city": "Wisokyburgh",
      "zipcode": "90566-7771",
      "geo": {
        "lat": "-43.9509",
```

다시 브라우저의 주소 창에 http://jsonplaceholder.typicode.com/users/1을 입력해봅시다. 그러면 다음 그림과 같이 ID가 1인 사용자 1명에 대한 정보를 반환해 주는 것을 확인할 수 있습니다. API라는 개념도 용어는 어렵지만 실행하고 그 결과를 확인해보니 별로 어렵지 않게 느껴지지요? 특정한 기능을 수행하도록 미리 개발되어 제공되는 라이브러리처럼 사용하면 됩니다.

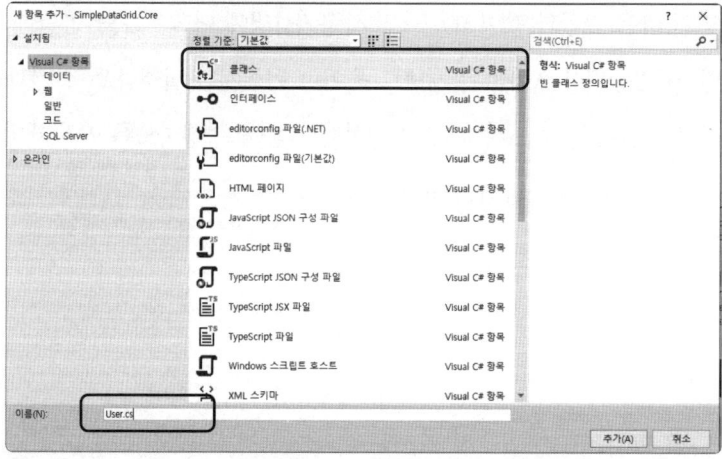

모델(Model) 생성을 위하여 Models 폴더에 클래스를 하나 생성합니다. 클래스의 이름은 API 이름과 일관성을 유지하기 위하여 User로 하겠습니다.

솔루션 탐색기에 User.cs 파일이 생성된 것을 확인한 후 User.cs 파일을 편집하기 위하여 파일을 더블클릭합니다. User.cs 파일의 편집기가 열리면 다음 그림과 같이 User 클래스를 정의한 코드 전체를 마우스로 묶습니다.

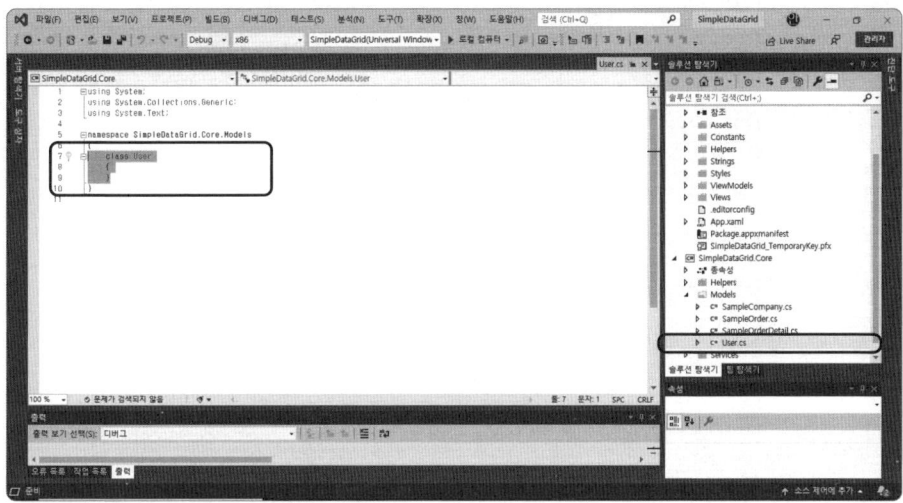

그런 다음 http://jsonplaceholder.typicode.com/users/1 API 실행 결과 전체를 복사하여 [편집] → [선택하여 붙여넣기] → [JSON을 클래스로 붙여 넣기] 메뉴 항목을 차례로 클릭해 JSON을 클래스에 붙여넣습니다.

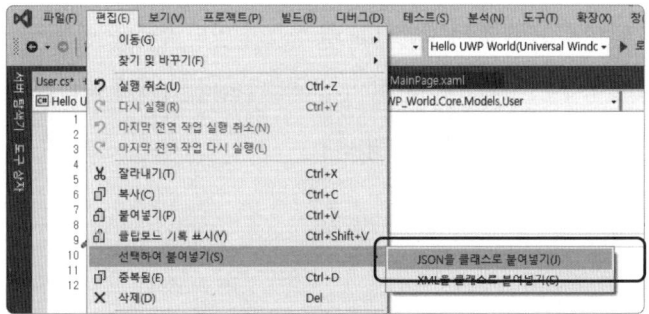

그리고 비주얼 스튜디오에 의하여 자동으로 Rootobject라는 이름이 부여된 클래스의 이름을 User로 변경합니다.

339

```
User.cs* ⊞ ✕
C# SimpleDataGrid.Core                          ▼  ⚙ SimpleDataGrid.Core.Models.(
    1    ⊟using System;
    2     │using System.Collections.Generic;
    3     │using System.Text;
    4
    5    ⊟namespace SimpleDataGrid.Core.Models
    6     │{
    7     │
    8    ⊟│    public class User
    9     │    {
   10     │        public int id { get; set; }
   11     │        public string name { get; set; }
   12     │        public string username { get; set; }
   13     │        public string email { get; set; }
   14     │        public Address address { get; set; }
   15     │        public string phone { get; set; }
   16     │        public string website { get; set; }
   17     │        public Company company { get; set; }
   18     │    }
   19     │
   20    ⊟│    public class Address
   21     │    {
   22     │        public string street { get; set; }
   23     │        public string suite { get; set; }
   24     │        public string city { get; set; }
   25     │        public string zipcode { get; set; }
   26     │        public Geo geo { get; set; }
   27     │    }
   28     │
   29          public class Geo
100 %  ▼    ⊘ 문제가 검색되지 않음
```

이번에는 하나의 클래스는 하나의 파일에 저장한다는 원칙에 따라 User.cs 파일을 User.cs, Address.cs, Geo.cs, Company.cs 파일로 각각 분리합니다. 분리하는 방법은 다음 그림과 같이 User.cs 파일에서 User 클래스가 아닌 클래스 이름 위에 마우스 커서를 올려놓고 마우스 오른쪽 버튼을 누른 후 나타나는 팝업 메뉴에서 [빠른 작업 및 리팩터링] 메뉴 항목을 선택하면 됩니다.

이때 실행할 빠른 작업 및 리팩터링을 묻는 팝업이 다시 나타나는데 다음 그림과 같이 첫 번째로 제시되는 [Address.cs(으)로 형식 이동]이라는 메뉴 항목을 선택하기 바랍니다.

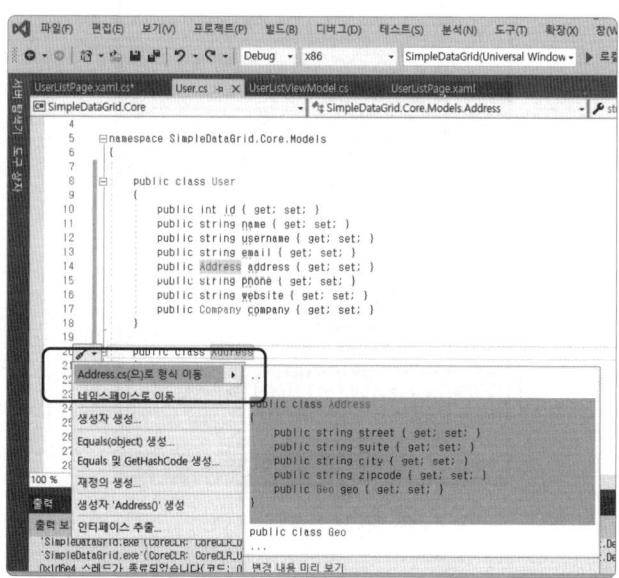

341

예시로 Address.cs 파일 하나만 캡처하여 보여드립니다. 나머지 Model 클래스들에 대해서도 동일한 방법으로 작업합니다.

```
namespace SimpleDataGrid.Core.Models
{
    public class Address
    {
        public string street { get; set; }
        public string suite { get; set; }
        public string city { get; set; }
        public string zipcode { get; set; }
        public Geo geo { get; set; }
    }
}
```

클래스를 별도의 파일로 분리하는 작업이 완료되면 Core 프로젝트의 Models 폴더에서 분리된 파일들이 다음 그림과 같이 존재하여야 합니다.

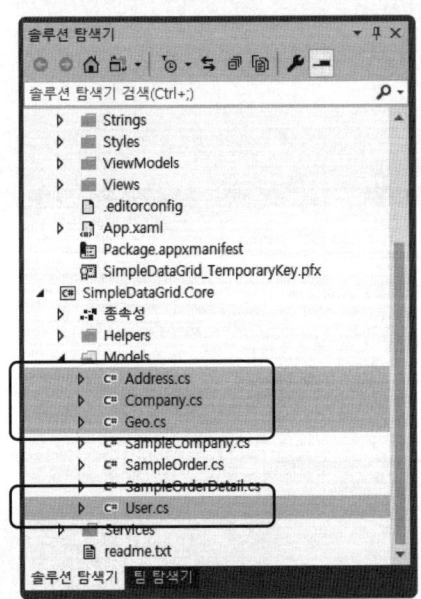

■ **UserListViewModel 뷰모델 수정하기**

Prism 프레임워크가 제공하는 UserListViewModel.cs 코드는 다음 화면과 같은데 실선으로 표시된 부분이 우리가 수정해야 할 부분입니다. 점선으로 표시된 부분은 SampleDataService를 사용하기 위한 코드로 프로그램의 난이도를 높이지 않기 위하여 여기서는 사용하지 않을 것이니 코드를 삭제하거나 주석 처리하면 됩니다.

먼저 실선으로 둘러싼 코드인 public ObservableCollection⟨SampleOrder⟩ Source { get; } = new ObservableCollection⟨SampleOrder⟩(); 부분을 봅니다.

UserListViewModel.cs

```
생략
//public ObservableCollection<SampleOrder> Source { get; } =
//                          new ObservableCollection<SampleOrder>();
private IList<User> _users;
public IList<User> users
{
    get => _users;
    set => SetProperty(ref _users, value);
}
생략
```

변수의 이름은 Source이고 읽기 전용 속성으로 정의하고 있습니다. 값을 저장하기 위한 set 접근자를 사용하지 않았으니 읽기 전용 속성인 것이죠. 정의된 속성은 뷰에서 데이터 바인딩으로 가져다 사용합니다. 클래스는 Generic으로 SampleOrder 객체의 ObservableCollection입니다. ObservableCollection Generic 클래스는 데이터의 Collection을 관리합니다. 이 코드에서는 SampleOrder 데이터의 Collection을 관리하는 것이니 우리는 SampleOrder Model 대신에 앞에서 정의한 User Model로 수정해야 할 것처럼 보입니다만 그러면 SampleDataService에 준하는 서비스를 생성해야 합니다. 그래서 ObservableCollection을 사용하지 않고 Collection 객체를 관리할 때 일반적으로 사용하는 IList 인터페이스를 사용하도록 앞의 코드와 같이 수정했습니다. 변수의 이름도 Source에서 users로 변경했습니다.

> **알아두기**
>
> Generic 클래스는 Template 클래스라고도 부르는데 특정 데이터 타입에 국한되지 않고 일반적으로 사용되도록 정의해 놓은 클래스입니다. 위의 예에서는 부등호 괄호(《 》) 사이에 SampleOrder를 기술하면 SampleOrder의 객체 Collection을 관리하고 User를 기술하면 User의 객체 Collection을 관리하는 것입니다.

이제 실선으로 둘러싼 두 번째 코드인 OnNavigatedTo() 메소드를 봅니다. 비동기 호출로 sampleDataService의 GetGridDataAsync() 메소드를 호출하여 판매 데이터를 가져옵니다. 가져온 데이터는 Source라는 이름의 ObservableCollection 객체의 Add() 메소드를 사용하여 추가하게 되어 있습니다. 우리는 이 부분의 코드를 "Item Template과 Data Template"절에서 설명한 것과 같이 HTTP Client를 호출하는 방법으로 수정할 것입니다. 그래서 다음 코드와 같이 수정해보았습니다. base.OnNavigatedTo(e, viewModelState); 문장은 상속받은 부모 클래스의 로직이 실행되도록 보장하기 위하여 삭제하거나 주석 처리하지 않고 남겨 두었습니다.

```
base.OnNavigatedTo(e, viewModelState);

using (HttpClient httpClient = new HttpClient())
{
    string httpResponse = await httpClient.GetStringAsync("http://jsonplaceholder.typicode.com/users");
    User[] tempUsers = await Json.ToObjectAsync<User[]>(httpResponse);
    users = tempUsers.ToList();
}
```

알아두기

OnNavigatedTo() 메소드는 XAML 화면이 전환되어 들어올 때마다 실행되는데 다른 화면으로 갔다가 돌아올 때도 실행되기 때문에 DataGrid에 데이터를 채우는 코드를 기술하기에 생성자보다 적합합니다. 생성자는 화면이 처음 나타날 때만 데이터를 채워주기 때문입니다. OnNavigatedTo() 메소드의 상대적인 메소드로 OnNavigatedFrom() 메소드가 있습니다. 이 메소드는 XAML 화면이 전환되어 나갈 때마다 실행되는데 다른 화면으로 전환하기 전에 현재 화면의 상태를 보관하는 용도로 사용하기에 적합합니다.

알아두기

Prism 프레임워크가 제공하는 프로젝트에는 Helpers라는 폴더와 Services라는 폴더가 있습니다. 각각 Helper 객체와 Service 객체를 지원하는데, 이 둘은 모두 특정한 기능을 제공하는 객체입니다. 둘의 차이를 알기 위하여 Helpers 폴더에 저장되는 객체를 보면 ResourceExtensions, SettingsStorageExtensions, Json, Singleton 등의 객체가 제공되는 것을 알 수 있습니다. 이번에는 Services 폴더에 저장되는 객체를 봅니다. ISampleDataService 인터페이스와 ISampleDataService 객체가 제공되어 있습니다. 예를 통해서 알 수 있듯이 Helper는 특정한 기능을 제공하는 객체인데 Json 처리와 같은 하위 레벨의 기술적 기능을 제공하고, Service는 견본 데이터를 제공하는 서비스를 수행하는 상위 레벨의 업무적 기능을 제공합니다. 이론적 설명보다 예를 들어 설명하니 Helper와 Service의 구분이 명확해집니다.

그런데 문법 오류가 발생하여 HttpClient와 Json과 ToList 아래에 빨간색 밑줄이 생겨 났습니다. 이럴 때는 어떻게 해결할까요? 그렇습니다. 빨간색 밑줄이 나타난 위치로 마우스 커서를 이동한 후 〈Ctrl〉+〈.〉 키를 눌러서 적절한 using 선언문을 추가해야 합니다. 그러면 다음 코드와 같이 using 선언문이 코드의 상단에 추가되는 것을 확인할 수 있습니다. HttpClient 객체는 System.Net.Http 네임스페이스에 정의되어 있고, Json 객체는 Settings Storage 기능 설치 시 추가된 SimpleDataGrid.Core.Helpers 네임스페이스에 정의되어 있으며, ToList() 메소드는 System.Linq 네임스페이스에 정의되어 있습니다.

UserListViewModel.cs

```
생략
using System.Net.Http;
using SimpleDataGrid.Core.Helpers;
using System.Linq;
생략
```

■ UserListPage 뷰 수정하기

Prism 프레임워크가 제공하는 UserListPage XAML 코드에서 눈여겨볼 부분은 〈controls:DataGrid〉 태그입니다. XAML 코드가 길지만 판매 데이터의 칼럼이 많아서 그렇지 코드는 매우 단순합니다. 프레임워크가 제공한 모든 코드를 다 이해하려고 하지 말고 우선 필요한 부분만 이해해봅시다.

UserListPage.xaml

```
생략
    <Grid Grid.Row="1">
        <controls:DataGrid
            AutoGenerateColumns="False"
            GridLinesVisibility="Horizontal"
            ItemsSource="{x:Bind ViewModel.Source, Mode=OneWay}">
            <controls:DataGrid.Columns>
```

```xml
        <!--
            TODO WTS:
            Remove this column definitions and define columns for your data.
            Consider adding header properties to Resources.resw
        -->
        <controls:DataGridTextColumn Binding="{Binding OrderID}" Header="OrderID" />
        <controls:DataGridTextColumn Binding="{Binding OrderDate}" Header="OrderDate" />
        <controls:DataGridTextColumn Binding="{Binding Company}" Header="Company" />
        <controls:DataGridTextColumn Binding="{Binding ShipTo}" Header="ShipTo" />
        <controls:DataGridTextColumn Binding="{Binding OrderTotal}" Header="OrderTotal" />
        <controls:DataGridTextColumn Binding="{Binding Status}" Header="Status" />
        <controls:DataGridTemplateColumn Header="Symbol">
            <controls:DataGridTemplateColumn.CellTemplate>
                <DataTemplate x:DataType="model:SampleOrder">
                    <FontIcon
                        Margin="{StaticResource SmallLeftRightMargin}"
                        HorizontalAlignment="Left"
                        FontFamily="{ThemeResource SymbolThemeFontFamily}"
                        Glyph="{x:Bind Symbol}" />
                </DataTemplate>
            </controls:DataGridTemplateColumn.CellTemplate>
        </controls:DataGridTemplateColumn>
        </controls:DataGrid.Columns>
    </controls:DataGrid>
    </Grid>
</Grid>
</Page>
```

상단의 ItemsSource="{x:Bind ViewModel.Source, Mode=OneWay}" 코드를 봅니다. Items 속성에 데이터 바인딩을 통하여 뷰모델의 Source 읽기 전용 속성을 연결하면 UserListViewModel의 데이터를 가져다 사용할 수 있습니다. 이 코드는 뷰모델에서 Source를 users로 변경했으니 ItemsSource="{x:Bind ViewModel.users, Mode=OneWay}" 로 수정해야 합니다.

다음에는 보여줄 칼럼 하나를 분석해보겠습니다. <controls:DataGridTextColumn Binding="{Binding OrderID}" Header="OrderID" />와 같은 코드를 보면 DataGrid에 보여줄 데이터는 Binding="{Binding OrderID}"와 같이 데이터 바인딩하고 있고 DataGrid의 헤더 타이틀은 Header="OrderID"와 같이 속성으로 지정하는 것을 알 수 있습니다.

사용자 ID에 대하여 칼럼을 지정하는 것으로 수정하려면 Binding="{Binding id}"와 같이 수정하고 Header="사용자ID" 와 같이 수정하는데 id와 같은 칼럼명은 Model에 지정한 이름과 동일해야 합니다. User Model 객체는 하위에 Address와 Company Model 객체를 가지고 있는데 상위 객체와 하위 객체의 요소는 다음 코드의 company.name 나 address.geo.lat와 같이 점(.)으로 분리하여 기술합니다. 그리고 각각의 칼럼은 수정하지 않을 것이기 때문에 IsReadOnly="True" 속성을 추가합니다. 같은 방법으로 User Model의 항목들을 대상으로 동일한 코딩을 반복합니다.

UserListPage.xaml

```
생략
        <Grid Grid.Row="1">
            <controls:DataGrid
                AutoGenerateColumns="False"
                GridLinesVisibility="Horizontal"
                ItemsSource="{x:Bind ViewModel.users, Mode=OneWay}">

                <controls:DataGrid.Columns>
                    <!--
                        TODO WTS:
                        Remove this column definitions and define columns for your data.
                        Consider adding header properties to Resources.resw
                    -->
                    <controls:DataGridTextColumn Binding="{Binding id}"
                                    Header="사용자 ID" IsReadOnly="True" />
                    <controls:DataGridTextColumn Binding="{Binding name}"
                                    Header="이름" IsReadOnly="True"/>
                    <controls:DataGridTextColumn Binding="{Binding company.name}"
                                    Header="회사" IsReadOnly="True"/>
                    <controls:DataGridTextColumn Binding="{Binding address.city}"
                                    Header="도시" IsReadOnly="True"/>
                    <controls:DataGridTextColumn Binding="{Binding address.geo.lat}"
                                    Header="위도" IsReadOnly="True"/>
                </controls:DataGrid.Columns>
            </controls:DataGrid>
        </Grid>
    </Grid>
```

상단의 디자인 보기와 하단의 XAML 코드를 모두 참조해보기 바랍니다.

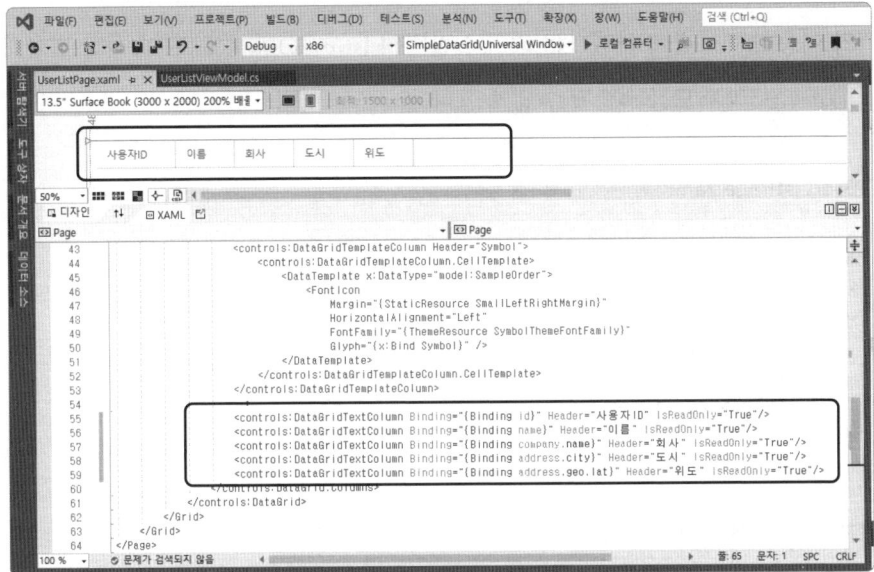

모델과 뷰모델 그리고 뷰를 모두 수정했으니 이제 실행해봅시다.

그런데 실행 화면에서 특정 필드가 선택되어 나타나는 것이 눈에 거슬립니다. 이 문제를 해결하려면 DataGrid의 속성으로 IsTabStop="False"를 추가해야 합니다. ⟨Tab⟩ 키가 이동하지 못하게 하겠다는 의미로 칼럼의 IsReadOnly="True" 속성과 결합하여 DataGrid의 필드를 선택될 수 없게 합니다.

UserListPage.xaml

```
생략
<controls:DataGrid
    AutoGenerateColumns="False"
    GridLinesVisibility="Horizontal"
    ItemsSource="{x:Bind ViewModel.users, Mode=OneWay}"
    IsTabStop="False">
생략
```

이제 다시 앱을 실행해봅니다.

그리고 상세 정보를 확인할 사용자를 탭합니다. 아직은 선택된 사용자 정보가 하이라이트되기만 하고 정보를 볼 수는 없는데, 이는 프레임워크가 사용자의 상세 정보를 보는 기능을 제공하지 않기 때문입니다.

■ **UserDetail 페이지 추가하기**

이제 프레임워크가 제공하지 않는 사용자 상세 화면을 구현하겠습니다. 사용자 상세 화면을 구현하기 위해서는 뷰모델(ViewModel)과 뷰(View)가 동시에 필요한데 이 두 가지 파일은 페이지 추가 기능을 통하여 이루어집니다. 앞에서 프로젝트를 생성하면서 UserList 페이지를 만들도록 선택했을 때 UserListViewModel.cs와 UserListPage.xaml 파일이 동시에 생성된 것이 기억나지요? 이때 사용된 것이 페이지 추가 기능입니다.

프로젝트를 생성한 후 페이지를 추가하려면 다음 그림과 같이 Universal Windows 프로젝트에 마우스 커서를 놓고 {마우스 우측 버튼] → [Windows Template Studio] → [새 페이지] 메뉴 항목을 선택합니다.

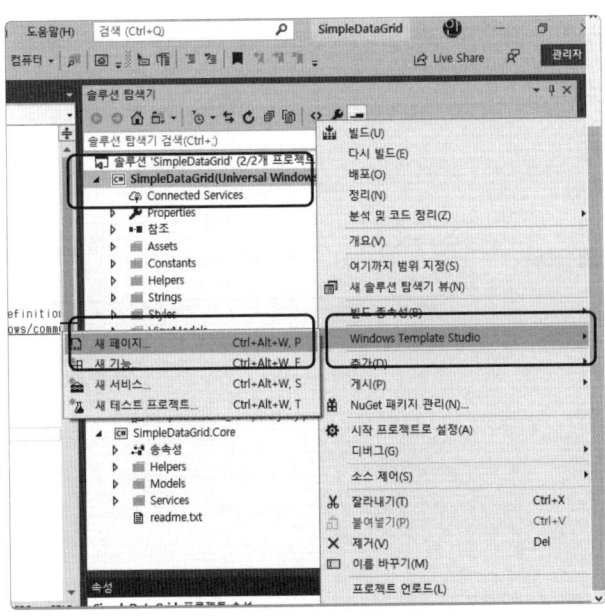

프로젝트를 생성할 때처럼 새 페이지를 선택하는 화면에서 추가하려는 템플릿으로 [Blank]를 선택하고 페이지 이름으로 UserDetail이라고 입력한 후 〈다음〉 버튼을 클릭합니다.

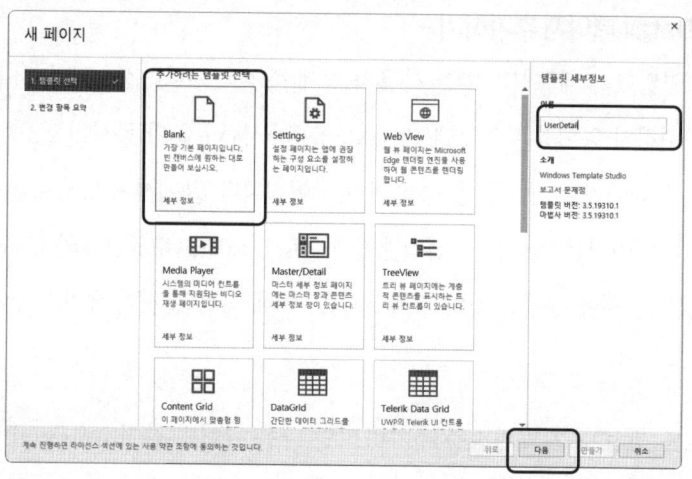

변경 항목 요약 화면에서 수정된 파일과 생성된 파일을 확인한 후 〈만들기〉 버튼을 클릭합니다. 뷰모델인 UserDetailViewModel.cs 파일과 뷰인 UserDetailPage.xaml 파일과 뷰의 코드 비하인드 파일인 UserDetailPage.xaml.cs 파일이 동시에 생성되는 것을 확인할 수 있습니다.

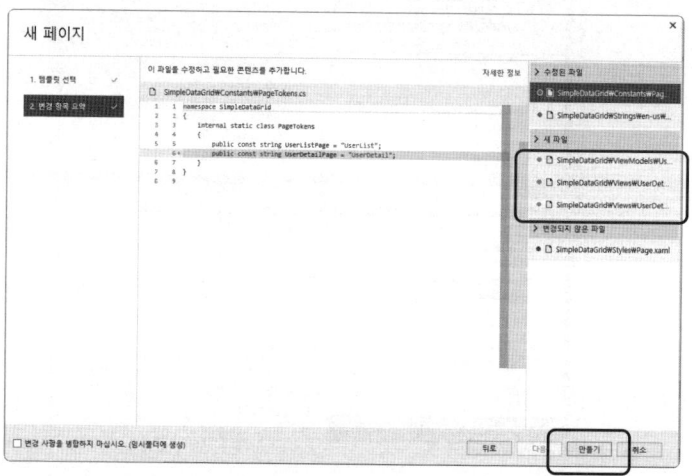

■ **내비게이션 기능 구현하기**

UWP 프로그램에서 화면과 화면 간을 이동하는 것을 내비게이션(Navigation/화면 전환)이라고 부릅니다. Prism 기반의 페이지는 생성되면 바로 실행할 수 있기 때문에 사용자 목록 화면에서 특정 사용자를 탭했을 때 사용자 상세 화면으로 이동하는 기능을 먼저 만들어보겠습니다.

먼저 내비게이션 기능을 구현하려면 NavigationService 객체, 아니 정확하게 표현하면 INavigationService 인터페이스의 도움이 필요합니다. 그래서 NavigationService 객체 변수를 UserListViewModel.cs 파일에 속성으로 만들어보겠습니다. 속성으로 만드는 이유는 NavigationService 객체는 뷰모델에서 만들어지지만 뷰나 뷰의 코드 비하인드에서도 사용되기 때문입니다.

다음 코드에서 생성되는 변수의 타입으로 INavigationService가 사용되는 것을 제외하면 일반 속성의 정의와 동일하므로 쉽게 이해할 수 있을 것입니다. 단, Navigation 객체는 외부에서 변경되면 안 되기 때문에 set 접근자를 주석 처리하여 읽기 전용 속성으로 만들었습니다.

UserListViewModel.cs

```
생략
private INavigationService _navigationService;
public INavigationService NavigationService
{
    get => _navigationService;
    //set => SetProperty(ref _navigationService, value);
}
생략
```

NavigationService가 만들어지는 때는 뷰모델(ViewModel)이 생성되는 시점입니다. 뷰모델(ViewModel)이 만들어지는 시점에 나중에 사용할 목적으로 속성에 값을 저장해두어야 합니다. 어떤 객체가 생성되는 시점에 실행되는 것은 생성자인데, NavigationService의 값을 받아 실행되는 생성자는 다음 코드와 같습니다. 생성자 안에는 앞에서 정의한 NavigationService 객체 변수에 뷰모델(ViewModel)이 가지고 있는 값을 저장하는 역할을 하는 코드만 있으면 됩니다. 그런데 다음 코드에서는 NavigationService 속성에 값을 저장하지 않고 _navigationService private 객체 변수에 값을 할당하고 있습니다. 이것은 set 접근자가 정의되지 않아 NavigationService 속성에 값을 저장할 수 없는 문법적 제약이 있기 때문입니다.

UserListViewModel.cs

```
생략
public UserListViewModel(INavigationService navigationService)
{
    _navigationService = navigationService;
}
생략
```

알아두기

일반적으로 C#의 생성자는 객체를 생성하기 위한 목적으로 사용됩니다. 그런데 위의 예제를 보면 반대로 UserListViewModel 생성자에서 navigationService 인자를 받아 사용하는 것을 볼 수 있습니다. 이것은 Prism 프레임워크가 의존성 주입(Dependency Injection) 기술을 사용하여 앱 전체에서 사용할 Navigation 객체를 하나(Singleton) 만들어 공유하기 위하여 생성자를 호출해 주기 때문에 이렇게 사용할 수 있는 것입니다.

DataGrid 컨트롤에 나타나는 항목을 마우스로 탭하면 SelectionChanged 이벤트가 발생합니다. 이 이벤트의 핸들러에서 사용자 상세 화면으로 이동하는 로직을 달아 보겠습니다. 이벤트를 처리하는 방법으로는 뷰에서 데이터 바인딩하는 방법과 뷰의 코드 비하인드에서 처리하는 방법이 있습니다.

우리는 화면을 제어하기에 가장 간단한 코드 비하인드에서 처리하는 방법을 사용할 것입니다. 우선 사용자 목록을 구성하는 DataGrid에 이벤트를 달기 위하여 다음 코드와 같이 컨트롤에 이름을 부여하고 이벤트 핸들러를 지정합니다. 물론 XAML 코드를 직접 코딩하지 않고 속성 지정 화면을 사용해도 됩니다. 필자는 개인적으로 속성 지정 화면을 사용합니다. 코드 비하인드 파일에 이벤트 핸들러를 자동으로 생성해주기 때문입니다.

| UserListPage.xaml

```
생략
<controls:DataGrid
    x:Name="userList"
    AutoGenerateColumns="False"
    GridLinesVisibility="Horizontal"
    ItemsSource="{x:Bind ViewModel.users, Mode=OneWay}"
    IsTabStop="False"
    SelectionChanged="userList_SelectionChanged">
생략
```

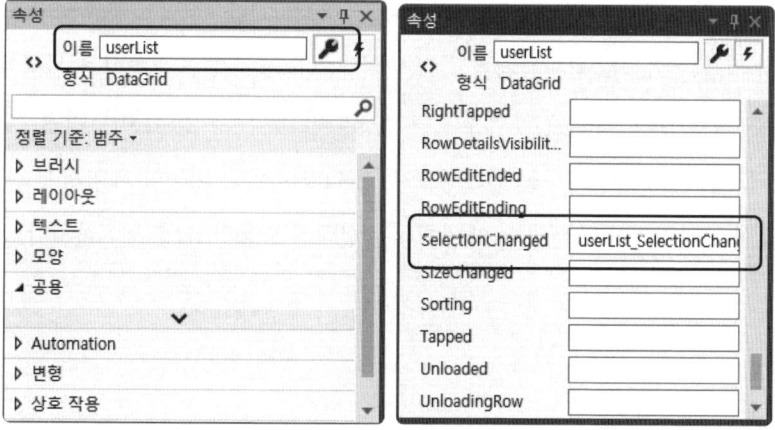

이벤트 핸들러에서 Navigation을 구현하는 코드도 다음과 같이 비교적 단순합니다.

UserListPage.xaml.cs

```
생략
private void userList_SelectionChanged(object sender, SelectionChangedEventArgs e)
{
    User user = e.AddedItems[0] as User;
    string userId = user.id.ToString();

    ViewModel.NavigationService.Navigate(PageTokens.UserDetailPage, userId);
}
생략
```

먼저 User user = e.AddedItems[0] as User; 문장을 봅니다. e 이벤트 인자의 AddedItem 속성에 탭된 사용자 정보가 넘어오는데, 동시에 여러 개를 선택할 수 있기 때문에 그중 첫 번째로 선택된 사용자 정보를 User 타입으로 변환하여 user 변수에 저장해주는 코드입니다.

이어서 사용자 ID를 문자열로 바꾸어 userId 변수에 저장합니다.

ViewModel.NavigationService.Navigate(PageTokens.UserDetailPage, userId); 문장으로 사용자 상세 화면으로 이동하는데 ViewModel은 UserListViewModel.cs 파일에서 정의된 ViewModel 객체이고 그 안에 NavigationService 속성을 생성했었습니다. 그 객체 안의 Navigate() 메소드를 호출하면 페이지 이동이 이루어집니다. 첫 번째 인자로 페이지의 이름을 넘겨주고 두 번째 인자로는 이동할 페이지에 전달할 인자값을 넘겨주어야 하는데 이 예제에서는 선택된 사용자 ID를 넘겨줍니다.

> **알아두기**
>
> 그런데 선택된 사용자 정보가 e.AddedItems에 들어 있다는 것은 어떻게 알 수 있을까요? 언뜻 생각나는 방법으로 인터넷 검색을 해보는 방법과 디버거를 사용하는 방법이 있는데 디버거를 사용하면 빈 이벤트 핸들러에 중단점을 설정한 후 나타나는 변수 목록에서 확인할 수 있습니다. 후자가 응용 프로그램 개발자에게 더 좋은 방법입니다. 필요한 모든 지식을 미리 공부해 두지 않고 그때그때 필요한 지식을 찾아서 알게 되기 때문입니다. 아래에 디버깅 화면을 복사해 놓았으니 참고하기 바랍니다. 디버깅 기능이 주는 개발자의 생산성 향상 때문에 필자는 통합개발 도구 중에서 비주얼 스튜디오 개발 도구를 가장 선호합니다.
>
>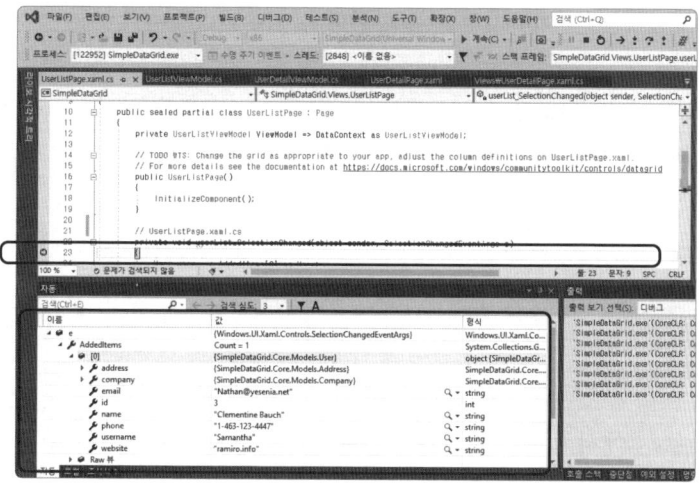

> **알아두기**
>
> NavigationService의 Navigate() 메소드에 첫 번째 인자로 넘겨준 PageTokens 객체의 UserDetailPage는 다음 그림과 같이 페이지를 생성할 때 string 타입의 상수 문자열로 자동 생성됩니다.

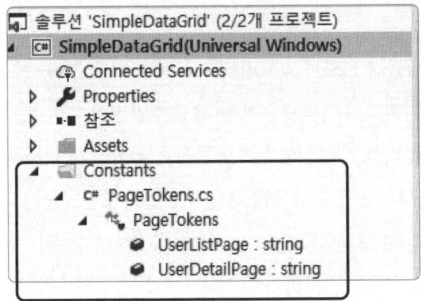

여기까지 이 책의 안내를 따라서 코딩했으면 앱을 실행해봅니다. 사용자를 탭할 때 사용자 상세 화면으로 이동하는 것을 확인할 수 있습니다.

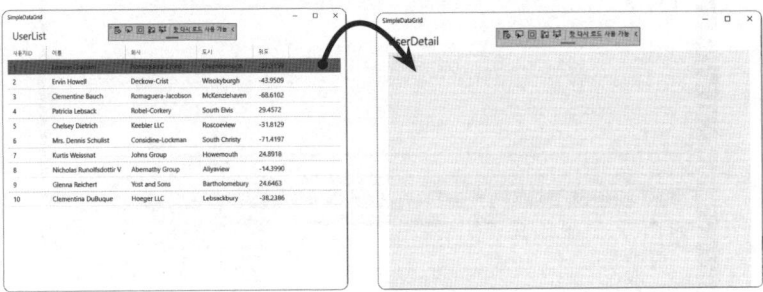

UWP 프로그램에서 이벤트 처리와 이벤트 핸들러를 구현하기 위하여 뷰와 커맨드 바인딩과 뷰모델 프로그램을 함께 사용한다고 했습니다. 이렇게 처리하는 예제를 살짝 보고 넘어갑시다. 여기서 설명하는 것들은 따라서 코딩하지 마시고 읽으면서 이해하기 바랍니다. 우선 XAML 코드를 보면 다음과 같은 형태를 따릅니다.

UserListPage.xaml

```
<Page
    x:Class="SimpleDataGrid.Views.UserListPage"
    xmlns="http://schemas.microsoft.com/winfx/2006/xaml/presentation"
    xmlns:x="http://schemas.microsoft.com/winfx/2006/xaml"
    xmlns:d="http://schemas.microsoft.com/expression/blend/2008"
    xmlns:mc="http://schemas.openxmlformats.org/markup-compatibility/2006"
    Style="{StaticResource PageStyle}"
    xmlns:core="using:Microsoft.Xaml.Interactions.Core"
    xmlns:i="using:Microsoft.Xaml.Interactivity"
```

```xml
        prismMvvm:ViewModelLocator.AutoWireViewModel="True"
        mc:Ignorable="d">

<controls:DataGrid
    x:Name="DataGrid"
    AutoGenerateColumns="False"
    GridLinesVisibility="Horizontal"
    ItemsSource="{Binding users}"
    SelectedItem="{Binding user, Mode=TwoWay}"
    SelectionMode="Extended">
    <i:Interaction.Behaviors>
        <core:EventTriggerBehavior EventName="SelectionChanged">
            <core:InvokeCommandAction Command="{Binding SelectionChangedCommand}"
                CommandParameter="{Binding ElementName=DataGrid, Path=SelectedItems}"/>
        </core:EventTriggerBehavior>
    </i:Interaction.Behaviors>
생략
```

그리고 이벤트 핸들러를 구현하기 위하여 추가되어야 하는 뷰모델(ViewModel) 코드를 보면 다음과 같은 형태를 따릅니다.

UserListViewModel.cs

```csharp
생략
private User _user;
public User user
{
    get => _user;
    set => SetProperty(ref _user, value);
}

public ICommand SelectionChangedCommand { get; set; }
(중략)
SelectionChangedCommand = new DelegateCommand<object>(OnSelectionChangedCommand);
(중략)
private void OnSelectionChangedCommand(object obj)
{
    User user = obj as User;
    string userId = user.id.ToString();

    NavigationService.Navigate(PageTokens.UserDetailPage, userId);
}
생략
```

Microsoft.Xaml.Interactions.Core와 Microsoft.Xaml.Interactivity 같은 새로운 네임 스페이스가 소개되었고 XAML 코드의 복잡도도 매우 증가했습니다. 그러나 이런 기법을 사용해야 MVVM 프로그램 패턴을 충실히 따르고 뷰와 뷰모델 간의 독립성을 유지할 수 있습니다. 프로젝트의 규모가 크고 앱의 복잡도가 높다면 코드 비하인드를 배제하고 위와 같은 기술을 사용하여야 합니다. 그래서인지 Xamarin에서는 뷰와 뷰모델을 활용한 커맨드 바인딩이 무척 간편해졌습니다. 이 책에서는 코드 비하인드를 남발하고 있지만 UWP 기술을 설명하기 위한 목적 때문이니 양해바랍니다.

■ UserDetailViewModel 뷰모델 수정하기

이제는 사용자 상세 정보를 보여줄 페이지의 뷰모델을 개발해보겠습니다. 먼저 필요한 속성들을 정의합니다. 코드는 다음과 같습니다.

UserDetailViewModel.cs

```
생략
private INavigationService _navigationService;
public INavigationService NavigationService
{
    get => _navigationService;
    //set => SetProperty(ref _navigationService, value);
}

private User _user;
public User user
{
    get => _user;
    set => SetProperty(ref _user, value);
}

private string _address;
public string address
{
    get => _address;
    set => SetProperty(ref _address, value);
}
생략
```

위의 코드에서는 사용자 목록 화면으로 돌아가는 기능을 개발하려고 NavigationService 속성을 정의했습니다. 사용자 목록 화면에서 여러 명의 사용자 정보를 저장하기 위하여 User 객체의 배열 속성을 정의했지만 상세 화면에서는 한 명의 사용자 정보를 가지면 되기 때문에 하나의 user 속성을 정의했습니다.

주소의 경우 street, suite, city 및 zipcode를 합쳐서 보여줘야 하기 때문에 string 타입의 address 속성을 추가했습니다. NavigationService 속성은 코드 비하인드의 이벤트 핸들러에서 사용되고, user와 address 속성은 뷰의 데이터 바인딩을 위해 사용됩니다.

그리고 Navigation 기능을 사용하기 위하여 UserListViewModel에서 했던 것과 동일한 방법으로 Navigation 속성에 NavigationService 객체를 아래 코드와 같이 UserDetailViewModel 생성자에서 저장합니다.

UserDetailViewModel.cs

```
생략
public UserDetailViewModel(INavigationService navigationService)
{
    _navigationService = navigationService;
}
생략
```

사용자 목록 화면의 UserListViewModel.cs 뷰모델 프로그램에서 사용자 목록 정보를 가져와 Users 배열 속성에 저장하는 작업을 프레임워크가 제공하는 OnNavigatedTo() 메소드에서 했던 기억이 나나요? 이번에도 OnNavigatedTo() 메소드를 생성하여 위에서 정의한 user 속성에 저장하는 작업을 할 것입니다. 사용자 목록 화면의 로직과 가장 큰 차이는 NavigationService.Navigate(PageTokens.UserDetailPage, userId); 문장으로 사용자 상세 페이지를 호출할 때 선택된 사용자 정보로 넘겨진 userId 인자를 e.Parameter as string; 형태로 받아와서 처리한다는 것입니다. 그리고 API 호출을 위한 URL에 인자로 받아온 userId를 추가했습니다. address는 street, suite, city 및 zipcode를 문자열로 이어붙여 만들었습니다.

UserDetailViewModel.cs

```
생략
public override async void OnNavigatedTo(NavigatedToEventArgs e,
                            Dictionary<string, object> viewModelState)
{
    base.OnNavigatedTo(e, viewModelState);

    string userId = e.Parameter as string;

    using (HttpClient httpClient = new HttpClient())
    {
        string httpResponse = await httpClient.GetStringAsync(
                    "http://jsonplaceholder.typicode.com/users/" + userId);
        user = await Json.ToObjectAsync<User>(httpResponse);
        address = user.address.street + ", " + user.address.suite + ", " +
                            user.address.city + ", " + user.address.zipcode;
    }
}
생략
```

그런데 코드를 작성하는 데 한가지 어려움이 있습니다. 손으로 코딩하기에 public override async void OnNavigatedTo(NavigatedToEventArgs e, Dictionary⟨string, object⟩ viewModelState)라는 메소드의 헤더가 너무 길고 복잡하기 때문입니다. 물론 한 가지 쉬운 방법으로 다른 프로그램에서 복사해오는 방법이 있습니다만 비주얼 스튜디오의 코드 작성 도움 기능을 활용하면 편합니다.

그럼 우선 메소드를 추가할 위치에 public override라고 치고 공란을 입력해보겠습니다. 그러면 다음 그림과 같이 override 가능한 메소드의 목록과 설명이 나타납니다. 목록에서 OnNavigatedTo() 메서드를 더블클릭하면 자동으로 메소드의 시작과 끝을 만들어줍니다. 그러면 개발자는 로직만 구현해 넣으면 됩니다.

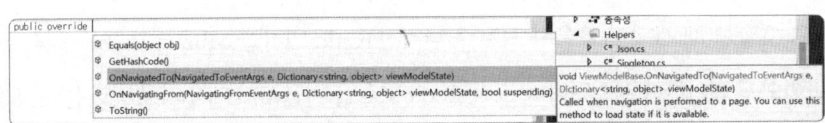

비주얼 스튜디오가 자동으로 생성해주는 코드는 다음과 같습니다. 코딩하기 복잡한 메소드의 인자들까지 자동으로 만들어졌습니다.

```
public override void OnNavigatedTo(NavigatedToEventArgs e, Dictionary<string, object> viewModelState)
{
    base.OnNavigatedTo(e, viewModelState);
}
```

> **알아두기**
>
> override 키워드는 상속받은 부모 객체가 정의해 놓은 메소드를 그대로 사용하지 않고 덮어씌워(override) 재정의하라는 의미를 가집니다. 메소드의 이름과 반환값 그리고 인자의 종류와 속성들과 같은 기본 인터페이스는 부모 객체에서 정의하고 로직은 상속을 받은 자식 객체에서 구현해야 하는 경우에 사용합니다.
>
> 이 설명을 들으니 앞에서 설명한 인터페이스가 왜 클래스가 아니고 인터페이스인지 아시겠지요? 인터페이스를 단순화하여 설명하면 로직의 구현이 없이 객체의 틀, 즉 인터페이스만 정의해 놓은 약식 클래스가 됩니다. 위의 설명이 마치 추상 클래스를 설명하는 것 같은데 추상 클래스와 차이가 있습니다. C++ 이외의 대부분의 프로그래밍 언어에서 인터페이스는 다중 상속을 허용하지만 클래스의 다중 상속은 허용되지 않습니다. 이유는 인터페이스는 다중 상속을 해도 수행 속도나 프로그램의 단순성 등을 헤치지 않지만, 클래스는 그렇지 않기 때문입니다. 하지만 클래스의 다중 상속이 허용된다면 프로그램 개발자는 더욱 강력한 무기를 가지게 될 것입니다. 이럴 때 제한을 가진 클래스의 역할을 하는 인터페이스를 활용하면 다중 상속의 이점을 함께 누릴 수 있습니다.

> **알아두기**
>
> 뷰모델 프로그램을 개발하면서 뷰에 대한 고려를 거의 하지 않고 있는 것이 느껴지시나요? 개발만이 아니라 뷰모델을 테스트할 때에도 뷰와 독립적으로 테스트할 수 있습니다. MVVM 프로그램 패턴을 통하여 조금씩 모델(Model)과 뷰(View)와 뷰모델(ViewModel)을 분리하여 독립적으로 개발하는 이점을 느끼기 시작했을 것으로 믿습니다. MVVM 프로그램 패턴을 사용하면 뷰모델(ViewModel)은 프로그램 개발자가 개발하고 뷰(View)는 디자이너가 각각 독립적으로 개발할 수 있습니다.

■ UserDetailPage 뷰 수정하기

사용자 상세 화면을 다음 그림과 같이 구성하겠습니다.

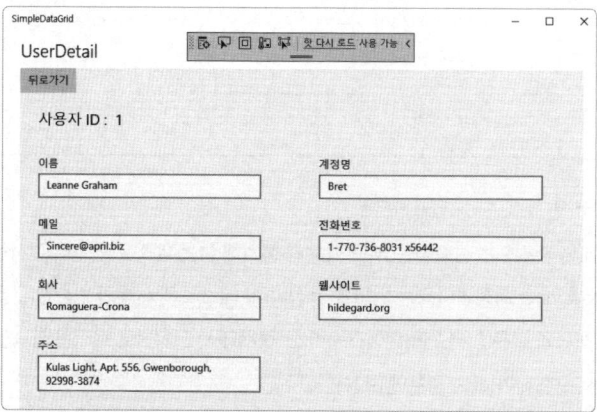

위의 화면을 XAML로 어떻게 구현해야 할까요? 〈뒤로가기〉 버튼을 배치할 행 하나, 사용자 ID를 배치할 행 하나, 그리고 나머지 사용자 상세 정보를 배치할 행 하나, 이렇게 3개의 행이 필요합니다. 왼쪽의 사용자 상세 정보를 배치할 열 하나와 오른쪽의 사용자 상세 정보를 배치할 열 하나, 이렇게 2개의 열도 필요합니다. 그러면 Grid Layout 컨트롤을 다음과 같이 정의하면 될 것입니다.

UserDetailPage.xaml

```
생략
<Grid>
    <Grid.RowDefinitions>
        <RowDefinition Height="Auto"/>
        <RowDefinition Height="50"/>
        <RowDefinition/>
    </Grid.RowDefinitions>

    <Grid.ColumnDefinitions>
        <ColumnDefinition/>
        <ColumnDefinition/>
    </Grid.ColumnDefinitions>
</Grid>
생략
```

첫 번째 행은 버튼이 들어갈 공간만 필요하니 높이를 Auto로 지정했습니다. 두 번째 행은 사용자 ID가 들어갈 공간이고 상하에 여유 공간이 필요하다고 판단하여 높이를 50으로 고정했습니다. 나머지 공간은 사용자 상세 정보가 모두 차지하면 되기 때문에 높이를 별도로 지정하지 않았습니다. 열은 왼쪽의 사용자 상세 정보와 오른쪽의 사용자 상세 정보가 균등 비율로 배치되면 되기 때문에 넓이를 별도로 지정하지 않았습니다.

이제 첫 번째 행에 사용자 목록 화면으로 돌아가는 기능을 가진 〈뒤로가기〉 버튼을 배치해 보겠습니다. 특별히 설명이 필요한 코드는 아니지만, 버튼 이름을 지정하는 것과 이벤트 핸들러를 지정하는 것을 잊으면 안 됩니다.

UserDetailPage.xaml

```
생략
<Grid>
    <Grid.RowDefinitions>
        <RowDefinition Height="40"/>
        <RowDefinition Height="50"/>
        <RowDefinition/>
    </Grid.RowDefinitions>

    <Grid.ColumnDefinitions>
        <ColumnDefinition/>
        <ColumnDefinition/>
    </Grid.ColumnDefinitions>

    <Button Grid.Row="0" Grid.Column="0"
            x:Name="backButton" Content="뒤로가기"
            Background="LightBlue"
            HorizontalAlignment="Left" VerticalAlignment="Top"
            Tapped="backButton_Tapped"/>
</Grid>
생략
```

사용자 ID를 보여주는 두 번째 행은 다음 코드와 같습니다. 〈뒤로가기〉 버튼 컨트롤 아래에 코드를 배치하면 됩니다. 사용자 ID 타이틀과 사용자 ID를 보여주기 위한 TextBlock을 수평 방향으로 배치하기 위하여 StackPanel Layout 컨트롤을 사용했습니다. 사용자 ID를 보여주기 위하여 데이터 바인딩한 Text="{Binding user.id}" 코드에서는 뷰모델(ViewModel)의 OnNavigatedTo() 메소드에서 저장한 user 속성에서 id 값을 가져와 사용하고 있습니다. Margin을 주는 순서가 항상 혼동되는데 좌상우하의 순서입니다.

UserDetailPage.xaml

```
생략
<StackPanel Grid.Row="1" Grid.Column="0"
            Orientation="Horizontal" VerticalAlignment="Center">
    <TextBlock Text="사용자 ID :" FontSize="20" Margin="24,0,0,0"/>
    <TextBlock Text="{Binding user.id}" FontSize="20" Margin="10,0,0,0"/>
</StackPanel>
생략
```

사용자 상세 정보는 2개의 StackPanel Layout 컨트롤을 사용하여 배치할 것입니다. 사용자 정보의 필드들을 위에서 아래로 나열하여 보여주면 되기 때문입니다. 마찬가지로 사용자 ID를 보여주기 위한 StackPanel의 아래에 배치하면 됩니다.

필드를 보여주는 코딩은 TextBlock이 아닌 TextBox를 사용합니다. 필드 레이블을 Header 속성으로 지정할 수 있어 편리하기 때문입니다. 그리고 TextBox는 기본적으로 편집이 가능하기 때문에 IsReadOnly 속성을 True로 설정하여 읽기 전용 필드로 만들었습니다.

주소를 보여주는 필드는 값이 일반 필드보다 길기 때문에 높이를 확장하고 TextWrapping 속성을 True로 설정하여 주소가 TextBox의 길이 보다 길면 다음 줄로 넘어가게 했습니다.

UserDetailPage.xaml

```xml
생략
<StackPanel Grid.Row="2" Grid.Column="0">
   <TextBox Header= "이름" Text="{Binding user.name}"
            Margin="24,24,0,0" Width="300" HorizontalAlignment="Left"
            IsReadOnly="True"/>
   <TextBox Header= "메일" Text="{Binding user.email}"
            Margin="24,24,0,0" Width="300" HorizontalAlignment="Left"
            IsReadOnly="True"/>
   <TextBox Header= "회사" Text="{Binding user.company}"
            Margin="24,24,0,0" Width="300" HorizontalAlignment="Left"
            IsReadOnly="True"/>
    <TextBox Header= "주소" Text="{Binding address}"
            Margin="24,24,0,0" Width="300" Height="70" HorizontalAlignment="Left"
            IsReadOnly="True" TextWrapping="Wrap"/>
</StackPanel>
<StackPanel Grid.Row="2" Grid.Column="1">
   <TextBox Header= "계정명" Text="{Binding user.username}"
            Margin="24,24,0,0" Width="300" HorizontalAlignment="Left"
            IsReadOnly="True"/>
   <TextBox Header= "전화번호" Text="{Binding user.phone}"
            Margin="24,24,0,0" Width="300" HorizontalAlignment="Left"
            IsReadOnly="True"/>
   <TextBox Header= "웹사이트" Text="{Binding user.website}"
            Margin="24,24,0,0" Width="300" HorizontalAlignment="Left"
            IsReadOnly="True"/>
</StackPanel>
생략
```

이제 〈뒤로가기〉 버튼을 탭하면 사용자 목록 화면으로 돌아가는 로직을 구현해 보겠습니다. 마찬가지로 코드 비하인드 기술을 활용할 것입니다. 다음 코드와 같이 사용자 목록 화면에서 구현했던 것과 내용이 거의 동일한데 특정한 페이지로 이동하는 것이 아니라 Navigate() 메소드를 사용하지 않고 GoBack() 메소드를 사용하여 호출한 페이지로 돌아가는 것이 다릅니다. 덕분에 페이지 이름과 넘겨줄 인자에 대한 고민도 사라졌습니다.

UserDetailPage.xaml.cs

```
생략
private void backButton_Tapped(object sender,
                    Windows.UI.Xaml.Input.TappedRoutedEventArgs e)
{
    ViewModel.NavigationService.GoBack();
}
생략
```

이제 앱을 실행하고 사용자 목록 화면에서 사용자를 선택하여 사용자 상세 화면으로 이동한 뒤 사용자 정보를 확인해보고 다시 〈뒤로가기〉 버튼을 탭하여 사용자 목록 화면으로 돌아가보기 바랍니다.

이번에는 DataGrid로 할 수 있는 가장 기본적인 작업인 필터링(골라보기, Filtering)과 정렬(Sorting) 기능을 만들어보겠습니다.

■ 필터링

지금까지는 뷰모델(ViewModel)에 있는 속성의 값을 DataGrid에 일방적으로 보여주는 기능을 구현해보았는데 Filtering은 DataGrid와 뷰모델(ViewModel)이 상호 작용하며 구현되기 때문에 다음 코드와 같이 users 속성의 클래스를 IList에서 ObservableCollection으로 변경해야 합니다. 그리고 new ObservableCollection〈User〉(); 와 같은 문장을 사용하여 객체의 값을 초기화합니다. IList와 ObservableCollection의 가장 큰 차이점은 Collection을 구성하는 데이터가 바뀔 때 시스템에 알림(Notify)을 발생시켜 DataGrid의 내용과 자동으로 맞추어 준다(Sychronization)는 것입니다. IList는 데이터가 바뀌어도 뷰에 값이 변경되지 않습니다.

UserListViewModel.cs

```
생략
/*
private IList<User> _users;
public IList<User> users
*/
private ObservableCollection<User> _users = new ObservableCollection<User>();
public ObservableCollection<User> users
{
    get => _users;
    set => SetProperty(ref _users, value);
}
생략
```

그리고 users = tempUsers.ToList(); 문장으로 users 속성 변수에 값을 저장하던 문장을, 다음 코드와 같이 users.Clear(); 문장으로 기존에 있던 Collection을 모두 비운 후, foreach (User user in tempUsers) 문장으로 tempUsers 객체 변수에 받아 온 값들을 users.Add(user); 문장을 통하여 하나하나 추가하도록 변경했습니다.

IList 타입의 변수에도 동일한 방식으로 값을 추가할 수 있으나 ToList() 메소드의 도움을 받아 간편하게 처리한 것입니다. 만약에 ObservableCollection 타입의 변수도 ToObservableCollection() 와 같은 메소드의 도움을 받아 간편하게 코딩할 수 있었다면 속성 변수를 정의할 때 초기화하는 번거로움을 겪지 않아도 되었을 것입니다. 여기까지 코딩하고 나니 속성 변수를 정의하거나 값을 추가하는 코드가 Prism 프레임워크가 제공한 코드와 거의 동일하게 되었습니다. 다음의 알아두기를 꼭 읽어 보기 바랍니다.

UserListViewModel.cs

```
public override async void OnNavigatedTo(NavigatedToEventArgs e,
                            Dictionary<string, object> viewModelState)
{
    base.OnNavigatedTo(e, viewModelState);

    using (HttpClient httpClient = new HttpClient())
    {
        string httpResponse = await httpClient.GetStringAsync(
                        "http://jsonplaceholder.typicode.com/users");
        User[] tempUsers = await Json.ToObjectAsync<User[]>(httpResponse);
        //users = tempUsers.ToList();
        users.Clear();
        foreach (User user in tempUsers)
        {
            users.Add(user);
        }
    }
}
```

알아두기

뷰의 XAML 컨트롤과 뷰모델의 속성 변수가 상호 작용하지 않고 뷰모델의 값을 한 방향으로 보여주기만 한다면 수행 속도가 빠른 IList와 같은 저수준(Low Level) 클래스를 사용하는 것이 유리합니다. 하지만 뷰의 XAML 컨트롤과 뷰모델의 속성 변수가 상호 작용을 한다면 상호 작용을 하는 코드가 이미 구현되어 있는 ObservableCollection과 같은 고수준(High Level) 클래스를 사용하는 것이 수행 성능 면에서 유리합니다. 그러나 수행 성능이 크게 중요하지 않은 프로그램을 개발할 때는 고수준의 클래스를 사용하다가 수행 속도의 향상이 필요해지는 시점에 저수준의 클래스 사용을 고려하는 것이 좋습니다.

알아두기

ObservableCollection 타입의 객체에 Add 메소드를 사용하여 항목을 추가하는 경우 항목이 추가될 때마다 뷰에 통보되어 화면을 갱신하기 때문에 소량의 데이터를 처리할 때는 괜찮지만 대량의 데이터를 처리할 때는 속도의 저하를 유발하니 Add 메소드를 가능한 사용하지 않아야 합니다. 많은 고수준의 클래스들이 기능과 코딩 생산성 측면에서 유리하지만 수행 속도 측면에서는 반대로 저수준 클래스들이 유리한 경우가 많습니다.

필터링(Filtering) 기능은 북반구 사용자 Check Box를 선택하면 위도가 양수인 지역에 위치하는 사용자만 골라서 보여주도록 구현해보겠습니다.

먼저 CheckBox를 만들기 위하여 다음 코드와 같이 DataGrid 컨트롤을 StackPanel로 감싸고 상단에 CheckBox 컨트롤을 위치시킨 다음 Click 이벤트 핸들러를 추가합니다.

UserListPage.xaml

```
생략
<Grid Grid.Row="1">
    <StackPanel>
        <CheckBox x:Name="northernHemisphereCheckBox"
                  Content="북반구 사용자"
                  Click="northernHemisphereCheckBox_Click"/>
        <controls:DataGrid
              x:Name="userList"
              AutoGenerateColumns="False"
              GridLinesVisibility="Horizontal"
              ItemsSource="{x:Bind ViewModel.users, Mode=OneWay}"
              IsTabStop="False"
              SelectionChanged="userList_SelectionChanged">
(중략)
        </controls:DataGrid>
    </StackPanel>
</Grid>
생략
```

CheckBox의 Click 이벤트 핸들러는 다음 코드와 같은데 대부분 직관적으로 이해가 되니 LINQ 부 분만 설명하면 되겠죠?

UserListPage.xaml.cs

```
생략
using System.Linq;
(중략)
private void northernHemisphereCheckBox_Click(object sender,
                                    Windows.UI.Xaml.RoutedEventArgs e)
{
    CheckBox northernHemisphereCheckBox = sender as CheckBox;

    if (northernHemisphereCheckBox.IsChecked == true)
        userList.ItemsSource =
            new ObservableCollection<User>(ViewModel.users.Where(user =>
                                    !user.address.geo.lat.Contains("-")));
    else
        userList.ItemsSource = ViewModel.users;
}
생략
```

LINQ는 Language INtegrated Query의 약자로 DBMS의 SQL(Structured Query Language) 기능을 프로그램 언어에 병합한 것입니다. 여기서 Query(질의)는 시스템 내부에 저장된 것을 사용자에게 보여주는 것을 의미합니다. LINQ는 System.Linq 네임스페이스에 정의되어 있으며 코드의 상단에 using System.Linq; 문장을 추가하여 사용할 네임스페이스를 선언한 후 LINQ 문장을 사용하면 됩니다. 앞선 예제들에서 문자열 배열을 IList Collection으로 전환하기 위하여 ToList() 메소드를 사용했는데 그러한 것들도 일종의 LINQ 기능입니다. 이 예제에서는 ViewModel.users.Where(user => !user.address.geo.lat.Contains("-"))가 LINQ 문장입니다.

그러나 LINQ 문장이라고 특별한 것은 아니고, 일반 C# 문장이지만 Where() 메소드에 조건을 입력할 때 람다식을 지정하여야 한다는 점이 다릅니다. 람다식 안의 !user.address.geo.lat.Contains("-") 문장은 user.address.geo.lat 칼럼이 마이너스(-) 문자를 가지고 있지 않은 조건의 것들만 고르라는 의미입니다. user.address.geo.lat 칼럼의 타입은 숫자가 아닌 문자열이므로 음수가 남반구의 위도를 나타냅니다. 이에 착안하여 Contains() 메소드를 사용하여 마이너스(-) 문자를 포함한 남반구만 찾은 후, 앞에 부정을 의미하는 ! 논리 연산자를 추가하여 마이너스(-) 문자를 포함하지 않은 위도를 북반구로 찾도록 로직을 구성한 것입니다.

> **알아두기**
>
> ViewModel.users.Where(user => !user.address.geo.lat.Contains("-"))와 같은 LINQ 문장은 from user in ViewModel.users where !user.address.geo.lat.Contains("-") select user와 같이 바꾸어 쓸 수 있습니다. 이 문법은 DB의 SQL 문장을 거의 그대로 차용한 것입니다. SQL 문장은 영어를 차용하고 있어서 읽으면서 바로 그 의미를 이해할 수 있습니다.

> **알아두기**
>
> userList.ItemsSource에 직접 값을 할당하는 코딩을 어떻게 생각하나요? 이와 같은 코딩의 첫 번째 문제는 뷰모델(ViewModel)의 users 속성에 데이터 바인딩되어 있는 것이 깨진다는 것입니다. 만약에 users 속성의 값에 변경이 생긴다면 변경되는 값이 userList 컨트롤에 반영되지 않을 것입니다. 두 번째 문제는 users 속성에 데이터가 대량으로 들어 있다면 이와 같은 할당 방식은 수행 속도가 떨어질 수밖에 없다는 것입니다. 그렇다면 필자는 왜 이런 코딩을 했을까요?
>
> 첫째, 여기서 설명하고자 하는 것은 가장 단순한 형태의 코드로 필터링을 설명하는 것이기 때문입니다. 둘째, 이 앱은 users 속성의 값이 많지 않고 조회만 수행한다는 확신을 가졌기 때문입니다. 때로 기술자 관점에서는 말도 되지 않는 기술이지만, 업무를 정확하게 알고 사용한다면 코딩 생산성이 가장 높고 가독성과 유지 보수성이 높은 기술입니다.
>
> 응용 프로그램을 개발하기 위하여 기술이 필요한 것이지 기술을 구현하기 위하여 응용 프로그램이 필요한 것이 아니라는 것을 이해하면 필자가 설명하는 것이 쉽게 이해가 될 것입니다. 이는 응용 프로그램을 개발할 때 처음에는 가장 단순하고 직관적인 기술을 선택하여 구현하고 필요한 만큼 기술의 난이도를 높여가는 리팩토링(Refactoring, 프로그램 재구성) 기법의 기본 개념입니다. 이는 프로그램 개발의 경제성과 효율성을 고려해야 하는 응용 프로그램 개발자에게 꼭 필요한 덕목입니다.

이제 앱을 실행해봅니다. 북반구 사용자 Check Box가 체크되면 위도가 양수인 북반구 사용자만 보여주고, 체크가 해제되면 전체 사용자를 보여줍니다.

남반구 사용자 Check Box를 선택하면 위도가 음수인 지역에 위치하는 사용자만 골라서 보여주는 기능은 직접 만들어보기 바랍니다. !user.address.geo.lat.Contains("-")에서 부정을 의미하는 논리 연산자인 !만 제거하면 북반구 사용자와 동일하게 개발할 수 있습니다.

■ 정렬

정렬(Sorting) 기능을 구현하기 위한 View의 수정은 다음 코드와 같이 매우 단순합니다. DataGrid 컨트롤의 CanUserSortColumns 속성 값을 True로 설정하고 Sorting 이벤트 핸들러를 정의하기만 하면 됩니다.

UserListPage.xaml

```xml
생략
<controls:DataGrid
    x:Name="userList"
    AutoGenerateColumns="False"
    GridLinesVisibility="Horizontal"
    ItemsSource="{x:Bind ViewModel.users, Mode=OneWay}"
    IsTabStop="False"
    SelectionChanged="userList_SelectionChanged"
    CanUserSortColumns="True"
    Sorting="userList_Sorting">
생략
```

정렬 기능을 구현하기 위하여 코드 비하인드에 구현한 Sorting 이벤트의 코드는 다음과 같습니다. DataGrid의 칼럼을 한 번 누르면 상향 정렬을 하고, 한 번 더 누르면 하향 정렬을 하며, 한 번 더 누르면 정렬을 중단하고 원래 상태로 돌아가게 구현했습니다. 다음 코드는 개발자만 알 수 있는 모호한 코딩(Cryptic Coding)이 아니라 코드를 따라서 읽으면 저절로 이해되는 구조적 코딩(Structure Coding)을 했으니 스스로 로직을 따라가 보기 바랍니다. 구조적 코딩의 가독성을 실감하게 될 것입니다.

아무튼, curentSortColumn.SortDirection 속성에 DataGridSortDirection.Ascending 값이 저장되면 상향식 정렬 표시가 DataGrid를 탭한 칼럼에 나타나며 DataGridSortDirection.Descending 값이 저장되면 하향식 정렬 표시가 나타납니다. 정렬된 값들을 DataGrid에 반영하는 것은 userList.ItemsSource = ViewModel.users; 문장과 userList.ItemsSource = sortUserList(curentSortColumn); 문장인데, 정렬해야 하는 경우 sortUserLIst() 메소드를 호출하여 정렬한 다음 그 결과를 userList.ItemsSource 속성에 할당하고 정렬이 필요 없는 경우 ViewModel.users, 즉 ViewModel에 정의한 users 속성 변수의 값을 다시 userList.ItemsSource 속성에 할당하여 정렬을 취소하고 있습니다.

UserListPage.xaml.cs

```
생략
DataGridColumn previousSortColumn = null;

private void userList_Sorting(object sender,
            Microsoft.Toolkit.Uwp.UI.Controls.DataGridColumnEventArgs e)
{
    DataGridColumn curentSortColumn = e.Column;

    if(curentSortColumn == previousSortColumn)
    {
        if(curentSortColumn.SortDirection == DataGridSortDirection.Ascending)
        {
            curentSortColumn.SortDirection = DataGridSortDirection.Descending;
        } else
        {
```

```
            curentSortColumn.SortDirection = null;

            previousSortColumn = null;
        }
    } else
    {
        curentSortColumn.SortDirection = DataGridSortDirection.Ascending;

        if (previousSortColumn != null)
            previousSortColumn.SortDirection = null;

        previousSortColumn = curentSortColumn;
    }

    if (curentSortColumn.SortDirection == null)
        userList.ItemsSource = ViewModel.users;
    else
        userList.ItemsSource = sortUserList(curentSortColumn);
}
```
생략

> **알아두기**
>
> 구조적 코딩은 Sequence, Selection 및 Iteration 문장 구조만을 사용하여 코딩하는 기법으로 코드를 위에서부터 아래로 읽으면 로직이 저절로 이해되는 훌륭한 코딩 기법입니다. One Entry와 One Exit 같은 몇 가지 구조적 코딩의 원칙들이 있지만 흐름에 따라서 코딩하는 것이 구조적 코딩의 가장 큰 특징입니다. 객체지향의 코드 구조에서 구조적 코딩을 하면 가독성과 유지 보수성을 크게 향상시킬 수 있으며, 로직의 부작용과 오류 유발을 최소화할 수 있습니다.

실제 사용자 목록을 정렬하는 것은 sortUserList() 메소드인데 정렬 작업을 수행한 후 정렬한 ObservableCollection<User> 객체를 반환합니다. 앞부분의 로직과 마찬가지로 구조적 코딩을 했으니 직접 읽어보고 이해하기 바랍니다. 앞부분의 switch 문장들은 칼럼의 헤더 값을 기반으로 정렬한 칼럼을 알아내는 역할을 합니다.

설명이 필요한 문장은 return new ObservableCollection〈User〉(ViewModel.users. AsQueryable().OrderBy($"{sortColumnName} {sortOrder}")); 부분입니다. 이 중에서 return new ObservableCollection〈User〉() 문장은 객체를 만들어 반환하는 코드이므로 특별한 설명이 필요 없지만, 생성자의 인자로 제공되어 정렬을 수행하는 동적인 LINQ 문장인 ViewModel.users.AsQueryable().OrderBy($"{sortColumnName} {sortOrder}")는 설명이 필요합니다.

Filtering을 할 때는 일반적인 정적 LINQ 즉, Static LINQ를 사용했는데 여기서는 동적 LINQ 즉, Dynamic LINQ를 사용했습니다. 정적인 일반 LINQ와 다르게 동적 LINQ는 Query가 고정되어 있는 것이 아니라 그때그때 변합니다. 문법적으로는 Filtering에서 사용한 LINQ 문장과 동일한데 AsQueryable() 메소드를 사용하는 것이 다릅니다. 말로 하면 이해하기가 어려우니 코드를 순서대로 따라 읽으며 이해해 보겠습니다.

UserListPage.xaml.cs

```
생략
using System.Linq.Dynamic.Core;
(중략)
private ObservableCollection<User> sortUserList(DataGridColumn sortColumn)
{
    string sortColumnName = "";

    switch (sortColumn.Header)
    {
        case "사용자ID":
            sortColumnName = "id";
            break;
        case "이름":
            sortColumnName = "name";
            break;
        case "회사":
            sortColumnName = "company.name";
            break;
        case "도시":
            sortColumnName = "address.city";
            break;
```

```
        case "위도":
            sortColumnName = "address.geo.lat";
            break;
        default:
            break;
    }

    string sortOrder = "ascending";

    if (sortColumn.SortDirection == DataGridSortDirection.Descending)
        sortOrder = "descending";

    return new ObservableCollection<User>(
        ViewModel.users.AsQueryable().OrderBy($"{sortColumnName} {sortOrder}"));
}
생략
```

ViewModel.users는 ViewModel에 정의된 users 속성을 의미하고, .AsQueryable().은 동적 질의 Query가 가능하게 만드는 것을 의미합니다. 그리고 OrderBy($"{sortColumnName} {sortOrder}")는 OrderBy() 메소드로 정렬하되 정렬 순서는 $"{sortColumnName} {sortOrder}"로 하라는 의미입니다.

$"{sortColumnName} {sortOrder}"는 $로 시작하는 특수한 문자열로 집합 괄호({ })로 둘러싼 변수의 값을 치환하여 문자열을 만드는데, 앞의 로직에서 sortColumnName 변수와 sortOrder 변수의 값을 가져와 공란을 포함하여 이어 붙여서 정렬 순서를 OrderBy에게 알려줍니다.

이때 문자열로 치환된 값이 "name ascending" 구조면 name 칼럼을 기준으로 상향 정렬하라는 의미이고 "name descending" 구조면 name 칼럼을 기준으로 하향 정렬하라는 의미입니다. 그런데 이번 예제의 경우 정렬할 칼럼이 고정되어 있지 않고 사용자가 탭하는 칼럼에 따라서 변하기 때문에 동적인 LINQ를 사용하는 것입니다. OrderBy() 메소드에 제공되는 문자열을 앞의 로직에서 결정할 수 있기 때문에 동적이라고 부릅니다. 일반 LINQ에서는 질의(Query)를 결정하기 위하여 문자열을 사용하지 않고 정해진 문법을 바로 사용했기 때문에 동적인 질의를 만들 수 없었던 것입니다.

동적 LINQ를 사용하려면 System.Linq.Dynamic.Core NuGet 패키지를 설치하고 LINQ를 사용할 프로그램 파일 앞에 using System.Linq.Dynamic.Core; 문장을 추가해야 합니다. NuGet 패키지를 설치하는 방법은 앞에서 몇 번 반복하여 설명했으니 이번에는 생략합니다.

> **알아두기**
>
> 동적 LINQ는 System.Linq.Dynamic NuGet 패키지를 사용해도 되는데 사용 중 알 수 없는 오류를 경험하게 된다면 System.Linq.Dynamic NuGet 패키지를 제거한 후 System.Linq.Dynamic.Core NuGet 패키지를 설치하여 사용하기 바랍니다. 필자는 더 안정적인 System.Linq.Dynamic.Core NuGet 패키지를 사용했습니다.

> **알아두기**
>
> 동적 LINQ에서는 정렬을 할 때 users.AsQueryable().OrderBy("sortColumnName ascending") 혹은 users.AsQueryable().OrderBy("sortColumnName descending")와 같은 문법으로 정렬 순서를 지정하는데 일반 정적 LINQ에서는 users.OrderBy(user => user.sortColumnName") 혹은 users.OrderByDescending(user => user.sortColumnName") 과 같이 메소드의 이름으로 상향식과 하향식을 구분합니다. 당연하게도 메소드 이름에 Descending이 붙지 않은 것이 상향식입니다.

그럼 앱을 실행하여 정렬 기능을 사용해봅니다. 칼럼 헤더를 마우스로 차례대로 탭 하면 다음과 같이 탭한 칼럼 헤더의 오른쪽에 상향 정렬을 의미하는 상향 화살표(↑)가 나타나며 상향 정렬이 되고, 한 번 더 탭하면 하향 정렬을 의미하는 하향 화살표(↓)가 나타나면서 하향 정렬이 되는 것을 확인할 수 있습니다. 한 번 더 탭하면 정렬이 되기 전 상태로 돌아갑니다. 어떤 칼럼을 기준으로 정렬을 하다가 중간에 다른 칼럼의 헤더를 누르면 새로 누르는 칼럼의 상향 정렬부터 다시 동작하는 것도 확인해보기 바랍니다.

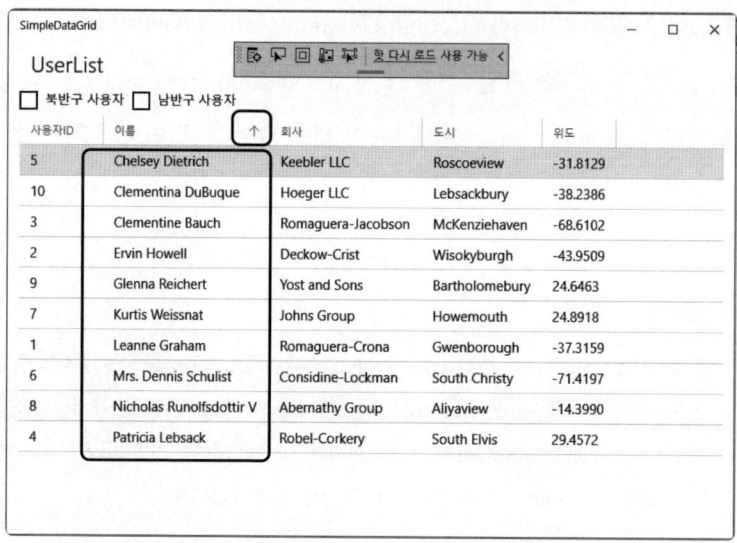

정렬을 위하여 칼럼을 선택하거나 필터링(Filtering)을 위하여 Check Box들이 동시에 선택되면 우리가 원하는 결과를 얻을 수 없습니다. 최근에 선택된 작업만 동작하기 때문입니다. 두 가지 기능이 동시에 동작하도록 하는 로직은 여러분이 직접 추가해보기 바랍니다.

■ INotifyPropertyChanged 인터페이스

데이터 바인딩을 할 때 뷰와 뷰모델 간에 속성 값을 동기화하기 위하여 INotifyProperty Changed 인터페이스를 구현하여 사용해야 하는데 ViewModel 클래스와 Observable Collection 클래스에는 이미 구현되어 있다고 반복하여 설명했습니다. 그러나 ViewModel이나 ObservableCollection과 같이 프레임워크가 미리 제공하지 않는 클래스를 사용할 때는 INotifyPropertyChanged 인터페이스를 직접 구현하여야 합니다.

INotifyPropertyChanged 인터페이스는 SimpleDataGrid 앱의 기능과 관련이 없으나 이론적으로 설명하는 것보다 예제를 통하여 설명하는 것이 이해하기 쉽다고 판단하여 여기서 설명합니다. WPF나 Xamarin 서적들을 보면 INotifyPropertyChanged 인

터페이스를 책의 초반에 이론적으로 설명하는데 필자의 경우 이론적인 설명을 통하여 이해하는 것이 매우 힘들었습니다. 그러나 이 책에서는 예제 코드 조각과 실행 화면 조각으로 설명하기 때문에 개념과 구현 방법을 쉽게 이해할 수 있을 것입니다.

사용자 상세 화면에서 Mail ID를 인위적으로 변경하는 방법을 통하여 INotifyPropertyChanged 인터페이스를 구현하여 사용자 화면 뷰와 데이터 바인딩을 위한 뷰모델의 속성을 동기화해 보겠습니다. 우선 다음 코드와 같이 메일 ID를 변경하는 코드를 추가합니다. UserDetailPage.xaml 코드의 강조 표시된 코드만 추가하면 되고, UserDetailPage.xaml.cs 코드의 경우 Tapped 이벤트 핸들러를 비주얼 스튜디오를 통하여 지정하면 자동으로 추가되기 때문에 마찬가지로 강조 표시된 코드만 추가하면 됩니다.

UserDetailPage.xaml

```
생략
<StackPanel Grid.Row="1" Grid.Column="0"
            Orientation="Horizontal" VerticalAlignment="Center">
    <TextBlock Text="사용자 ID :" FontSize="20" Margin="24,0,0,0"/>
    <TextBlock Text="{Binding user.id}" FontSize="20" Margin="10,0,0,0"/>
    <Button Name="changeMailId" Content="메일 ID 변경" Margin="24,0,0,0"
            Tapped="changeMailId_Tapped"/>
</StackPanel>
생략
```

UserDetailPage.xaml.cs

```
생략
private void changeMailId_Tapped(object sender,
                                 Windows.UI.Xaml.Input.TappedRoutedEventArgs e)
{
    ViewModel.user.email = "honggildong@company.com";
}
생략
```

changeMailId_Tapped 이벤트 핸들러에서 사용자의 Mail ID를 인위적으로 홍길동의 메일 ID로 지정했습니다. 앱을 실행한 후 사용자 상세 화면으로 이동하여 화면 상단의 〈메일 ID 변경〉 버튼을 클릭해 앱이 정상적으로 동작하는지 확인합니다. 그러면 버튼이 눌려서 메일 ID가 변경되었을 것인데 화면에는 아무런 변화가 없군요. 뷰모델(ViewMode)에 위치한 user.email 속성이 변경되었지만 뷰(View)는 이 사실을 모르기 때문입니다.

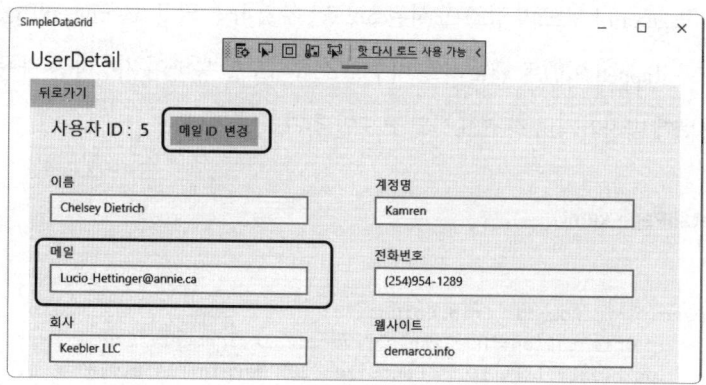

사용자 정보가 변경될 때 통지해야 하기 때문에 INotifyPropertyChanged 인터페이스를 Core 프로젝트의 Models 폴더에 위치시킨 User 클래스에 구현해야 합니다. INotifyPropertyChanged 인터페이스를 구현하기 전에 인터페이스가 어떻게 정의되어 있는지 확인해봅니다.

UserListViewModel.cs 파일의 ObservableCollection 위에 마우스를 놓고 〈F12〉 키를 눌러서 ObservableCollection 클래스로 이동한 후, 다시 INotifyPropertyChanged 위에 마우스를 놓고 〈F12〉 키를 눌러서 INotifyPropertyChanged 인터페이스로 이동하면 다음 코드와 같이 인터페이스가 정의되어 있습니다. 코드를 읽어 보면 PropertyChangedEventHandler 타입의 이벤트를 구현해야 한다는 것과 System.ComponentModel 네임스페이스에 이벤트 유형이 정의되어 있다는 것을 알 수 있습니다.

```
using System.ComponentModel;

namespace System.ComponentModel
{
    //
    // 요약:
    //     Notifies clients that a property value has changed.
    public interface INotifyPropertyChanged
    {
        //
        // 요약:
        //     Occurs when a property value changes.
        event PropertyChangedEventHandler PropertyChanged;
    }
}
```

구현은 다음 코드와 같이 하는데 우선 User 클래스를 정의하는 문장 뒤에 ": INotifyPropertyChanged"를 추가하여 인터페이스를 상속받습니다. System.ComponentModel 네임스페이스는 using 선언문을 미리 선언해도 되고 INotifyPropertyChanged 위에 마우스 커서를 놓고 〈Ctrl〉+〈.〉 키를 눌러 자동 완성 기능으로 추가해도 됩니다.

그리고 뷰에 속성의 변경을 알려주기 위한 이벤트 변수를 정의합니다. PropertyChangedEventHandler 이벤트 유형으로 PropertyChanged 이벤트 변수를 정의한 후 email 속성의 Getter/Setter 변수에 mail ID를 저장함과 동시에 PropertyChangedEventHandler 이벤트를 발생(Invoke)시키는 코드를 작성합니다. 데이터를 별도로 저장할 공간이 필요하므로 _email 변수를 private 지정자를 통하여 정의하고 이벤트를 발생시키기 위하여 앞에서 정의한 PropertyChanged 이벤트의 Invoke 메소드를 호출합니다. Invoke 메소드를 호출할 때 첫번째 인자는 이벤트를 발생시키는 객체로 this를 지정하고, 두번째 인자는 이벤트를 발생시키는 필드 이름을 지정하였습니다. PropertyChanged 이벤트를 발생시킬 때 PropertyChanged가 존재하는지, 즉 null이 아닌지 반드시 확인해보고 발생시켜야 합니다. 이와 같이 코딩하는 방법은 인터넷 검색을 통하여 알아낼 수도 있고 인터페이스 정의를 보고 유추할 수도 있습니다.

User.cs

```
생략
using System.ComponentModel;
(중략)
public class User : INotifyPropertyChanged
{
    public event PropertyChangedEventHandler PropertyChanged;

    public int id { get; set; }
    public string name { get; set; }
    public string username { get; set; }

    //public string email { get; set; }
    private string _email;
    public string email
    {
        get => _email;
        set
        {
            _email = value;

            if(PropertyChanged != null)
                PropertyChanged.Invoke(this, new PropertyChangedEventArgs("email"));
        }
    }

    public Address address { get; set; }
    public string phone { get; set; }
    public string website { get; set; }
    public Company company { get; set; }
}
```

앱을 실행해 확인해보면 메일 ID 변경 버튼을 눌렀을 때 변경된 메일 ID가 화면에 나타나는 것을 볼 수 있습니다.

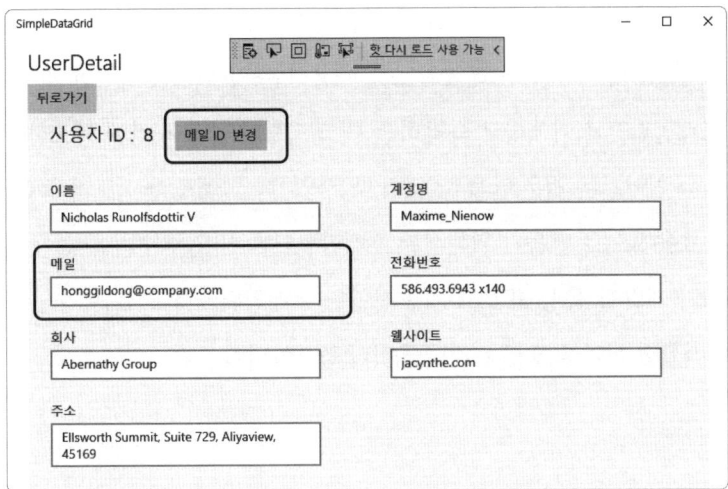

알아두기

그런데 INotifyPropertyChanged 인터페이스 구현을 위하여 다음과 같이 코딩한 부분이 못내 아쉽습니다.

```
set
{
    _email = value;

    if(PropertyChanged != null)
        PropertyChanged.Invoke(this, new PropertyChangedEventArgs("email"));
}
```

혹시 일반적인 뷰모델(ViewModel)에서 속성을 정의할 때처럼 다음과 같은 코드를 사용할 수는 없는 것일까요? 일관성도 지켜지고 코드도 한 줄로 훨씬 단순한데 말입니다. 다음과 같은 코드를 사용하기 위해서는 ViewModelBase 클래스가 상속을 받는 BindableBase 클래스를 상속받아 사용하면 됩니다. BindableBase 클래스는 속성에 값을 저장하고 PropertyChanged 이벤트를 발생시키는 기능을 SetProperty 메소드에 구현해놓아서 다음과 같은 코드로 속성 값의 저장과 이벤트의 호출이 동시에 가능합니다.

```
set => SetProperty(ref _users, value);
```

프레임워크를 사용했기 때문에 비교적 적은 양의 코딩으로도 제법 앱다운 앱이 하나 만들어졌습니다. 하지만 프레임워크를 사용하는 것에는 꼭 장점만 있는 것은 아닙니다. 프레임워크를 이해하고 숙달하는 데 생각보다 많은 시간이 필요하고 프레임워크의 틀을 넘어서는 앱은 만들 수 없기 때문입니다. 그래도 난이도가 높은 상용 프로그램을 효율적으로 만들기 위해서는 프레임워크를 사용할 수밖에 없습니다. 그러므로 자기가 개발할 응용 프로그램에 적합한 프레임워크를 고르는 기술은 장수가 자기에게 적합한 무기를 고르는 것만큼이나 중요합니다.

CHAPTER

부록

1 : UWP App의 주요 이벤트

■ 포인터 입력 이벤트

UWP 앱에서 포인터는 일반적으로 터치, 마우스, 펜/스타일러스, 터치 패드 등의 입력 장치를 포함합니다.

이벤트	종류	설명
Click	Bubbling	버튼과 같은 특수한 요소에서 포인터를 탭함
DoubleTapped	Bubbling	요소 안에서 포인터를 두 번 연속해 탭함
PointerCanceled	Bubbling	플랫폼에서 포인터를 취소
PointerCaptureLost	Bubbling	다른 UI 요소가 포인터를 캡처하거나, 포인터가 해제되거나, 다른 포인터가 프로그래밍 방식으로 캡처
PointerEntered	Direct	포인터가 요소의 경계 안으로 이동
PointerExited	Direct	포인터가 요소의 경계 밖으로 이동
PointerMoved	Bubbling	요소의 경계 영역 내에서 포인터가 좌표, 버튼 상태, 압력, 기울기 또는 접촉 기하(예: 너비 및 높이)를 변경
PointerPressed	Bubbling	요소의 경계 영역 내에서 포인터가 누르기 동작(예: 터치다운, 마우스 단추 누름, 펜 누름 또는 터치 패드 단추 누름)
PointerReleased	Bubbling	포인터가 요소 경계 영역 내에서 해제 동작(예: 터치 업, 마우스 단추에서 손 떼기, 펜 업 또는 터치 패드 단추에서 손 떼기)
PointerWheelChanged	Bubbling	요소 안에서 포인터의 Wheel을 움직임
RightTapped	Bubbling	요소 안에서 포인터의 우측 버튼을 탭함
Tapped	Bubbling	요소 안에서 포인터를 탭함

■ 키보드 입력 이벤트

이벤트	종류	설명
CharacterReceived	Tunneling	요소 안에서 키보드 입력이 발생
GettingFocus	Tunneling	요소가 키보드 Focus를 받는 중
GotFocus	Tunneling	요소가 키보드 Focus를 받음
KeyDown	Bubbling	요소 안에서 키보드의 키가 눌림
KeyUp	Bubbling	요소 안에서 키보드의 키 누름이 해제됨
LosingFocus	Bubbling	요소가 키보드 Focus를 잃는 중
LostFocus	Bubbling	요소가 키보드 Focus를 잃음
PreviewKeyDown	Tunneling	요소 안에서 키보드의 키가 눌림
PreviewKeyUp	Tunneling	요소 안에서 키보드의 키 누름이 해제됨

■ 드래그 앤드 드롭 이벤트

특정 요소에 대해 드래그(Drag)을 하려면 CanDrag 속성을 True로 설정하고 끌어서 놓인 콘텐츠를 받을 수 있는 모든 요소에서 AllowDrop 속성을 True로 설정합니다. 시스템에서 이미지 및 문자열을 자동으로 드래그 앤드 드롭 처리를 해주는 경우가 아니라면 개발자가 DragStarting 및 DropCompleted 이벤트를 처리해야 합니다. 그리고 시스템에서 해당 요소가 받을 수 있는 끌기 작업 유형을 알 수 있도록 DragOver 이벤트를 처리하고 놓인 콘텐츠를 받도록 Drop 이벤트를 처리합니다.

이벤트	종류	설명
DragEnter	Direct	드래그하는 요소가 드롭할 요소 안으로 진입
DragLeave	Direct	드래그하는 요소가 드롭할 요소 밖으로 이동
DragOver	Direct	드래그하는 요소를 드롭할 요소에 드롭 즉 놓을 때가 아니라 끌 때 발생
DragStarting	Direct	드래그하는 요소의 드롭을 시작함
Drop	Direct	유효한 드롭 요소에 드래그 요소를 놓음
DropCompleted	Direct	유효한 드롭 요소에 드래그 요소를 놓는 작업이 완료됨

■ 요소의 시작 및 종료 이벤트

이벤트	종류	설명
Loaded	Direct	요소가 생성되어 메모리에 적재됨
Loading	Direct	요소가 생성되면서 메모리에 적재 중임
Unloaded	Direct	요소의 사용이 종료되어 메모리에서 내려감

2 : 마이크로소프트 스토어에 올리지 않고 배포하기

앞선 예제에서 개발했던 SimpleDataGrid 앱의 사례를 들어 UWP 앱을 마이크로소프트 스토어에 올리지 않고 배포하는 방법을 알아보겠습니다. 우선 다음 그림과 같이 Windows 시작 메뉴를 클릭해 개발하면서 자동으로 설치된 SimpleDataGrid 앱을 찾아 제거합니다.

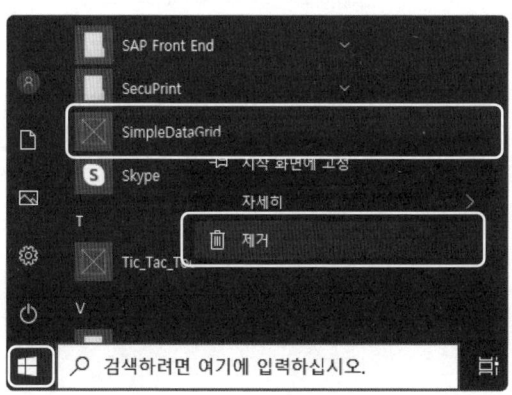

앱 패키지를 만들 때의 기본기만 설명할 것입니다. 전체적인 내용을 모두 언급하는 것은 비효율적일 뿐만 아니라 제한된 지면에서 가능하지도 않습니다. 여기서 설명하지 않는 값들은 시스템이 제시하는 기본 값을 사용하기 바랍니다.

■ 앱 패키지 만들기

앱 패키지를 만들기 위해 비주얼 스튜디오의 솔루션 탐색기에서 Package.appxmanifest 파일을 찾아 더블클릭합니다.

Package.appxmanifest 파일은 설치에 필요한 정보를 관리해주는데 파일을 더블클릭하면 정보를 수정하는 화면으로 이동합니다. 다음 그림과 같이 [애플리케이션] 탭에는 표시 이름란에 앱의 이름을 입력하고 설명란에 앱에 대한 기본적인 설명을 입력합니다.

[시각적 자산] 탭에는 타일과 아이콘 등 앱에서 사용할 이미지 파일을 등록합니다. 특히 앱 아이콘의 경우 jpg와 png 파일 등이 사용되는데 44X44 크기의 이미지를 사용하지 않으면 배포할 때 오류가 발생하니 주의합니다. 그리고 Prism에서 기본적으로 제공하는 이미지를 사용하는 경우, 마이크로소프트 스토어에 올리지 않고 배포하는 경우에는 별다른 제약이 존재하지 않지만 마이크로소프트 스토어에 앱을 올릴 때는 앱의 유효성 검사를 통과하지 못하니 주의해야 합니다.

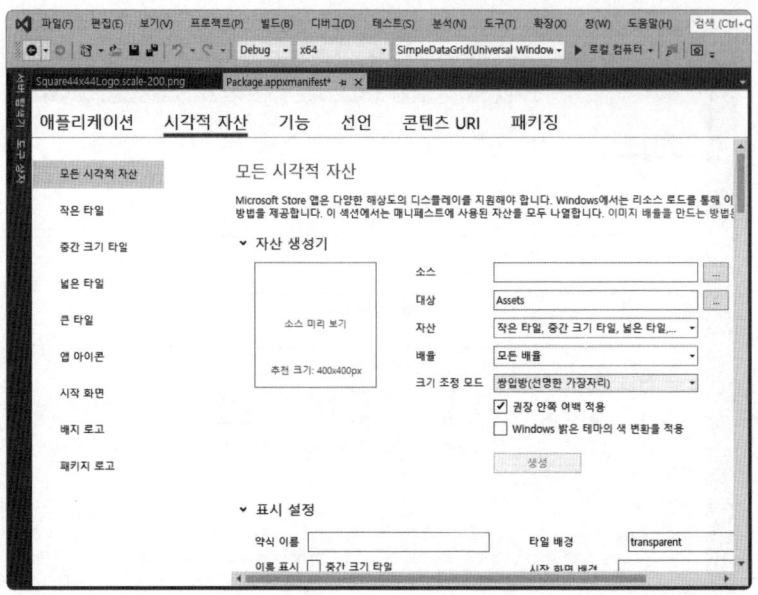

그리고 솔루션 탐색기에서 Universal Windows 프로젝트에 마우스 커서를 놓고 우측 버튼을 클릭한 후 [게시] → [앱 패키지 만들기] 메뉴 항목을 차례로 클릭합니다.

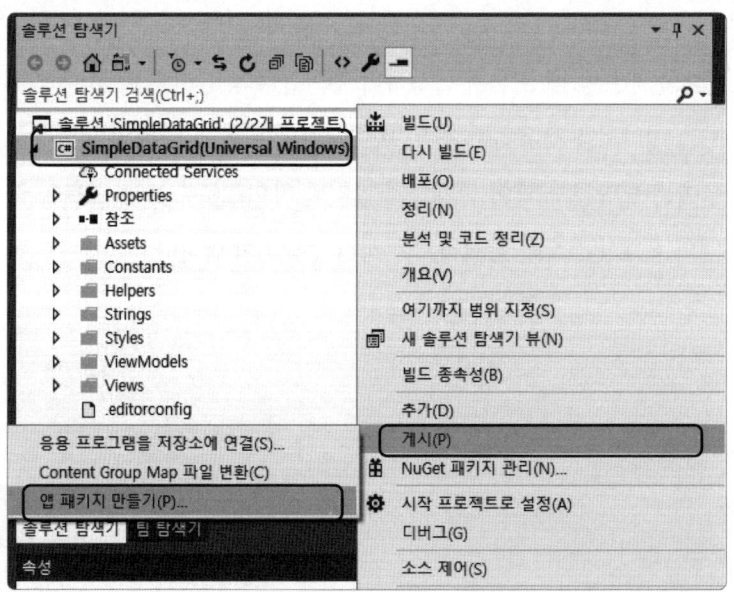

배포 방법을 [사이드로드 중]으로 선택하고 다음 버튼을 클릭합니다.

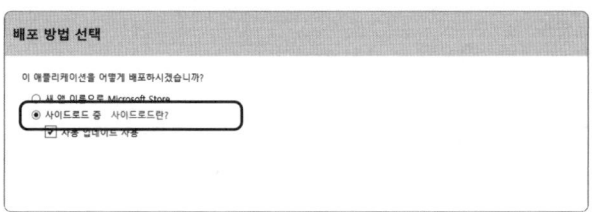

서명 방법을 [예, 현재 인증서를 사용합니다]로 선택하고 〈다음〉 버튼을 클릭합니다. 여기서 사용되는 인증서는 솔루션 탐색기에서 SimpleDataGrid_TemporaryKey.pfx 라는 이름으로 Package.appxmanifest 파일 아래에 생성되어 있습니다.

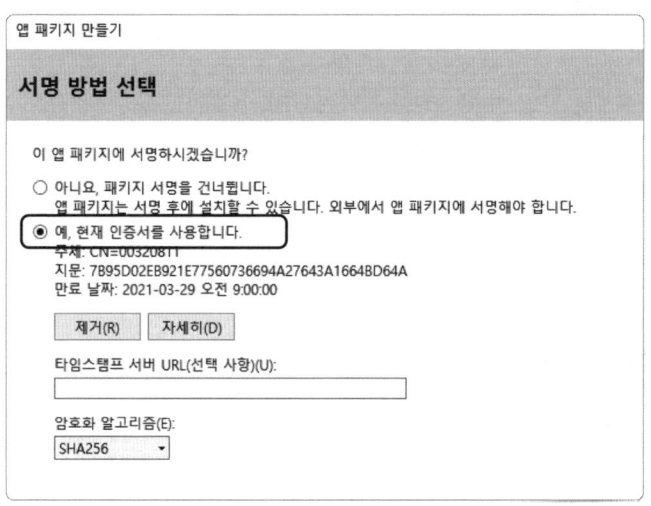

버전을 지정하고 〈다음〉 버튼을 클릭합니다. 초기 버전에서는 1.0.0이 적절한 선택입니다.

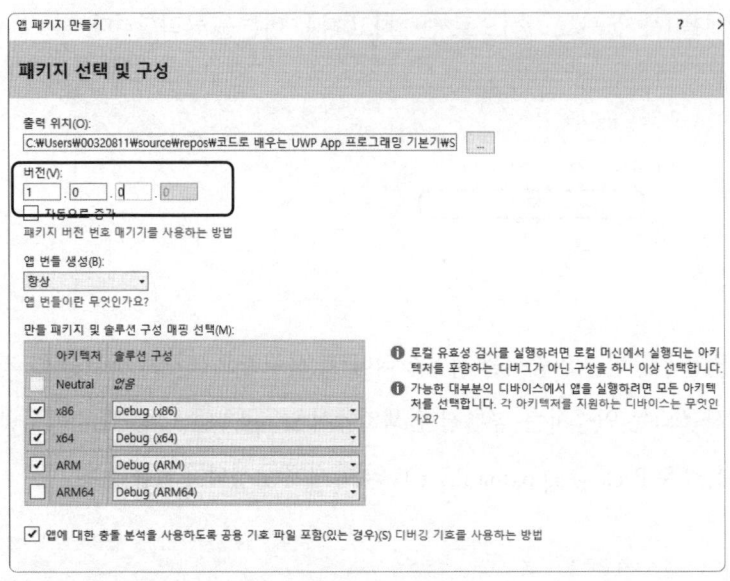

설치 파일을 저장할 파일 서버나 원격 서버의 URL을 입력한 후 〈만들기〉 버튼을 클릭합니다. 필자는 개발할 때 사용했던 파일 서버의 UWP 설치 파일 경로를 입력했습니다.

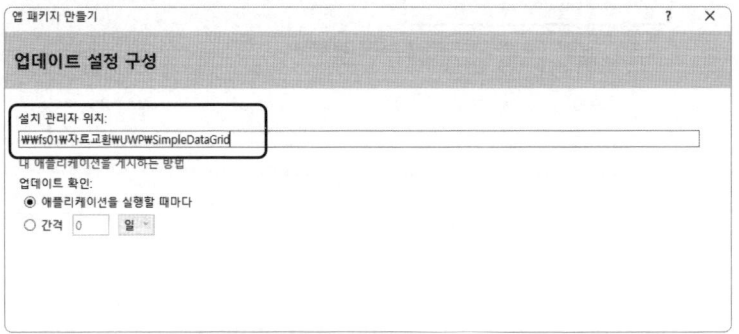

설치 파일이 저장될 원격 서버나 파일 서버를 지정했으면 〈복사 후 닫기〉 버튼을 클릭하고, 지정하지 않았으면 〈닫기〉 버튼을 클릭합니다. 〈복사 후 닫기〉 버튼을 클릭하면 개발 PC와 함께 원격 서버 혹은 파일 서버에 설치 파일 폴더가 하나 더 생깁니다.

파일 탐색기에서 UWP 프로그램 소스가 있는 폴더로 이동한 후 [SimpleDataGrid] → [SimpleDataGrid] 하위 폴더를 보면 AppPackage라는 폴더가 추가되어 있을 것입니다. 이 폴더가 설치 파일이 위치하는 폴더입니다. 원격 서버나 파일 서버의 경우 지정된 위치에 앱 패키지가 생성됩니다.

■ 앱 설치하기

마이크로소프트 스토어에 올리지 않은 사이드로드(Sideload) 방식의 설치 파일로 앱을 설치하려면 Windows 10 개발자용 설정이 [테스트용으로 앱 로드] 혹은 [개발자 모드]인지를 확인해야 합니다. 그런데 일반 사용자들의 PC는 초기에 [Microsoft Store 앱]으로 초기 설정되어 있기 때문에 설치를 위해 설치자의 Windows 10 단말기에 별도로 설정해주어야 합니다. 다행히 설치할 PC나 단말기가 AD에 가입되어 있다면 중앙에서 설정을 통제할 수 있습니다.

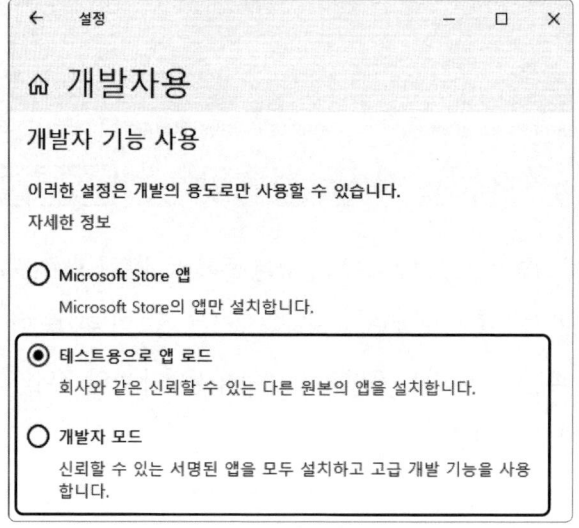

파일 탐색기에서 앱 패키지 만들기를 통해 생성된 AppPackage 폴더에 들어가면 index.html 파일이 있습니다. 파일 서버나 원격 서버에 만들어지는 앱 패키지 폴더도 유사한 구조를 가집니다.

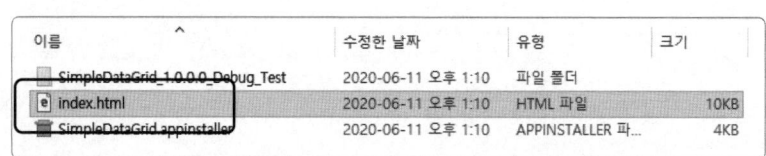

사이드로드 방식으로 앱을 설치하는 방법은 세 가지가 있습니다.

첫째는 다음 그림과 같이 Index.html 파일을 실행시킨 후 〈앱 가져오기〉 버튼을 클릭해 앱을 설치하는 방법입니다.

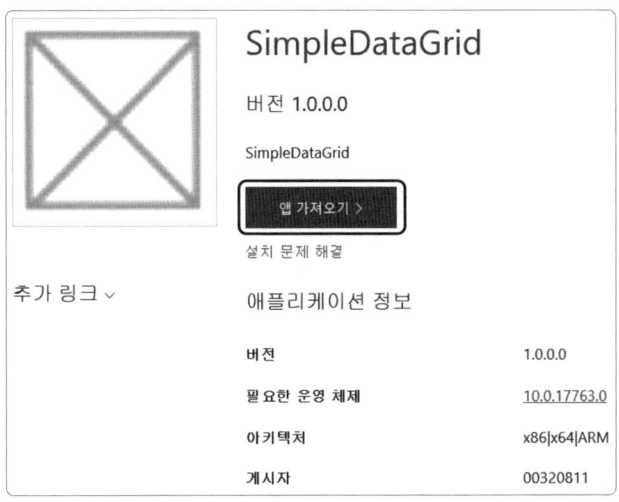

둘째는 다음 그림과 같이 AppPackage 폴더 아래에 있는 SimpleDataGrid_1.0.0.0_Debug_Test 폴더로 이동한 후 SimpleDataGrid_1.0.0.0_x86_x64_arm_Debug.msixbundle 파일을 실행시켜 앱을 설치하는 방법입니다. 설치 화면이 나타나고 설치 진행 상태를 보여줍니다. 설치 파일의 확장자는 지원하는 Windows 10의 버전마다 조금씩 다른데 .msix, .msixbundle, appx 혹은 .appxbundle로 나타날 수 있습니다.

셋째는 다음 그림과 같이 AppPackage 폴더 아래에 있는 SimpleDataGrid_1.0.0.0_Debug_Test 폴더로 이동한 후 Add-AppDevPackage.ps1 파일 위에 마우스 커서를 놓고 우측 버튼을 클릭한 후 [PowerShell에서 실행]을 선택해 앱을 설치하는 방법입니다.

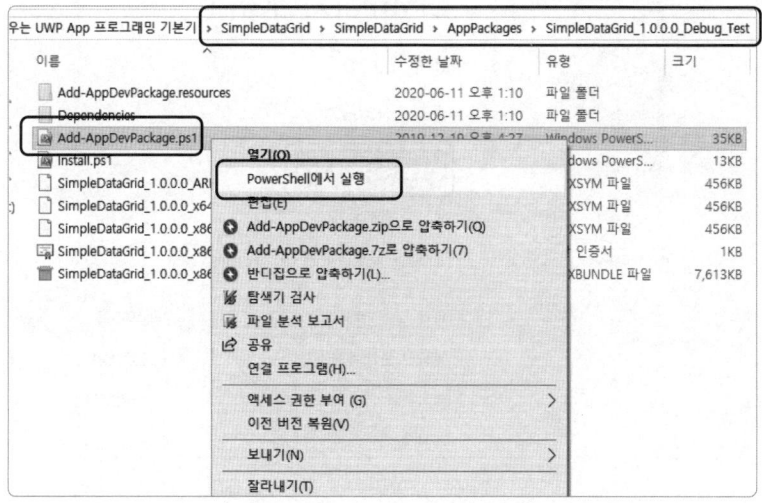

설치 시 다음 그림과 같이 Command Prompt로 몇 가지 질문을 하는데 〈Y〉 혹은 〈Enter〉 키를 입력하며 설치를 완료하면 됩니다. 간혹 인증서 비밀번호를 물어보는 경우가 있는데 인증서에 비밀번호를 설정하지 않았기 때문에 그냥 〈Enter〉 키를 누르면 됩니다.

혹시 앞의 두 가지 방식으로 앱을 설치하다 오류가 발생하면 이 방법을 사용하면 됩니다. 이 방법을 사용하기 위해서는 반드시 [개발자 모드]에서 설치해야 합니다.

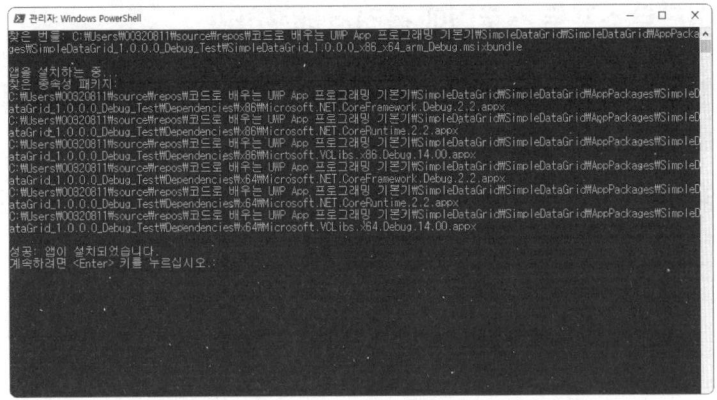

다음 그림과 같이 Windows 시작 메뉴를 클릭해 설치된 SimpleDataGrid 앱을 확인하고 실행해보기 바랍니다.

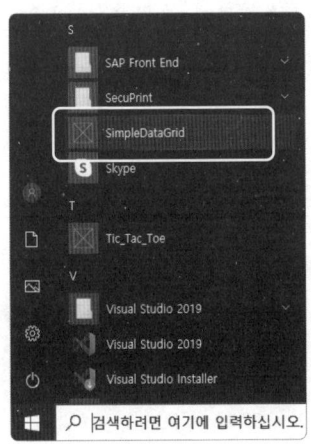

3 : 마이크로소프트 스토어에 올려서 배포하기

앞선 예제에서 개발했던 SimpleDataGrid 앱의 사례를 들어 UWP 앱을 마이크로소프트 스토어에 올려서 배포하는 방법을 알아보겠습니다. 마이크로소프트 스토어에 올리지 않고 배포하는 방법과 유사한 부분은 화면을 생략해가며 간략히 설명하겠습니다.

우선 Windows 시작 메뉴를 클릭해 개발하면서 자동으로 설치된 SimpleDataGrid 앱을 찾아 제거합니다.

■ 마이크로소프트 개발자 계정 등록하기

UWP 앱을 마이크로소프트 스토어에 등록하기 위해서는 먼저 개발자 계정이 있어야 합니다. 개발자 계정을 등록하기 위해 웹 브라우저에서 등록 사이트(https://developer.microsoft.com/ko-kr/store/register)로 이동한 후 〈등록〉 버튼을 클릭해 개발자 계정으로 등록합니다.

먼저 마이크로소프트 계정을 입력하고 〈Next〉 버튼을 클릭합니다. 아직 마이크로소프트 계정이 없다면 무료이니 다음 화면에서 [Create one!] 링크를 클릭해 만들기 바랍니다.

그리고 마이크로소프트 계정의 암호를 입력하고 〈Sign In〉 버튼을 클릭한 후 화면의 안내에 따라 암호를 입력하고 필요한 정보를 갱신하는 등의 로그인 절차를 밟습니다.

로그인이 완료되면 다음 그림과 같이 Account Settings 화면이 나타납니다. 그러면 개발자 계정의 생성이 완료된 것입니다.

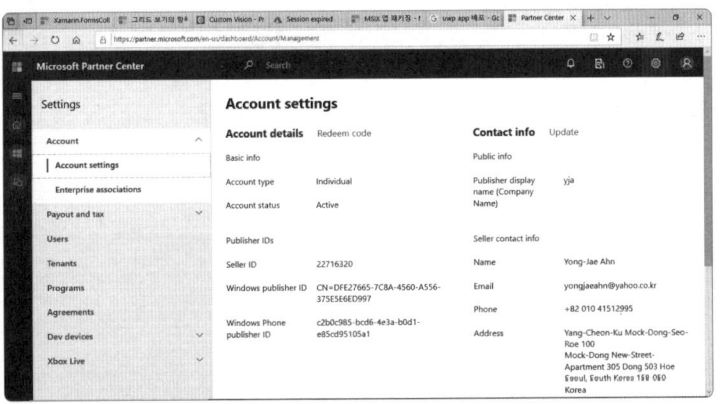

알아두기

https://partner.microsoft.com/ 사이트에서 우측 상단에 위치한 [Dashboard] 링크를 클릭해 Microsoft Partner Center로 이동한 후 다시 우측 상단에 있는 [Settings] 아이콘을 클릭하면 Microsoft Accout Settings 화면으로 이동할 수 있습니다.

마이크로소프트 스토어에 앱을 배포하기 위해서는 비주얼 스튜디오에서 개발자 계정으로 로그인해야 합니다. 비주얼 스튜디오의 우측 상단에 있는 〈로그인〉 버튼을 클릭합니다.

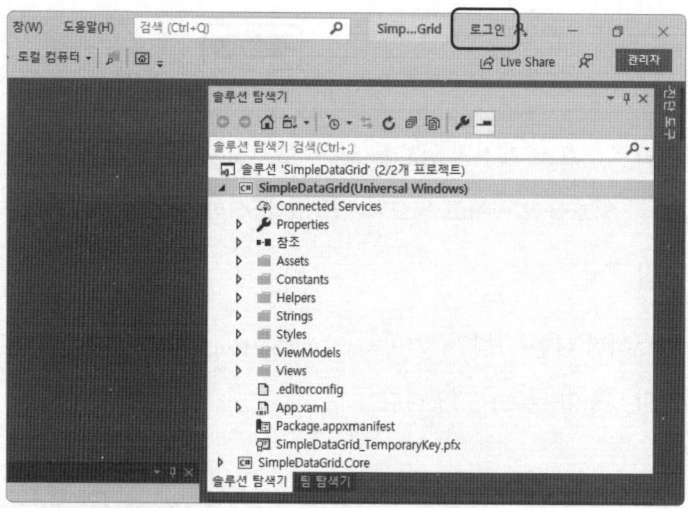

로그인 화면에서 등록한 개발자 계정으로 로그인합니다.

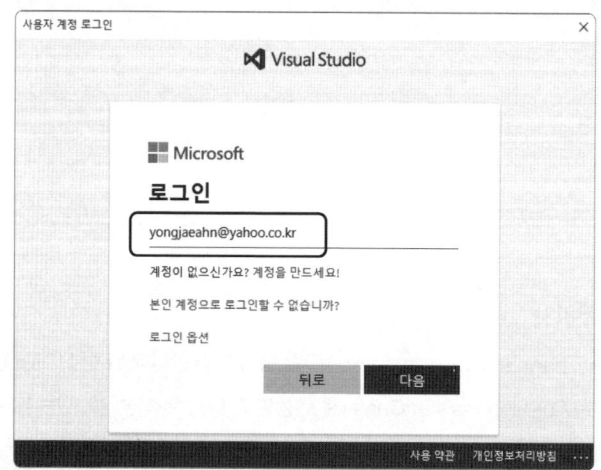

■ 마이크로소프트 스토어에 신규 앱 만들기

https://partner.microsoft.com/dashboard 사이트에 개발자 계정으로 로그인하여 새로운 앱을 생성해야 UWP 앱을 마이크로소프트 스토어에 등록할 수 있습니다. 웹 브라우저를 사용해 사이트로 이동하면 https://partner.microsoft.com/en-us/dashboard/windows/first-run-experience 주소로 이동한 후 다음과 같은 화면이 나타나는데 앱을 등록하기 위해 〈Create a new app〉 버튼을 클릭합니다.

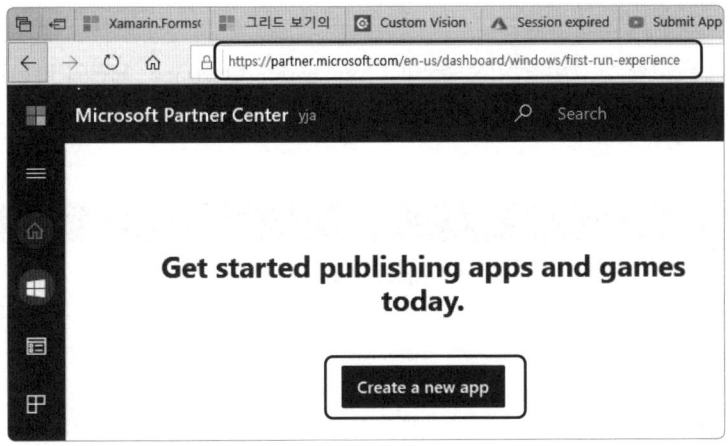

> 알아두기
>
> https://partner.microsoft.com/ 사이트에서 우측 상단에 위치한 [Dashboard] 링크를 클릭해 Microsoft Partner Center 화면으로 이동할 수 있습니다.

Name란에 앱의 이름인 SimpleDataGrid를 입력하고 〈Check availability〉 버튼을 클릭해 사용할 수 있는 앱 이름인지 확인합니다. 그리고 〈Reserve product name〉 버튼을 클릭해 앱을 만듭니다.

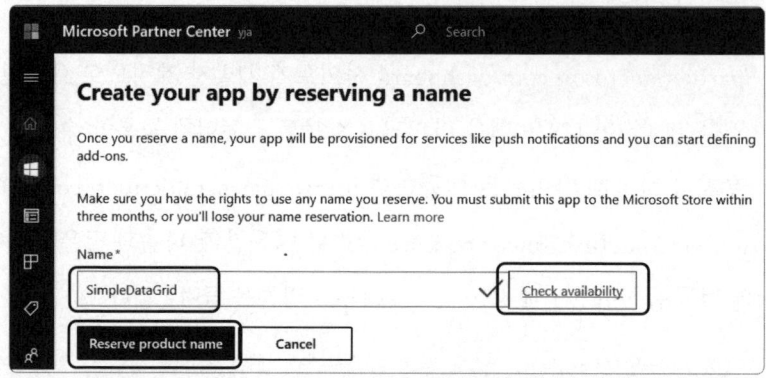

그러면 다음 그림과 같이 앱이 등록되어 Application Overview 화면이 나타나는 것을 확인할 수 있습니다.

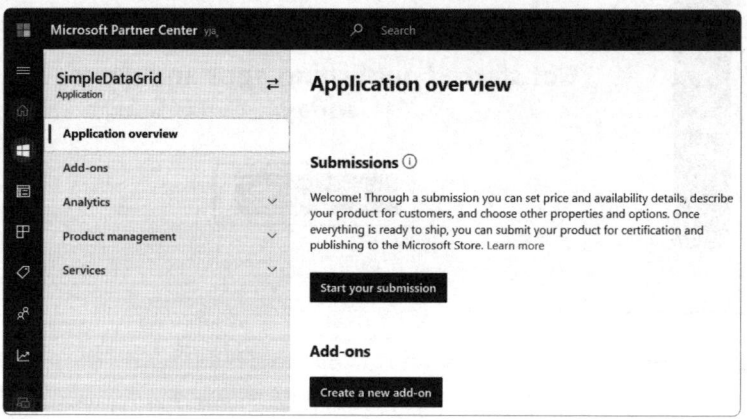

■ 앱 패키지 만들기

앱 패키지를 만들기 위해 솔루션 탐색기에서 Package.appxmanifest 파일을 찾아 파일을 더블클릭하면 정보를 수정하는 화면으로 이동한 후 설치에 필요한 정보를 관리합니다. 앱의 이름과 앱에 대한 설명, 앱의 아이콘을 등록하는 것은 잊지 말도록 합시다.

그리고 솔루션 탐색기에서 Universal Windows 프로젝트에 마우스 커서를 놓고 우측 버튼을 클릭한 후 [게시] → [앱 패키지 만들기] 메뉴 항목을 차례로 클릭합니다.

배포 방법을 [새 앱 이름으로 Microsoft Store]로 선택하고 다음 버튼을 클릭합니다.

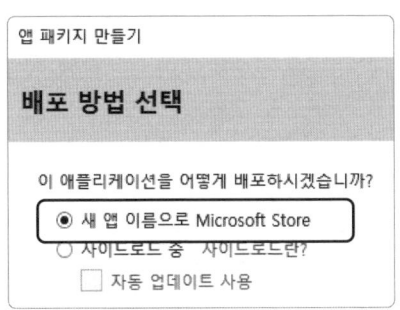

앱 이름 선택 화면에서 앞에서 만든 앱의 이름이 나타나면 앱 이름을 마우스로 클릭해 선택한 후 다음 버튼을 클릭합니다.

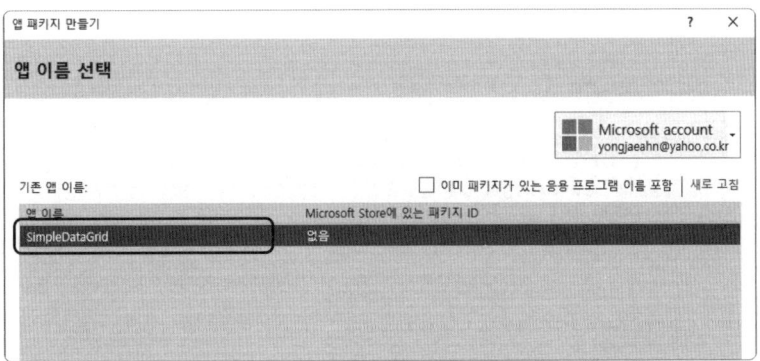

버전을 지정하고 화면 하단에 [Windows 앱 인증 키트를 사용해 앱의 유효성을 검사하기 위한 아티팩트를 생성합니다.] 옵션이 선택되어 있는 것을 확인한 후 만들기 버튼을 클릭합니다. Windows 앱 인증 키트는 개발한 앱이 마이크로소프트 스토어에 올릴 수 있는 것인지 인증해주는 도구입니다. 앱 패키지를 만드는 데는 시간이 오래 걸리니 인내심을 가지고 기다려야 합니다.

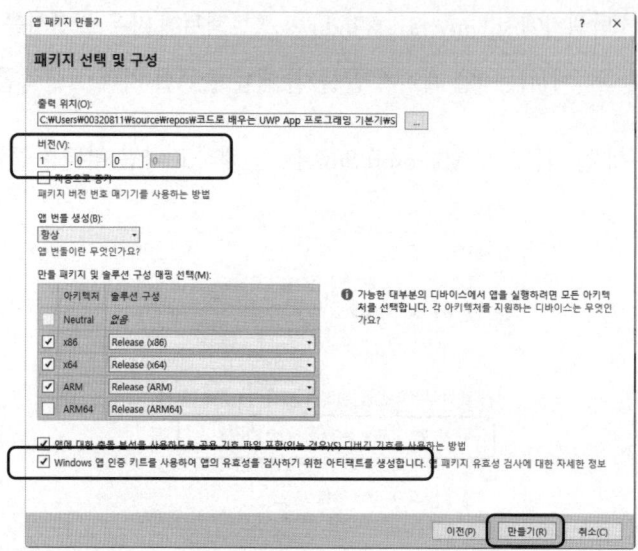

만들어진 패키지의 정보를 확인한 후 〈Windows 응용 프로그램 인증 키트 시작〉 버튼을 클릭합니다.

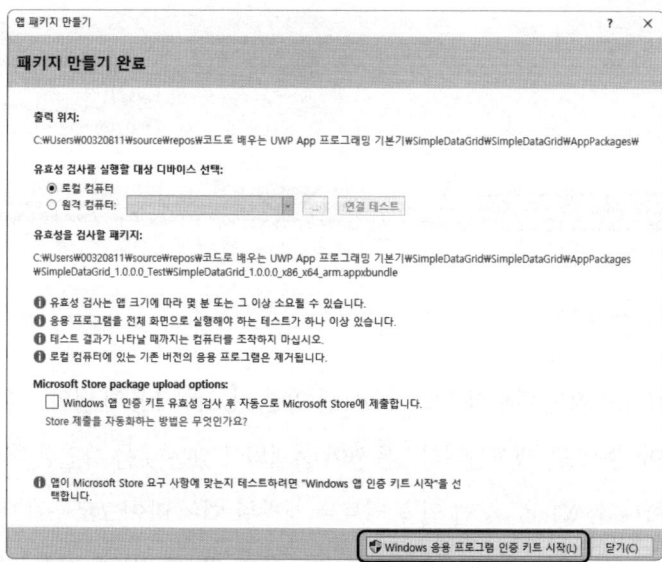

Windows 앱 인증 키트의 테스트 선택 화면에서 어떤 항목들을 인증하는지 확인한

후 〈다음〉 버튼을 클릭합니다.

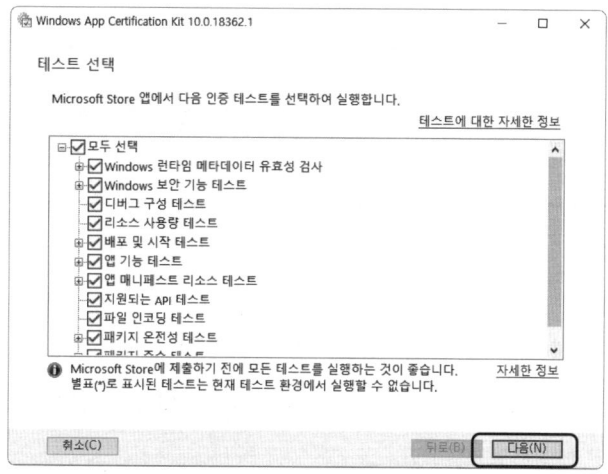

앱 유효성 검사가 완료되면 결과를 확인합니다.

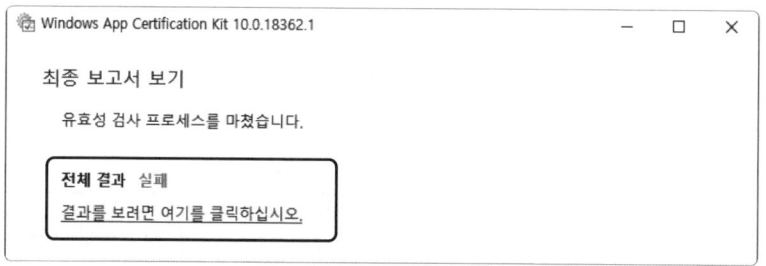

앱 유효성 검사의 전체 결과가 실패로 나왔습니다. 실패를 보여주는 메시지의 하단에 있는 링크를 클릭해 검사 결과를 확인해보니 이미지 파일을 만들어 사용하지 않고 Prism 프레임워크가 제공하는 기본 이미지를 그대로 사용한 것이 지적되었습니다. 앱 테스트를 통과하기 위해서 Prism 프레임워크가 제공하는 기본 이미지들을 모두 지운 후 앱의 고유 이미지들을 만들어 사용해야 합니다. 이 책에서는 교육 목적상 앱의 고유 이미지를 만들어 사용하지는 않겠습니다만 마이크로소프트 스토어에 앱을 올려서 배포하기 위해서는 반드시 이미지를 모두 교체해야 합니다.

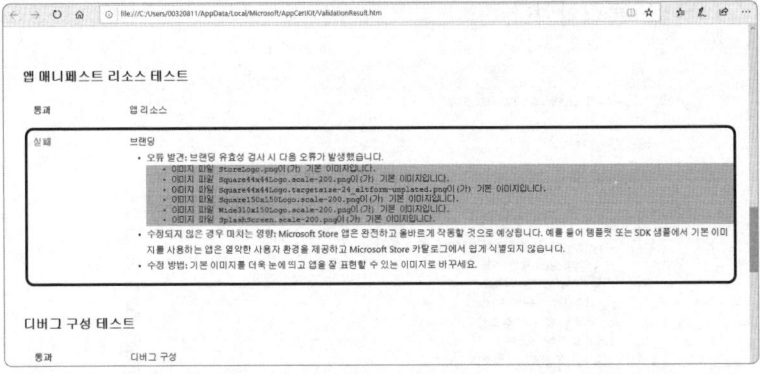

파일 탐색기에서 UWP 프로그램 소스가 있는 폴더로 이동한 후 [SimpleDataGrid] → [SimpleDataGrid] 하위 폴더를 보면 AppPackage 폴더가 추가되어 있는데 이 폴더가 설치 파일이 위치하는 폴더입니다.

AppPackage라는 폴더를 더블클릭하고 들어가면 SimpleDataGrid_1.0.0.0_x86_x64_arm_bundle.appxupload라는 파일이 생성되어 있는 것을 확인할 수 있습니다. 이 파일이 마이크로소프트 스토어에 업로드할 파일입니다.

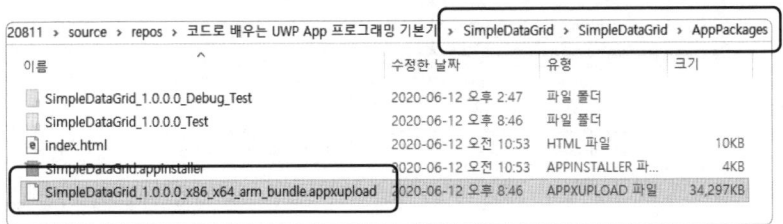

■ 앱을 마이크로소프트 스토어에 등록하기

이제 다시 https://partner.microsoft.com/dashboard 사이트로 이동합니다. 웹 브라우저를 사용해 사이트로 이동하면 https://partner.microsoft.com/en-us/dashboard/windows/overview 주소로 이동한 후 다음과 같은 화면이 나타나는데 앞에서 만든

SimpleDataGrid 앱이 목록에 나타나는 것을 확인할 수 있습니다. 이 앱을 클릭합니다.

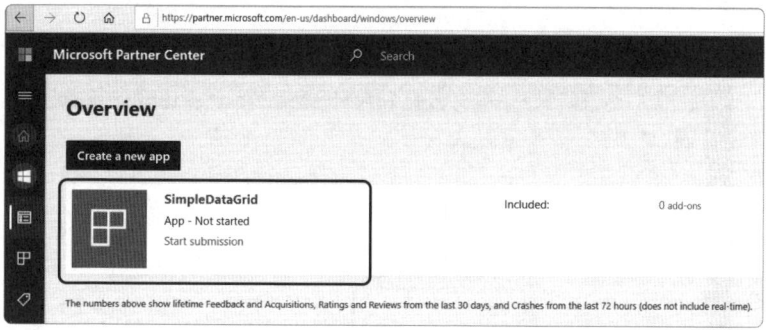

그러면 앱을 처음 생성했을 때와 동일하게 SimpleDataGrid 앱의 Application overview 화면으로 이동하는데 앞에서 생성한 앱 패키지를 마이크로소프트 스토어에 올리기 위해서 〈Start your submission〉 버튼을 클릭합니다.

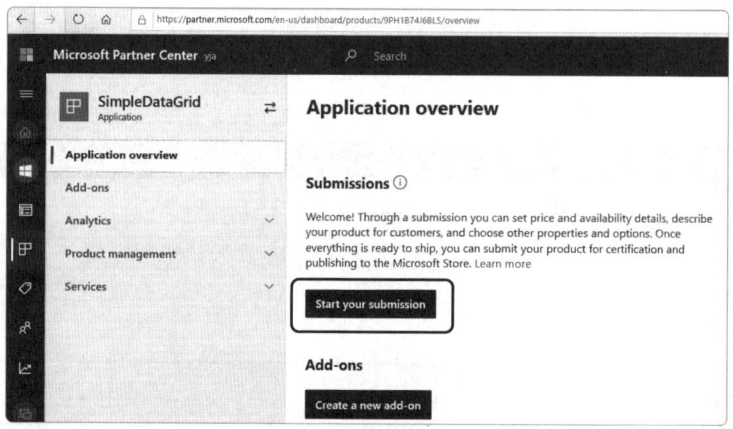

Submission 화면에서 나열되는 메뉴들을 차례로 클릭해 세부적인 정보들을 입력하면 Not Started 상태가 Complete 상태로 바뀌는데 모든 정보를 입력한 후 〈Submit to the Store〉 버튼을 클릭해 마이크로소프트 스토어에 개발한 앱을 올립니다.

우선 우리가 생성한 패키지를 먼저 마이크로소프트 스토어에 업로드하기 위해 Packages 메뉴를 선택합니다.

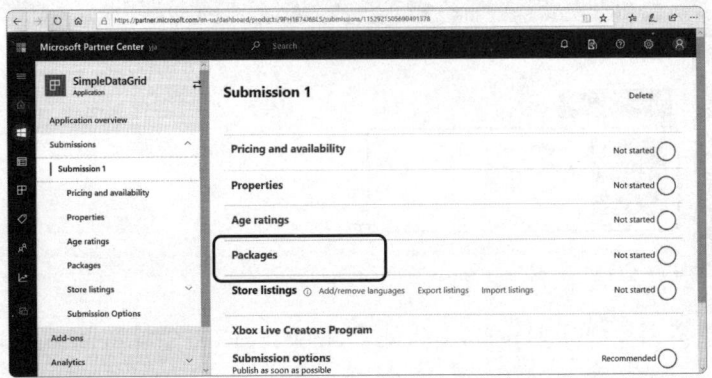

다음 Packages 화면에서 선으로 표시된 영역에 앱 패키지 생성 시 만들어진 SimpleDataGrid_1.0.0.0_x86_x64_arm_bundle.appxupload 파일을 드래그 앤드 드롭 하거나 [browse your files] 하이퍼링크를 클릭해 앱 패키지를 업로드합니다.

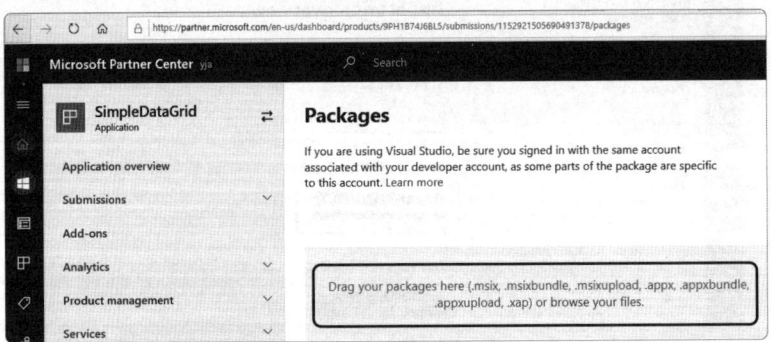

그러면 업로드하는 앱의 상태를 Validating하는 단계를 거쳐 앱 패키지가 업로드되는데 Pakages 화면의 중앙에서 앱 패키지가 정상적으로 업로드된 것을 확인합니다. 앱 유효성 검사가 실패했다면 업로드 시의 Validating에 성공해도 앱을 마이크로소프트 스토어에 업로드하는 것이 최종 승인되지 않으니 주의해야 합니다.

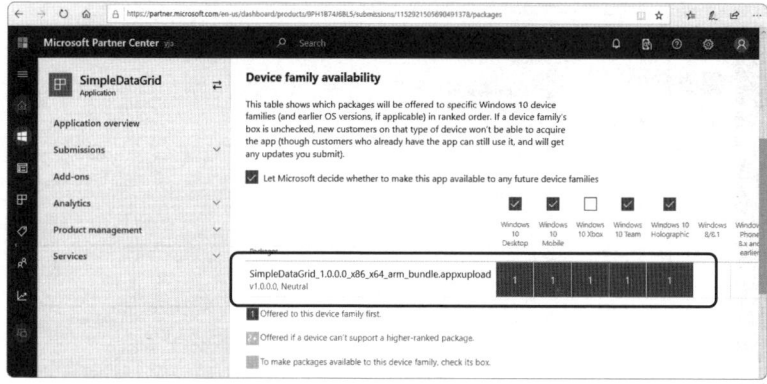

Pakages 화면의 하단에서 〈Save〉 버튼을 클릭합니다.

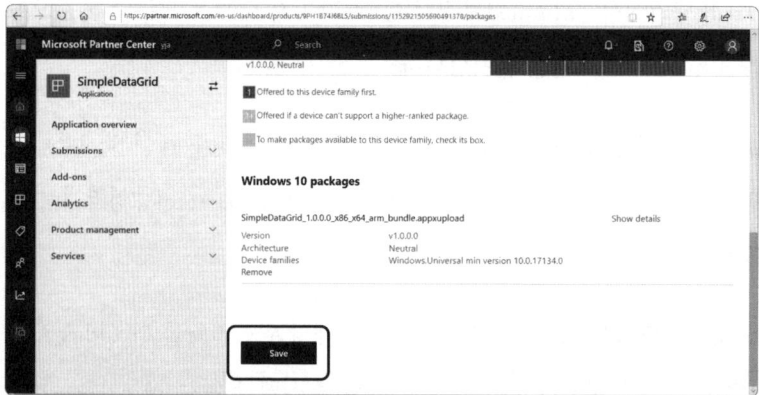

Submission 화면에서 Packages 메뉴가 Complete 상태로 변한 것을 확인한 후 나머지 메뉴들의 세부 적인 정보들을 입력합니다.

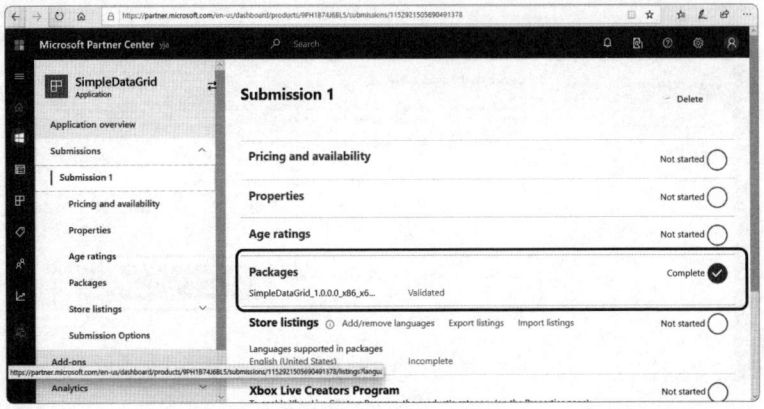

[Pricing and availability] 화면의 [Pricing] 영역에서 Base Price를 Free로 지정하고 [Free Trial] 영역에서 Unlimited로 지정한 후 나머지 값들은 모두 기본값으로 내버려 둔 후 〈Save draft〉 버튼을 클릭합니다.

[Properties] 화면의 [Category and subcategory] 영역에서 Category를 Books + reference로 선택하고 [Subcategory]를 Reference로 선택합니다. [Support info] 영역에서 No 옵션을 선택한 후 Save 버튼을 클릭합니다.

[Age ratings] 화면의 [Rating questionnaire] 영역에서 App Type을 All Other App Types으로 선택한 후 설문서의 질문 항목에 모두 No를 선택한 후 〈Save and generate〉 버튼을 클릭하면 앱의 Age Rating을 보여주는데 확인한 후 〈Continue〉 버튼을 클릭합니다.

다음 화면에서 English (United States) 하이퍼링크를 클릭해 Store listing – English (United States) 화면으로 이동한 후 Description을 입력하고 Desktop Screenshot을 업로드한 후 〈Save〉 버튼을 클릭합니다.

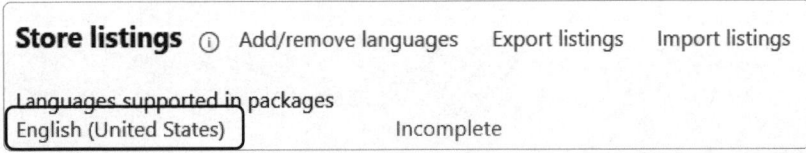

끝으로 Submission Options의 상태를 제외하고 모두 Complete 상태로 바뀐 것을 확인한 후 〈Submit to the Store〉 버튼을 클릭합니다. 그럼 다음 그림과 같이 앱의 인증 상태를 보여줍니다. 앱의 인증에는 수 시간에서 수일이 걸리기도 하며 앱이 게시된 후 사용자들이 앱을 사용하려면 24시간이 필요하다는 정보를 보여줍니다.

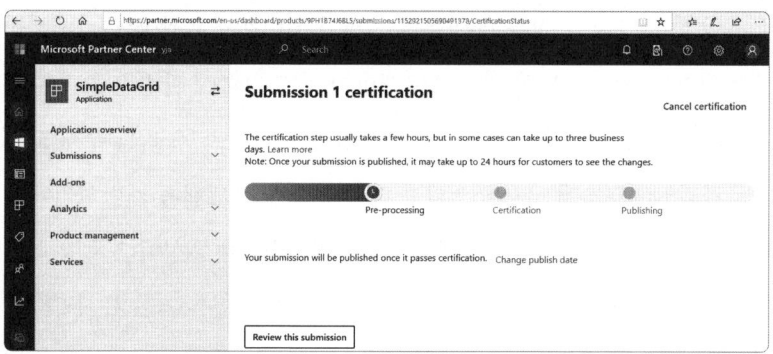

| 맺음말 |

각종 온라인 학습 도구나 전자 서적 등에 밀려서 종이책으로 출판되는 서적의 수가 점점 줄고 있다고 합니다. 특히 프로그램 개발이나 IT 기술에 관련한 출판은 더욱 침체되고 있다고 합니다. 하나의 서적으로 필요한 기술을 모두 습득할 수 없고 관련된 주제의 출간된 책을 몇 권 사서 읽었다고 해서 정작 프로그램을 개발하기에는 부족한 현실이기 때문일 것입니다. 그리고 최근의 개발 기술이 음성이나 동영상 등의 디지털 도구의 도움이 없이 책만으로 설명하기에는 한계가 있는 것도 사실입니다.

UWP 프로그램과 같은 경우에도 C#을 따로 공부해야 하고 XAML을 따로 공부해야 하고 Prism과 같은 프레임워크도 따로 공부해야 합니다. 온라인 학습 도구나 전자 서적을 활용해 공부해도 마찬가지 상황에 처하게 됩니다. 오히려 관련된 주제들을 온라인 링크를 따라 정보의 바다를 헤매다 보면 자신이 무엇을 어디에서 공부하고 있는지조차 판단하기 어려울 때가 많습니다.

이 책은 프로그램의 기초를 이해하는 독자가 이런 어려움을 겪지 않도록 기본기에 초점을 두고, 이 책 한 권을 처음부터 끝까지 따라 하면 UWP 프로그램을 개발할 수 있도록 만들어졌습니다. 즉, UWP 프로그램을 개발하기 위한 뼈대가 되는 기본기는 프로그램 개발부터 배포까지 모두 다룬 것 같습니다. 그리고 예제 코드 조각과 함께 실행되는 외관 조각이나 실행 화면들을 설명과 함께 구성했기 때문에 동영상 강의를 듣는 느낌으로 읽을 수 있었을 것입니다.

나머지는 각각의 주제에 살을 붙여가는 학습이 남았습니다. 이 책에서 배운 기본기를 기반으로 혼자 공부할 수 있기를 기원하며 이 책에서 기본기의 습득을 위해 언급한 PC와 태블릿용 UWP 프로그램을 넘어서 Xamarin 프로그램까지 공부한다면 Android 앱과 iOS 앱 개발까지 아우르는 진정한 크로스 플랫폼 개발자로 거듭날 것으로 믿습니다. 더 나아가 XAML과 C#을 활용한 기본적인 프로그램 기법이 동일하니 Xbox와 같은 게임기뿐만 아니라 SurfaceHub와 HoloLense 같은 IoT 프로그램에도 도전해보기 바랍니다.

찾아보기

A

Abstraction	115
API	337
AppBarButton	185
Applet	02
Application	02
Application Layer	15
ARGB	158
async	75
Attribute	32, 80
await	76

B

Behavior	250
BindableBase	385
Blend for Visual Studio	229, 250
Brush	211, 229
Bubbling Event	129
Button	156

C

CalendarDatePicker	173
Canvas	106
CheckBox	157
Class	136, 302
Client Side Validation	311
Coding Standard	139
Collections	190
ColorAnimation	263
ColorPicker	158
ComboBox	164
Command	134
Command Binding	135
Component	55
Conceptual Knowledge	174
Content Control	86
ContentDialog	178, 179
ContentPresenter	150, 259
Control	55
Control Template	148
Controller	15
Core Project	24
Cryptic Coding	375

D

Data Binding	46, 107
Data Driven User Interface	276
Data Layer	15
Data Type	136, 302
DataContext	56
DataGrid	202, 330
DataTemplate	144, 286, 302
DatePicker	175
Delegate	137
Dependency Injection	354
Design Principle	185

Direct Event ... 129
DoubleAnimation ... 261

E

EaseIn ... 268
EaseInOut ... 271
EaseOut ... 270
Easing ... 268
Effect ... 252
Element ... 55, 80
Element Typed Style ... 121
enum ... 181
Extensible Application Markup Language ... 79

F

Fill Coordinate ... 232
FillRule ... 224
Filtering ... 368
FlipView ... 190
Fool Proof ... 181

G

Generic Class ... 344
Generic Interface ... 142
generic.xaml ... 124
Geometry ... 222
get Accessor ... 48
Getter/Setter ... 49, 68
Graphics ... 211
Grid ... 95
GridView ... 196

H

Hard Coding ... 34

Header ... 164, 366
Helper ... 73, 334, 345
High Level Class ... 370
HoloLense ... 01, 415
Hot Reload ... 92
HyperlinkButton ... 165

I

ICommand ... 136
IList ... 344, 368
Image ... 237
ImageBrush ... 237
import ... 48
INavigationService ... 353
include ... 48
Information Hiding ... 68
Inline Element ... 169
INotifyPropertyChanged ... 290, 380
INotiyDataErrorInfo ... 313
Interface ... 136
IoT ... 01, 415
ItemsControl ... 285, 328
ItemsPanel ... 199
ItemsPanelTemplate ... 199, 286
ItemsPresenter ... 328
ItemsStackPanel ... 200, 306
ItemsWrapGrid ... 199, 287, 304
ItemTemplate ... 144, 149
IValueConverter ... 306

J

JSON ... 66, 336
Lamda Expression ... 49
Language INtegrated Query ... 372
Layout ... 91, 105

Line	212
LinearGradientBrush	113, 232
LINQ	372
List	290
ListBox	190
Low Level Class	370

M

Media	237
MediaElement	318
MediaPlayerElement	243
MessageDialog	178
Microsoft Account	10, 400
Minimalism	272
Model	15, 335
Mono	02
MVC Pattern	16
MVVM Pattern	14, 15

N

Named Style	120
Navigation	186, 353
NuGet	207

O

ObservableCollection	290, 344, 368
override	363

P

Paragraph Element	170
partial	57
PasswordBox	168
Path	222
Pen	211
Performance Tuning	134
Pivot	187
Polygon	216
Polyline	216
Practical Knowledge	174
Presentation Layer	15
Prism	21
ProgressBar	188
ProgressRing	188
Property	32, 48, 80
PropertyChanged	290

R

RadioButton	165
RatingControl	166
Refactoring	373
RelativePanel	99
require	48
Resource	112
ResourceDictionary	117
RGB	158
RichTextBlock	170
Routed Event	129

S

ScrollViewer	159, 187
SDK	09
sealed	57
Self	109
Server Side Validation	311
Services	345
set Accessor	48
SetProperty	49
Setter	120
Settings Storage	71, 334

Shape	211
Singleton	354
Slider	167
Software Development Kit	09
SolidColorBrush	163, 229
Sorting	374
Sound	247
SpeechSynthesizer	318
SQL	372
StackPanel	92
StaticResource	119, 123
Storyboard	260
Stretch	240
Structure Coding	375
Structured Query Language	372
Style	119
SurfaceHub	01, 415
System Sound	247

T

Template	144, 149
Template Binding	152
Template Class	344
Test Driven Development	283, 330
TextBlock	168
TextBox	172
ThemeResource	119, 123
TimePicker	177
ToggleSwitch	167
ToolTip	189
Transformation	217
Transition	252
Tunneling Event	129

U

Uid	320
Unique Identifier	320
Universal Windows Platform	01
using	48
UWP	01, 04
UWP Project	24

V

View	15
ViewBox	100
ViewModel	15
Visual Studio	08
Visual Studio Installer	08

W

Win32 API	04
Window Presentation Foundation	03
Windows Community Toolkit Sample App	202
Windows Forms	04
Windows Template Studio	11, 20, 351
Windows App Certification Kit	406
WPF	03

X

x Namespace	112
x:Bind	112
x:Class	84
x:Key	115
x:Name	84
Xamarin	02
XAML	26, 79
XAML Controls Gallery	103, 158
XAML Data Type	165

Xbox 01, 415

Z
Zindex 106

ㄱ
가독성 140
개념적 지식 174
개발자 계정 400, 402
개발자 모드 13, 396
객체 타입 136, 302
객체지향 프로그램 138, 156
고수준 클래스 370
교집합의 원칙 185
구조적 코딩 375
그라데이션 296

ㄴ
내비게이션 353
네임스페이스 48, 55, 82

ㄷ
다국어 버전 앱 319
다이렉트 이벤트 129
단일 항목 검증 311
데이터 검증 311
데이터 계층 15
데이터 바인딩 46, 107
데이터 타입 136, 302
동기 호출 76
동적 LINQ 379
동적 XAML 화면 276
드래그 앤드 드롭 388

디자인 원칙 185
디자인 패턴 21

ㄹ
람다식 49
로컬 자원 293
리팩터링 340, 373

ㅁ
마이크로소프트 계정 10, 400
마이크로소프트 스토어 04, 408
마크업 언어 26, 79
마크업 확장 90
메시지 대화 상자 178
모델 15, 64, 335
모음 190
모호한 코딩 375
미니멀리즘 185, 272

ㅂ
바인딩 오류 111
백엔드 개발자 18
버블링 이벤트 129
변수 90
부착 속성 84
뷰 15, 34
뷰모델 15, 45
비동기 호출 76
비주얼 스튜디오 07, 22
비주얼 스튜디오 오류 해결 도우미 143
비주얼 스튜디오 확장 설치 12

ㅅ
사용자 정의 Resource 112

상수 90
속성 32, 48, 80
속성 요소 84
시스템 사운드 247
시스템 자원 292
실수 방지 181
실용적 지식 174

ㅇ

애플리케이션 02
애플리케이션 계층 15
애플릿 02
앱 02
앱 유효성 검사 391, 407
앱 패키지 404
요소 55, 80
웹 개발 프레임워크 18
위임 137
윈도우 앱 인증 키트 405
윈도우 응용 프로그램 인증 키트 406
유지 보수성 140
응용 프로그램을 구성하는 3개 계층 15
의존성 주입 354
이벤트 387
이벤트 전파 129
이벤트 핸들러 126, 134
인증서 393
인터페이스 136

ㅈ

장치 독립적인 픽셀 88
저수준 클래스 370
전체 항목 비교 검증 315
전환 253
정렬 374

정보 은폐 68, 311
주석 35

ㅊ

채우기 좌표 232
추상화 115, 133, 139, 181

ㅋ

커맨드 바인딩 134
컨트롤 55, 104
컨트롤 조각 155
컨트롤러 15
컴포넌트 55
코드 비하인드 51
코드 조각 155
코드화 181
코딩 표준 139
콘텐츠 대화 상자 179
크로스 플랫폼 02
클래스 136

ㅌ

터널링 이벤트 129
테스트 주도 개발 283, 301, 330
통합 개발 도구 07
특성 32, 80

ㅍ

포인터 387
프런트엔드 개발자 18
프레젠테이션 계층 15
프로그램 02
프로그램 재구성 373

프로그램 패턴 14
프리즘 21
필드 이니셜라이저 56
필터링 368

ㅎ

하드코딩 34
핫 다시 로드 92
화면 전환 353